Reprint Publishing

FÜR MENSCHEN, DIE AUF ORIGINALE STEHEN.

www.reprintpublishing.com

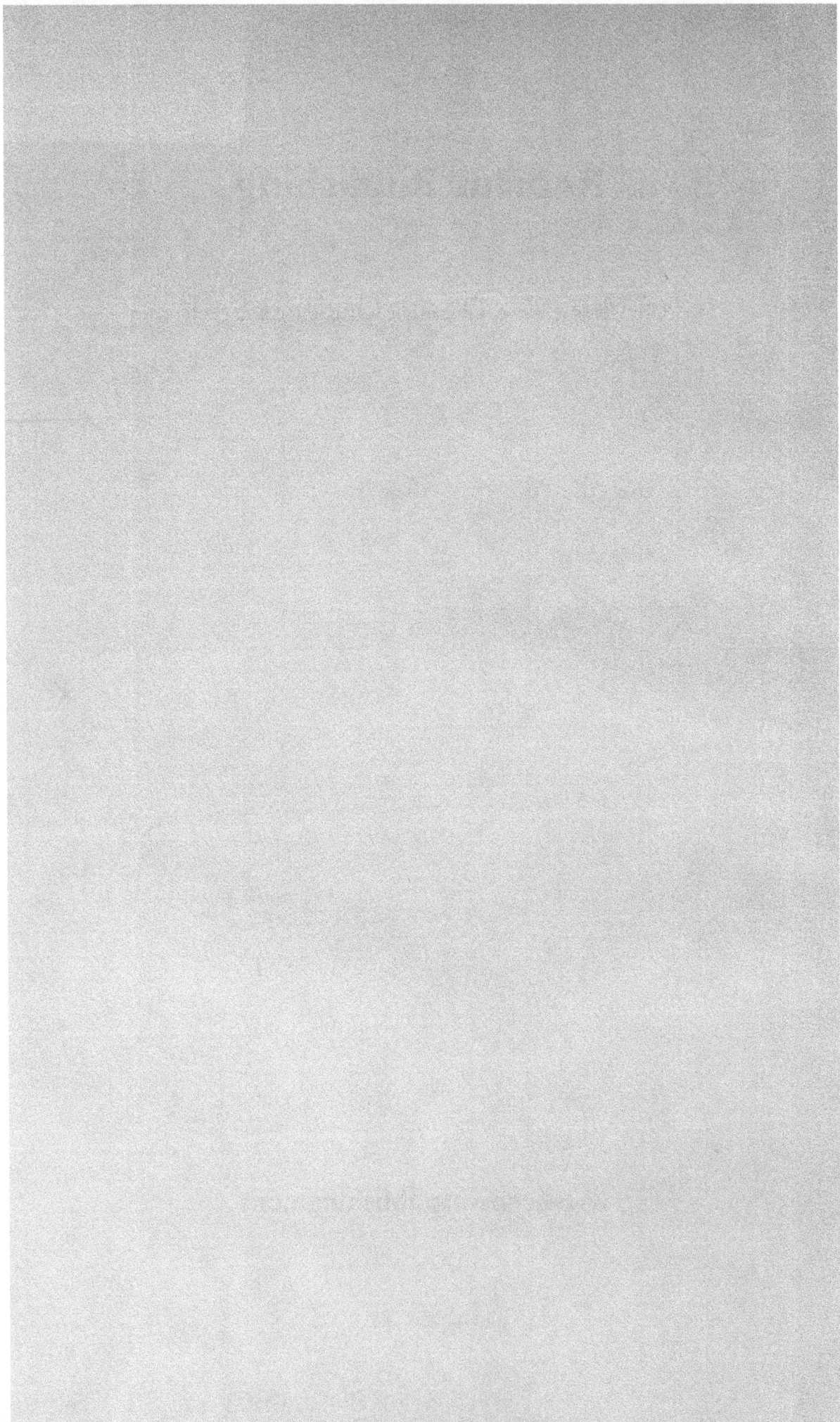

ÜBER DEN
NERVÖSEN CHARAKTER.

GRUNDZÜGE
EINER VERGLEICHENDEN INDIVIDUAL-
PSYCHOLOGIE UND PSYCHOTHERAPIE.

VON

Dr. ALFRED ADLER
WIEN.

WIESBADEN.
VERLAG VON J. F. BERGMANN.
1912.

Druck der Königl. Universitätsdruckerei H. Stürtz A G., Würzburg.

Vorwort.

Nachdem ich in der „Studie über Minderwertigkeit von Organen" (1907) den Versuch gemacht hatte, den Aufbau und die Tektonik der Organe im Zusammenhang mit ihrer genetischen Grundlage, mit ihrer Leistungsfähigkeit und ihrem Schicksal zu betrachten, ging ich, — gleichermassen gestützt auf vorliegende Befunde wie auf meine eigenen Erfahrungen, daran, dieselbe Methode der Betrachtung in der Pathopsychologie durchzuführen. In der vorliegenden Arbeit sind die hauptsächlichsten Ergebnisse meiner v e r g l e i c h e n d e n, i n d i v i d u a l p s y c h o l o g i s c h e n S t u d i e n ü b e r d i e N e u r o s e n niedergelegt.

Wie in der Organminderwertigkeitslehre ist in der v e r g l e i c h e n d e n I n d i v i d u a l p s y c h o l o g i e die empirische Grundlage dazu benützt, ein fiktives Mass der Norm aufzustellen. um Grade der Abweichung daran messen und vergleichen zu können. In beiden Wissensgebieten rechnet die vergleichende Forschung mit der Herkunft des Phänomens, misst daran die Gegenwart und sucht die Linie der Zukunft aus ihnen abzuleiten. Diese Betrachtungsweise führt uns dahin, den Zwang der Entwickelung und die pathologische Ausgestaltung als das Ergebnis eines K a m p f e s anzusehen, der im Gebiet des Organischen um die Gleichgewichtserhaltung, um Leistungsfähigkeit und Domestikation entbrennt; die gleiche Kampfbereitschaft in der Psyche steht u n t e r d e r L e i t u n g e i n e r f i k t i v e n P e r s ö n l i c h k e i t s i d e e, deren Wirksamkeit bis zum Aufbau des nervösen Charakters und der nervösen Symptome reicht. Wird so im Organischen „das Individuum eine einheitliche Gemeinschaft, in der alle Teile zu einem gleichartigen Zweck zusammenwirken" (V i r c h o w), — — bauen sich die mannigfachen Fähigkeiten und Regungen des Organismus zu einer planvoll gerichteten, einheitlichen Persönlichkeit aus, dann können wir jede einzelne Lebenserscheinung derart erfassen, als ob in ihr Vergangenheit, Gegenwart und Zukunft samt einer übergeordneten, leitenden Idee in Spuren vorhanden wären.

Auf diesem Wege hat sich dem Autor dieses Buches ergeben, dass jeder kleinste Zug des Seelenlebens von einer planvollen Dynamik durchflossen ist. Die vergleichende Individualpsychologie erblickt in jedem psychischen Geschehen den Abdruck, sozusagen e i n S y m b o l d e s e i n h e i t l i c h g e r i c h t e t e n L e b e n s p l a n e s, der in der Psychologie der Neurosen und Psychosen nur deutlicher zutage tritt.

Die Ergebnisse einer derartigen Untersuchung am neurotischen Charakter sollen Zeugnis ablegen für Wert und Anwendbarkeit unserer Methode der vergleichenden Individualpsychologie bezüglich der Probleme des Seelenlebens.

Der Autor.

Wien, im Februar des Jahres 1912.

Inhaltsverzeichnis.

Theoretischer Teil.

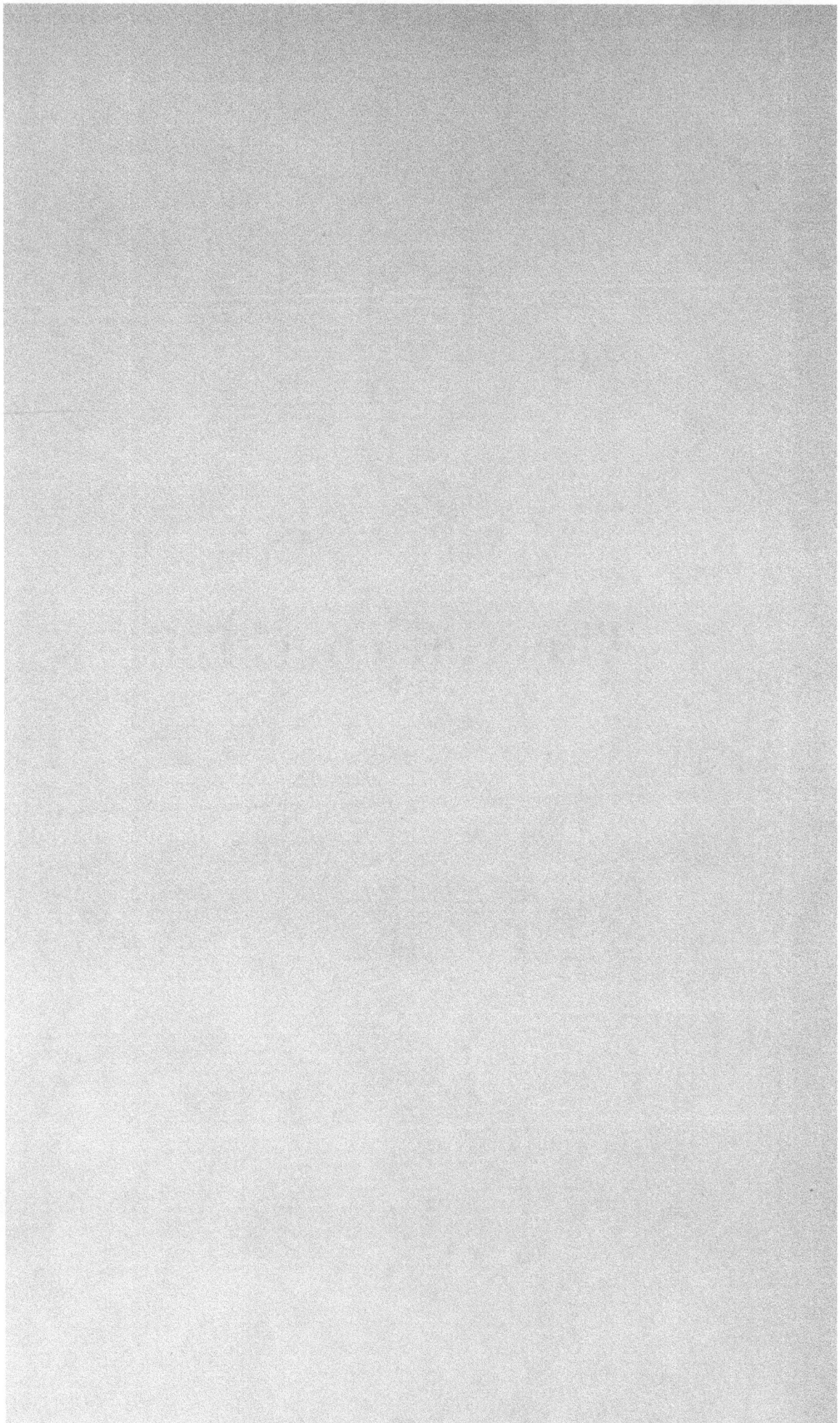

Einleitung.

„Omnia ex opinione suspensa sunt: non ambi-
tio tantum ad illam respicit et luxuria et
avaritia. Ad opinionem dolemus. Tam miser
est quisque, quam credidit!

Seneca. Epist. 78, 13.

Die Untersuchung des neurotischen Charakters ist ein wesentlicher
Teil der Neurosenpsychologie. Wie alle psychischen Erscheinungen ist
er nur im Zusammenhang mit dem ganzen seelischen Leben zu erfassen.
Eine flüchtige Kenntnis der Neurosen genügt, um das Besondere daran
herauszufinden. Und alle Autoren, die dem Problem der Nervosität
nachgegangen sind, haben mit besonderem Interesse gewisse Charakterzüge ins Auge gefasst. Das Urteil war ein allgemeines, dass der Neurotiker eine Reihe scharf hervortretender Charakterzüge bietet, die das
Mass des Normalen überschreiten. Die grosse Empfindlichkeit, die Reizbarkeit, die reizbare Schwäche, die Suggestibilität, der Egoismus, der
Hang zum Phantastischen, die Entfremdung von der Wirklichkeit, aber
auch speziellere Züge, wie Herrschsucht, Bösartigkeit, opfervolle Güte,
kokettes Wesen, Feigheit und Ängstlichkeit, Zerstreutheit figurieren
in den meisten Krankengeschichten, und man müsste alle gründlichen
Autoren namhaft machen, um ihren Beitrag zu bestätigen. Von den
Neueren ist insbesondere J a n e t zu nennen, der die Traditionen der
berühmten französischen Schule fortführt und namhafte scharfsinnige
Analysen zutage gefördert hat. Insbesondere seine Betonung des „sentiment
d'incompletude" des Neurotikers stimmt so sehr mit den von mir er-
hobenen Befunden überein, dass ich in meinen Arbeiten eine Erweiterung
dieser wichtigsten Grundtatsache aus dem Seelenleben des Neurotikers
erblicken darf.

Wo immer man mit der Analyse psychogener Krankheitszustände
einsetzt, drängt sich nach kürzester Beobachtung ein- und dieselbe Erscheinung vor: dass das ganze Bild der Neurose ebenso wie
alle ihre Symptome von einem fingierten Endzweck aus
beeinflusst, ja entworfen sind. Dieser Endzweck hat also eine
bildende, richtunggebende, arrangierende Kraft. Er lässt sich aus der
Richtung und dem „Sinn" der krankhaften Erscheinungen verstehen,
und versucht man auf diese Annahme zu verzichten, so bleibt eine ver-
wirrende Fülle von Regungen, Trieben, Komponenten, Schwächen und
Anomalien, die das Dunkel der Neurose für die einen so abstossend
gemacht haben, während andere in ihm kühne Entdeckungsfahrten
unternahmen.

1*

Pierre Janet hat diesen Zusammenhang sicherlich gekannt, wie
aus einzelnen seiner klassischen Schilderungen über den „Geisteszustand
der Hysterischen" 1894[1]) hervorgeht. Er hat sich aber einer eingehen-
den Darstellung entschlagen. Er betont ausdrücklich: „Ich habe bis
jetzt nur allgemeine und einfache Züge des Charakters beschrieben, die
durch ihre Verbindungen und unter dem Einflusse bestimmter äusserer
Umstände Haltungen und Handlungen eigentümlicher Art in allen Formen
erzeugen können. Es ist hier unstatthaft, auf diese Beschreibung
näher einzugehen, da dieselbe mit einem Sittenromane grössere
Ähnlichkeit aufweisen würde als mit einer klinischen Arbeit." Mit
dieser Stellungnahme, der er bis zu seinen letzten Werken treu geblieben ist, hat dieser Autor, trotz seines klaren Verständnisses für den
Zusammenhang von Neurosenpsychologie und Moralphilosophie den Weg
zur Synthese nicht beschritten.

Erst Josef Breuer, ein genauer Kenner der deutschen Philosophie, hat den glitzernden Stein gefunden, der am Wege lag. Er lenkte
die Aufmerksamkeit auf den „Sinn" des Symptoms und wollte Herkunft
und Zweck desselben bei dem Einzigen, der darauf antworten konnte,
beim Patienten erfragen. Damit hat dieser Autor eine Methode begründet, die historisch und genetisch individualpsychologische Erscheinungen aufklären will, unter Zuhilfenahme einer vorläufigen Voraussetzung, der einer Determination psychischer Erscheinungen. Wie
diese Methode von Siegmund Freud erweitert und ausgebildet wurde,
woran sich eine Unzahl von Problemstellungen und versuchten Lösungen
knüpften, gehört der Gegenwartsgeschichte an und ist ebenso auf Anerkennung wie auf Widerspruch gestossen. Weniger einer kritischen
Neigung folgend als um den eigenen Standpunkt hervorzuheben, mag
es mir gestattet sein, aus den fruchtbaren und wertvollen Leistungen
Freuds vor allem drei seiner fundamentalen Anschauungen als irrtümlich abzusondern, da sie den Fortschritt im Verständnis der Neurose
zu versperren drohen. Der erste Einwand betrifft die Auffassung
der Libido als treibender Kraft für das Geschehen in der Neurose. Gerade die Neurose zeigt deutlicher als das normale psychische
Verhalten, wie durch die neurotische Zwecksetzung die Empfindung der Lust, die Auswahl derselben und ihre Stärke in die Richtung dieses Zweckes gezwungen werden, so dass der Neurotiker eigentlich nur mit seiner sozusagen gesunden psychischen Kraft der Lockung
des Lusterwerbs folgen kann, während für den neurotischen Anteil
„höhere" Ziele gelten.

Als diese neurotische Zwecksetzung hat sich uns die Erhöhung
des Persönlichkeitsgefühls ergeben, dessen einfachste Formel im
übertriebenen „männlichen Protest" zu erkennen ist. Diese
Formel: „ich will ein ganzer Mann sein!" ist die leitende Fiktion in
jeder Neurose, für die sie in höherem Grade als für die normale Psyche
Wirklichkeitswerte beansprucht. Und diesem Leitgedanken ordnen sich
auch Libido, Sexualtrieb und Perversionsneigung, wo immer sie her-
gekommen sein mögen, ein. Nietzsches „Wille zur Macht" und
„Wille zum Schein" umfassen vieles von unserer Auffassung, die sich
wieder in manchen Punkten mit Anschauungen Férés und älterer
Autoren berührt, nach welchen die Empfindung der Lust in einem

_____

[1]) Übersetzt von Dr. Max Kahane.

Machtgefühl, die der Unlust in einem Gefühle der Ohnmacht wurzelt. — Ein zweiter Einwand trifft Freuds Grundanschauung von der sexuellen Ätiologie der Neurosen, einer Anschauung, der sich vorher schon Pierre Janet bedenklich nahe befand, als er (l. c.) die Frage aufwarf: „Sollte etwa die Geschlechtsempfindung der Mittelpunkt sein, um welchen herum die anderen psychologischen Synthesen sich aufbauen?" Die Verwendbarkeit des sexuellen Bildes täuscht den Normalen, insbesondere den Neurotiker. Sie darf den Psychologen nicht täuschen. Der sexuelle Inhalt in den neurotischen Phänomenen stammt vorwiegend aus dem ideellen Gegensatz „Männlich-Weiblich", und ist durch Formenwandel aus dem männlichen Protest entstanden. Der sexuelle Antrieb in der Phantasie und im Leben des Neurotikers richtet sich nach der männlichen Zwecksetzung, ist eigentlich kein Trieb sondern ein Zwang. Das ganze Bild der Sexualneurose ist ein Gleichnis, in dem sich die Distanz des Patienten von seinem fiktiven männlichen Endziel, und wie er sie zu überwinden sucht, spiegelt. Sonderbar, dass Freud, ein feiner Kenner des Symbolischen im Leben, nicht imstande war, das Symbolische in der sexuellen Apperzeption aufzulösen, das Sexuelle als Jargon, als Modus dicendi zu erkennen. Aber wir können dies verstehen, wenn wir den weiteren Grundirrtum ins Auge fassen, die Annahme, als stünde der Neurotiker unter dem Zwange infantiler Wünsche, die allnächtlich (Traumtheorie) aufleben, ebenso auch bei bestimmten Anlässen im Leben. In Wirklichkeit stehen diese infantilen Wünsche selbst schon unter dem Zwange des fiktiven Endziels, tragen meist selbst den Charakter eines leitenden aber eingeordneten Gedankens und eignen sich aus denkökonomischen Gründen sehr gut zu Rechnungssymbolen. Ein krankes Mädchen, das sich im Gefühle besonderer Unsicherheit während der ganzen Kindheit an den Vater anlehnt, dabei der Mutter überlegen sein will, kann diese psychische Konstellation in das „Inzestgleichnis" fassen, als ob es die Frau des Vaters sein wollte. Dabei ist der Endzweck schon gegeben und wirksam: ihre Unsicherheit lässt sich nur bannen, wenn sie beim Vater ist. Ihre wachsende psychomotorische Intelligenz, ihr unbewusst wirkendes Gedächtnis beantwortet alle Empfindungen der Unsicherheit mit der gleichen Aggression: mit der vorbereitenden Einstellung, zum Vater zu flüchten, als ob sie seine Frau wäre. Dort hat sie jenes als Zweck gesetzte höhere Persönlichkeitsgefühl, das sie dem männlichen Ideal der Kindheit entlehnt hat, der Überkompensation ihres Minderwertigkeitsgefühls. Sie handelt dann symbolisch, wenn sie vor einer Liebeswerbung oder vor der Ehe erschrickt, soferne sie mit neuen Herabsetzungen ihres Persönlichkeitsgefühles drohen, und ihre Bereitschaftsstellung richtet sich zweckmässig gegen ein weibliches Schicksal und lässt sie Sicherheit suchen, wo sie diese immer gefunden hat, beim Vater. Sie wendet einen Kunstgriff an, handelt nach einer unsinnigen Fiktion, kann aber damit ihren Zweck sicher erreichen. Je grösser ihr Gefühl der Unsicherheit, um so stärker klammert sich dieses Mädchen an ihre Fiktion, versucht sie fast wörlich zu nehmen, und da das menschliche Denken der symbolischen Abstraktion hold ist, gelingt es der Patientin und mit einiger Mühe auch dem Analytiker, das Streben der Neurotiker: sich zu sichern, in das symbolische Bild der Inzestregung einzufangen. Freud hat in diesem auf einen Zweck gerichteten Vorgang eine Wiederbelebung infantiler Wünsche erblicken müssen, weil er letztere als

treibende Kräfte angesetzt hatte. Wir erkennen in dieser
infantilen Arbeitsweise, in der ausgedehnten Anwendung von sichernden
Hilfskonstruktionen, als die wir die neurotische Fiktion anzusehen haben,
in dieser allseitigen, weit zurück reichenden motorischen Vorbereitung, in
der starken Abstraktions- und Symbolisierungstendenz die zweckmässigen
Mittel des Neurotikers, der zu seiner Sicherheit gelangen will, zur
Erhöhung seines Persönlichkeitsgefühls, zum männlichen Protest.

Knüpfen wir an diese kritischen Bemerkungen die Frage an, wie
die neurotischen Erscheinungen zustande gekommen sind, warum der
Patient ein Mann sein will, und fortwährend Beweise dafür zu erbringen
sucht, woher er das stärkere Bedürfnis nach Persönlichkeitsgefühl hat,
warum er solche Aufwendungen macht, um zur Sicherung zu gelangen,
kurz die Frage nach dem letzten Grund dieser Kunstgriffe der neurotischen
Psyche, so lässt sich erraten, was jede Untersuchung ergibt: am Anfang der Entwicklung zur Neurose steht drohend das Gefühl der Unsicherheit und Minderwertigkeit und verlangt
mit Macht eine leitende, sichernde, beruhigende Zwecksetzung, um das Leben erträglich zu machen. Was wir
das Wesen der Neurose nennen, besteht aus dem vermehrten Aufwand der verfügbaren psychischen Mittel.
Unter diesen ragen besonders hervor: Hilfskonstruktionen
und Fiktionen im Denken, Handeln und Wollen.

Es ist klar, dass eine derartige, in besonderer Anspannung zum
Zweck der Persönlichkeitserhöhung gerichtete Psyche sich auch, abgesehen von eindeutigen nervösen Symptomen, durch eine nachweisbare
Erschwerung der Einfügung in die Gesellschaft auffällig machen wird.
Das Gefühl des schwachen Punktes beherrscht den Nervösen so sehr,
dass er, oft ohne es zu merken, den schützenden Überbau mit
Anspannung aller Kräfte bewerkstelligt. Dabei schärft sich seine Empfindlichkeit, er lernt auf Zusammenhänge achten, die Anderen noch entgehen, er übertreibt seine Vorsicht, fängt am Beginne einer Tat oder
eines Erleidens alle möglichen Folgen vorauszuahnen an, er versucht
weiter zu hören, weiter zu sehen, wird kleinlich, unersättlich, sparsam,
sucht die Grenzen seines Einflusses und seiner Macht immer weiter über
Zeit und Raum zu spannen, — und verliert dabei die Unbefangenheit
und Gemütsruhe, die erst die psychische Gesundheit verbürgen. Immer mehr
steigert sich sein Misstrauen gegen sich und gegen die Andern, sein
Neid, sein boshaftes Wesen, aggressive und grausame
Neigungen nehmen überhand, die ihm das Übergewicht gegenüber
seiner Umgebung verschaffen sollen, oder er versucht durch vermehrten
Gehorsam, durch Unterwerfung und Demut, die nicht selten in
masochistische Züge ausarten, den Andern zu fesseln, zu erobern; beides also, erhöhte Aktivität wie vermehrte Passivität, sind
Kunstgriffe, die vom fiktiven Zweck der Machterhöhung, des „Obenseinwollens", des männlichen Protestes aus eingeleitet werden.

Damit sind wir zu jenen psychischen Erscheinungen vorgedrungen,
deren Erörterung den Inhalt dieser Arbeit bilden soll, zum neurotischen
Charakter. Es finden sich bei den Nervösen keine vollkommen neuen
Charakterzüge, kein einziger Zug, der nicht auch beim Normalen nachzuweisen wäre. Aber der neurotische Charakter ist auffallend
und weiterreichend, wenngleich er zuweilen erst durch die Analyse
für den Arzt und den Patienten verständlich wird. Er ist ununter-

Einleitung. 7

brochen „sensibilisiert", wie ein Vorposten vorgeschoben, und stellt die
Fühlung mit der Umgebung, mit der Zukunft her. Die Kenntnis dieser,
wie empfindliche Fühler sich weit erstreckenden psychischen Bereitschaften ermöglicht erst das Verständnis für den Kampf des Nervösen
mit seinem Schicksal, für seinen gereizten Aggressionstrieb, für seine
Unruhe und für seine Ungeduld. Denn diese Fühler tasten alle Erscheinungen der Umgebung ab und prüfen sie unaufhörlich auf ihre
Vor- und Nachteile bezüglich des gesetzten Zweckes. Sie schaffen das
verschärfte Messen und Vergleichen, wecken mittelst der in ihnen
tätigen Aufmerksamkeit Furcht, Hoffnung, Zweifel, Erwartung aller Art
und suchen die Psyche vor Überraschungen und vor einer Minderung
des Persönlichkeitsgefühls zu sichern. Sie stellen die periphersten motorischen Vorbereitungen vor, immer mobil, immer fertig, einer Herabsetzung der Person vorzubeugen. In ihnen wirken die Kräfte der
äusseren uud inneren Erfahrung, sie sind mit den Erinnerungsspuren
schreckender und tröstender Erlebnisse vollgefüllt und haben das Gedächtnis an sie in Fertigkeiten umgewandelt. Kategorische Imperative
zweiten Ranges, dienen sie nicht zu ihrer eigenen Durchsetzung, sondern
letzter Linie, um die Persönlichkeit zu heben. Und sie versuchen dies,
indem sie es ermöglichen, in der Unruhe und Unsicherheit des Lebens
Leitlinien zu finden, das Rechts und Links, das Oben und Unten, das
Rechte und Unrechte zu schaffen und zu scheiden. Die verschärften
Charakterzüge sind schon deutlich in der neurotischen Disposition vorzufinden, wo sie zu Sonderbarkeiten und Verschrobenheiten Anlass geben.
Sie treten noch deutlicher hervor, wenn nach einer stärkeren Herabsetzung oder nach einem auftauchenden Widerspruch im männlichen
Protest die Sicherungstendenz weiterschreitet und gleichzeitig Symptome
als neue wirksame Kunstgriffe ins Leben ruft. Sie sind vielfach nach
Mustern und Beispielen gearbeitet und haben die Aufgabe, den Kampf
um das Persönlichkeitsgefühl in jeder neuen Lage einzuleiten und siegreich zu gestalten. In ihrem Wirken ist der Anlass zur Affektsteigerung
gelegen und zur Erniedrigung der Reizschwelle gegenüber dem Normalen.
Es ist selbstverständlich, dass auch der neurotische Charakter sich aus
ursprünglich vorhandenem Material, aus psychischen Regungen und ver-
ändernden Erfahrungen der Organfunktionen aufbaut. Neurotisch werden
alle diese an die Aussenwelt anknüpfenden psychischen Bereitschaften
erst, wenn innere Not die Sicherungstendenz steigert und diese die
Charakterzüge wirksamer ausgestaltet und mobilisiert, wenn der fiktive
Zweck des Lebens dogmatischer wirkt und damit auch die den Charak-
terzügen entsprechenden sekundären Leitlinien verstärkt Dann beginnt die
Hypostasierung des Charakters, seine Umwandlung aus einem
Mittel zu einem Zweck führt zu seiner Verselbständigung, und eine Art von
Vergöttlichung verschafft ihm Unabänderlichkeit und Ewigkeitswert.
Der neurotische Charakter ist so unfähig, sich der Wirklichkeit anzu-
passen, denn er arbeitet auf ein unerfüllbares Ideal hin; er ist ein
Produkt und Mittel der vorbauenden Psyche, die seine Leitlinie verstärkt, um sich eines Minderwertigkeitsgefühls zu entledigen, ein Versuch, der infolge innerer Widersprüche oder an den Schranken der
Kultur scheitern muss, oder am Rechte der Anderen. Wie die
tastende Geste, wie die rückwärts gewandte Pose, wie
die körperliche Haltung bei der Aggression, wie die Mimik
als Ausdrucksformen und Mittel der Motilität, so dienen

die Charakterzüge, insbesondere die neurotischen, als
psychische Mittel und Ausdrucksformen dazu, die Rechnung des Lebens einzuleiten, Stellung zu nehmen, im
Schwanken des Seins einen fixen Punkt zu gewinnen, um
das sichernde Endziel, das Gefühl der Überwertigkeit,
zu erreichen.

Somit haben wir auch den neurotischen Charakter als den Diener
eines fiktiven Zweckes entlarvt und seine Abhängigkeit von einem
Endziel festgestellt. Er ist nicht selbständig aus irgendwelchen biologischen
oder konstitutionellen Urkräften emporgeschossen, sondern hat Richtung
und Zug durch den kompensierenden Überbau und durch seine schematische
Leitlinie erhalten. Seine Aufpeitschung geschah unter dem Drucke der
Unsicherheit, seine Neigung sich zu personifizieren ist der frag-
würdige Erfolg der Sicherungstendenz. Die Linie des neurotischen
Charakters hat durch die Zwecksetzung die Bestimmung erhalten, in die
männliche Hauptleitlinie einzumünden, und so verrät uns jeder neurotische
Charakterzug durch seine Richtung, dass er vom männlichen Protest
durchflossen ist, der aus ihm ein unfehlbares Mittel zu machen sucht,
um jede dauernde Erniedrigung aus dem Erleben auszuschalten.

Im praktischen Teil soll an einer Reihe von Fällen gezeigt werden,
wie das neurotische Schema besondere psychopathologische Konstellationen hervorruft, und zwar durch das Erfassen der Erlebnisse mittelst
des neurotischen Charakters.

I. Kapitel.

Ursprung und Entwickelung des Gefühls der Minderwertigkeit und dessen Folgen.

Die Feststellungen der „Organminderwertigkeitslehre" (S. Studie l. c.) beschäftigten sich mit den Ursachen, mit dem Verhalten, mit dem Äusseren und der geänderten Arbeitsweise der minderwertigen Organe und führten mich zu den Anschauungen über Kompensation durch das Zentralnervensystem, an die sich Erörterungen über die Psychogenese anschlossen. Es hatte sich eine merkwürdige Beziehung zwischen Organminderwertigkeit und psychischer Überkompensation ergeben, so dass ich eine fundamentale Anschauung gewann: die Empfindungen der Organminderwertigkeit werden für das Individuum zu einem dauernden Antrieb in der Entwickelung seiner Psyche. Für die physiologische Betrachtung ergibt sich daraus eine Verstärkung der Nervenbahnen nach der Quantität und Qualität, wobei eine gleichzeitige ursprüngliche Minderwertigkeit dieser Bahnen ihre tektonischen und funktionellen Eigenheiten im Gesamtbilde zum Ausdruck bringen kann. Die psychische Seite dieser Kompensation und Überkompensation kann nur durch psychologische Betrachtungen und Analyse erschlossen werden.

Nach den ausführlichen Schilderungen der Organminderwertigkeit — als Ätiologie der Neurose — in meinen früheren Arbeiten, insbesondere in der „Studie", im „Aggressionstrieb", im „psychischen Hermaphroditismus", in der „neurotischen Disposition" und in der „psychischen Behandlung der Trigeminusneuralgie" [1]) kann ich mich bei der gegenwärtigen Schilderung auf jene Punkte beschränken, die eine weitere Aufschliessung der Beziehungen zwischen Organminderwertigkeit und psychischer Kompensation bedeuten und für die Frage des neurotischen Charakters von Belang sind. Zusammenfassend hebe ich hervor, dass die von mir beschriebene Organminderwertigkeit, „das Unfertige an dieser Art von Organen, ihre oft nachweisbaren Entwickelungsstillstände, den Mangel an Ausbildung in histologischer oder funktioneller Richtung, das funktionelle Versagen in der postfötalen Zeit, andererseits die Steigerung ihrer Wachstumstendenz bei Kompensations- und Korrelationszwang, die häufige Erzielung funktioneller Mehrleistung sowie den fötalen Charakter von Organen

---

[1]) S. die Publikationsstellen am Schlusse dieses Buches.

und Organsystemen" in sich fasst. Es lässt sich in jedem Falle — aus der Kinderbeobachtung und aus der Anamnese Erwachsener — leicht erweisen, dass der Besitz deutlich minderwertiger Organe auf die Psyche reflektiert und geeignet ist, die eigene Einschätzung geringer ausfallen zu lassen, die psychologische Unsicherheit des Kindes zu steigern; aber gerade von dieser geringeren Wertung aus entspinnt sich der Kampf um die Selbstbehauptung, der ungleich heftigere Formen annimmt als wir erwarten. Wenn das kompensierte minderwertige Organ quantitativ und qualitativ an Aktionsbreite gewinnt und aus sich selbst sowie aus dem ganzen Organismus Schutzmittel gewinnt, so holt das disponierte Kind in seinem Minderwertigkeitsgefühl aus seinem psychischen Können die oft auffälligen Mittel zu seiner Wertsteigerung, unter denen man an hervorragender Stelle die neurotischen und psychotischen zu vermerken hat.

Ideen über angeborene Minderwertigkeit, über Disposition und konstitutionelle Schwäche finden sich schon in den Anfängen der wissenschaftlichen Medizin. Wenn wir an dieser Stelle von vielen namhaften Leistungen absehen, so geschieht es — trotzdem sie oft grundlegende Gesichtspunkte enthalten — nur aus dem Grunde, weil sie den Zusammenhang mit organischen und mit psychischen Erkrankungen wohl behaupten, keineswegs aber erklären. Hierher gehören alle Anschauungen über Pathologie, die sich auf eine allgemeine Auffassung einer Degeneration stützen. Stillers Lehre vom asthenischen Habitus geht viel weiter und versucht bereits ätiologische Beziehungen festzuhalten. Antons Kompensationslehre beschränkt sich allzusehr auf Korrelationssysteme innerhalb des Zentralnervensystems; doch haben er und sein geistreicher Schüler Otto Gross beachtenswerte Versuche unternommen, psychische Zustandsbilder auf dieser Basis dem Verständnis näher zu bringen. — Bouchards Bradytrophie, die von Ponfick, Escherich Czerny, Moro und Strümpell beschriebene und als Krankheitsbereitschaft gedeutete exsudative Diathese, Combys infantiler Arthritismus, Kreibichs angioneurotische Diathese, Heubners Lymphatismus, Paltaufs Status thymicolymphaticus, Escherichs Spasmophilie und Hess-Eppingers Vagotonie sind erfolgreiche Versuche der letzten Dezennien, Zustandsbilder mit angeborenen Minderwertigkeiten im Zusammenhang zu schildern. Allen ist der Hinweis auf Heredität und infantilistische Charaktere gemeinsam. Aber obgleich die schwankenden Grenzen bei den beschriebenen Dispositionen von den Vertretern dieser Lehren selbst hervorgehoben werden, ist der Eindruck nicht von der Hand zu weisen, dass hervorstechende Typen erfasst sind, die sich einer grossen Gruppe, der der Minusvarianten, im Laufe der Zeit einordnen werden. Von ungeheurer Wichtigkeit für die Erkenntnis angeborener Minderwertigkeit und Krankheitsbereitschaft waren die Forschungen über die Drüsen mit innerer Sekretion, bei denen sich morphologische oder funktionelle Abweichungen ergaben, so betreffs der Schilddrüse, der Nebenschilddrüsen, der Keimdrüsen, des chromaffinen Systems, der Hypophyse. Von dem Standpunkt dieser Organminderwertigkeiten aus betrachtet, ergaben sich die Überblicke auf das Gesamtbild leichter. und die Beziehungen zu Kompensation und Korrelation im Haushalt des ganzen Körpers traten deutlicher zutage.

Unter den übrigen Autoren, die kein primum movens, sondern ein Zusammen- und Aufeinanderwirken mehrfacher Organminderwertigkeiten zur Grundlage ihrer Anschauung genommen haben, ist vor allem Martius zu nennen. Ebenso erscheint in meiner Darlegung „über Minderwertigkeit von Organen (1907)" die Koordination der gleichzeitigen Minderwertigkeiten in den Vordergrund gerückt. Die Tatsache ist nicht gering zu veranschlagen, „dass die gleichzeitig minderwertigen Organe wie in einem geheimen Bunde zu einander stehen." Auch Bartel hat seine Anschauungen über den Status thymico-lymphaticus, die eine erhebliche Bereicherung der Wissenschaft darstellen, bereits soweit ausgedehnt, dass ihre Grenzen die der Systeme anderer Autoren längst überkreuzen. Und Kyrle ist auf selbständigen Bahnen unter Anführung völlig neuer pathologischer Befunde zu dem gleichen Ergebnis gelangt wie ich, als ich auf Grund meiner Beobachtungen erklärte, dass die Koordination von Minderwertigkeiten des Sexualapparates und anderer Organe — oft nur wenig ausgeprägt, aber so häufig vorzufinden ist, „dass ich behaupten muss, es gibt keine Organminderwertigkeit ohne begleitende Minderwertigkeit des Sexualapparates."

Späterer Erörterungen wegen muss ich noch die Anschauung Freuds erwähnen, der die Bedeutung einer „sexuellen Konstitution" für die Neurose und Psychose hervorhebt und darunter eine nach Qualität und Quantität verschiedene Anordnung von sexuellen Partialtrieben versteht. Diese Auffassung entspricht bloss einem Postulat seiner sonstigen Anschauungen. Die Ausbildung perverser Triebe und ihre „missglückte Verdrängung" ins Unbewusste soll das Bild der Neurose ergeben, und stellt selbst ein primum movens für die neurotische Psyche dar. Es wird sich aus unseren Ausführungen ergeben, dass die Perversion, sofern und soweit sie in der Neurose und Psychose zur Ausbildung gelangt, nicht von einer angeborenen Triebkraft, sondern durch einen fiktiven Endzweck konstituiert wird, wobei sich die Verdrängung als Nebenprodukt unter dem Druck des Persönlichkeitsgefühls ergibt. Was aber biologisch an einem ursprünglich abnormen sexuellen Verhalten in Betracht kommt, die grössere oder geringere Sensibilität, Erhöhung oder Verminderung der Reflexaktion, die funktionelle Wertigkeit sowie der kompensatorische psychische Überbau, führt direkt, wie ich in der „Studie" gezeigt habe, auf angeborene Minderwertigkeit des Sexualorgans zurück.

Über die Art der Krankheitsbereitschaft bei Organminderwertigkeit herrscht Einigkeit. Der von mir eingenommene Standpunkt („Studie" l. c.) hebt mehr wie der anderer Autoren die Sicherung eines Ausgleiches durch Kompensation hervor. „Mit der Loslösung vom mütterlichen Organismus beginnt für diese minderwertigen Organe und Organsysteme der Kampf mit der Aussenwelt, der notwendigerweise entbrennen muss und mit grösserer Heftigkeit einsetzt als bei normal entwickeltem Apparat. Diesen Kampf begleiten die höheren Krankheits- und Sterbeziffern. Doch verleiht der fötale Charakter zugleich die erhöhte Möglichkeit der Kompensation und Überkompensation, steigert die Anpassungsfähigkeit an gewöhnliche und ungewöhnliche Widerstände und sichert die Bildung von neuen und höheren Formen, von neuen und höheren Leistungen. So stellen die minderwertigen Organe das unerschöpfliche Versuchsmaterial dar, durch dessen fortwährende

Bearbeitung, Verwerfung, Verbesserung der Organismus mit geänderten
Lebensbedingungen in Einklang zu kommen sucht. Ihre (gelegentliche)
Überwertigkeit ist tief begründet in dem Zwange eines ständigen Trai-
nings, in der den minderwertigen Organen oftmals anhaftenden Variabilität und grösseren Wachstumtendenz und in der durch die innere
Aufmerksamkeit und Konzentration erhöhten Ausbildung des zugehörigen
nervösen und psychischen Komplexes."

Die Schäden der konstitutionellen Minderwertigkeit äussern sich
in den mannigfachsten Erkrankungen und Krankheitsbereitschaften.
Bald treten körperliche oder geistige Schwächezustände hervor, bald
Übererregbarkeit der nervösen Bahnen, bald Plumpheit, Ungeschicklichkeit oder Frühreife. Ein Heer von Kinderfehlern kooperiert mit der
Krankheitsbereitschaft und schliesst sich, wie ich gezeigt habe, eng an
die organische oder funktionelle Minderwertigkeit an. Strabismus,
Brechungsanomalien des Sehorgans oder Lichtscheu mit ihren Folgen,
Hörstummheit, Stottern und andere Sprachfehler, Schwerhörigkeit, die
organischen und psychischen Nachteile der adenoiden Vegetationen, die
entwickelte Aprosexie, die häufigen Erkrankungen der Sinnesorgane,
der Luft- und Nahrungswege, hervorstechende Hässlichkeit und Mis-
bildungen, periphere Degenerationszeichen und Naevi, die tieferliegende
Organminderwertigkeiten verraten können, (Adler, Schmidt). Hydro-
cephalus, Rhachitis, Haltungsanomalien als Skoliose, runder Rücken,
Genua vara oder valga, Pes varus oder valgus, länger dauernde In-
kontinenz von Stuhl und Urin, Misbildung der Genitalien, Folgen der
Kleinheit der Arterien (Virchow) und die zahlreichen weiteren Folgen
der Minderwertigkeit von Drüsen mit innerer Sekretion, wie sie von
v. Wagner-Jauregg, Frankl v. Hochwart, Chvostek, Bartel,
Escherich. Pineles und anderen beschrieben wurden, lassen in ihrer
ungeheuren Fülle, in der Variation ihrer Zusammenhänge den grossen
Kreis der Krankheitserscheinungen erkennen, wie er sich durch das Verständnis der Organminderwertigkeit dem Arzte erschlossen hat. Ins-
besondere waren es Kinderärzte und Pathologen, die zuerst auf diese
Zusammenhänge geachtet haben. Aber auch für die Neurologie und
Psychiatrie ist die Betrachtung der „Degeneration" von immer grösserer
Wichtigkeit geworden; von Morels Lehre der Degenerationszeichen
zieht sich die Fortschrittslinie bis zur Anschauung von den nervösen
Erkrankungen auf der Grundlage der minderwertigen Konstitution.

Heben wir bloss die statistische Arbeit Thiemich-Birks und
die Mitteilungen Potpeschniggs (zitiert nach Gött) hervor über
die Schicksale von Kindern, die als Ein- oder Zweijährige wegen tetanoider
Krampfzustände behandelt worden waren. Von diesen Kindern war
nur ein spärlicher Bruchteil ganz gesund geworden. Meist ergaben sich
später deutliche Zeichen körperlicher und geistiger Minderwertigkeit,
psychopathische und neuropathische Züge. Als solche führen diese Autoren an: Infantilismus, Schielen, Schwerhörigkeit, Sprachfehler, Schwach-
sinn, Schlafstörungen, Pavor nocturnus, Somnambulismus, Enuresis, Re-
flexsteigerungen, Tics, Wutkrämpfe, Wegbleiben, Schreckhaftigkeit,
Jähzorn, pathologische Lügenhaftigkeit, triebhaftes Weglaufen. Auch
Gött und andere Autoren gelangten zu dem Schlusse, dass bei spas-
mophilen Kindern eine Disposition zu schweren neuro- und psychopathischen Zuständen besteht. — Czerny und andere heben hervor,
dass der gleiche Zusammenhang bei magendarmkranken Kindern nach-

zuweisen ist. — Bartel konnte unter den Selbstmördern ein auffallendes Vorwiegen des Status thymico-lymphaticus, speziell Hypoplasie der Sexualorgane beobachten. Bezüglich der jugendlichen Selbstmörder habe ich, Netolitzky u. a. den Befund körperlicher Minderwertigkeit hervorgehoben. Frankl v. Hochwart hat Aufregungszustände, Reizbarkeit, halluzinatorische Verworrenheit bei Tetanie beschrieben. Französische Autoren (zitiert nach Pfaundler) schreiben dem pastösen torpiden Habitus der Kinder Unlust, Trägheit, Schläfrigkeit, Zerstreutheit, Stumpfsinn, Phlegma zu, dem erethischen Unruhe, Lebhaftigkeit, Reizbarkeit, Frühreife, Stimmungsschwankungen, Affektivität, Unverträglichkeit, sonderbares Wesen und einseitige Begabung (Dégénérées superieurs) — Pfaundler hebt das Beunruhigende, Lästige und Qualvolle hervor, von dem die konstitutionell minderwertigen Kinder infolge von Hautausschlägen, Koliken, Schlafstörungen und funktionellen Anomalien heimgesucht werden. — Czerny, der auf den Zusammenhang von Darmstörungen der Kinder mit Neurosen aufmerksam gemacht hat, betont ganz besonders die Bedeutung der Psychotherapie bei Kindern, die im Verlauf konstitutioneller Erkrankungen nervös geworden sind. Hamburger hat erst kürzlich den Charakter des Ehrgeizes bei nervösen Kindern hervorgehoben, Stransky den Zusammenhang von Myopathie und psychischen Erscheinungen.

Diese kurzen Hinweise geben uns einen Überblick über die Versuche der gegenwärtigen Forschungsrichtung, den Zusammenhang psychischer Anomalien im Kindesalter mit der konstitutionellen Minderwertigkeit zu betonen und festzuhalten. Die erste umfassende Grundanschauung über diesen Zusammenhang habe ich in der „Studie" veröffentlicht, wo ich darauf hinwies, wie ein besonderes Interesse und eine stete Aufmerksamkeit das minderwertige Organ zu behüten suche. Ich konnte in dieser und anderen Arbeiten darauf verweisen, wie die Minderwertigkeit eines Organs dauernd die Psyche beeinflusst, im Handeln und Denken, im Träumen, in der Berufswahl, in künstlerischen Neigungen und Fähigkeiten[1]. Der Bestand eines minderwertigen Organs erfordert ein derartiges Training der zugehörigen Nervenbahnen und des psychischen Überbaues, dass letzterer kompensatorisch befruchtet wird, falls die Kompensationsmöglichkeit gegeben ist. Dann aber müssen wir gewisse, dem Organ zugehörige Verknüpfungen mit der Aussenwelt auch im psychischen Überbau verstärkt vorfinden. Dem ursprünglich minderwertigen Sehorgan entspricht eine verstärkte visuelle Psyche, ein minderwertiger Ernährungsapparat wird die grössere psychische Leistungsfähigkeit in allen Ernährungsbeziehungen zur Seite haben, Gourmandise, Erwerbseifer, und — auf dem Wege über das Geldäquivalent, — Sparsamkeit und Geiz werden verstärkt hervortreten. Die Leistungsfähigkeit des kompensierenden Zentralnervensystems wird sich durch qualifizierte Reflexe (Adler) und bedingte Reflexe (Bickel) äussern, durch empfindliche Reaktionen und verstärkte Empfindungen. Der kompensierende psychische Überbau wird die psychischen Phänomene des Vorausahnens und Vorausdenkens und ihre wirkenden Faktoren wie Gedächtnis, In-

---

[1] S. auch Adler, Die Theorie der Organminderwertigkeit und ihre Bedeutung für Philosophie und Psychologie, Vortrag in der Philosophischen Gesellschaft a. d. Universität zu Wien 1908 und J. Reich, Kunst und Auge, Oesterreichische Rundschau 1908.

tuition, Introspektion, Einfühlung, Aufmerksamkeit, Überempfindlichkeit, kurz **alle sichernden psychischen Kräfte** in verstärktem Masse entfalten. Zu diesen Sicherungen gehören auch die **Fixierung und Verstärkung der Charakterzüge, die im Chaos des Lebens brauchbare Leitlinien bilden und so die Unsicherheit verringern.**

Der nervöse Mensch kommt aus dieser Sphäre der Unsicherheit und stand in der Kindheit unter dem Drucke seiner konstitutionellen Minderwertigkeit. In den meisten Fällen gelingt dieser Nachweis leicht. In anderen Fällen benimmt sich der Patient so, als ob er minderwertig wäre. **Immer aber baut sich sein Wollen und Denken über der Grundlage eines Gefühls der Minderwertigkeit** auf. Dieses Gefühl ist stets als relativ zu verstehen, ist aus den Beziehungen zu seiner Umgebung erwachsen oder zu seinen Zielen. Stets ist ein Messen, ein Vergleichen mit anderen vorausgegangen, erst mit dem Vater, dem Stärksten in der Familie, zuweilen mit der Mutter, mit den Geschwistern, später mit jeder Person, die dem Patienten entgegentritt.

Bei näherer Einsicht erkennt man, dass jedes Kind, inbesondere aber das von Natur aus bedrängtere, eine scharfe Selbsteinschätzung vorgenommen hat. Das konstitutionell minderwertige Kind, dem wir als gleichgestellt und zur Neurose gleichermassen disponiert, das hässliche, das zu streng erzogene, das verhätschelte Kind an die Seite stellen können, sucht eifriger als ein gesundes Kind den vielen Übeln seiner Tage zu entkommen. Und bald sehnt es sich, auf eine ferne Zukunft hinaus das ihm vorschwebende Schicksal zu bannen. Dazu braucht es ein Hilfsmittel, um im Schwanken der Tage, in der Unorientiertheit seines Seins ein festes Bild vor Augen zu haben. **Es greift zu einer Hilfskonstruktion.** In seiner Selbsteinschätzung zieht es die Summe aller Übel, stellt sich selbst als unfähig, minderwertig, herabgesetzt, unsicher in Rechnung. Und um eine Leitlinie zu finden, nimmt es als zweiten fixen Punkt Vater oder Mutter, die sie nun mit allen Kräften dieser Welt ausstattet. Und indem es für sein Denken und Handeln diese Leitlinie normiert, sich aus seiner Unsicherheit zu dem Range des allmächtigen Vaters zu erheben, diesen zu übertreffen sucht, **hat es sich bereits vom realen Boden mit einem grossen Schritt entfernt und hängt in den Maschen der Fiktion.** —

Solche Beobachtungen lassen sich auch bei normalen Kindern in abgeschwächter Form erheben. Auch sie wollen gross sein, stark sein, herrschen, „wie der Vater", und werden durch diesen Endzweck geleitet. Ihr Gebaren, ihre körperliche und geistige Haltung sind alle Augenblicke auf diesen Endzweck gerichtet, so dass man bereits eine imitierende Mimik, eine identische psychische Geste wahrnehmen kann. Das Beispiel wird der Wegweiser zum „männlichen" Ziele, solange nicht die „Männlichkeit" in Frage gestellt ist. Wird bei Mädchen das männliche Ziel denkunfähig, dann tritt ein Formenwandel der männlichen Leitlinie ein, es wird z. B. nur Macht, Wissen, Herrschaft angestrebt.

Auf eine spezielle psychische Leistung des Kindes muss noch hingewiesen werden, die sich vorher und während der Aufstellung der männlichen Leitlinie geltend macht. Man kann diese Erscheinung kaum besser erfassen, als mit der Annahme, dass die notwendigen Verweigerungen der Organtriebbefriedigungen das Kind schon von der ersten Stunde seines extrauterinen Lebens an in eine feindliche, kämpferische

Stellung zur Umgebung drängen. Daraus resultieren Anspannungen und Steigerungen organisch gegebener Fähigkeiten, — c'est la guerre! — wie ich sie in der Arbeit über den „Aggressionstrieb" [1] beschrieben habe. In den zeitweiligen Entbehrungen und Unlustempfindungen, wie sie die ersten Kinderjahre mit sich bringen, ist der Anstoss zu suchen, der eine Anzahl allgemeiner Charakterzüge entwickelt. Vor allem lernt das Kind in seiner Schwäche und Hilflosigkeit, in seiner Angst und in seinen mannigfachen Unfähigkeiten ein Mittel schätzen, das ihm die Hilfe und Unterstützung seiner Angehörigen, ihr Interesse sichert. In seinem negativistischen Verhalten, in seinem Trotz und in seiner Unerziehbarkeit findet es oft eine Befriedigung seines Machtbewusstseins, und ist dadurch des quälenden Gefühls seiner Minderwertigkeit ledig geworden. Beide Hauptlinien des kindlichen Verhaltens, Trotz und Gehorsam [2], garantieren dem Kinde eine Erhöhung seines Persönlichkeitsgefühls, helfen ihm, den Weg zum männlichen Endziel oder, wie wir vorwegnehmend sagen wollen, zu einem Äquivalent desselben tastend einzuschlagen. Bei konstitutionell minderwertigen Kindern wird das erwachende Persönlichkeitsgefühl stets herabgedrückt, ihre Selbsteinschätzung fällt geringer aus, weil ihre Befriedigungsmöglichkeit weitaus dürftiger ist. Man denke an die zahllosen Einschränkungen, Kuren, Schmerzen bei magendarmkranken Kindern, an die Verweichlichung und Verwöhnung der blassen, schwächlichen, an Minderwertigkeit des Atmungsapparates leidenden Kinder, an das Jucken und die Qualen bei Prurigo und anderen Exanthemen, an die vielen erniedrigenden Kindesfehler, an die Ansteckungsfurcht der Eltern solcher Kinder, die oft dahin führt, wohin auch die häufigen Störungen in der Erziehung, im Schulfortgang, und die Störrigkeit solcher Kinder öfters führt: zur Isolierung und zur Missliebigkeit bei Kameraden und innerhalb der Familie. In ähnlicher Weise schädigen das Selbstgefühl die rhachitische Plumpheit, angeborene Fettleibigkeit und geringere Grade von geistiger Zurückgebliebenheit. Meist hilft sich das Kind durch die Annahme einer Zurücksetzung, die es von den Eltern erfährt, wie sie besonders häufig bei späteren oder dem jüngsten der Kinder anzutreffen ist, zuweilen auch bei dem ersten.

Diese feindliche Aggression, gereizt und verstärkt bei konstitutionell minderwertigen Kindern, fliesst mit seinem Streben, so gross und stark zu werden wie der Stärkste, innig zusammen und kräftigt und hebt jene Regungen hervor, die dem kindlichen Ehrgeiz zugrunde liegen. Alle späteren Gedankengänge und Handlungen des Neurotikers zeigen sich im gleichen Aufbau, wie seine kindlichen Begehrungsvorstellungen. Die „Wiederkehr des Gleichen" (Nietzsche) ist nirgends so gut wie beim Nervösen zu verstehen. Sein Minderwertigkeitsgefühl den Personen und Dingen gegenüber, seine Unsicherheit in der Welt drängen ihn zur Verstärkung der Leitlinien. An diese klammert er sich zeitlebens, um Sicherheit zu gewinnen, um sich in der Welt mittelst seines Glaubens und Aberglaubens zu orientieren, um seinem Gefühl der Minderwertigkeit zu entkommen, um sein Persönlichkeitsgefühl zu retten, um einen Vorwand zu haben, einer befürchteten Erniedrigung auszuweichen. Nie ist ihm dies alles so gelungen, wie in der Kindheit. Seine leitende

[1] Adler, Der Aggressionstrieb im Leben und in der Neurose. l. c.
[2] Adler, Trotz und Gehorsam.

Fiktion, so zu handeln, als ob er Allen überlegen sein müsste, kann deshalb auch die Form annehmen, sich so zu benehmen, als ob er ein Kind wäre. Die kindlichen Befriedigungen aber werden so vorbildlich, und verstärken daher die Leitlinie.

Es wäre gefehlt, anzunehmen, dass nur der Neurotiker solche Leitlinien aufweist. Der Gesunde müsste ebenfalls auf die Orientierung in der Welt verzichten, wenn er nicht nach Fiktionen das Weltbild und sein Erleben einordnete. In Stunden der Unsicherheit treten diese Fiktionen deutlicher hervor, werden zu Imperativen des Glaubens, des Ideals, des freien Willens, sie wirken aber auch sonst im Geheimen, im Unbewussten, wie alle psychischen Mechanismen, deren Wortbild sie nur vorstellen. Logisch genommen sind sie als Abstraktionen zu betrachten, als Simplifikationen, welchen die Aufgabe zufällt, Schwierigkeiten des Lebens nach Analogie der einfachsten Begebenheiten zu lösen. Die Urform der einfachsten Begebenheiten, das Maschenwerk des apperzipierenden Gedächtnisses, haben wir in den kindlichen Versuchen, mit seinen Schwierigkeiten fertig zu werden, gefunden. Im Traum liegt diese Apperzeptionsweise klarer zutage; wir werden uns noch damit beschäftigen.

Der Nervöse trägt das Gefühl der Unsicherheit ständig mit sich. Daher ist sein „analogisches Denken" stärker und deutlicher ausgeprägt. Sein Misoneismus (Lombroso), seine Furcht vor dem Neuen, vor Entscheidungen und Prüfungen, — die zumeist vorhanden ist, — stammen aus dem Mangel einer Analogie. Er hat sich so sehr an Leitlinien gekettet, nimmt diese wörtlich und sucht nur sie zu realisieren, dass er, ohne es zu wissen, darauf verzichtet hat, unbefangen, ohne Vorurteil an die Lösung realer Fragen zu gehen. Auch die notwendigen Einschränkungen durch die Wirklichkeit, wo sich hart im Raume die Dinge stossen, drängen ihn gemäss seiner Einstellung nicht zur Beseitigung der Fiktion, sondern nur zu ihrer Verwandlung. Noch konsequenter versucht der psychotische Patient die Realisierung seiner Fiktion durchzusetzen. Der Neurotiker zappelt im Realen an seiner selbstgeschaffenen Leitlinie und gelangt dadurch zu einer Spaltung seiner Persönlichkeit, dass er der realen und der imaginären Forderung gerecht werden will.

Form und Inhalt der neurotischen Leitlinie stammen aus den Eindrücken des Kindes, das sich zurückgesetzt fühlt. Diese Eindrücke, die sich aus einem ursprünglichen Gefühl der Minderwertigkeit mit Notwendigkeit herausheben, rufen eine Aggressionsstellung ins Leben, deren Zweck die Überwindung der Unsicherheit ist. In dieser Aggressionsstellung finden alle Versuche des Kindes ihren Platz, die eine Erhöhung seines Persönlichkeitsgefühls versprechen, geglückte Versuche, die zur Wiederholung drängen, missglückte, die als Memento dienen, auf den Endzweck vorbereitende Tendenzen, die sich aus einem aufdringlichen organischen Leiden ergeben haben und in eine Summe psychischer Bereitschaften ausmünden, und solche, die bei anderen erschaut sind. Alle Erscheinungen der Neurose stammen aus diesen vorbereitenden Mitteln, die dem männlichen Endzweck zustreben. Sie sind geistige Bereitschaften, immer fertig, um den Kampf um das Persönlichkeitsgefühl einzuleiten; sie gehorchen dem Kommando der leitenden Fiktion, die sich mittelst dieser aus der Kindheit bereit liegenden Reaktionsweisen durchzusetzen sucht. In der entwickelten Neurose peitscht die Fiktion alle diese Bereitschaften auf, die sich nun selbst wie Endzwecke geberden. Die Angst, die vorher sichern sollte, vor dem Alleinsein, vor Herabsetzung, vor dem Gefühl der Kleinheit, wird hypostasiert, der Zwang, ursprünglich im Sinne der Fiktion ein Versuch sich männlich zu geberden, verselbständigt sich, in der Ohnmacht, in den Lähmungen, in den hysterischen Schmerzen und funktionellen Störungen stellt sich symbolisch die pseudomasochistische Art des Patienten dar, zur Geltung zu kommen oder einer gefürchteten Entscheidung auszuweichen. Die grosse Bedeutung der Unsicherheit des Neurotikers, wie ich sie erkannt und beschrieben habe, zwingt zu einer derartigen Verstärkung der Bereitschaft und ihrer Folgen, dass ursprünglich geringe Erscheinungen funktioneller Art die wunderbarsten Ausgestaltungen erfahren, sobald die innere Not es erheischt.

Der Blick des Neurotikers richtet sich — wegen des Gefühls der Unsicherheit — viel weiter in die Zukunft. Alles gegenwärtige Leben scheint ihm nur Vorbereitung. Auch dieser Umstand trägt viel dazu bei, seine Phantasietätigkeit anzuspornen und ihn der realen Welt zu entfremden. Ähnlich wie bei religiösen Menschen ist sein Reich nicht von dieser Welt, und wie diese kommt er von der Gottheit, die er sich geschaffen, Erhöhung seines Persönlichkeitsgefühls, nicht los. Eine Anzahl allgemeiner Charakterzüge entspringen mit Notwendigkeit diesem der Wirklichkeit abgewandten Wesen. So in erster Linie die grosse Verehrung der Mittel, die seiner Fiktion dienen sollen. Er wird in der Regel ein sorgfältig abgezirkeltes Benehmen, Genauigkeit, Pedanterie an den Tag legen, einerseits um die „grossen Schwierigkeiten des Lebens" nicht zu vermehren, andererseits und hauptsächlich aber, um sich von anderen in der Arbeit, in der Kleidung, in der Moral abzuheben und so ein Gefühl der Überlegenheit zu gewinnen. Zumeist dient dieser verstärkte Charakterzug auch dazu, ihn mit dem „Feind" in Fühlung zu bringen, jene Situationen heranreifen zu lassen, die ihn mit seiner Umgebung in Konflikt bringen, damit er „berechtigte" Vorwürfe erheben könne. Gleichzeitig dienen diese ewigen Vorwürfe dazu, sein Gefühl, seine Aufmerksamkeit wach zu halten, sich zu beweisen, dass man ihn zurücksetze, nicht mit ihm rechne. Man findet diesen Zug schon in der Kindheit mancher Nervösen, wo er dazu verhilft, irgend jemanden in den Dienst zu stellen, etwa die Mutter, die dann allabendlich längere Zeit die Kleider in streng vorgeschriebener Weise behandeln muss. Ähnlich dringt oft die Angst und die Schüchternheit auffällig durch, und ich muss allen anderen Erklärungsversuchen gegenüber dabei verharren, dass das psychische Phänomen der Angst aus einer halluzinatorischen Erregung einer Bereitschaft entsteht, die in der Kindheit aus kleinen Anfängen somatisch erwachsen ist, sobald eine körperliche Schädigung drohte, später aber, und insbesondere in der Neurose durch den Endzweck bedingt ist, sich einer Herabsetzung des Persönlichkeitsgefühls zu entziehen und andere Personen dienstbar zu machen. — Es ist leicht zu verstehen, dass alle Begehrungsvorstellungen einen ungeheuren Grad erreichen können, ebenso wie das Erreichte selten Befriedigung gewährt. Man kann ruhig annehmen, dass jeder Neurotiker „Alles haben will". Dieses Begehren deckt sich mit seiner leitenden Fiktion, der Stärkste sein zu wollen. Wenn er vor Gewinn versprechenden Unternehmungen zurückschreckt, wie meist auch vor Verbrechen und unmoralischen Handlungen, so deshalb, weil er für sein Persönlichkeitsgefühl fürchtet. Aus demselben Grunde scheut er oft vor der Lüge zurück, kann aber, um sicher zu gehen, und sich vor Abwegen zu hüten, in sich das Bedenken nähren, dass er grosser Laster und Verbrechen fähig wäre. — Dass diese starre Verfolgung der Fiktion eine soziale Schädigung bedeutet, liegt auf der Hand.

Der Egoismus nervöser Menschen, ihr Neid, ihr Geiz, oft ihnen unbewusst, ihre Tendenz, Menschen und Dinge zu entwerten, stammen aus ihrem Gefühl der Unsicherheit, und sind bestimmt, sie zu sichern, zu lenken, anzuspornen. — Da sie in Phantasien eingesponnen sind und in der Zukunft leben, ist auch ihre Zerstreutheit nicht verwunderlich. — Der Stimmungswechsel ist abhängig vom Spiel ihrer Phantasie, die bald peinliche Erinnerungen berührt, bald sich aufschwingt zur Erwartung des Triumphes, analog dem Schwanken und Zweifeln des Neurotikers. In gleicher Weise erscheinen spezielle Charakterzüge, die alle der menschlichen Psyche nicht fremd sind, durch den hypnotisierenden Endzweck gerichtet und tendenziös verstärkt. — Sexuelle Frühreife und Verliebtheit sind Ausdrucksformen für die gesteigerte Tendenz, erobern zu wollen, Masturbation, Impotenz und perverse Regungen liegen auf der Richtungslinie der Furcht vor dem Partner, der Furcht vor Entscheidung, wobei der Sadismus einen Versuch darstellt, den „wilden Mann" zu spielen, um ein Minderwertigkeitsgefühl zu übertäuben.

Wir haben bisher als leitende Kraft und Endzweck der aus konstitutioneller Minderwertigkeit erwachsenen Neurose die Erhöhung des Persönlichkeitsgefühls betrachtet, die sich immer mit besonderer Macht durchzusetzen sucht. Dabei ist uns nicht entgangen, dass dies bloss die Ausdrucksform eines Strebens und Begehrens ist, deren Anfänge tief in der menschlichen Natur begründet sind. Die Ausdrucksform selbst und die Vertiefung dieses Leitgedankens, den man auch als Wille zur Macht (Nietzsche) bezeichnen könnte, belehrt uns, dass sich eine besondere Kraft kompensatorisch im Spiel befindet, die der inneren Unsicherheit ein Ende machen will. Durch die starre Formulierung, die meist an die Oberfläche des Bewusstseins dringt, sucht der Neurotiker den festen Punkt zu gewinnen, um die Welt aus den Angeln zu heben. Es macht keinen grossen Unterschied aus, ob viel oder wenig von dieser treibenden Kraft dem Neurotiker bewusst ist. Den Mechanismus kennt er nie, und ebensowenig vermag er es allein, sein analogisches Verhalten und Apperzipieren aufzuklären und zu zerbrechen. Dies gelingt nur einem analytischen Verfahren, welches uns durch die Mittel der Abstraktion, Reduktion und Simplifikation die kindliche Analogie erraten und verstehen lässt. Dabei stellt sich nun regelmässig heraus, dass der Neurotiker stets nach der Analogie eines Gegensatzes apperzipiert, ja dass er zumeist nur gegensätzliche Beziehungen kennt und gelten lässt. Diese primitive Orientierung in der Welt, den antithetischen Aufstellungen Aristoteles', sowie den pythagoräischen Gegensatztafeln entsprechend, stammt gleichfalls aus dem Gefühle der Unsicherheit und stellt einen simplen Kunstgriff der Logik vor. Was ich als polare, hermaphroditische Gegensätze, Lombroso als bipolare, Bleuler als Ambivalenz beschrieben haben, führt auf diese nach dem

Prinzip des Gegensatzes arbeitende Apperzeptionsweise zurück. Man
darf darin nicht, wie es meist geschieht, eine Wesenheit der Dinge erblicken, sondern muss die primitive Arbeitsmethode erkennen, die ein
Ding, eine Kraft, ein Erlebnis an deren arrangiertem Gegensatz misst.

Je weiter die Analyse fortschreitet, desto deutlicher wird eines der
Gegensatzpaare, deren Urform wir als Minderwertigkeitsgefühl und Erhöhung des Persönlichkeitsgefühls festgestellt
haben. Es entspricht nur den primitiven Versuchen des Kindes, sich
in der Welt zu orientieren und sich so zu sichern, wenn greifbarere
Gegensatzpaare erfasst werden. Unter diesen habe ich folgende zwei
regelmässig gefunden: 1. oben — unten; 2. männlich — weiblich. — Man findet dann immer Gruppierungen von Erinnerungen,
Regungen und Handlungen, die im Sinne des Patienten, nicht immer
im Sinne der Allgemeinheit nach dem Typus geordnet sind: minderwertig = unten = weiblich; mächtig = oben = männlich. Diese
Gruppierung ist wichtig, denn sie ermöglicht, weil sie beliebig gefälscht
und protegiert werden kann, die Verzerrung des Weltbildes, wodurch es
dem Neurotiker immer möglich ist, durch Arrangement, durch Unterstreichung und Willkürlichkeiten, seinen Standpunkt als den eines zurück-
gesetzten Menschen festzuhalten. Es liegt in der Natur der Dinge, dass
ihm dabei seine konstitutionelle Minderwertigkeit zu Hilfe kommt, und
ebenso die stetig zunehmende Aggression seiner Umgebung, die durch
nervöses Betragen des Patienten fortwährend aufgestachelt wird.

Zuweilen fehlt dem Neurotiker das volle Bewusstsein seiner ver-
meintlichen oder wirklichen Niederlage. Man findet dann immer, dass
sein Stolz, sein Persönlichkeitsgefühl deren Anerkennung verweigert.
Er handelt nichtsdestoweniger so, als ob er die neue Zurücksetzung
zur Kenntnis genommen hätte, und das Rätsel eines nervösen Anfalles
löst sich oft erst nach der Einsicht in diese Tatsache. Für die Heilung
ist mit der Heraushebung solcher „verdrängter" Empfindungen aus dem
Unbewussten nicht viel getan, oder nur dann, wenn dabei der Zusammenhang mit dem kindlichen Mechanismus der Anfallsbereitschaft dem
Patienten zugänglich wird. Zuweilen erfolgt sogar eine scheinbare Verschlimmerung, die dahin zu verstehen ist, dass der Patient seine
Bereitschaften gegen den Arzt richtet, weil dieser sein Persönlichkeitsgefühl verletzt hat.

Eine wichtige Frage ist noch zu beantworten. Worauf bezieht
der Neurotiker sein Minderwertigkeitsgefühl? Da der Patient nur bei Organminderwertigkeiten, die sich aufdringlich in die
Krankheitsbereitschaft stellen, eine Beziehungsmöglichkeit herstellen
kann, ist er stets auf dem Wege der Vermutung, Er wird die Ursache
seiner Minderwertigkeit nicht etwa in Störungen der Drüsensekretion
suchen, sondern wird in allgemeiner Weise seine Schwächlichkeit, seinen
kleinen Wuchs, Verbildungen, Kleinheit oder Anomalien der Genitalien,
Mangel an vollkommener Männlichkeit, sein weibliches Geschlecht, weibliche Züge körperlicher oder psychischer Art, seine Eltern, die Heredität,
zuweilen auch nur Lieblosigkeit, schlechte Erziehung, Mangel in der
Kindheit etc., beschuldigen. Und seine Neurose, das heisst in unserem
Sinne: Die Verschärfung seiner Bereitschaften auf analogischer, kindlicher Grundlage, seine symbolisch gewordenen
Gedanken, Empfindungs- und Erfolgsbereitschaften als
Ausdrucksmittel werden in Aktion treten, sobald der

2*

Patient von einer Situation eine Herabsetzung befürchtet
oder erfährt. Er, der sozusagen mit Minderwertigkeitsgefühlen vor-
geimpft wurde, zeigt sich anaphylaktisch gegen jede Verringerung seines
Persönlichkeitsgefühls und findet im Zaudern, im Schwanken, im Zweifel
und in der Skepsis, ebenso im Ausbruch einer Neurose oder Psychose
noch Zuflucht und Sicherung gegen die grösste Unlust, die ihn treffen
könnte, gegen die Heraufbeschwörung einer deutlich empfundenen Minderwertigkeit. Dermassen sind auch die typischen Veranlassungen
zum Ausbruch der Neurosen und Psychosen leicht zu erraten und nachzuweisen:

I. Suchen des Geschlechtsunterschiedes, schwankende
Auffassung der eigenen Geschlechtsrolle, ursächlich für die Erregung
des Minderwertigkeitsgefühls. Empfindung und Gruppierung weiblich
gewerteter Züge, schwankende, zweifelnde, hermaphroditische Apperzeption und hermaphroditische Bereitschaft. Bereitschaft und psychische
Geste der weiblichen Rolle bringen stets grössere Passivität, ängstliche Erwartung etc. mit sich, rufen aber den männlichen Protest, stärkere
Emotionalität (Heymanns) hervor.

II. Beginn der Menstruation.

III. Termin der Menstruation.

IV. Zeit des Geschlechtsverkehrs, der Masturbation.

V. Heiratsfähigkeit.

VI. Schwangerschaft.

VII. Puerperium.

VIII. Klimakterium, Abnahme der Potenz.

IX. Prüfungen, Berufswahl.

X. Todesgefahr.

Alle diese Termine rufen Steigerungen oder Änderungen in den
vorbereitenden Einstellungen zum Leben hervor. Das gemeinsame Band,
das sie verbindet, ist die Erwartung neuer Tatsachen, die für den Neurotiker immer neuen Kampf, neue Gefahr des Unterliegens bedeuten. Er
schreitet sofort zu intensiven Sicherungen, deren äusserste Grenze durch
den Selbstmord gesetzt ist. Ausbrüche von Psychosen und Neurosen stellen
Verstärkungen seiner neurotischen Bereitschaft vor, in der regelmässig auch
sichernde, vorgeschobene Charakterzüge zu finden sind wie: Steigerung
der Überempfindlichkeit, grössere Vorsicht, Jähzorn, Pedanterie, Trotz,
Sparsamkeit, Unzufriedenheit, Ungeduld u. a. m. — Da diese Züge leicht
nachzuweisen sind, eignen sie sich auch ganz besonders zur Feststellung
des Bestandes einer psychogenen Erkrankung.

Wir sind im Vorhergehenden zu dem Schluss gekommen, dass das
Gefühl der Unsicherheit es ist, das den Neurotiker zum stärkeren
Anschluss an Fiktionen, Leitlinien, Ideale, Prinzipien zwingt. Auch dem
Gesunden schweben diese Leitlinien vor. Aber sie sind ihm ein
Modus dicendi, ein Kunstgriff, um das Oben vom Unten, das Links vom
Rechts, das Recht vom Unrecht zu unterscheiden, und es mangelt ihm
nicht die Unbefangenheit, im Falle des Entschlusses sich von diesen
abstrakten Fiktionen zu befreien und die Rechnung mit dem Realen zu
machen. Ebensowenig zerfallen ihm die Erscheinungen der Welt in
starre Gegensätze; er ist vielmehr jederzeit bestrebt, sein Denken und
Handeln von der irrealen Leitlinie loszulösen und mit der Wirklichkeit
in Einklang zu bringen. Dass er überhaupt Fiktionen als Mittel zum
Zweck benützt, liegt in der Brauchbarkeit der Fiktion, um die Rechnung

des Lebens überhaupt ansetzen zu können. Der Neurotiker aber, wie
das der Welt noch entrückte Kind, wie der primitive Verstand früherer
Völker, klammert sich an den Strohhalm der Fiktion, hypostasiert sie,
verleiht ihr willkürlich Realitätswert, sucht sie in der Welt zu realisieren. Dazu ist sie untauglich, noch untauglicher, wenn sie wie in
der Psychose zum Dogma erhoben, anthropomorphisiert wird. Das
Symbol als Modus dicendi beherrscht unsere Sprache und unser
Denken. Der Neurotiker nimmt es wörtlich, und in der Psychose wird
die Verwirklichung versucht. In meinen Arbeiten zur Neurosenlehre ist
dieser Standpunkt stets betont und festgehalten. Ein günstiger Zufall
machte mich mit Vaihingers genialer „Philosophie des Als Ob"
(Berlin 1911) bekannt, ein Werk, in dem ich die mir aus der Neurose
vertrauten Gedankengänge als für das wissenschaftliche Denken allgemein
gültig hingestellt fand.

Nachdem wir festgestellt haben, dass der fiktive, leitende Zweck
des Neurotikers eine grenzenlose Erhöhung des Persönlichkeitsgefühls
ist, der geradezu ausartet in den „Willen zum Schein" (Nietzsche), können
wir dazu übergehen, die begriffliche Fassung dieses Lebensproblems
einer Betrachtung zu unterziehen. Da beim Suchen des Geschlechtsunterschiedes die Rolle des Mannes entschieden vorgezogen wird, stellt
sich in früher Zeit bereits der Formenwandel entsprechend dem Gegensatz: „Mann — Weib" — ein, und es ergibt sich für den Neurotiker die
Formel: ich muss so handeln, als ob ich ein ganzer Mann wäre
(oder werden wollte). Das Gefühl der Minderwertigkeit und seine
Folgen werden mit dem Gefühl der Weiblichkeit identifiziert, der kompensatorische Zwang drängt im psychischen Überbau auf Sicherungen
behufs Festhaltung der männlichen Rolle, und der Sinn der Neurose
kleidet sich in den gegensätzlichen Grundgedanken: ich bin ein
Weib und will ein Mann sein. Dieser leitende Endzweck schafft
die nötigen psychischen Gesten und Bereitschaften, drückt sich aber
ebenso in körperlicher Haltung und Mimik aus. Und mit diesen vorbereiteten Gesten, als deren Vorhut die neurotischen Charakterzüge
aufzufassen sind, steht der Neurotiker dem Leben und den Personen
gegenüber, mit deutlich erhöhter Spannung lauernd, ob er sich als
Mann bewähren werde. Scheingefechte spielen eine grosse Rolle; sie
werden eingeleitet, damit sich der Neurotiker übe, damit er aus anderen oder
ähnlichen Verhältnissen Lehren gewinne, um sich vorsichtiger zu
machen, und um beispielsweise Beweise an die Hand zu
bekommen, dass er die Hauptschlacht nicht wagen dürfe. Wieviel
er dabei arrangiert, übertreibt und entwertet, was ihm durch eine
gewisse Willkür ermöglicht wird (Meyerhof), wie er dabei falsch
gruppiert und auf die Festigung seiner Fiktion hinarbeitet, erfordert
eine gesonderte Darstellung, wie ich sie versuchsweise in den Vorarbeiten
zu dieser Schrift geliefert habe. Dass aber in dem männlichen
Protest des Neurotikers der ältere kompensierende Wille zur Macht
steckt, der sogar die Empfindungen umwertet und Lust zur Unlust
machen kann, geht aus den nicht seltenen Fällen hervor, wo der geradlinige Versuch, sich männlich zu geberden, auf grosse Widerstände
stösst und sich eines Umweges bedient: die Rolle des Weibes wird
höher gewertet, passive Züge werden verstärkt, masochistische, bei
Männern passiv homosexuelle Züge tauchen auf, kraft deren der Patient
hofft, Macht über Männer und Frauen zu gewinnen, kurz der männliche

Protest bedient sich weiblicher Mittel. Dass auch dieser Kunstgriff vom Willen zur Macht diktiert ist, geht aus den übrigen neurotischen Zügen hervor, die Herrschaft und Überlegenheit in der stärksten Form erstreben. Diese Apperzeption aber bringt den sexuellen Jargon in die Neurose, der als symbolisch aufgefasst und weiter aufgelöst werden muss.

Gleichzeitig oder dominierend findet man bei dem Neurotiker die Apperzeptionsweise nach dem räumlichen Gegensatz des „Oben-Unten". Auch für diesen primitiven Orientierungsversuch, den der Neurotiker verschärft und stark hervorhebt, finden sich Analogien bei primitiven Völkern. Während aber leicht zu verstehen ist, dass das männliche Prinzip mit der Vollwertigkeit identifiziert wird, sind wir bezüglich der Gleichstellung des „Oben" auf Vermutungen angewiesen. Eine gewisse Wahrscheinlichkeit spricht dafür, dass der Wert und die Bedeutung des oben befindlichen Hauptes im Gegensatz zu den Füssen in Betracht kommt. Noch wichtiger erscheint mir, dass die Wertschätzung des „Oben" und seine Gleichstellung mit der Vollwertigkeit aus der Sehnsucht der Menschen stammt, sich zu erheben, zu fliegen, das zu leisten, was man nicht kann. Die universellen Flugträume der Menschheit und ihr gleichgerichtetes Streben sprechen wohl für diese Annahme. Dass im Congressus sexualis das „Oben" mit dem männlichen Prinzip zusammen-fliesst, ist sicherlich auch von Bedeutung.

Die Verstärkung der Fiktion in der Neurose verursacht eine Konzen-tration der Aufmerksamkeit auf die vom Nervösen als wichtig erkannten Gesichtspunkte. Daraus ergibt sich die Einengung des Gesichts-feldes als motorische und psychische Bereitschaft. Gleichzeitig tritt der verstärkte neurotische Charakter in Kraft, der die Sicherung durchführt, Fühlung mit feindlichen Gewalten nimmt und weit über die Grenzen der Persönlichkeit hinaus, über Zeit und Raum sich ausdehnend, als sekundäre Leitlinie dem Willen zur Macht Vorschub leistet. Der neurotische Anfall endlich, dem Kampf um die Macht vergleichbar, hat die Aufgabe, das Persönlichkeitsgefühl vor Herabsetzungen zu bewahren.

Aus der konstitutionellen Minderwertigkeit erwächst also ein Gefühl der Minderwertigkeit, das eine Kompen-sation im Sinne der Erhöhung des Persönlichkeitsgefühls verlangt. Dabei gelangt der fiktive Endzweck zu ungeheurem Einfluss und zieht alle psychischen Kräfte in seine Richtung. Selbst aus der Sicherungstendenz erwachsen, organisiert er psychische Bereitschaften zu Sicherungszwecken, unter denen sich der neurotische Charakter sowie die funktionelle Neurose als hervor-stechende Kunstgriffe abheben. Die leitende Fiktion hat ein einfaches, infantiles Schema, und beeinflusst die Apperzeption und den Mechanismus des Gedächtnisses.

II. Kapitel.

Die psychische Kompensation und ihre Vorbereitung.

Unsere Betrachtung hat uns dahin geführt, zu verstehen, wie sich aus der absoluten Minderwertigkeit des Kindes, insbesondere des konstitutionell belasteten, eine Selbsteinschätzung entwickelt, die das Gefühl der Minderwertigkeit hervorruft. Analog dem $\delta \acute{o} \varsigma$ $\pi o \tilde{v}$ $\sigma \tau \tilde{\omega}$ sucht das Kind einen Standpunkt zu gewinnen, um die Distanzen zu den Problemen des Lebens abschätzen zu können. Von diesem Standpunkte aus, der als ruhender Pol in der Erscheinungen Flucht angenommen wird, spannt die kindliche Psyche Gedankenfäden zu den Zielen seiner Sehnsucht. Auch diese werden von der abstrakten Anschauungsform des menschlichen Verstandes als feste Punkte erfasst und sinnlich interpretiert. Das Ziel: gross zu sein, stark zu sein, ein Mann, oben zu sein, wird in der Person des Vaters, der Mutter, des Lehrers, des Kutschers, des Lokomotivführers etc. symbolisiert, und das Gebaren, die Haltung, identifizierende Gesten, das Spiel der Kinder und ihre Wünsche, Tagträume und Lieblingsmärchen, Gedanken über ihre künftige Berufswahl zeigen uns an, dass die Kompensationstendenz am Werke ist und Vorbereitungen für die zukünftige Rolle trifft. Das eigene Gefühl der Minderwertigkeit und Untauglichkeit, die Empfindung der Schwäche, der Kleinheit, der Unsicherheit wird so zur geeigneten Operationsbasis, die aus den anhaftenden Gefühlen der Unlust und Unbefriedigung die inneren Antriebe hergibt, einem fiktiven Endziel näher zu kommen. Das Schema, dessen sich das Kind bedient, um handeln zu können und sich zurecht zu finden, ist allgemein und entspricht dem Drängen des menschlichen Verstandes, durch unreale Annahmen, Fiktionen, das Chaotische, Fliessende, nie zu Erfassende in feste Formen zu bannen, um es zu berechnen. So handeln wir auch, wenn wir durch Meridiane und Parallelkreise die Erdkugel zerlegen; denn nur so erhalten wir feste Punkte, die wir in Relation setzen können. Bei allen ähnlichen Versuchen, von denen die menschliche Psyche voll ist, handelt es sich um die Eintragung eines unwirklichen abstrakten Schemas in das wirkliche Leben, und ich betrachte als die Hauptaufgabe dieser Schrift, diese Erkenntnis, die ich aus der psychologischen Betrachtung der Neurose und Psychose gewonnen habe, und die sich nach den Nachweisen Vaihingers in allen wissenschaftlichen Anschauungen wiederfindet, zu fördern. An welchem Punkte immer man die psychische Entwickelung eines Gesunden oder Nervösen untersucht, findet man ihn stets in den Maschen seines Schemas verstrickt, den Neurotiker, der nicht zur Wirklichkeit zurückfindet und an seine Fiktion glaubt, den Gesunden, der es benützt, um ein reales Ziel zu erreichen. Was aber zur Benützung des Schemas den brennenden Anlass gibt, ist stets die Unsicherheit in der Kindheit, die grosse Distanz von der Machtentfaltung des Mannes, von seinem Vorrang und Privileg, von dem das Kind Ahnungen und Gewissheiten besitzt. Und in diesem Punkte möchte ich mir gestatten, die Ausführungen des gelehrten Autors zu ergänzen: was uns alle, was vor allem das Kind und den Neurotiker zwingt, die näherliegenden Wege der Induktion und Deduktion zu verlassen, sich solcher Kunstgriffe zu bedienen wie der schematischen Fiktion, stammt aus dem Gefühl der Unsicherheit, ist die Tendenz der Sicherung, die letzter Linie darauf hinzielt, des Gefühls der Minderwertigkeit ledig zu werden, um sich zur vollen Höhe des Persönlichkeitsgefühls, zur ganzen Männlichkeit, zum Ideal des Obenseins aufzuschwingen. Je grösser diese Distanz ist, um so schärfer tritt die leitende Fiktion zutage, so dass das Gefühl des Untenseins in gleicher Weise ausschlaggebend sein kann wie etwa das überlebensgross gefasste Bild eines starken Vaters, einer starken Mutter.

Wir sehen so Anspannungen zutage treten, die weit über das Mass dessen hinausgehen, was bei den angestrengtesten körperlichen Leistungen der Triebe, bei der stärksten Sehnsucht nach Befriedigung organischer Lust zu erwarten wäre. Unter anderen weist auch Goethe darauf hin, dass wohl die Wahrnehmung an praktische Bedürfnisbefriedigungen anknüpfe, dass der Mensch aber darüber hinaus ein Leben in Gefühl und Einbildungskraft führe. Damit ist der Zwang zur Erhöhung des Persönlichkeitsgefühls trefflich erfasst, wie auch aus einem seiner Briefe an Lavater hervorgeht, wo Goethe bemerkt: „Diese Begierde, die Pyramide meines Daseins, deren Basis mir angegeben und gegründet ist, so hoch als möglich in die Luft zu spitzen, überwiegt alles andere und lässt kaum augenblickliches Vergessen zu".

Es lässt sich leicht verstehen, dass eine derart angespannte psychische Situation, — und jeder Künstler, jedes Genie kämpft den gleichen Kampf gegen sein Gefühl der Unsicherheit, nur mit kulturell wertvollen Mitteln, — geeignet ist, eine ganze Anzahl von Charakterzügen zu verstärken und hervorzutreiben, welche die Neurose konstituieren helfen. So vor allem den Ehrgeiz. Er ist wohl die stärkste von den sekundären Leitlinien, die zum fiktiven Endzweck hinstreben. Und er erzeugt eine Summe von psychischen Bereitschaften, die dem Nervösen den Vorrang in allen Lebenslagen sichern sollen, die aber seine Aggression, seine Affektivität stets als gereizt erscheinen lassen. So präsentiert sich der Nervöse meist als stolz, als rechthaberisch, neidisch und geizig, will überall Eindruck machen, immer der Erste sein, zittert aber stets für den Erfolg und schiebt gerne die Entscheidung hinaus. Daher das Zögernde, das Vorsichtige im Auftreten des Neurotikers, sein Misstrauen, Schwanken und seine Zweifel. Wie zu einer Art Übung, im Sinne einer Vorbereitung produziert er diese psychischen Bereitschaften im Kleinen, um Anhaltspunkte und weitere sichernde Richtlinien für grosse Ziele zu gewinnen, die ihn im Banne halten. Dies ist auch der Sinn des Freudschen Verschiebungsmechanismus, dass der Kranke durch seine Sicherungstendenz gezwungen ist, probeweise, in corpore vili Beweise zu sammeln, die seine psychische Gesamthaltung rechtfertigen und immer wieder rechtfertigen sollen. In der Regel resultiert immer wieder die Anschauung: ich muss vorsichtig sein, wenn ich mein Ziel erreichen will! Und es ist gar nicht so selten, dass der Patient dreiste Unvorsichtigkeiten begeht, um sich im Hauptpunkt seines Männlichkeitsideals durch warnendes Hervorheben seiner Unvorsichtigkeit zu sichern. Sehr häufig übernehmen Halluzinationen und Träume bei Neurotikern und Psychotikern die Funktion dieser warnenden Stimme, malen aus, wie es schon einmal war, wie es bei Anderen war, oder wie es kommen könnte, um den Patienten bei der sichernden Leitlinie zu halten.

Sonst finden sich, „um die Pyramide des Daseins so hoch als möglich in die Luft zu spitzen", stark unterstrichene Züge von Kampflust, Trotz und Aktivität, vielfach gesichert oder verschärft durch Pedanterie, letztere, um in der Richtung zu bleiben. Dass die Wissbegierde, als mächtige Förderin zu hohen Zielen, sich ungeheuer anspannt, ist gewiss nicht wunderlich. Ebenso deutlich zeigt sich die Ungeduld, die Furcht, zu spät zu kommen, die Furcht, nichts zu erreichen, als besonders heftiger Antrieb, einen Vorteil nicht aus den Augen zu lassen, lieber zu viel als zu wenig für die Erreichung des fiktiven Endzweckes zu tun. Immerhin liegen diese Züge schon ganz im Gebiet der entwickelten Neurose, wo die Sicherungstendenz immer mehr in den Vordergrund tritt und zu den gefährlichen Kunstgriffen treibt: die Gefühle der Minderwertigkeit zu vertiefen, so zu handeln, als ob man verkürzt, vom Erfolg abgeschnitten, ohne Hoffnungen sei, oder mehr weniger in Passivität zu tauchen, weibliche Züge emporzutreiben, sich masochistisch und pervers zu geberden, zuletzt seinen Wirkungskreis stark einzuschränken, um diesen durch die Krankheitssymptome desto gewaltiger zu erschüttern und zu beherrschen. In ähnlicher Weise kommt das Arrangement von Indolenz, Faulheit, Müdigkeit, Impotenz jeder Art zustande, die den Vorwand abgeben, vor Entscheidungen zu fliehen, die den Stolz des Nervösen kränken könnten, sich dem Studium, dem Beruf, einer Ehe zu entziehen. Zuweilen endet diese Entwickelungsphase mit Selbstmord, der dann immer als gelungene Rache an dem Schicksal, an den Angehörigen, empfunden wird.

Auch Schuldgefühle gewinnen an Raum. Damit stehen wir an einem der schwierigsten Punkte der Analysen von Neurosen und Psychosen. Schuldgefühl und Gewissen sind fiktive Leitlinien der Vorsicht, ähnlich wie Religiosität, und dienen der Sicherungstendenz[1]. Sie haben die Aufgabe, ein Sinken des Persönlichkeitsgefühls zu verhüten, wenn die gereizte Aggression ungestüm zu selbstsüchtigen Taten drängt. Im Schuldgefühl ist der Blick nach rückwärts gewendet, das Gewissen wirkt durch Voraussicht. Auch die Wahrheitsliebe wird durch die Sicherungstendenz getragen, liegt eigentlich im Rahmen unseres Persönlichkeitsideals, während die neurotische Lüge einen schwächlichen Versuch darstellt, den Schein zu wahren und also kompensierend zu wirken.

Alle diese Versuche des Höherstrebens, des Willens zur Macht müssen naturgemäss als eine Form des männlichen Strebens aufgefasst,

---

[1] Siehe Furtmüller, Psychoanalyse und Ethik, München, E. Reinhardt 1912.

mit dem männlichen Protest identifiziert werden, da dieser eine
Urform psychischen Geltungsdranges darstellt, nach welchem alle Erfahrungen, Wahrnehmungen und Willensrichtungen gruppiert werden.
Die Apperzeption wird nach diesem sinnfälligsten Schema geleitet, der
Endzweck, zumal beim Neurotiker, ist die Ausgestaltung des männlichen
Protestes gegen weibliche Selbsteinschätzung, und so richten sich auch
die Aufmerksamkeit, die Vorsicht, der Zweifel, ebenso aber
alle Charakterzüge und sonstigen psychischen und körperlichen Bereitschaften, in höchstem Masse vor allem die Wertung alles Erlebens
nach diesem männlichen Endzweck, so dass alle diese Erscheinungen in
sich eine Dynamik tragen und dem Kenner verraten, die von unten
nach oben, vom Weiblichen zum Männlichen drängt. Die Auslösung
aller dieser Kraftlinien, die Fixierung des fernabliegenden Endzweckes,
die Hervorhebung und gelegentliche Protektion minderwertiger, weiblicher Züge zwecks besserer Bekämpfung derselben durch den männlichen Protest geschieht durch den gleichen Faktor, der auch die
organischen Kompensationen schafft, durch den Zwang zum Ausgleich,
durch stetige Versuche, eine schädigende Minderleistung durch Mehrarbeit zu ersetzen, was im Psychischen in der Sicherungstendenz
zum Ausdruck kommt, die den Willen zur Macht, zur Männlichkeit,
zur Leitlinie macht, um dem Gefühl der Unsicherheit zu entgehen.

Die grösste Schwierigkeit für das Verständnis der Neurose bietet
die auffällige Protektion minderwertiger, weiblicher Züge und deren
Anerkennung durch den Patienten. Hierher gehört das Hervortreten
von Krankheitserscheinungen überhaupt, aber auch passiver, masochistischer Züge, weiblicher Charaktere, passive Homosexualität, Impotenz, Suggestibilität, Zugänglichkeit und Neigung für Hypnose oder
endlich das scheinbare Aufgehen in weibliches Wesen und Gebaren.
Der Endzweck bleibt immer die Beherrschung Anderer, die als männlicher
Triumph empfunden und gewertet wird. Niemals auch fehlen in der
Charakterologie dieser Patienten die oben geschilderten kompensierenden Züge, wie man sie bei Menschen zu erwarten hat, die das Gefühl
der Verkürztheit zur Operationsbasis nehmen, und nun auf jede Weise
den Ersatz, das zu einem übertriebenen Persönlichkeitsgefühl Fehlende
hereinzubringen trachten. Und auch in dieser psychischen Situation
gewinnt das Sexuelle als Symbol an Raum, indem solche Patienten häufig
nach einem Schema apperzipieren, als ob ihr Genitale verweiblicht, verkürzt, kastriert wäre, und sie deshalb fortwährend gezwungen wären,
einen Ersatz zu suchen. Eine Form dieses Ersatzes finden sie in der
Herabsetzung, Verweiblichung aller anderen Personen. Aus dieser Entwertungstendenz stammen namhafte Verstärkungen gewisser Charakterzüge, die weitere Bereitschaften vorstellen und bestimmt sind, Andere
zu beeinträchtigen, wie Sadismus, Hass, Rechthaberei, Unduld-
samkeit, Neid etc. Auch die aktive Homosexualität, sowie Perversionen, die den Partner herabsetzen, auch Lustmord gehen aus der
Entwertungstendenz des Neurotikers hervor, die man sich nicht stark
genug vorstellen kann. Sie alle stellen Fleisch gewordene Symbolik des
Unterwerfens nach dem Schema: sexuelle Überlegenheit des
Mannes- vor. Kurz, der Neurotiker kann sein Persönlichkeitsgefühl
auch dadurch erhöhen, dass er den Anderen herabsetzt.

Wir haben oben von der Protektion weiblicher Züge zwecks
besserer Bekämpfung, behufs besserer Selbstüberwachung in der Neurose ge-

sprochen. Diese Unterstreichungen, dazu die deutliche Tendenz, den Willen zur Männlichkeit hervorzuheben, schaffen den Schein eines Klaffens in der Psyche des Nervösen, der den Autoren in der Annahme eines double vie, einer Dissoziation, ebenso in dem Stimmungswechsel der Nervösen, aber auch in der Abfolge von Depression und Manie, von Verfolgungs- und Grössenideen in der Psychose geläufig ist. Stets habe ich als inneres Band dieser gegensätzlichen Zustände die Tendenz gefunden, das Persönlichkeitsgefühl zu erhöhen, wobei die „inferiore" Situation an eine Herabsetzung anknüpft, aber als Operationsbasis abgegrenzt und arrangiert wird. Dann setzt der männliche Protest ein, der oft bis zur Gottähnlichkeit oder zu einer Art intimer Verbindung mit Gott fortgeleitet wird. Für diese „Bewusstseinsspaltung" ist ausserdem noch die scharfe schematische und stark abstrahierende Apperzeptionsweise des nervös Disponierten massgebend, der innere sowie äussere Geschehnisse nach einem streng gegensätzlichen Schema, etwa wie nach dem Soll-Haben in der Buchhaltung, gruppiert und keine Übergänge gelten lässt. Dieser Fehler des neurotischen Denkens, identisch mit zu weit getriebener Abstraktion, ist gleichfalls durch die neurotische Sicherungstendenz verschuldet; diese braucht zum Zwecke des Wählens, Ahnens und Handelns scharf umschriebene Richtlinien, Idole, Götzen, an die der Nervöse glaubt. Dadurch entfremdet er sich der konkreten Wirklichkeit. Denn in dieser sich zurechtzufinden erfordert eine Elastizität, nicht Starrheit der Psyche, eine Benützung der Abstraktion, nicht eine Anbetung, Zwecksetzung und Vergöttlichung derselben.

Demgemäss werden wir im Seelenleben des Neurotikers, ganz wie in der primitiven Dichtung, im Mythus, in der Legende, in der Kosmogonie, Theogonie und in den Anfängen der Philosophie die Neigung in ausgesprochenstem Masse finden, sich, seine Erlebnisse, die Personen seiner Umgebung zu stilisieren. Dabei müssen nun freilich nicht zusammengehörige Erscheinungen durch abstrahierende Fiktion scharf auseinandergerückt werden. Der Zwang zu dieser Massnahme geht aus der Sehnsucht nach Orientierung hervor und stammt aus der Sicherungstendenz. Er ist oft so beträchtlich, dass er die Zerlegung der Einheit, der Kategorie, der Einheit des Ichs in zwei oder mehrere gegensätzliche Teile verlangt.

Von der früher beschriebenen Selbsteinschätzung des Kindes, das durch seine Organminderwertigkeit und die daraus stammenden Übel zu besonderen Sicherungen veranlasst wird, bis zur vollen Entwickelung der neurotischen Technik des Denkens und ihrer Hilfslinie, des neurotischen Charakters, treten eine Anzahl psychischer Phänomene hervor, die im Sinne Karl Groos' [1]) als Einübung, in unserem Sinne als Vorbereitung für den fiktiven Endzweck aufzufassen sind. Sie zeigen sich recht frühzeitig, andeutungsweise im Säuglingsalter und unterliegen ständig den Einwirkungen bewusster und unbewusster Erziehung. Die ganze Art der Entwickelung eines Kindes zeigt, dass es sich nach einer Idee richtet, welche sich freilich meist primitiv darstellt, sich regelmässig auch in Gestalt einer Person konkretisiert. Unter diesem Zwange, dessen psychischer Mechanismus zum grösseren Teile unbewusst, nur zum kleinen Teile bewusst wirkt, kommt es zu

---

[1]) Siehe Karl Groos, Die Spiele der Menschen, Die Spiele der Tiere.

deutlicheren Ausprägungen der sich formenden Seele, und geistiges wie körperliches Leben eines Menschen, an einer bestimmten Stelle seiner Entwickelung gefasst, ist als Antwort zu verstehen, die er auf die Frage des Lebens gibt.

Diese Antwort, recht eigentlich die Art, das Leben zu nehmen, ist nach allen Erfahrungen, die wir gewonnen haben, identisch mit dem Versuch, der Unsicherheit des Lebens, dem Chaos der Eindrücke und Empfindungen ein Ende zu machen, die Griffe anzusetzen, um die Schwierigkeiten zu überwinden. Schon die Überlegung, Beobachtung, das Denken und Vorausdenken selbst, Aufmerksamkeit, Einschätzung und Wertung werden durch die Sicherungstendenz hervorgetrieben. Und da die Empfindung der eigenen Minderwertigkeit ein abstraktes Mass für Ungleichheit unter den Menschen abgibt, wird der Grössere, der Stärkere und sein Mass zum fiktiven Endziel gemacht, um dann vor Unsicherheit, vor dem „Gruseln" geborgen zu sein. So kommt es in der Seele des Kindes zur Bildung einer Leitlinie, die auf Erhöhung des Persönlichkeitsgefühls drängt, um der Unsicherheit zu entgehen, unter heftigerem Drängen beim Nervösen. der die Minderwertigkeit schärfer empfunden hat. Mythen, das Volk, Dichter, Philosophen und Religionsstifter haben aus ihrer Zeit das Material für Umformung der Leitlinien genommen, so dass als Endziele körperliche oder geistige Kraft, Unsterblichkeit, Tugend, Frömmigkeit, Reichtum, Wissen, Herrenmoral, soziales Empfinden oder Selbstherrlichkeit zur Verfügung stehen, und je nach der rezeptorischen Eigenart des nach Vollwertigkeit lüsternen Individuums ergriffen werden. An dieser Stelle werden die lebendigen Energiekräfte des Kindes hinübergeleitet in den selbst geschaffenen Kreis seiner subjektiven Welt, die nunmehr als leitende Fiktion alle Empfindungen und Regungen, Lust, Unlust, den Trieb der Selbsterhaltung sogar zu ihren Gunsten fälscht und umwertet, um sicher zum Ziele zu gelangen, die alles Erfahren und Erleben beim Nervösen in ihrer besonderen Art verwendet, um Bereitschaften herzustellen und den Triumph vorzubereiten.

Diese vorbereitenden Akte mit ihrer Umwertung der Werte lassen sich am deutlichsten beim Spiel des nervösen Kindes, in seinen Erwägungen über den künftigen Beruf, und in seiner körperlichen und psychischen Haltung beobachten. Von diesen Erscheinungen soll noch im Zusammenhang mit der sie beherrschenden Sicherungstendenz gesprochen werden. Bezüglich des nervösen Habitus sei hervorgehoben, dass er in der Regel frühzeitig auffällig wird, dass er eine pantomimische Darstellung eines Charakterzuges bietet, sei es als ängstliche, lauernde, misstrauische, unsichere, vorsichtige, schüchterne, sei es als feindselige, trotzende, selbstsichere, selbstgefällige, vorlaute Attitude. Leicht macht sich Erröten bemerkbar, oder der Blick ist eigentümlich fangend, untergeschlagen oder feindlich. Es gelingt leicht, eine dieser Attituden oder Geberden, einen mimischen Zug etwa auf das Vorbild zurückzuführen. Oft findet man bei nervösen Kindern schon die Nachahmung des männlichen Prinzips, des Vaters; das Vorbild der Mutter schiebt sich erst durch den Formenwandel der leitenden Fiktion ein, oder wenn von allem Anfang das moralische Übergewicht der Mutter ausser Frage steht. Meist sind es geringfügige Erscheinungen, die sonst der ärztlichen Beobachtung nicht unterzogen werden: Kreuzung der Beine, Arme, eine besondere Art auszuschreiten,

Vorliebe für gewisse Speisen, Entlehnung von Charakterzügen etc. oder bei stärker hervortretendem Trotz gegenteilige Ausdrucksformen. Festgehaltene Kinderfehler wie Enuresis, Nägelbeissen, Lutschen, Stottern, Augenzwinkern, Masturbation usw., lassen sich regelmässig auf diese trotzige Einstellung zurückführen. Sie sind das Mittel des Schwachen, um das Pathos der Distanz zu verringern, dadurch aber das Gefühl der eigenen Minderwertigkeit aufzuheben, und zielen in letzter Linie auf die Überwindung einer Autorität, gleichzeitig aber auf Gewinnung eines Vorwandes, um der Entscheidung auszuweichen, sie hinauszuschieben.

Alle erheblichen Erscheinungen dieser Art sind selbst schon Charakterzüge oder zeigen sich durchflossen vom neurotischen Charakter, sind wie dieser selbst eine Ausdrucksform der Sicherungstendenz, Vorbereitungen und Bereitschaften der kompensierenden Kraft, die durch das Gefühl der Minderwertigkeit ausgelöst wird.

III. Kapitel.

Die verstärkte Fiktion als leitende Idee in der Neurose.

Die wichtigste Aufgabe des Denkens ist vor allem, der Handlung oder Geschehnissen vorauszueilen, Weg und Ziel zu erfassen und so weit als möglich zu beeinflussen. Durch dieses Vorausdenken ist unser Einfluss über Zeit und Raum hinaus einigermassen gesichert. Dementsprechend ist unsere Psyche in erster Linie ein Angriffsorgan, geboren aus der Not allzuenger Grenzen, wie sie ursprünglich die Triebbefriedigung erschweren. Dieser organisch bedingte Zweck der Triebbefriedigung kann aber nur solange gelten, bis er das geeignete Mittel gefunden hat, um stabilisiert und über die grössten Anfechtungen hinaus gesichert zu werden. Gegen Ende der Säuglingszeit, wo das Kind selbständige, zielsichere Handlungen vollbringt, die nicht bloss auf Triebbefriedigung gerichtet sind, wo es seinen Platz in der Familie einnimmt und sich in seiner Umgebung einrichtet, besitzt es bereits Fertigkeiten, psychische Gesten und Bereitschaften. Zudem ist sein Handeln ein einheitliches geworden, und man sieht es auf dem Wege, sich einen Platz in der Welt zu erobern. Ein derartig einheitliches Handeln kann nur verstanden werden, wenn man annimmt, dass das Kind e i n e n e i n h e i t - l i c h e n , f i x e n P u n k t a u s s e r h a l b s e i n e r s e l b s t gefunden hat, dem es mit seinen Wachstumsenergien nachstrebt. Das Kind muss also eine Leitlinie, ein L e i t b i l d gestaltet haben, offenbar in der Erwartung, sich so in seiner Umgebung am besten zu orientieren und zur Bedürfnisbefriedigung, zur Vermeidung von Unlust, zur Erzielung von Lust zu gelangen[1]). Aus diesem Leitbild tritt anfangs insbesondere das Zärt-lichkeitsbedürfnis hervor, das ursprünglich die „Bildsamkeit" (P a u l s e n) des Kindes ausmacht. Bald gesellen sich zu dieser Einstellung Bestrebungen, das Wohlgefallen, die Hilfe und die Liebe der Eltern zu finden, Regungen der Selbständigkeit, des Trotzes und der Auflehnung. Das Kind hat einen „Sinn des Lebens" gefunden, dem es nachstrebt, dessen noch schwankende Umrisse es formt, von dem aus sein Vorausdenken angezogen wird, das seine Handlungen, seine Gefühlsimpulse lenkt und wertet. Die kindliche Unbeholfenheit, Hilflosigkeit und Unsicherheit erzwingen das Austasten der Möglichkeiten, das Sammeln von Erfahrungen, und die Schöpfung des Gedächtnisses, damit die Brücke in die Zukunft geschlagen werden könne, wo Grösse, Macht, Befriedigungen aller Art

[1]) Adler, Trotz und Gehorsam l. c.

wohnen. Diese Brücke zu schlagen ist die wichtigste Leistung des Kindes, da es sonst in der Fülle der einstürmenden Eindrücke ohne Sammlung, ohne Rat, ohne Führung stünde. Man kann dieses erste Stadium der erwachenden subjektiven Welt kaum recht abgrenzen oder in Worte fassen. Immerhin können wir sagen, das Leitbild des Kindes muss so beschaffen sein, als ob es dem Kinde grössere Sicherheit, Orientierung bringen könnte, indem es die Richtung seines Wollens beeinflusst. Sicherheit aber kann es nur gewinnen, wenn es auf einen fixen Punkt hinarbeitet, an dem es sich grösser, stärker, von den Mängeln früher Kindlichkeit befreit sieht. Die bildliche, analogische Art unseres Denkens bringt es mit sich, dass dieses zukünftige, veränderte Bild der eigenen Person in der Gestalt des Vaters, der Mutter, eines älteren Geschwisters, des Lehrers, einer Berufsperson, eines Helden, einer Tiergestalt, eines Gottes gedacht wird. Allen diesen leitenden Gestalten ist der Zug der Grösse, der Macht, des Wissens und Könnens gemeinsam, und so stellen sie samt und sonders Symbole dar für fiktive Abstraktionen. Und so wie der aus Lehm geschaffene Götze erhalten sie durch die menschliche Phantasie Kraft und Leben, und wirken zurück auf die Psyche, aus der sie geboren sind.

Dieser Kunstgriff des Denkens hätte das Gepräge der Paranoia und der Dementia praecox, die sich „feindliche Gewalten" schaffen zur Sicherung des Persönlichkeitsgefühls, wenn nicht dem Kinde die Möglichkeit gegeben wäre, jederzeit aus dem Banne seiner Fiktion zu entweichen, seine Projektionen (Kant) aus der Rechnung zu streichen und bloss den Antrieb zu benützen, der aus dieser Hilfslinie fliesst. Seine Unsicherheit reicht hin, um phantastische Ziele zur Orientierung in der Welt aufzustellen, ist aber nicht so gross, um die Realität zu entwerten und das Leitbild zu dogmatisieren, wie es in der Psychose geschieht. Immerhin muss auf die Ähnlichkeit der Bedeutung der Unsicherheit und des Kunstgriffes der Fiktion beim Gesunden, Nervösen und Verrückten hingewiesen werden.

Das allgemein Menschliche an diesem Vorgange ist, dass das apperzipierende Gedächtnis unter die Macht der leitenden Fiktion gerät. Damit ist eine einheitliche Weltanschauung für alle innerhalb gewisser Grenzen gegeben. Die Kleinheit und Dürftigkeit des Kindes wird stets nach Erweiterung seiner Grenzen streben und diese dann nach dem Muster des Stärksten abstecken. Und nun erweist es sich im Laufe der psychischen Entwickelung, dass, was ursprünglich ein an sich imaginierender, nur im Zusammenhang wichtiger und wertvoller Kunstgriff war, ein Mittel, um Stellung nehmen, die Richtung finden, Griffe anbringen zu können, zum Zweck geworden ist, offenbar weil das Kind nur auf diesem Wege, nicht aber durch direkte Triebbefriedigung die Sicherheit des Handelns erlangen kann[1]).

Damit ist nun der wirksame Punkt ausserhalb der körperlichen Sphäre gefunden, nach dem sich die Psyche richtet, der Schwerpunkt des menschlichen Denkens, Fühlens und Wollens. Und der Mechanismus des apperzipierenden Gedächtnisses mit seiner Unsumme von Erfahrungen wandelt sich aus einem objektiv wirkenden

---

[1]) Wie aus Karl Groos, Spiele der Tiere zu ersehen ist, ist auch das Verständnis der Tierseele darauf gegründet, dass wir es handeln sehen, als ob es einer fiktiven Richtungslinie folgen würde.

System in ein subjektiv arbeitendes. durch die Fiktion der zukünftigen Persönlichkeit modifiziertes Schema. Seine Aufgabe wird es, derartige Verbindungen mit der Aussenwelt herzustellen, die der Erhöhung des Persönlichkeitsgefühls dienen, den vorbereitenden Handlungen und Gedanken Direktiven, Winke zu geben und sie mit dem ehernen Bestand fertiggestellter Bereitschaften in Verbindung zu bringen. Man erinnere sich nur an das treffliche Wort Charcots, der für das wissenschaftliche Forschen hervorgehoben hat. dass man immer nur findet, was man weiss, — eine Beobachtung, die auf das praktische Erleben gerichtet zu zeigen imstande ist, dass von einer Anzahl fertiger psychischer Mechanismen und Bereitschaften aus, wie es auch Kants Lehre von den Anschauungsformen unseres Verstandes zeigt, unser ganzer Wahrnehmungskreis beschränkt wird [1]. Ebenso sind unsere Handlungen durch diesen — von der leitenden Fiktion aus bestimmten und gewerteten — Erfahrungsinhalt determiniert. Unsere Werturteile selbst entsprechen dem Masse des fiktiven Zieles, nicht etwa „realen" Empfindungen oder Lustgefühlen. Und die Handlung erfolgt, wie James es ausdrückt, unter einer Art Approbierung, — ist an ein Fiat!, an ein Geheiss oder an eine Zustimmung gebunden.

Die leitende Fiktion ist demnach ursprünglich das Mittel, ein Kunstgriff, durch den sich das Kind seines Minderwertigkeitsgefühls zu entledigen sucht. Sie leitet die Kompensation ein und steht im Dienste der Sicherungstendenz. Je grösser das Minderwertigkeitsgefühl, um so dringender und stärker wird das Bedürfnis nach einer sichernden Richtungslinie, um so schärfer tritt sie auch hervor, und wie die Kompensation im Organischen ist die Wirksamkeit der psychischen Kompensation an die Leistung einer Mehrarbeit geknüpft und bringt auffallende, oft mehrwertige und neuartige Erscheinungen im Seelenleben mit sich. Eine ihrer Ausdrucksformen, zur Sicherung des Persönlichkeitsgefühls bestimmt, ist die Neurose und Psychose.

Das konstitutionell minderwertige Kind mit seinem Heer von Übeln und Unsicherheiten wird seinen fixen Punkt schärfer herausarbeiten und höher ansetzen, wird die Leitlinie deutlicher ziehen und wird sich ängstlicher oder prinzipieller an sie halten. In der Tat ist der Haupteindruck bei Beobachtung eines neurotisch disponierten Kindes der, dass es um vieles vorsichtiger zu Werke geht, mit allerlei Vorurteilen, dass ihm die Unbefangenheit der Wirklichkeit gegenüber mangelt, ferner dass seine Aggressionsstellung eine aufgepeitschte ist, indem es entweder erobernd oder durch Unterwerfung zur Beherrschung einer Situation gelangen will. Meist lässt es sich in der Wahl seiner Kampfmittel durch seine Organminderwertigkeiten leiten und nützt sie den Angehörigen gegenüber aus oder fixiert sie im Trotz. Oft entlehnt es in anfänglicher Simulation oder übertreibend Übel aus der Umgebung, um seine Stellung zu befestigen. Wo die Wirkung derartiger Mittel auf die Umgebung fehlt, wird die Beseitigung des Übels durch erhöhten Kraftaufwand versucht, wobei sich häufig, wenn funktionelle Anomalien des Auges, des Ohres, der Sprache, der Muskulatur

---

[1] Auf Bergson's fundamentale Lehren muss ich hier verweisen, ohne seine bedeutsamen Gesichtspunkte genügend einreihen zu können.

eine Überkompensation erfahren, qualifizierte und künstlerische Leistungen entwickeln. Auch starke Selbständigkeitsregungen sind damit verbunden. Oder das Heil wird in verstärkter Anlehnung gesucht, zu welchem Zwecke Angst, Kleinheitsgefühl, Schwäche, Ungeschicklichkeit, Unfähigkeit, Schuldgefühl, Reue als Sicherungen fungieren. In gleiche Richtung zielt die Befestigung von Kinderfehlern, die Fixierung eines psychischen Infantilismus, soferne sie nicht ausschliesslich oder nebenbei aus der Trotzeinstellung hervorgehen, nicht dem kindlichen Negativismus entsprechen.

Eine Anzahl von Übeln der neuropathischen Kinder sind subjektiver Art, entsprechen einem ganzen oder halben Fehlurteil, wie es bei den Versuchen der Kinder, ihr Minderwertigkeitsgefühl zu begründen oder zu verstehen, zustande kommt. Oft mischt sich bereits in diese logischen Interpretationen der kompensierende Ehrgeiz oder die Aggression des Kindes gegen die Eltern ein. „Die Eltern, das Schicksal sind schuld", „weil ich der Jüngste, zu spät gekommen bin", „weil ich ein Aschenbrödel bin", „weil ich vielleicht nicht das Kind dieser Eltern, dieses Vaters, dieser Mutter bin", „weil ich zu klein bin, zu schwach, einen kleinen Kopf habe, zu hässlich bin", „weil ich einen Sprachfehler, einen Fehler des Gehörs habe, schiele, kurzsichtig bin", „weil ich verbildete Genitalien, verkürzte Genitalien habe", „weil ich nicht männlich, weil ich ein Mädchen bin", „weil ich von Natur aus böse, dumm, ungeschickt bin", „weil ich masturbiert habe, zu sinnlich, zu begehrlich bin", „weil ich pervers von Natur aus bin", „weil ich mich leicht unterwerfe, unselbständig bin und gehorche", „weil ich leicht weine und gerührt bin", „weil ich ein Verbrecher, Dieb, Brandstifter bin, jemanden ermorden könnte", „meine Abstammung, meine Erziehung, die Beschneidung ist schuld", „weil ich eine lange Nase habe, zu viel, zu wenig behaart bin", „weil ich ein Krüppel bin", so und ähnlich lauten die Versuche des Kindes, sich durch den Hinweis auf das Fatum, — ganz wie in der griechischen und in der Schicksalstragödie — zu entlasten, sein Selbstgefühl zu retten und die Schuld Anderen zuzuschieben. Man begegnet diesen Versuchen in der psychischen Behandlung der Neurose regelmässig, und kann sie immer auf die Relation von Minderwertigkeitsgefühl und dem Ideal zurückführen. Der Wert und die Bedeutung dieser aufgedeckten Gedankengänge, die wie ein Stachel in der Seele des Nervösen sitzen, liegt zudem noch im Gebrauch derselben 1. zur Aufpeitschung des neurotischen Strebens in der Richtung auf das Ideal (Typus: Grössenideen), 2. als Zuflucht und Vorwand, wenn eine Entscheidung mit Herabsetzung des Persönlichkeitsgefühles droht (Typus: Kleinheitsideen). Diese zweite Verwendbarkeit und Verwendung tritt bei der Neurose naturgemäss in den Vordergrund, weil das neurotische Ziel zu hoch gesteckt ist, um auf gerader Linie angestrebt zu werden. Die Möglichkeit einer Verwendung liegt aber in der Beimischung von Aggression, in der Anschuldigung des Schicksals sowie der Heredität. Dadurch gewinnt der Nervöse eine dauerhafte Operationsbasis, auf der er in der gleichen feindseligen Absicht gewisse Charakterzüge wie Trotz, Herrschsucht, nörgelndes Wesen, pedantische Wünsche entfaltet, vorschiebt und stabilisiert, weil ihm dadurch stets die Beherrschung der Umgebung, meist unter Berufung auf sein schweres Leiden, ermöglicht wird. Alle diese Ressentiments und geschaffenen Bereitschaften, zu denen sich noch festgehaltene, oft erweiterte Kinderfehler und Krankheitssymptome erspähter oder selbstgeschaffener Art gesellen, stehen in innigem Verband, sind von einander unlösbar und zeigen auch dadurch ihre Abhängigkeit von einem ausserhalb ihres Gefüges stehenden Faktor, von der durch die Sicherungstendenz erschaffenen leitenden Fiktion, von der Sehnsucht nach Erhöhung des Persönlichkeitsgefühls. In der fiktiven Grundlage derartiger Minderwertigkeitsgefühle, die immer aus Sicherungsgründen verstärkt gedacht oder empfunden werden, sehe ich die Hauptchance einer Heilungsmöglichkeit. Dabei spielt die Frage, ob das Gefühl der Minderwertigkeit bewusst oder unbewusst ist, eine untergeordnete Rolle. Zuweilen bringt es der Stolz soweit, „dass das Gedächtnis nachgibt" (Nietzsche). Der geschilderte Zusammenhang freilich ist dem Patienten unbekannt. Und darum bleibt er bis zur Aufdeckung und Richtigstellung des Mechanismus, bis zur Zerstörung seiner Bereitschaften und seines neurotischen Lebensplanes ein Spielball seiner Empfindungen und Affekte, deren Zusammenspiel noch wesentlich kompliziert wird, weil sich regelmässig infolge der bezweckten Aufpeitschung des neurotischen Strebens jene Bereitschaften und Charakterzüge einmengen, die das Minderwertigkeitsgefühl verneinen, wie Stolz, Neid, Geiz, Grausamkeit, Mut, Rachsucht, Jähzorn und andere.

Die Unterstreichung und der Zwang zur markanten Darstellung der Minderwertigkeit spielt in der Psychologie der Nervösen eine grosse Rolle. Der Anschein der Schwäche, des Leidens, der Unfähigkeit und der Unbrauchbarkeit leitet sich vorwiegend aus solchen Darbietungen ab, weil der Nervöse durch diesen Zwangsmechanismus unweigerlich sich so benehmen, derart fühlen muss, als ob er krank, weiblich, minderwertig, zurückgesetzt, verkürzt, sexuell überreizt, impotent oder pervertiert wäre. Die Vorsicht im Leben, die diese Regungen stets begleitet, der verstärkte Drang nach oben, die Sucht, den Mann auf diese oder andere Weise zu spielen, allen Anderen überlegen zu sein, die Sicherheit des Neurotikers, durch solche Arrangements der Entscheidung und Herabsetzung auf der Hauptlinie auszuweichen und so eine Verminderung des Persönlichkeitsgefühls zu verhüten, lässt uns den richtigen Sachverhalt erkennen: die niedrige Selbsteinschätzung ist selbst nur ein Kunstgriff des Neurotikers, um mit verstärkten Kräften die Leitlinie zu gewinnen, die ihn zu einer Erhöhung seines Persönlichkeitsgefühls führt. Handelt er auch unter der Devise: halb und halb, indem er bestimmte Kampfpositionen aufgibt, so sichert er sich doch dadurch vor einem endgültigen Minderwertigkeitsgefühl und vermag Andere besser in seinen Dienst zu stellen.

Der sexuelle Einschlag in der Neurosenpsychologie, der von Freud zum Angelpunkt gemacht wurde, erklärt sich so als die Wirkung einer Fiktion. Es gibt kein objektives Mass der „Libido". Erhöhung und Erniedrigung derselben richten sich stets nach dem fiktiven Endzwecke. Es gelingt jedem Neurotiker leicht, sich eine hohe Sexualspannung durch mehr minder zweckmässige Arrangements, vor allem durch Anspannung der entsprechenden Aufmerksamkeitsrichtung vorzutäuschen, wenn er nach Beweisen hascht, wie sehr die Sexualität seine Sicherheit beeinträchtigt, wie leicht sein

Persönlichkeitsgefühl von dieser Seite aus bedroht werden könnte. Die Abschwächungen libidinöser Regungen bis zur psychischen Impotenz sind als bezweckte Aggressionshemmungen zu verstehen, als Störungen natürlicher Bereitschaften, als Konstruktionen eines „Als Ob", dazu dienlich, sich vor einer Heirat, vor Ablenkungen, vor einer Degradierung dem Partner gegenüber, vor einem Versinken ins Elend oder in Straffälligkeit zu sichern. Verdrängte oder bewusste Perversionsneigungen sind stets als Abbiegungen zu verstehen, ebenso wie die Zwangsmasturbation, als Symbole eines fiktiven, sichernden Lebensplans. Sie werden durch die leitende Fiktion erzwungen, sobald das Gefühl der Minderwertigkeit in einer Furcht vor dem geschlechtlichen Partner, wie es bei den Anomalien der Sexualität regelmässig geschieht, zum Ausdruck kommt. Die Fiktion kann dann auch noch die Perversionsregung ins Unbewusste verlegen, oder die Furcht vor dem Partner unkenntlich machen, so dass sie nur aus der Situation ersichtlich wird. Sie tut das Erste, indem sie dem Stolz diese Leistung auferlegt, das Letztere dadurch, dass sie aus der Not eine Tugend macht und den Partner entwertet. Auch die Inzestregungen, denen Freud eine so überragende Bedeutung für die Entstehung der Neurose und Psychose zuschreibt, entpuppen sich in der Neurosenpsychologie als zweckdienliche Konstruktionen und Symbole, zu denen die Kindheitsgeschichte mit ihren Vorbereitungen das meist harmlose Material abgibt. Die Einsicht in den festgehaltenen „Ödipuskomplex" beispielsweise ergibt, dass dieser eine bildliche, sexuell eingekleidete Darstellung männlichen Kraftbewusstseins, der Überlegenheit über die Frau gibt, gleichzeitig aber den Anlass verrät, der zu dieser Demonstration führt: als ob die Mutter die einzige Frau wäre, die man unterwerfen könne, auf die man rechnen könne, oder, als ob das sexuelle Begehren (schon in der Kindheit!) grenzenlos und also gefahrdrohend, immer auch im Kampf gegen Stärkere (Vater, Drache, Todesgefahr) durchzusetzen wäre. — Wie sich aus dieser Deutung entnehmen lässt, führt uns die Betrachtung der Sexualneurose immer wieder zum Befund einer leitenden Fiktion, die sich sexuell darstellt oder vom Therapeuten darstellen lässt, und im Zusammenhang damit zur Aufdeckung einer nach einem sexuellen Schema arbeitenden Apperzeptionsweise, der zufolge der Nervöse wie auch der „Normale" oft versuchen, die Welt und ihre Erscheinungen in einem sexuellen Bild einzufangen und zu verstehen. Unsere weiteren Untersuchungen lassen erkennen, dass dieses sexuelle Schema, das sich auch in der Sprache, in Sitten und Gebräuchen vielfach durchsetzt, nur einen Formenwandel des weiterreichenden Schemas älterer Abkunft vorstellt, der gegensätzlichen Apperzeptionsweise von „Männlich-Weiblich", von „Oben-Unten"[1]. — Auch die später psychisch verankerten Perversionsregungen nehmen ihr Material und ihre Richtung

---

[1] S. den Traum des Hippias, Herodot VI. 107: „er glaubte bei seiner Mutter zu schlafen." Dies träumte er, als er vorhatte, seine Mutterstadt zu erobern, wie er es schon einmal als Begleiter seines Vaters miterlebt hatte. Also der „Oedipuskomplex" als Symbol des Herschenwollens. — Auch bei den Römern findet sich „Beischlaf" als Symbol einer Eroberung, eines Sieges. Vgl. den Doppelsinn von „subigere"

aus harmlosen körperlichen Empfindungen und Fehlurteilen der Kindheit, die sie im Bedarfsfalle besonders hoch werten und wegen etwaiger Lustempfindungen in einem sexuellen Gleichnis apperzipieren. Dem Psychologen ist es nicht erlaubt, denselben Standpunkt einzunehmen, etwa die gleiche Apperzeptionsweise als entgültig festzuhalten oder reale Sexualkomponenten an Stelle einer Fiktion einzusetzen, wie es der Patient tut. Seine Aufgabe wird vielmehr darin bestehen, diesen Orientierungsversuch des Nervösen als oberflächlich zu entlarven, als fiktiv zu zerstören und das Minderwertigkeitsgefühl abzuschwächen, das krampfhaft nach Richtungslinien treibt, um die Durchsetzung des männlichen Protestes auf Umwegen zu erzwingen.

Das apperzipierende Gedächtnis, das unser Weltbild so ungeheuer beeinflusst, arbeitet also wie mit einem Schema, mit einer schematischen Fiktion, und dieser Fiktion entspricht auch die Auswahl und Modellierung unserer Wahrnehmung, unserer Erfahrung, ebenso auch das Training aller unserer angeborenen Regungen und Fähigkeiten, bis sie in geeignete psychische und technische Fertigkeiten und Bereitschaften umgewandelt sind. Die Arbeitsweise unseres bewussten und unbewussten Gedächtnisses und sein individueller Aufbau gehorchen dem Persönlichkeitsideal und seinen Maßen. Von diesem konnten wir zeigen, dass es als leitende Fiktion bestimmt ist, das Lebensproblem zu stellen und anzugehen, sobald das Minderwertigkeits- und Unsicherheitsgefühl zu einer Kompensation drängt. Dieser fixierte Leitpunkt unseres Strebens, der keinerlei Realität besitzt, ist für die psychische Entwickelung unbedingt entscheidend, denn er ermöglicht uns, im Chaos der Welt Schritte zu machen, wie das Kind es tut, wenn es gehen lernt und einen Endpunkt fest dabei im Auge behält. Noch fester fasst der Nervöse seinen Gott, sein Idol, sein Persönlichkeitsideal ins Auge und klammert sich an seine Leitlinie, verliert dabei die Wirklichkeit aus dem Auge, während der Gesunde stets bereit ist, dieses Hilfsmittel, diese Krücke aufzugeben und unbefangen mit der Realität zu rechnen. Der Neurotiker gleicht in diesem Falle einem Menschen, der zu Gott aufschaut, ihm seine Wege empfiehlt und nun gläubig harrt, wie der Herr es lenken werde; er ist ans Kreuz seiner Fiktion geschlagen. Auch der Gesunde kann und wird sich seine Gottheit schaffen, sich nach oben gezogen fühlen, wird aber nie die Wirklichkeit aus dem Auge verlieren, und mit ihr seine Rechnung machen, sobald es aufs Wirken und Schaffen ankommt. Der Nervöse steht demnach unter der hypnotischen Wirkung eines fiktiven Lebensplans.

Dass aber in jedem Falle der ausserhalb Raum und Zeit gesetzte Punkt des Persönlichkeitsideals wirksam bleibt, geht aus der Richtung der Aufmerksamkeit, des Interesses, der Tendenz hervor, die jedesmal die Auswahl nach Gesichtspunkten treffen, die von vorneherein gegeben sind. Die Zwecksetzung in unserem psychischen Verhalten und die von ihr geschaffenen Bereitschaften machen es aus, dass Handlungen eingeleitet und in einer bestimmten Distanz abgebrochen werden, dass, wie Ziehen hervorhebt, willkürliche wie unwillkürliche Impulse stets nur auf die Erreichung eines bestimmten Effektes gehen, dass wir, wie auch nach Pawlows Darlegungen, eine durchwegs intelligente Funktion der Organe annehmen müssen. Alle diese Erscheinungen sind von derart zwingendem Eindruck, dass seit jeher Philosophen und Psycho-

logen als ein Prinzip der Teleologie erfassten, was ein berechneter Versuch
zur Orientierung nach einem als fix angenommenen Punkt war.

Die Hilfsvorstellung der natürlichen Auslese ist ohnmächtig,
alle diese bei jeder Gelegenheit neu und anders beanspruchten Folgen
zu erklären. Unsere Erfahrung gebietet unweigerlich, alle diese Erscheinungen abhängig zu machen von einer unbewusst wirkenden Fiktion,
als deren schwächliche, bewusste Ausstrahlung wir Endzwecke finden,
nach denen sich letzter Linie die Auffassung unseres Erlebens und
unser Handeln richtet.

Es ist leichter, die Details dieser leitenden Fiktion nachzuweisen,
als die Fiktion, den fiktiven Endzweck selbst zu benennen. Die bisherige psychologische Forschung hat verschiedene solcher Endzwecke
namhaft gemacht. Für unsere Betrachtung genügt die kritische Behandlung zweier derselben. Die meisten Autoren entschieden sich dahin,
alle menschlichen Handlungen und Willensregungen als von Lust-
oder Unlustempfindungen aus beherrscht anzunehmen. Eine
oberflächliche Betrachtung scheint ihnen auch recht zu geben, denn in
der Tat ist die menschliche Psyche zum Aufsuchen der Lust, zur Vermeidung der Unlust geneigt. Aber der Boden dieser Theorie schwankt.
Es gibt kein Mass für das lustvolle Empfinden, ja nicht
einmal für das Empfinden schlechtweg. Es gibt ferner keine
Wahrnehmung, keine Handlung, die nicht nach Zeit und Ort verschieden,
bei dem einen lustvoll, beim andern Unlust erregend wirken könnte.
Und selbst die primitiven Empfindungen der Organbefriedigung erweisen
sich als abgestuft und abstufbar je nach dem Sättigungsgrad und im
Zusammenhang mit kulturellen Leitlinien, so dass nur grosse Entbehrungen es vermögen, die Befriedigung zum Zielpunkt zu machen. Ist
diese dann eingetreten, — sollte wirklich die Psyche dann ihre Richtungslinie verlieren? Die Nötigung der Psyche, Orientierung und Sicherheit zu gewinnen, erfordert zu ihrem Ausbau und zu ihren Leistungen einen festeren
Standpunkt als das schwankende Prinzip der Lusterfahrung und einen
stärker fixierten Blickpunkt als das Ziel der Lustgewinnung. Die
Unmöglichkeit, sich daran zu orientieren und sein Handeln einzurichten,
zwingt auch das Kind, derartige Versuche aufzugeben. Endlich ist es
ein Missbrauch einer Abstraktion, wenn aus den verschiedenartig
zusammengesetzten psychischen Bewegungen mittelst einer Petitio prin-
cipii als leitendes Motiv die Suche nach Lust herausgeholt wird, während
man vorher schon jede Regung als lustsuchend, — libidinös erklärt hat.
Schillers Scharfblick, der sich an Kant geschult hatte, sah viel
weiter, als er der „Philosophie" für die Zukunft wenigstens die Lenkung
des irdischen Geschehens einräumte, sie derweilen freilich noch von
„Hunger und Liebe" abhängig glaubte. Die Lenkung aber, wie Freud
es tut, der Sexualität, oder was bei ihm dasselbe ist, der Libido, ver-
allgemeinernd der Liebe zuzuschreiben, ist eine Vergewaltigung des
logischen Denkens, selbst eine Fiktion schlechter Art, die, für ein
Dogma genommen, zu grossen Widersprüchen und Begriffsverstümme-
lungen führen musste, weil sie mit der Wirklichkeit allzusehr kontrastierte.

Schwerer erscheint die Depossedierung des Primats des „Selbst-
erhaltungstriebs", zumal dieses Prinzip von der einen Seite mit
ergänzenden teleologischen Hilfskonstruktionen, von der anderen Seite
mit der Wucht der Darwinschen Selektionslehre ausgestattet ist.

Aber wir können jeden Augenblick wahrnehmen, dass wir Handlungen begehen, die sowohl das Prinzip der Selbsterhaltung als der Erhaltung der Gattung verletzen, ja dass uns eine gewisse Willkür (Fries, Meyerhof) gestattet, ebenso wie bezüglich der Lust, auch bezüglich der Selbsterhaltung unsere Wertung nach oben oder nach unten zu verschieben, dass wir auch oft auf Selbsterhaltung ganz oder teilweise verzichten, sobald Lust oder Unlust ins Spiel kommt, dass wir andererseits die Lustgewinnung häufig aufgeben, sobald unserem Selbst eine Schädigung droht. In welcher Weise ordnen sich diese beiden, sicherlich wirksamen Anreize der Hauptleitlinie unter, die zur Erhöhung des Persönlichkeitsgefühls antreibt? Die zwei verschiedenen Anschauungen entsprechen zwei Typen von Menschen, denen sich noch andere anreihen lassen, deren einer in seinem Persönlichkeitsgefühl des Beitrags der Lust am wenigsten entraten kann, während der andere einen Einschlag des Lebensgefühls, des Unsterblichkeitsgedankens in erster Linie fordert. Daraus entstehen modifizierte Apperzeptionsweisen, die ein gegensätzliches Denken im Sinne von „Lust — Unlust", von „Leben — Tod" bedingen. Die Einen können die Lust nicht, die Andern das Leben nicht entwerten. Im Gedanken der Zeugung, die wieder gegensätzlich nach dem Schema „Männlich-Weiblich" gedacht wird, nähern sich diese beiden Typen und suchen ihren Ausdruck in der Richtung des „männlichen Protests". So weit nervöse Menschen dabei in Betracht kommen, hat der eine Typus die Unlustgefühle seiner Organminderwertigkeit zu kompensieren gesucht, der andere ist in der Furcht vor dem Tode, vor frühem Sterben aufgewachsen. Ihre Anschauung der Welt liefert ihnen nur Bruchstücke, ihre Seele ist partiell farbenblind, dabei aber oft scharfsichtiger, wie die Daltonisten in ihrem Farbenverständnis.

Wir schliessen diese kritische Betrachtung mit dem Hinweis auf den unbedingten Primat des Willens zur Macht, einer leitenden Fiktion, die um so heftiger einsetzt und um so frühzeitiger, oft überstürzt ausgebildet wird, je schärfer das Minderwertigkeitsgefühl des organisch minderwertigen Kindes in den Vordergrund tritt. Das Persönlichkeitsideal ist als Richtungspunkt von der Sicherungstendenz geschaffen und trägt alle Leistungen und Gaben fiktiv in sich, um die sich das disponierte Kind verkürzt glaubt. Diese der Norm gegenüber verstärkte Fiktion regelt das Gedächtnis, sowie Charakterzüge und Bereitschaften in ihrem Sinne. Die neurotische Apperzeption erfolgt nach einem bildlichen, mit starken Gegensätzen arbeitendem Schema, die Gruppierung der Eindrücke und Empfindungen geschieht mit entsprechend gefälschten und erdichteten Werten.

Es liegt in dem Wesen der neurotischen Fiktion, des gesteigerten Persönlichkeitsideals, dass man sie bald als „abstrakten Mechanismus," bald als „konkretes Bild", als Phantasie, als Idee zu Gesichte bekommt. Man darf im ersteren Falle das Symbolische der Darstellung und ihren Zusammenhang mit kompensierten Minderwertigkeitsgefühlen nicht übersehen, und man muss im zweiten Falle den massgebenden Anteil der psychischen Dynamik, die nach „oben" drängt, vor allem erfassen[1]. So-

---

[1] Von neueren Autoren, die diesem Gesichtspunkt Rechnung tragen, muss ich in erster Linie H. Silberer nennen.

lange in der Analyse einer psychogenen Erkrankung dieser
leitende Zug nach „oben" nicht zur Ansicht kommt, ist
uns das Wesen der Krankheit noch unklar; denn so wert-
voll auch die Einblicke der Psychotherapeuten geworden sind,
ohne die Beziehung der sekundären Leitlinien der Lustgewinnung, der
Selbsterhaltung, der Affektivität (Bleuler) und derer, die sonst aus
der Organminderwertigkeit (Adler) erwachsen, auf das Persönlichkeitsideal ist unsere Einsicht unvollkommen, „fehlt leider nur das
geistige Band".

Es ist auch nicht verwunderlich, dass dem leitenden Persönlichkeitsideal in verschiedenen Fällen verschiedene, meist mehrere dieser Einschläge zugleich zukommen, da sich diese aus verschiedenen, gewöhnlich
mehrfachen Organminderwertigkeiten ableiten. Ein vorläufiges, sicherlich unvollkommenes Schema, das der abstrakteren Psyche der Nervösen
mehr entspricht als dem Aufbau der gesunden Seele, wäre folgendes:

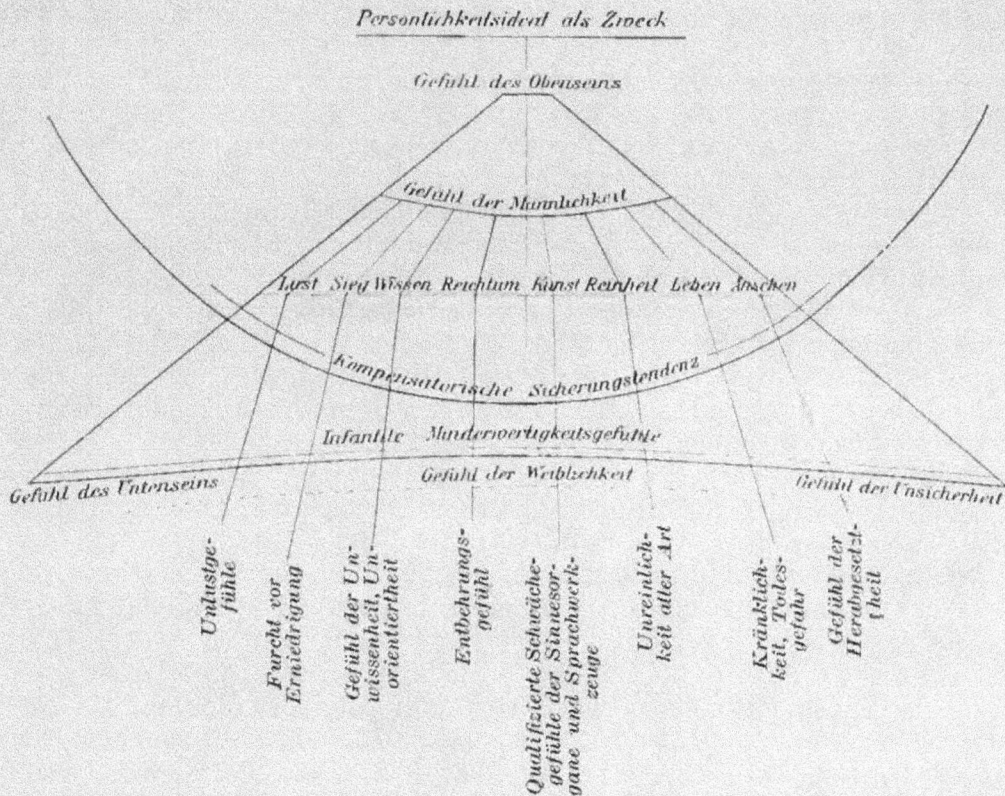

In diesem Schema müssen die mannigfachsten Verbindungen gedacht werden, wenn es seinem Zweck entsprechen soll, als ein zur ober-
flächlichen Orientierung beigebrachtes Abbild zu gelten. Wir wollen anstatt dieser Verbindungen und vielfacher Eintragungen einige markante
Phänomene besprechen, die für das Verständnis der Neurose und des
neurotischen Charakters wichtig erscheinen.

Jede der abstrakten Leitlinien der Neurose und der ihnen zugrunde liegende psychische Mechanismus kann dem Bewusstsein in einem Erinnerungsbild zugänglich sein oder zugänglich gemacht werden. Dieses Bild kann aus dem Rest eines kindlichen Erlebnisses stammen, oder es ist ein Produkt der Phantasie, einer Erscheinungsform der Sicherungstendenz. Es kann ein Symbol, gleichsam eine Etikette für eine Reaktionsweise vorstellen, und wird zuweilen in einer späteren Zeit erst gebildet oder umgebildet, oft wenn die Neurose bereits entwickelt ist. Offenbar der Effekt einer Art von Denkökonomie, nach dem Prinzip des geringsten Kraftausmasses (Avenarius) gefertigt, ist es nie als Inhalt bedeutsam, sondern bloss als abstraktes Schema oder als Rest eines psychischen Geschehens, in dem sich ein Schicksal des Willens zur Macht einstmals erfüllte. Nie ist diese schematische Fiktion, mag sie sich noch so konkret geberden, anders als allegorisch aufzufassen. In ihr spiegelt sich ein realer Bestandteil der Erlebnisse samt einer „Moral", und beide werden behufs Sicherheit des Handelns von der Erinnerung festgehalten, sei es als Memento, um die Leitlinie besser zu halten, sei es als Vorurteil, um nicht von ihr abzuweichen. Keines dieser Erinnerungsbilder hat je pathogen gewirkt, als psychisches Trauma etwa, sondern erst wenn die Neurose entsteht, wenn das Gefühl starker Herabsetzung des Persönlichkeitsgefühls zum männlichen Protest führt und damit zum engeren Anschluss an die längst gebildeten kompensatorischen Leitlinien, werden diese Erinnerungsbilder aus längst vergangenem Material hervorgeholt und kommen wegen ihrer Verwendbarkeit, das neurotische Verhalten teils zu ermöglichen, teils zu interpretieren, zur Geltung. Hierher gehören vor allem Schmerz-, Angst- und Affektbereitschaften, denen derartige Erinnerungen zugrunde liegen, die sich halluzinatorisch erfüllen können und optischen wie akustischen Halluzinationen gleichzusetzen sind. Begreiflicherweise werden es meist typische Erinnerungen sein, die der Leitlinie möglichst verwandt und nahegerückt sind, weil sie für den an der Leitlinie haftenden Neurotiker die kleinen und grossen Umwege repräsentieren oder anregen, die er einzuschlagen hat, um sein Persönlichkeitsgefühl höher zu bringen. Die neurotische Psyche charakterisiert sich bloss durch stärkeres Haften an der Leitlinie. Die Widersprüche mit der Realität erst, die daraus erwachsenden Konflikte, und die Nötigung, soziale Geltung und Macht zu erlangen, fördern die Symptome zutage. Noch deutlicher wird dies in der Psychose, wo die Leitlinie haarscharf hervortritt, und wo nur, sozusagen des Beweises wegen, Umdeutungen der Wirklichkeit vorgenommen werden und Demonstrationen erfolgen. In beiden Fällen benimmt sich der Kranke so, als ob er den Endzweck stets vor Augen hätte. Im Falle der Neurose übertreibt und bekämpft er die realen Hindernisse der Erhöhung seines Persönlichkeitsgefühls oder umgeht sie nach Schaffung von Vorwänden. Der fest an seine Idee (fixe Idee) geheftete Psychotiker versucht zugunsten seines irrealen Standpunktes die Wirklichkeit zu verändern oder zu übersehen. Der um die Aufdeckung der Symbolik in der Neurose und Psychose hochverdiente Forscher Freud hat auf die Fülle der Symbole aufmerksam gemacht. Leider ist er bloss bis zur Aufdeckung der in ihnen vorhandenen oder möglichen Sexualformel gelangt und hat ihre weitere Auflösung in das dynamische Geschehen des männlichen Protestes, der Sucht nach oben, nicht verfolgt. So kam es, dass sich für ihn der Sinn der Neurose in der Verwandlung libidinöser Regungen erschöpfte, während in Wirklichkeit der Schein oder der Zwang der männlichen Erhöhung des Persönlichkeitsgefühls hinter der Symbolik zu finden ist.

Wir haben dieses leitende Persönlichkeitsideal als Fiktion beschrieben, somit ihren Realitätswert geleugnet, müssen aber dennoch behaupten, dass es obwohl unreal, dennoch für den Prozess des Lebens und der psychischen Entwickelung von grösster Bedeutung ist. Über diesen scheinbaren Widerspruch hat sich Vaihinger in seiner „Philosophie des Als-Ob" in glänzendster Weise auseinandergesetzt, und hat die Fiktion als Widerspruch gegen die Realität, aber als unentbehrlich in der Entwickelung der Wissenschaften erkannt. In der Neurosenpsychologie habe ich zuerst auf diesen sonderbaren Zusammenhang hingewiesen und wurde durch Vaihingers Arbeit namhaft gefördert und in meiner Auffassung gestärkt. So bin ich derzeit imstande, von der Fiktion des Persönlichkeitsgefühles noch Einiges hervorzuheben, was ihr Wesen und ihre Bedeutung ebenso wie ihre Erscheinungsform in der Psyche in helleres Licht rückt. Vor allem ist sie Abstraktion und muss an sich schon als Andeutung einer Antizipation gelten. Sie ist sozusagen der Marschallstab im Tournister des kleinen Soldaten[1]), und somit eine Abschlagszahlung, welche durch das primitive Gefühl der Unsicherheit erfordert wird. Die Bildung der Fiktion erfolgt unter Beseitigung störender Minderwertigkeiten und hemmender Realitäten in der Idee, wie es jedesmal geschieht, wenn die Psyche in ihrer Bedrängnis einen Ausweg und Sicherheit sucht. Die peinlich empfundene Unsicherheit wird auf ihr kleinstes aber ursächlich scheinendes Mass reduziert, und dieses in sein krasses Gegenteil, in seinen Gegensatz verkehrt, das wieder als fiktives Ziel zum Leitpunkt aller Wünsche, Phantasien und Bestrebungen gemacht wird. Dann kann dieses Ziel der Anschaulichkeit halber konkretisiert werden. Die reale Entbehrung, etwa Nahrungseinschränkung in der Kindheit, wird als abstraktes „Nichts", als Mangel empfunden, dem gegenüber das Kind nach „Allem", nach Überfluss verlangt, bis es sich dieses Ziel in der Person des Vaters, in der Gestalt eines sagenhaften Reichen, eines mächtigen Kaisers begrifflich näher bringt. Je intensiver der Mangel empfunden wurde, desto stärker und höher wird das fiktive, abstrakte Ideal eingesetzt, und von ihm aus beginnt die Formung und Gliederung der gegebenen psychischen Kräfte zu vorbereitenden Stellungen, Bereitschaften und Charakterzügen. Die Person trägt dann die durch ihr fiktives Ziel geforderten Charakterzüge, sowie die Charaktermaske, — persona, — des antiken Schauspielers zum Finale der Tragödie passen musste. — Regt sich bei einem Knaben der Zweifel an seiner Männlichkeit, wie jedes konstitutionell minderwertige Kind sich den Mädchen verwandt fühlt, so wählt er sein Ziel in einer Art, die ihm die Herrschaft über alle

---

[1]) Für Psychologen von scharfer Witterung merke ich hier an, dass die Häufung von Vergleichen, die aus dem Militärleben genommen sind, von mir mit bewusster Absicht vorgenommen wurde. Bei der Heereserziehung ist Ausgangspunkt und fiktiver Zweck nur näher zusammengerückt, leichter zu überschauen, und jede Bewegung des übenden Soldaten wird zur Bereitschaft, um ein primäres Schwächegefühl in das Gefühl der Überlegenheit umzuwandeln.

Frauen (meistens auch über alle Männer) verspricht. Dadurch wird frühzeitig seine Haltung zu den Frauen bestimmt. Er wird stets Neigung zeigen, seine Überlegenheit über die Frau durchzusetzen, wird das weibliche Geschlecht entwerten und erniedrigen, wird — bildlich gesprochen — die Hand auf die Mutter legen, was sich bei neurotisch disponierten Kindern oft auch in einer Geste oder in ihrer psychischen Attitude zeigt, und wird in spielerischer Weise von der Mutter das Abbild nehmen, um sich diesem gegenüber in die männliche Rolle einzufühlen. Es ist schon ein neurotischer Zug, wenn derartige kindliche Bereitschaftsstellungen erstarren, wenn ein pedantisches, prinzipielles Verhalten deutlich wird, und wenn die gereizte Herrschsucht des Kindes nach ähnlichem Entgegenkommen sucht, nach der gleichen Sicherheit seines Persönlichkeitsgefühles, die es bei der Mutter gefunden hat. Nur von dieser neurotischen Starre des Unsicheren gilt Nietzsches Behauptung, dass „jedermann ein Bildnis des Weibes von der Mutter her in sich trägt, von dem er bestimmt wird, die Frau überhaupt zu verehren oder sie gering zu schätzen oder gegen sie im allgemeinen gleichgültig zu sein." Doch müssen wir zugeben, dass diese in der Mehrheit sind. Unter ihnen sind viele, die sogar von der Mutter verschmäht wurden, seither jeder Frau gegenüber die gleiche Herabsetzung befürchten oder ein Übermass von Hingabe verlangen.

Es gibt im Leben und in der Entwickelung des Menschen nichts, was mit solcher Heimlichkeit ins Werk gesetzt wird wie die Errichtung des Persönlichkeitsideals. Wenn wir nach der Ursache dieser Heimlichkeit fragen, so scheint der wichtigste Grund in dem kämpferischen, um nicht zu sagen feindseligen Charakter dieser Fiktion gelegen zu sein. Unter fortwährendem Abmessen und Abwägen der Vorzüge Anderer ist sie entstanden und muss demnach — nach dem ihr zugrunde liegenden Prinzip des Gegensatzes — den Nachteil der Anderen bezwecken. Die psychologische Analyse des Nervösen ergibt stets die Anwesenheit der Entwertungstendenz, die sich summarisch gegen alle richtet. Die kämpferischen Neigungen[1]) treten in der Habsucht, im Neid, in der Sehnsucht nach Überlegenheit regelmässig hervor. — Aber die Fiktion der Überwältigung Anderer kann nur benützt werden, in Rechnung kommen, wenn sie die Anknüpfung von Beziehungen nicht von vorneherein stört. Und so muss sie frühzeitig unkenntlich gemacht werden, sich maskieren, da sie sich sonst selbst aufhebt. Diese Verschleierung geschieht durch Aufstellung einer Gegenfiktion, die vor allem das sichtbare Handeln leitet, unter deren Gewicht aber die Annäherung an die Realität, und die Anerkennung ihrer wirksamen Kräfte vollzogen wird. Diese Gegenfiktion, stets gegenwärtige korrigierende Instanzen, bewerkstelligt den Formenwandel der leitenden Fiktion, indem sie ihr Rücksichten aufzwingt, soziale, ethische Zukunftsforderungen mit ihrem realen Gewicht in Anschlag bringt und so die Vernünftigkeit des Denkens und Handelns sichert. Sie ist der Sicherungskoeffizient der Leitlinie zur Macht, und die Harmonie beider Fiktionen, ihre gegenseitige Verträglichkeit, sind das Zeichen psychischer Gesundheit. In der Gegenfiktion sind die Erfahrungen und Belehrungen, die sozialen und kulturellen Formeln, die Traditionen der Gesellschaft wirksam. In Zeiten der Gehobenheit, der Sicherheit, der

---

[1]) S. „Der Aggressionstrieb im Leben und in der Neurose (l. c.).

Norm, des Friedens ist sie die formgebende Kraft, die eine Sperrung der Kampf- und Affektbereitschaften bewirkt und eine Angleichung der Charakterzüge an das Milieu. Steigt die Unsicherheit, und taucht das Gefühl der Minderwertigkeit auf, dann wird unter steigender Abstraktion von der Realität diese Gegenfiktion entwertet, die Bereitschaften werden mobilisiert, der nervöse, prinzipielle Charakter tritt hervor und mit ihm das übertriebene gesteigerte Persönlichkeitsideal. Es gehört mit zu den Triumphen des menschlichen Witzes, in Anpassung an die Gegenfiktion der leitenden Idee zum Durchbruch zu verhelfen, durch Bescheidenheit zu glänzen, durch Demut und Unterwerfung zu siegen, durch die eigene Tugend Andere zu demütigen, durch eigene Passivität Andere anzugreifen, durch eigenes Leid Anderen Schmerzen zuzufügen, mit weiblichen Mitteln ein männliches Ziel zu verfolgen, sich klein zu machen, um gross zu erscheinen. Solcher Art aber sind oft die Kunstgriffe der Neurotiker.

Über die Bedeutung der ursprünglichsten Wahrnehmung und Empfindung als einer Abstraktion brauche ich keine Worte zu verlieren. Ebenso abstrakt ist die Setzung eines fiktiven Leitpunktes und des nun zwischen diesen zwei Punkten ausgesponnenen Lebensplanes. Wir haben bezüglich der nervösen Psyche öfters hervorgehoben, dass die grössere Unsicherheit allein dazu zwingt, den Leitpunkt noch mehr der Realität zu entziehen, ihn höher anzubringen. Dazu kommt noch, dass die minderwertigen Sinnesorgane qualitativ und quantitativ veränderte Empfindungen, die ausführenden Erfolgsorgane veränderte Technizismen, meist im Sinne einer Einschränkung aufweisen, so dass sich die Selbsteinschätzung, das ideelle Leitbild, das Weltbild und der Lebensplan gegenüber der Norm in der Richtung vermehrter Abstraktion, vermehrten Verzichts auf Identität mit der Realität gestalten müssen. Dabei kann die Kompensation und Überkompensation freilich das Weltbild gelegentlich der Wirklichkeitslinie näher bringen, wie bei den grossen Leistungen der nervösen Psyche. Das überspannte Persönlichkeitsideal aber, das in starker Fixierung, in die Nähe einer Gottähnlichkeit gerückt, dem Wesen und Verhalten der Neurotiker und Psychotiker so oft einen leicht oder ausgesprochenen hypomanischen Zug verleiht, wenn nicht die Vorbereitung dazu, die Kleinheits-, die Verfolgungsideen noch den Ausschlag geben, verursacht durch eine Art innerer Gewissheit, ohne welche die Aufstellung des Zielpunktes unmöglich wäre, ein Prädestinationsgefühl. In den Phasen grösserer Unsicherheit wird dieses namhaft verstärkt, und seine Bedeutung als Antizipation der leitenden Fiktion, als Abschlagszahlung tritt deutlich hervor.

Den wertvollen Anteil dieser Kompensations- und Sicherungsleistung schildert Gustav Freytag in den „Erinnerungen aus meinem Leben" folgendermassen:

„Aber auch die Treffer an der Scheibe wurden mir nicht leicht. Denn zu Oels hatte ich beim Unterricht bemerkt, dass ich sehr kurzsichtig war. Als ich das in den Ferien dem Vater klagte, riet er mir, mich doch ohne Brille durch die Welt zu schlagen, und erzählte mir von der Hilflosigkeit eines Theologen, der ihn einst am Morgen aus dem Bett angefleht hatte, ihm seine Brille zu suchen, damit er die Beinkleider finden könne. — Dem Rat blieb ich folgsam, ich habe nur im Theater und vor Bildern die Gläser gebraucht. Die Beschwerden,

welche dieser Mangel in Gesellschaft bereitete, suchte ich zu überwinden
und ging arglos an manchem vorüber, was einen schärferen Beobachter
beunruhigen konnte. — Die Freude an Blütenpracht und dem Schmuck
der Kleider, an merkwürdigen Gesichtern und Frauenschönheit, den
strahlenden Blick, den holden Gruss aus der Ferne musste ich oft entbehren, während andere sich daran freuten. Aber da die Seele sich
behend in Mängel der Sinne einrichtet, so entwickelte sich
schon früh in mir ein gutes Verständnis solcher Lebensäusserungen, die
in meine Sehweite kamen und ein schnelles Ahnen von Vielem, was
mir nicht deutlich wurde; die geringere Zahl der Anschauungen gestattete,
die empfangenen ruhiger und vielleicht inniger zu verarbeiten. Jedenfalls
war der Verlust grösser als der Gewinn. Darin aber hatte der Vater
recht, meine Augen bewahrten durch das ganze Leben unverändert
den scharfen Blick in der Nähe."

Denkt man sich die Entwickelung einer derartigen visuellen Phantasie, die immerhin schon bedeutend von der Wirklichkeit abstrahiert,
unter dem Druck der Sicherungstendenz aufgestachelt, so ergibt sich zum
gleichen Zweck der Sicherung wie im obigen Beispiel die Ausbildung
einer visuell-halluzinatorischen Fähigkeit, die sich, wenn es
sich um die Aufstellung eines sichernden Mementos oder eines beruhi-
genden Selbstzuspruchs handelt, auch ausserhalb des Traumzustandes
geltend machen kann. Die Abstraktion, aber auch die Antizipation ist
dann noch weiter vorgeschritten und kann bei „Telepathen" oder
Kassandranaturen zu den bekannten auffallenden pathologischen Äusserungen führen. Einen ungeheuren Ansporn zu diesem Hinausgreifen
über die den Menschen gesteckten Grenzen bietet, wie immer, das peini-
gende Minderwertigkeitsgefühl, das, auf die Schwäche bezogen, den
Anderen die grössere Fähigkeit des Sehens bis zu dem Grade zumutet,
als ob diese etwa Verborgenes sehen, das Innere erforschen könnten.
Die Sicherungstendenz des Kindes mit seinen Heimlichkeiten kann frühzeitig gerade diesen Punkt zur eigenen Sicherung aufgreifen, und unter
der fiktiven Annahme handeln, als ob Andere ihm „bis ins Herz" sehen,
seine innersten Gedanken erraten könnten, eine Annahme, die als Kunstgriff in der Neurose und Psychose öfters auftritt und gerade so viel
wert ist, als etwa vergröberte Schuldgefühle und eine neurotische Gewissenhaftigkeit, und dazu bestimmt ist, einer drohenden Herabsetzung
des Persönlichkeitsgefühls, der Schande, der Strafe, dem Spotte[1]), der
Erniedrigung, der weiblichen Rolle, dem Tode vorzubeugen.

Die stärkere Fähigkeit des Nervösen zur Abstraktion und Antizipation liegt nicht bloss seinem halluzinatorischen Charakter, seiner Sym-
ptombildung, seinen Phantasien und seinen Träumen zugrunde, sondern
auch den scheinbaren Überspannungen von Organfunktionen, die er
durch tendenziöse Überwertung zu Kampfbereitschaften ausgestaltet. So
gewinnt die Neurose Raum durch abstrakteres Voraussehen und Vorausdenken, formt aus ihnen die regelmässig vorzufindende neurotische Vorsicht, mittelst deren der Patient prinzipiell und in scharf gegensätzlicher
Gruppierung nach dem Schema: „Triumph-Niederlage" die Möglichkeiten des
Erlebens dauernd in Evidenz hält. Oder er setzt durch Steigerung seiner
Organempfindlichkeiten, einer Vorstufe der Halluzinationen, durch Em-

---

[1]) Über neurotische Disposition l. c.

pfindlichkeit gegen Gerüche, Geräusche, Berührungen, Temperaturen, durch Geschmacks- und Schmerzempfindlichkeit seine Umgebung in Bann, und bringt stets auch seine Unternehmungen dadurch in Einklang mit seiner fiktiven männlichen Leitlinie. Torheiten und Aberglauben, arrangierte Überzeugungen von einem unheilvollen Fatum, der festwurzelnde Glaube an das eigene Pech dienen der gleichen Sicherungstendenz, die sich den Beweis konstruiert, dass Vorsicht nötig sei. In derselben Richtung wirkt die halluzinatorische Erweckung der Angst, von der der Nervöse einen ausgiebigen Gebrauch macht.

Dass die Charakterzüge ebenso wie die Affektbereitschaften im Dienste der leitenden Fiktion stehen, dafür sucht dieses Buch in weitestem Ausmasse Beweise zu erbringen. Die steil aufwärts führende Leitlinie des Nervösen erzwingt eben besondere Mittel und Lebensformen, die unter dem wenig einheitlichen Begriff des neurotischen Symptoms zusammengefasst werden. Bald finden wir unter ihnen Sicherungen an entfernten Orten, Sperrvorrichtungen und Deckungsgefechte, die den zentralen Impuls, den Willen zur Macht siegreich gestalten sollen, dann wieder sind es — oft schwer verständliche — Umwege, Schleichwegen vergleichbar, um die Leitlinie nicht zu verlieren, wenn der geradlinige Weg zum männlichen Triumph verlegt ist. Oft findet man einen Wechsel von nervösen Erscheinungen, die einem Ausproben gleichen, bis das schwerere Symptom den Einklang mit der leitenden Idee verbürgt. Auch diese Erscheinungen und ihre Psychogenese glaube ich in vorliegender Arbeit im Zusammenhange und in genügender Breite dargestellt zu haben. Sie fussen allesamt auf lange geübten und vorbereiteten Fähigkeiten, deren Überwertigkeit durch das Mittel der neurotischen Apperzeption gestützt wird und durch ihre Eignung für den Kampf um das ideelle Persönlichkeitsgefühl begründet ist. Die Vorbereitungen selbst fallen in den Beginn der Neurose, begleiten den Aufbau der Persönlichkeitsidee und passen sich ihm an. Sie lassen sich am klarsten in den aufbewahrten Kindheitserinnerungen, in den oft wiederkehrenden Träumen, in der Mimik und im Habitus, im Spiel der Kinder und in ihren Phantasien über künftige Berufe, über die Zukunft erkennen.

Es liegt im Wesen einer hoch angesetzten Leitidee, dass sie ihren Träger, den Nervösen, der Wirklichkeit entfremdet. Nicht selten macht sich dieser Zustand in einem „Fremdheitsgefühl" geltend, das aber wieder überwertet und tendenziös verwendet wird, um in einer unsicheren Situation einen vorsichtigen Rückzug zu empfehlen. Diesem „Zurück!" scheinbar entgegengesetzt, tritt zuweilen das unberechtigte Gefühl der Vertrautheit mit einer Situation, das Gefühl des „déjà vu" hervor, oft um im Bilde einer versteckten Analogie zu warnen, oder zu ermutigen [1]. Bei neurotischen Schülernhabe ich zuweilen beobachten können, wie sie sich unter dem Gefühl ihrer Prädestination in einer gänzlich unbekannten Frage zu Worte meldeten und gänzlich versagten. Solche Erlebnisse können dem Neurotiker sein etwa auftauchendes, unterstrichenes Gefühl der „Vertrautheit" als höchst suspekt, wie wenn ihm dauernd ein saurer Nachgeschmack verblieben wäre, empfinden lassen.

---

[1] Fremdheitsgefühl und Gefühl der Vertrautheit in der Neurose sind analog den Spiegelungen der Warnung und des Zuspruchs einer inneren Stimme im Traum, in der Halluzination, in der Attitude und in der Psychose.

Die Sicherung durch die übertriebene Persönlichkeitsidee und das Haften
an ihr bedingen oft auch das Gefühl oder sogar die Tatsache einer gewissen Weltfremdheit, die freilich meist tendenziös übertrieben wird.
Furcht vor allem Neuen, Schwerbeweglichkeit, Ungeschicklichkeit,
Schüchternheit begleiten den der Wirklichkeit abholden Neurotiker und
zeigen immer sein Bestreben, die Realität umzudeuten, umzudichten,
umzukonstruieren. Auch dieser Mangel sucht seine Kompensation und
findet sie in leichteren Fällen in der zur Realität leitenden Gegenfiktion, die wieder in abstrakter, meist aufdringlicher Form die Bedeutung der Realität zu überschätzen sucht, um aus übertriebener Furcht vor dem Irrtum und vor Niederlagen für alle Fälle
Bereitschaften herzustellen. Das Schwanken zwischen Ideal und Wirklichkeit kommt in der neurotischen Psyche übertrieben zum Ausdruck,
wobei die Zweifelsucht als Paradigma das Suchen nach der „einzigen
Wahrheit" vorbereitet, nach dem männlichen Endzweck des Neurotikers. Oder es werden die äusseren Formen pedantisch, wie ein
Fetisch festgehalten und überschätzt, als ob sie Sicherheit verbürgten.
Aus Hebbels Briefen[1]) scheint mir folgende Stelle diesen Zug anzu-
deuten: „Man kann äussere Formen, die man in der Jugend so leichtsinnig bespöttelt, nie genug verehren, denn sie sind in der regellosen,
rastlos bewegten Welt die einzigen Hilfslinien für die notwendige Unter-
scheidung." — Im Kleinen wie im Grossen, immer zeigt sich die Sehnsucht, Sicherheit zu gewinnen, und immer sucht sie der Mensch nach
Analogien und auf abstrakten, prinzipiellen Wegen.

Die Häufigkeit des Befundes von sexuellen Leitlinien in der Neurose erklärt sich bei unbefangener Analyse aus folgenden Gründen:

1. weil sie eine geeignete Ausdrucksform des männlichen Protestes
abgeben können,

2. weil es in der Willkür des Patienten liegt, sie als real zu
empfinden.

Die Eignung der sexuellen fiktiven Leitlinie beruht demnach
gleichfalls in ihrem Wert für die Sicherung des Persönlichkeitsgefühls,
haftet an ihrer Bedeutung als Abstraktion und an ihrer halluzinatorischen Erregbarkeit, an ihrer Fähigkeit, sich leicht zu konkretisieren
und Antizipationen zuzulassen.

Der halluzinatorische Charakter der Nervösen ist demnach ein
besonderer Fall des Sicherungsmechanismus. Er bedient sich, wie auch
das Denken, die Sprache, der primitiven, auf das kleinste dynamische
Mass reduzierten Erinnerungen, zu denen er durch die abstrahierende
Kraft der suchenden Sicherungstendenz geleitet wird. Seine Funktion
und Aufgabe ist es, aus einfachen, kindlich gelegenen Erfahrungen
durch Unterstreichung einer erlittenen Herabsetzung oder durch die
tröstende Erinnerung an ein überstandenes Übel per analogiam den
Weg zur Höhe zu berechnen. Die halluzinatorische Kraft
stellt eine fertige Bereitschaft der angespannten Sicherungstendenz vor, und entnimmt ihr Material, wie es die Funktion
des Denkens und Vorausdenkens tut, dem ehernen Bestand des neurotisch
gerichteten Gedächtnisses. Was von den Autoren die Regression im
Traume und in den Halluzinationen genannt wird, ist der alltägliche
Vorgang des auf Erfahrungen zurückgreifenden Denkens, kann bloss das

[1]) R. M. Werner, Aus Hebbels Frühzeit, Österreichische Rundschau 1911.

Material betreffen, nie aber die Dynamik des Traumes oder der Halluzination erklären. Die psychische Dynamik der Halluzination besteht also darin, dass in einer Situation der Unsicherheit mit Macht eine Richtungslinie gesucht und durch Abstraktion, per analogiam, mit den Schätzen der Erfahrung, durch Antizipation und durch die einer sinnlichen Wahrnehmung angenäherte fiktive Darstellung hypostasiert wird. Letztere Fähigkeit als wirksamstes Mittel des Ausdrucks kann durch die der Realität geneigte Gegenfiktion, wie der Traum, als in bewusstem Gegensatz zur Wirklichkeit empfunden werden, oder die Sicherungstendenz löst die Gegenfiktion auf und lässt die Halluzination als real empfinden.

Jodl definiert die Kultur als „das unter bestimmten Umständen und besonderer Intensität gesteigerte Streben des Menschen, seine Persönlichkeit und sein Leben vor den feindlichen Mächten der Natur wie vor dem Antagonismus der übrigen Menschen zu sichern, seine Bedürfnisse, sowohl reale als ideale, in steigendem Masse zu befriedigen und sein Wesen ungehindert zur Entfaltung zu bringen". Der Nervöse hält diese Leitlinie viel fester im Auge, kann aber je nach Bedarf die ins Transzendentale führende Leitlinie oder die zur Kultur geneigte Gegenfiktion schematischer und prinzipieller zum Ausdruck bringen, letztere im Sinne eines neurotischen Umweges, etwa indem er sich dem „Antagonismus der übrigen Menschen" weitgehend zu unterwerfen scheint, damit aber über sie triumphiert.

Die Entwickelung dieses Strebens, sein Wesen ungehindert zur Entfaltung zu bringen, den Gipfelpunkt dessen zu erreichen, was etwa der Nervöse seine Kultur nennen könnte, führt uns wieder zu den schon erörterten interessanten und psychologisch bedeutsamen Vorbereitungen zurück, zu den tastenden Versuchen, welche die Kompensation des ursprünglichen Minderwertigkeitsgefühls einleiten soll. Alle unfertigen, kindlichen Organe streben darnach, mit allen ihren angeborenen Fähigkeiten und Entwickelungsmöglichkeiten zweckmässige, sozusagen intelligente Bereitschaften auszubilden. Bei den Versuchen konstitutionell minderwertiger Organe mit ihren mannigfachen Fehlleistungen wächst infolge der grösseren Spannung gegenüber den Anforderungen der Aussenwelt der Eindruck der Unsicherheit, und die Selbsteinschätzung des Kindes bringt ein dauerndes Minderwertigkeitsgefühl zuwege. So kommt es, dass bereits in der frühkindlichen Zeit die Beherrschung der Situation nach einem mustergültigen Beispiel, meist über dieses Beispiel hinaus zum Leitmotiv genommen wird, und ein dauernder Willensimpuls wird festgelegt, um einer leitenden Idee, — dem Willen zur Macht, — die dauernde Führung zu überweisen. Dies ist auch die Zwecksetzung in der neurotischen Psyche, die bewusst oder unbewusst der Formel entspricht: ich muss so handeln, dass ich letzten Endes Herr der Situation bin. Längeres Verweilen des Kindes in der Phase des Minderwertigkeitsgefühls führt zur Steigerung und Verstärkung der Intensität jener Leitformel, so dass von der besonderen Intensität alles Strebens, der vorbereitenden Handlungen, der Bereitschaften, der Charakterzüge in irgend einer Entwickelungsperiode auf ein ursprüngliches Minderwertigkeitsgefühl geschlossen werden darf. Auch an den der Norm nahestehenden Organen findet man die tastenden Versuche, wie sie die Bereitschaften zum Gehen, Sehen, Essen, Hören ausgestalten. Exner hebt hervor, wie in

der Sprachentwickelung des Kindes diese tastenden Versuche dem
Treffen der Lautkombinationen vorangehen. Viel krampfhafter gestalten
sich die Vorbereitungen im Werdegang der minderwertigen Organe,
deren Bereitschaften und Arbeitsweisen im günstigen Falle der Ueber-
kompensation künstlerische Leistungen und Fertigkeiten zutage fördern,
oft aber wie in der Neurose aus der Behütung durch die Vorsicht
kaum je herauswachsen. Auf dem durch die Sicherungstendenz gebotenen
Weg sucht das Kind seine Fehler kennen zu lernen, sie zu verbessern
oder durch einen Kunstgriff aus ihnen Nutzen zu ziehen. Da es den
wahren Grund seiner Minderwertigkeit nicht kennt, oft auch aus Stolz
nicht kennen will, wird es leicht verleitet, äussere Ursachen namhaft
zu machen, die „Tücke des Objekts“, zumeist die Angehörigen zu
beschuldigen, — und bezieht damit eine aggressive, feindliche Stellung
zur realen Aussenwelt. Meist bleibt ihm die Ahnung, die Erwartung
böser Schicksale als abstrakter Rest seines Minderwertigkeitsgefühls,
die es gerne übertreibt, oft zu Schuldgefühlen ausbaut, wenn die Situation
es erlaubt, um sein Voraussehen, seine Vorsicht mit gutem Grund entfalten zu können. Das neurotische Bestreben führt letzter Linie dahin,
die Grenzen der Persönlichkeit zu erweitern und zu sichern, indem
fortwährend die eigenen Kräfte an den Schwierigkeiten der Aussenwelt
abgemessen und erprobt werden. Auf diese angestrengten Versuche
lassen sich mancherlei Neigungen des Nervösen, sein Hang mit dem Feuer
zu spielen, gefährliche Situationen zu schaffen und aufzusuchen, seine
Lust am Grausamen und Teuflischen (Michel) zurückführen. Ebenso
wie sadistische Regungen liegen die Neigungen zum Verbrechen an der
männlichen Leitlinie, scheitern aber oft an dem sich gestaltenden
Widerspruch und werden nur mehr in der Erinnerung tendenziös
übertrieben, um vor einer Ausführung zurückzuschrecken.

Mit Vorliebe bedient sich die Nervosität der mangelhaften Organ-
leistungen, der Kinderfehler, des Krankheitsgefühls überhaupt, einerseits
um das Persönlichkeitsgefühl des Patienten, — meist nach Art einer
trotzigen Revolte, — gegenüber den Forderungen elterlicher Autorität
zu sichern, andererseits um, — nach Art einer kunstvollen Obstruktion,
— Entscheidungen und Zusammenstösse, die der männlichen Fiktion
gefahrvoll werden könnten, hinauszuschieben, gewisse Kampfpositionen
aufzugeben, um wichtigere halten zu können. Ja, der Nervöse wird
häufig kleine Niederlagen suchen, sie künstlich sogar herbeiführen, oder
gefahrvolle Ausblicke schaffen, um daraus die Berechtigung für sein
neurotisches Handeln und seine Vorsicht abzuleiten. Bei neurotisch
festgehaltenen Kinderfehlern darf man stets auf besonderen Trotz und
starke Aggression gegen Vater oder Mutter gefasst sein.

Zwangsmässiges Suchen nach Verständnis der äusseren Schwierigkeiten, Versuche, sie zu überwältigen, zu beherrschen, zu bekämpfen,
Geringschätzung und Entwertung des Lebens und seiner Freuden oder
Flucht vor ihnen charakterisieren so die eine Seite der Neurose. Dabei
kommt recht häufig zutage, dass der Patient vom Leben, von der Arbeit,
von der Liebe und Ehe in glühendster Begeisterung, aber platonisch
schwärmt, während er sich heimlich durch die Neurose den Zugang
zu ihnen verrammelt, um auf begrenzterem Terrain, in der Familie, beim
Vater oder bei der Mutter sein Herrschergefühl zu sichern.

Dieser nach aussen gewendete, ängstlich vorsichtige Blick des
Neurotikers, zur Wahrung der leitenden Fiktion bestimmt, ist regel-

mässig auch von einer höheren Intensität der Selbstbeobachtung begleitet. Zuweilen ist in einer Situation psychischer Unsicherheit die personifizierte, vergöttlichte Leitidee als zweites Selbst, als innere Stimme analog dem Dämon des Sokrates warnend, anfeuernd, strafend, beschuldigend anzutreffen. Und was uns der Neurastheniker, der Hypochonder gar berichten, wie sie im eigenen Innern wühlen, wie scharf sie alle Akte ihres Lebens kontrollieren und begleiten, gilt für den Nervösen überhaupt. Die Selbstbeobachtung kann zur Abgrenzung des Kampfplatzes führen, indem sie sich der Äusserungen von Krankheitsfurcht bedient, wobei der Nervöse jederzeit in der Lage ist, den sichernden Rückzug anzutreten. Sie muss als wirksam gedacht werden, wenn die primitiven Sicherungen der Angst, der Scham, der Schüchternheit, die komplizierteren des Schamgefühles, des Gewissens, der nervösen Anfälle, die Ahnung einer Niederlage begleiten, um das Persönlichkeitsgefühl nicht unter das geforderte Niveau sinken zu lassen. Selbstbeobachtung und Selbsteinschätzung, immer von der leitenden Fiktion gereizt und verstärkt, damit eine Operationsbasis geschaffen und die Aggression eingeleitet werde, aktivieren sofort die nervösen, prinzipiellen Charakterzüge des Neides, Geizes, der Herrschsucht etc. — Im fortwährenden Messen und Ringen des Nervösen um seine eigene Geltung, gegen die Geltung des Anderen, spielt seine gesteigerte Selbstbeobachtung mit, sie gibt dem Vorausdenken und der Phantasie Winke, und verkündet ihre Anwesenheit, wenn der Patient der Entscheidung ausweicht oder zu dem gleichen Zwecke sich dauernd dem Zweifel ergibt. Dass alle diese Selbstbeobachtungen aus dem Gefühl der Unzulänglichkeit stammen und von diesem erzwungen werden, ist ebenso leicht zu verstehen, als dass sie schliesslich ihr Ziel erreichen, auf das sie eigentlich hingearbeitet: die Vorsicht. So ist die Selbstbeobachtung im selben Masse Verzögerung, Egoismus, Grössenwahn, Treppenwitz, Zweifel, Kleinheitswahn, und berührt sich mit allen anderen Phänomenen, die vom Gefühle der Minderwertigkeit aus angeregt werden; insbesondere dient sie zur Verstärkung und Kontrolle der „männlichen Protestcharaktere" wie Mut, Stolz, Ehrgeiz etc., ebenso auch zur Vertiefung aller Sicherungstendenzen wie der Sparsamkeit, der Genauigkeit, des Fleisses, der Reinlichkeit. Sie beeinflusst die Aufmerksamkeit und dient auch zur Beherrschung derselben, so dass sie im Netz der Sicherungstendenzen eine hervorragende Stellung einnimmt. Ihre Ergebnisse allerdings sind tendenziös gefälscht. Es wäre weit gefehlt, sie als libidinös oder lustbringend anzusehen. Ihre Funktion ist vielmehr, alle Eindrücke der Aussenwelt zu gruppieren und unter einen einheitlichen Text zu bringen, dergestalt, dass die primäre Unsicherheit des Individuums sozusagen mathematisch oder statistisch, nach Massgabe einer Wahrscheinlichkeit vor Entlarvung gewahrt bleibe, dass das Individuum einer Niederlage entgehen könne. In der „Neurotischen Disposition" (l. c.) habe ich zum ersten Male diese Dynamik der Neurose hervorgehoben, und die Aufgabe der vorliegenden Arbeit ist es, sie vertieft und erweitert darzustellen. Die geweckte und vertiefte Selbstbeobachtung liegt also auf dem Wege zur Neurose, mag sie auch in der Philosophie, Psychologie und Selbsterkenntnis zuweilen herrliche Früchte tragen. Sie ist die von der Realität der Welt durch einen Fehlschuss sich entfernende Privatphilosophie des Neurotikers,

dessen Wahn, — durch Analyse korrigierbar, — ihr wertvolles Analogon
im Γνῶϑι σαυτόν des erhabenen Philosophen hat. Der meist unkorrigierbare Wahn in den Grübeleien und phantastischen Selbstbeobachtungen
des Psychotikers, der um vieles leichter als arrangierter Wahn zum
Zwecke der Sicherung des Persönlichkeitswertes zu durchschauen ist,
lehrt uns den Wahn in den Selbstbeobachtungen des Neurotikers
verstehen.

Das Streben des Nervösen nach Sicherheit, seine Sicherungen
selbst, können demnach nur betrachtet werden, wenn man den ursprünglichen, entgegengesetzten Wertfaktor der Unsicherheit mitbetrachtet.
Beides sind Ergebnisse eines nach Gegensätzlichkeit gruppierenden Urteils,
welches in Abhängigkeit von dem fiktiven Persönlichkeitsideal geraten ist,
ist, und das ihm tendenziöse, „subjektive“ Wertungen darbietet. Das
Gefühl der Sicherheit und das seines Gegenpols der Unsicherheit, eingeordnet dem Gegensatzpaar von Minderwertigkeitsgefühl und Persönlichkeitsideal, sind wie das letztere ein fiktives Wertpaar, ein psychisches
Gebilde, von welchen Vaihinger hervorhebt, „dass in ihnen das
Wirkliche künstlich zerlegt ist, dass sie nur zusammen Sinn und Wert
haben, einzeln aber durch Isolation auf Sinnlosigkeit, Widersprüche und
Scheinprobleme führen“. In der Analyse von Psychoneurosen kommt
nun regelmässig zum Vorschein, dass sich diese Gegensatzpaare
analog dem einzig realen „Gegensatz“ von „Mann — Frau“ zerlegen, so dass Minderwertigkeitsgefühl, Unsicherheit, Untensein, Weiblichkeit auf die eine Seite der Gegensatztafel, Sicherheit, Obensein,
Persönlichkeitsideal, Männlichkeit auf die andere Seite gelangen. Die
Dynamik der Neurose kann demnach so betrachtet werden, wird auch
in ihren Ausstrahlungen auf die Psyche des Nervösen von diesem oft so
erfasst, als ob der Patient sich aus einer Frau in einen Mann verwandeln wollte. Diese Bestrebungen ergeben in ihrer bunten Fülle das
Bild dessen, was ich männlichen Protest genannt habe.

Die Stärke des männlichen Einschlags im Kulturideal sowohl wie
insbesondere in der fiktiven Leitlinie des Nervösen, wie wir sie im
Wollen, Handeln, Denken, Fühlen unserer Patienten, in ihren Einstellungen zur Aussenwelt, in ihren Vorbereitungen fürs Leben und in
ihren Bereitschaften, in jedem Charakterzug, in jeder physischen und
psychischen Geste finden, — die die Kraft des Aufschwungs gibt und die
Linie des Lebens nach oben richtet, lässt erraten, dass am Beginne
der psychischen Entwickelung ein Mangel an solcher Männlichkeit
empfunden wurde, und dass das ursprüngliche Minderwertigkeitsgefühl des
konstitutionell beeinträchtigten Kindes aus diesem Gegensatz heraus
auch als weiblich gewertet wird. Was immer dem Minderwertigkeitsgefühl zugrunde lag, — wenn die starke neurotische Sicherung durch
Aufstellung der männlichen Fiktion eingeleitet wird, fällt der supponierte
Grund der kindlichen Unsicherheit und diese selbst infolge der neurotischen, gegensätzlichen Gruppierung unter die als weiblich gewerteten
Erscheinungen. Die Empfindung der Kleinheit, der Schwäche, der
Ängstlichkeit und Unbeholfenheit, der Krankheit, des Mangels, der
Schmerzen etc., löst dann im Neurotiker Reaktionen aus, als ob er sich
gegen eine ihm innewohnende Weiblichkeit zur Wehre setzen, also
männlich und stark reagieren müsste. In gleicher Weise erfolgt diese
Antwort, reagiert die Affektbereitschaft des männlichen Protestes gegen
jede Herabsetzung, gegen das Gefühl der Unsicherheit, der Verkürztheit,

der Minderwertigkeit, und der Nervöse zeichnet, um den Weg zur Höhe nicht zu verfehlen, um die Sicherung vollkommen zu machen, konstant wirkende Leitlinien für sein Wollen, Handeln und Denken in Form der Charakterzüge in den weiten, chaotischen Feldern seiner Seele. Meist findet man die Charakterzüge geradlinig zum männlichen Ideal hinstreben, bei männlichen und weiblichen Patienten; entsprechend den früheren Darlegungen ergeben sich aber, insbesondere nach einer entscheidenden Niederlage des Patienten, die uns schon bekannten neurotischen Umwege, Anfälle und Anfallsbereitschaften, deren analytische Auflösung und Einordnung in das Gesamtbild wieder den Zug zur Erhöhung des männlichen Persönlichkeitsgefühls aufweisen, wenngleich sie äusserlich und oberflächlich genommen oft als Zaghaftigkeit, Angst, als unmännlich erscheinen, ebenso als Flucht oder als Rückzug vor dem Leben angesehen werden könnten. Die einfache Frage betreffs der Beharrlichkeit der oft weither geholten Kunstgriffe in Form der neurotischen Symptome lässt uns verstehen, dass in diesen letzteren Fällen nicht eine Entscheidung gefallen, sondern dass das ursprünglich konstruierte, fiktive männliche Leitziel nach wie vor wirksam ist, und dass eine kulturelle Einfügung, Ruhe und Zufriedenheit nicht aufkommen kann, weil das Ziel zu hoch angesetzt ist.

Durch gewisse Unsicherheiten des Kindes betreffs seiner eigenen Geschlechtsrolle wird der männliche Einschlag in der leitenden Fiktion namhaft verstärkt. In der Tat kann man bei allen Kindern das ungeheuere Interesse für Geschlechtsunterschiede in meist verdeckter Form durchbrechen sehen. Die einheitliche Kleidung der Kinder in den ersten Lebensjahren, weibliche Züge bei kleinen Knaben, männliche bei Mädchen, gewisse Drohungen der Eltern, wie: ein Knabe werde sich in ein Mädchen verwandeln, tadelnde Bemerkungen den Knaben gegenüber wie die, dass er wie ein Mädchen, Mädchen gegenüber, dass sie wie Knaben seien, können die Unsicherheit noch vergrössern, solange die Differenz der Genitalorgane unbekannt bleibt. Aber selbst bei weitest gediehener Aufklärung können durch Anomalien der Genitalien oder durch Fehlurteile Zweifel erwachen, die tendenziös festgehalten werden und immer wieder im gegensätzlichen Bilde des „Männlich oder Weiblich" im ferneren Leben auftauchen, so dass unsere ursprüngliche Feststellung[1], dem n e u r o t i s c h e n Z w e i f e l liege der Zweifel an der eigenen Geschlechtsrolle zugrunde, bloss in der Richtung eine Erweiterung verlangt, dass die Neurose diese Zweifelslage des Patienten in der Folge als Sicherung gegen Entscheidungen festhält, um die „zögernde Attitüde" auszubauen.

Je länger die Unsicherheit an der eigenen Geschlechtsrolle besteht, um so dringlicher werden die Versuche und tastenden Vorbereitungen, in die männliche Rolle zu gelangen. So entsteht das Urbild des männlichen Protests, der dahin zielt, unter allen Umständen seinen Träger in die männlichste Schaustellung zu drängen, oder, wie es bei Mädchen und frühzeitig neurotisch erkrankten Knaben geschieht, die Herabsetzung in allen Formen durch neurotische Kunstgriffe zu verhindern, gleichzeitig aber geradlinige männliche Charakterzüge und starke Affektbereitschaften auszubilden.

---

[1] Psychischer Hermaphroditismus im Leben und in der Neurose l. c. u. die folgenden Schriften.

4*

Das Vorstadium der Erkenntnis der eigenen Geschlechtsrolle, der psychische Hermaphroditismus des Kindes, besteht wohl regelmässig. Seine Bedeutung wurde von Dessoir und von mir hervorgehoben. Dass dieses Stadium mit seinem starken, den männlichen Linien zugeneigten Streben von grösster Bedeutung für die Entwicklung der Neurose mit ihrem hoch angesetzten männlichen Leitziel und seinen Sicherungen ist, ergab mir die Analyse der Psychoneurosen. Als guter Beobachter und Kenner der Kinderseele zeigt sich Goethe, der in Wilhelm Meisters theatralischer Sendung hervorhebt: „Sowie in gewissen Zeiten die Kinder auf den Unterschied der Geschlechter aufmerksam werden und ihre Blicke durch die Hüllen, die diese Geheimnisse verbergen, gar wunderbare Bewegungen in ihrer Natur hervorbringen, so war's Wilhelmen mit dieser Entdeckung; er war ruhiger und unruhiger als vorher, deuchte sich, dass er was erfahren hätte, und spürte eben daran, dass er gar nichts wisse".

In der Tat findet man als erste Äusserung dieser Unerfahrenheit und ihres herabsetzenden Rückschlags auf die Psyche eine ungeheure Steigerung der Neugierde und Wissbegierde, und um doch eine Richtung seines Lebens zu finden, gerät das Kind unter den Zwang einer Leitlinie, die es treibt, so zu handeln, als ob es alles wissen müsste. Macht es die Erfahrung von der Superiorität des männlichen Prinzips in unserer Gesellschaft, so wird das Leitbild vermännlicht, insbesondere, wenn ihm der Mann, der Vater als der Wissende erscheint.

Zu besonderen Charakterzügen, die in der Neurose deutlicher werden, kommt es bei kleinen Mädchen, die sich solcher Art bemühen, die männliche Leitlinie zu halten. Das Gefühl der Verkürztheit überwiegt bei ihnen, ebenso bei Knaben, die sich für weiblich halten, dermassen, dass sie nur Sinn und Interesse dafür haben, Beweise für diese Verkürzung zu sammeln und ihre Aggression gegen die Umgebung zu steigern. Bilder von Kastration, von Verweiblichung, von Verwandlungen in einen Mann, von männlichen Formen des Lebens tauchen bei der Analyse als Wegweiser in der neurotischen Psyche auf, deuten auf die Sucht nach Manngleichheit und lassen in späterem Formenwandel der Leitlinien die männliche Fiktion immer wieder auftauchen. Die typische psychische Attitüde dieser Nervösen ist regelmässig so, als ob sie einen Verlust erlitten hätten, oder als ob sie mit grosser Vorsicht einem Verlust ausweichen müssten. E. H. Meyer berichtet in den „Indogermanischen Mythen" (I. S. 16): „Nach dem Atharva Veda verzehren die Gandharven (phallische Dämonen) den Knaben die Hoden und verwandeln dadurch die Knaben in Mädchen". — Solcher und ähnlicher Gestalt scheinen in der Kindheit die Vorstellungen vieler Nervöser über die Entstehung beider Geschlechter gewesen zu sein, als von Gedanken über eine erlittene Verkürzung, die sich in einem sexuellen Bilde der Verweiblichung darstellt. Die nächste psychische Folge ist dann in der Regel die verschärfte Aggression gegen die Eltern, denen die Schuld an dieser Verkürzung zugeschrieben wird.

Flies, Halban, Weininger und vor ihnen unter anderen Schopenhauer und Krafft-Ebing fundieren den psychischen Hermaphroditismus auf der Anwesenheit von hypothetischer, männlicher und weiblicher Substanz in einem Individuum. Unsere Auffassung setzt bloss den Gegensatz in der Wertschätzung des Männlichen und Weiblichen voraus, wie er tatsächlich besteht, rechnet mit der allgemeinen

Verbreitung des gegensätzlichen, bildlichen Apperzeptionsschemas: „Männlich-Weiblich" und folgert aus dem Zwang des neurotisch verstärkten und erhöhten Persönlichkeitsideals den darin leicht auffindbaren männlichen Einschlag. Letzterer bedingt auch die Unterstreichung des Gefühls der eigenen Minderwertigkeit durch die Fassung in einem Bilde, das der weiblichen Rolle angehört, um mit den Regungen, Bereitschaften und Charakterzügen des männlichen Protestes dagegen zu reagieren. Eine Reihe der letzten Arbeiten aus der Freudschen Schule haben die von mir veröffentlichten Befunde aufgegriffen. Die weitere Verfolgung führt unwiderruflich zur Erkenntnis der Unhaltbarkeit der Libidotheorie, zur Beseitigung der sexuellen Ätiologie und zum Verständnis des neurotischen Sexualverhaltens als einer Fiktion.

Ist uns so der männliche Protest als Kunstgriff der Psyche klar geworden, mittelst dessen sie zur vollen Sicherung gelangen, sich mit der leitenden Persönlichkeitsidee zur Deckung bringen will, so erübrigt es noch, die Formverwandlung dieser Leitlinie ins Auge zu fassen, wie sie jedesmal eintritt, wenn sich in ihr Widersprüche geltend machen und den Zweck des neurotischen Strebens, das Obenseinwollen, gefährden. Dieser Fall tritt ein, wenn die Wirklichkeit mit einer starken Herabsetzung des Persönlichkeitsgefühls droht. Der Nervöse wird sogar in diesem Falle prinzipieller an seiner „Idee" festhalten als der Normale. Je weiter er aber in die sichernde Neurose eingesponnen ist, um so eher wird er — auf Erinnerungen und Memento gestützt — den Schaden antizipierend, neue neurotische Umwege konstruieren, weitere neurotische Sicherungen anbringen, die für ein vorliegendes Problem weder ein Fiat noch eine Negation enthalten, vielmehr beide zugleich. Es wird sich sein psychisch-hermaphroditischer Charakter auch darin geltend machen, dass er zurückweicht, sich unterwirft, weiblich wird, während sein Streben gleichzeitig weiterhin ein Vordringen, Herrschsucht, Männlichkeit aufweist. mit dem Ergebnis, dass er nichts vorwärts bringt, da er für jeden Schritt nach vorne einen nach rückwärts macht, dieses Verhalten zuweilen sogar pantomimisch ausdrückt. Ebenso kann die Furcht vor Blamage, vor Strafe, vor Schande, kurz vor dem „Unten" seine geradlinigen männlichen Züge verwandeln. Die Konstruktion von neurotischen Schuldgefühlen, von ererbten Verbrecherinstinkten, von Rohheit, Grausamkeit und Egoismus schafft schreckende Spuren in gleicher Weise wie das neurotisch zum Ausdruck gebrachte Gefühl der Schüchternheit, Feigheit, Unbeholfenheit, Dummheit und Faulheit. — Das schlimme, unerziehbare Kind, die Flegeljahre und manche Formen der Psychose, häufig das Vorstadium der „entwickelten Neurose" zeigen uns den männlichen Protest in hoher geradliniger Ausbildung. Ihre Darbietungen sind geradezu getragen von der zum Selbstzweck gewordenen Welle des männlichen Protestes, der voll und ganz die Stelle der verstärkten leitenden Fiktion vertritt.

Unsere theoretische Darstellung von der neurotischen Psyche wäre unvollständig, wenn sie nicht auch auf das Wesen und die Bedeutung des Traumes einginge. Ich kann an dieser Stelle keine abgerundete, geschweige eine vollständige Traumtheorie vorführen. Aber ich bin aus mehreren Gründen genötigt, alle Beobachtungen und Befunde mitzuteilen, die meine Traumuntersuchungen des praktischen Teils dieser Arbeit ermöglicht haben. Freuds Traumdeutung war vielleicht die stärkste Förderung unseres Verständnisses der Neurosenpsychologie.

Doch kann ich sie nicht als Abschluss unserer Erkenntnis vom Traume ansehen. Im Laufe einer langjährigen Beobachtung des Traumlebens gesunder und kranker Personen bin ich zu folgenden Ergebnissen gelangt:

1. Der Traum ist eine skizzenhafte Spiegelung von psychischen Attituden, und deutet für den Untersucher die charakteristische Art an, wie der Träumer zu einem bevorstehenden Problem Stellung nimmt. Er deckt sich deswegen mit der Form der fiktiven Leitlinie, gibt immer nur Versuche des Vorausdenkens, probeweise Vorbereitungen einer Aggressionsstellung, kann daher mit grossem Vorteil zum Verständnis dieser individuellen Vorbereitungen, der Bereitschaften und der leitenden Fiktion verwendet werden.

2. In gleicher Weise treten, mehr oder weniger abstrakt, die Einstellungen des Träumers zur Mitwelt und somit auch seine Charakterzüge[1]) und deren neurotische Abbiegungen zutage. Die Abstraktion im Traumdenken ist durch die Sicherungstendenz erzwungen, die ein Problem durch Vereinfachung und Zurückführung auf ein einfacheres, kindlicher gelegenes zu lösen sucht, und dies ganz wie das Denken überhaupt, nur vertiefter, mittelst des Gedächtnisses bewerkstelligt, in bildlicher, analogischer Weise, durch halluzinatorische Erweckung von Erinnerungen schreckender oder aneifernder Art. Die Absperrung von der Wirklichkeit durch den Schlaf unterstützt das abstraktere Denken im Traume, da die Korrektur durch den Schlaf der Sinnesorgane zum grössten Teil ausgeschlossen ist. Dieser Umstand sowie der Mangel einer bewussten Zwecksetzung im Traumdenken verschulden die Unverständlichkeit des Trauminhalts, der überhaupt erst einen Sinn erhält, wenn man ihn als ein Symbol des Lebens nimmt, ein „Als ob", für welches die Deutung erst die reale Aggression einzusetzen hat.

3. Diese noch zu erweisenden Tatsachen sowie die Ausdrucksform des Traumes in einem „Als ob" („Mir war, als ob") zeigen uns das Wesen des Traumes als einer Fiktion, in der sich die Vorversuche und Proben verdeutlichen, durch welche die Vorsicht zur Beherrschung einer Situation in der Zukunft gelangen will. Bei den Träumen nervöser Personen wird man deshalb deutlicher als bei andern die neurotische, nach dem Prinzip einer starken Gegensätzlichkeit arbeitende Apperzeptionsweise, das betonte Minderwertigkeitsgefühl und die leitende Persönlichkeitsidee beobachten oder im Zusammenhang mit ihrem Seelenleben erraten können.

4. Der Zug der neurotisch verstärkten Leitidee wird sich in den Träumen der Nervösen regelmässig äussern, zumeist im Bilde des Strebens nach „Oben" oder des männlichen Protestes. Die weibliche oder „untere" Operationsbasis ist immer angedeutet.

5. Wiederholte Träume ähnlichen Inhalts und erinnerte Kindheitsträume zeigen die fiktive Leitlinie am deutlichsten. Denn sie bauen sich auf einem fertigen oder als brauchbar befundenen Schema auf, das durch das neurotische Endziel errichtet und festgehalten wird. Die mehrfachen Träume einer Nacht weisen auf den Versuch einer mehrfachen Lösung hin und kennzeichnen das Gefühl einer stärkeren Unsicherheit. Die sogenannte „Traumzensur", derzufolge die Verdeckung

---

[1]) Schon G. Chr. Lichtenberg schreibt: „Wenn Leute ihre Träume aufrichtig erzählen wollten, da liesse sich der Charakter eher daraus erraten als aus dem Gesicht."

oder Verschleierung eines Sachverhalts durch Entstellung bezweckt wird, erweist sich als die Wirkung der Sicherungstendenz, die den Formenwandel der Fiktion in der Neurose wie im Traume intendiert, und in entsprechender Entfernung dem Widerspruch in der männlichen Leitlinie durch einen Umweg zu entgehen sucht. Andere „Entstellungen" liegen im Wesen des abstrakteren Traumdenkens und in seinem Charakter als einer blossen Spiegelung.

6. Die Symbolik und der Kunstgriff der Analogie im Traume sind formalinhaltliche Ausstrahlungen dynamischer Affektverstärkungen, ihre Wortbilder sozusagen. Sie sind der psychische Überbau über ein Junktim zwischen psychischer Situation und einem tendenziös, meist fälschlich — sophistisch herangezogenen Memento, das die von der „Idee" geforderte Resonanz beibringen muss.

Die von Freud behauptete Erfüllung von infantilen Wünschen im Traume löst sich also für mich auf in einen Versuch des Vorausdenkens, um zur Sicherung zu gelangen, wobei tendenziös gruppierte Erinnerungen, keineswegs die libidinösen oder sexuellen Wünsche der Kindheit als Memento zu Hilfe genommen werden, ein psychischer Kunstgriff, der auch das logische Denken beherrscht. Das Wesen der Neurose sowie ihrer Träume und ihres Wahns bieten als einzig Unterscheidendes von der Norm die durch die verstärkte Fiktion verstärkte Tendenz zur Auswahl der wirksam gemachten Erinnerungen, kurz gesagt: die neurotische Perspektive. — Der Neurotiker leidet nicht an Reminiszenzen, sondern er macht sie. —

Ist einmal dieser zur Orientierung und zur Sicherheit des Handelns unbedingt nötige Vergleichspunkt gefunden, der um so höher eingestellt wird, je drückender das Gefühl der Minderwertigkeit auf dem Kinde lastet, so muss er aus obigen Ursachen, aus dem Zwang des Vergleichens und des kindlichen Ausrichtens stabilisiert, hypostasiert, für heilig, göttlich erklärt werden. Auf der einen Seite stehen die realen Bedingungen und Bewegungen des Subjekts, auf der anderen als kompensierende Folge des Minderwertigkeitsgefühls der Gott, die leitende Idee, bildlich apperzipiert in einer Person, in einem Geschehen. Dieser letztere ideelle Punkt wirkt nun so, als ob ihm alle richtende Kraft gegeben wäre. So entsteht erst aus dem organischen, objektiven Leben das, was wir Seelenleben, Psyche nennen.

Jeder Schritt des Kindes richtet sich in diesem System und wird von ihm gerichtet. Es ist ein fortwährendes Abwägen, Tasten, Vorbereiten, Bereitschaftenstellen und Messen am Ideal, was das Kind in seiner Entwickelung vorwärts bringt. Es misst sich am Manne ebenso wie an der Frau, wobei die Gegensätzlichkeit der Geschlechter abermals eine Hilfslinie ergibt und eine psychische Ausrichtung nach einer entgegengesetzten, in gewissem Sinne feindlichen, ausweichenden Linie, der männlichen, erzwingt. Beim neurotisch disponierten Kinde bringt die durch das Unsicherheitsgefühl gesteigerte kompensatorische Sicherungstendenz unter Anspannung der Aufmerksamkeit die abstrakt — neurotisch vertieften Richtungslinien zum überspannten Ziel des männlichen Protestes zuwege. Und die schärfer gefasste Gegensätzlichkeit der Geschlechter schafft früher und eindringlicher die vorbereitenden Stellungen zum anderen Geschlecht, um somehr, wenn, wie beim Neurotiker, die ausschliessliche männliche Wertung des Ideals auf sein Minderwertigkeitsgefühl reflektiert und dieses als weiblich erscheinen lässt.

Die Grundlage der Familienerziehung bringt es mit sich, dass die ersten Versuche, zu einem Persönlichkeitsideal zu gelangen, Entlehnungen von Zügen der höchstgewerteten Familienpersönlichkeit, zumeist des Vaters, vorstellen. Neurotisch disponierte Kinder, die in der Gegenüberstellung des Vaters eine Verstärkung ihres Minderwertigkeitsgefühles empfinden, treffen alsbald Vorbereitungen und konstruieren Kampfbereitschaften, als ob sie den Vater überflügeln müssten. In diesen vorbereitenden Versuchen liegt auch die Einstellung zum anderen Geschlecht, soferne der Intellekt des Kindes nicht bezüglich seiner eigenen Geschlechtsrolle fehlgreift, und viele seiner für die Zukunft bestimmten Bereitschaften werden anticipando in spielerischer Weise[1]) gegenüber Familiengliedern des anderen Geschlechts wachend oder halluzinatorisch, im Traume, probeweise geübt.

Dass dem Knaben dabei die Mutter in gewissem Sinne ein Muster abgibt, ist seit langem bekannt, insbesondere von Nietzsche hervorgehoben worden. Dabei ist die Grenze, die sich das Kind setzt, Sache einer Erprobung durch das Kind. Seine Wünsche sind, im Falle es neurotisch disponiert ist, masslos. Unzufrieden durch die übergrosse Distanz zu seinem Persönlichkeitsideal, kommt es auch zu Sexualwünschen in bezug auf die Mutter, ein Beweis, wie grenzenlos angespannt der Wille zur Macht ist. Eine Fixierung einer Sexualbeziehung aber muss andere Gründe haben als einmal gehegte Wünsche im Bereiche einer gewissen Masslosigkeit. Das Begehren des Knaben greift auch auf andere weibliche Personen seiner Umgebung. Das Bild ist dann wieder wie bezüglich der Perversion. „Die Mutter besitzen wollen“ wird zum Zeichen seiner Unzufriedenheit, zum Symbol seiner Masslosigkeit, seines Trotzes und seiner Furcht vor anderen Frauen. Nun kann im späteren Leben eine „Fixierung“ an die Mutter aus ähnlichen Konstellationen eintreten, nicht aber weil der Wunsch ehedem libidinös war. Denn es ist gleichgültig, welcher Art die reale Beziehung zur Mutter war, — die Psyche des Nervösen wird sie stets in irgend einer Art zur Sicherung verwenden.

Hier interessiert uns vor allem das Motiv der Unzufriedenheit. Es entspringt aus dem Gefühl einer Verkürzung, und es ist klar, dass das Kind vom „Wachsen“ alle Erfüllungen erwartet. Nach der Psychologie des „als ob“ kann es sein Heil vom Wachstum seines Körpers, seiner Haare, seiner Zähne, seines Genitalorgans erwarten. Speziell seine Erfahrungen von den Zähnen sind geeignet, ihm den Eindruck zu hinterlassen, dass etwas nachwachsen könne. In Träumen und Phantasien spielt das Zahnmotiv häufig hinein, bei Mädchen, um ihre Hoffnung, ein Mann zu werden, festhalten zu können, bei Knaben, um ihre Sehnsucht nach voller Männlichkeit darzustellen. Reisst man einen Zahn, Milchzahn, aus, so wächst ein neuer, stärkerer. Das „Ausreissen des Zahnes“ im Traume steht demnach für den Wunsch, ein Mann zu werden.

Neurotische Männer wie Frauen sind voll des Gefühls der Verkürzung, und ihr ganzes Leben verläuft in der Suche nach einer

---

[1]) S. „Zur Lehre vom Widerstand“ l. c.

Erweiterung ihrer Einflusssphäre. Um dies anzustreben, ja nur um dazu Stellung nehmen zu können, bedarf es bei ihnen einer ständigen Unterhaltung ihrer Unzufriedenheit, so dass sie aus Rücksicht auf das gesetzte fiktive Leitziel aus jeder Situation durch Überlegung, Arrangement oder Willkürlichkeit Nahrung für ihre Unzufriedenheit und Beweise für ihre Zurückgesetztheit gewinnen wollen. Mit grosser Regelmässigkeit fand ich bei ihnen die gegensätzliche Apperzeptionsweise nach dem Schema: „Männlich-Weiblich", mittelst derer sie alle ihre Erlebnisse suchten und klassifizierten. Überlagert ist dieses Schema, nach dem sie das Weltbild einfangen wollten, gewöhnlich durch ein gegensätzliches Bild des grossen und kleinen männlichen Genitales.

Es ist ein häufiger und charakteristischer Befund, dass sich an Körperstellen, die von Natur aus minderwertig sind, eine feinere Sensibilität entwickelt, deren Erregung zuweilen den Charakter des Lustvollen annimmt. Ich habe diese Erscheinung in der „Studie über Organminderwertigkeit" (1907, Wien und Berlin) beschrieben und führe sie auf kompensatorische Einrichtungen zurück, die bei den Vorfahren des Individuums im Kampfe um ihre Erhaltung bei Gefährdung des betreffenden Organs oder Organteiles in Gang gekommen sind. Diese kompensatorischen, nunmehr höherwertigen Anteile eines minderwertigen Organs, — minderwertig, nachdem es in der Aszendenz zu Schaden gekommen war, — sind eigentlich Schutzvorrichtungen in gewissem Sinne, wenngleich sie sich häufig nicht bewähren. Da aber ihre Technik eine andere geworden ist, mit der annähernd normaler Organe nicht mehr gleichen Schritt hält, so werden auch die psychischen Erscheinungsweisen, die sich an dieses Organ knüpfen, auffällig und aus der Norm herausfallen. Es handelt sich um die gleiche, wenngleich minutiösere Variation auf der Grundlage der Minderwertigkeit, die ich in der Biologie zur Erklärung der Variation, der Verfeinerung und des Verfalls der Organe herangezogen habe[1]).

Auf diese Weise hat sich z. B. im Bereiche des Nahrungsorgans der geschmackempfindende Apparat als Sicherungsapparat herausgebildet, ebenso aber auch der lustempfindende Apparat, der nunmehr die Kontinuität der Ernährung und die richtige Auswahl der Speisen garantieren muss. Die Variation gegenüber der Ahnenreihe kommt durch „Kompensationstendenzen" zustande, die im Keimstoff eingeleitet werden. „Die Konjunktur (im weiteren Sinne: das Milieu) beherrscht das Keimplasma", und so erklärt sich die prompte einheitliche Reaktion, — Minderwertigkeit + kompensatorischer Sicherung — durch Veränderung der Lebensbedingungen im weitesten Sinne, das heisst: alle Lebewesen einer einheitlichen Spezies variieren bei der gleichen Änderung ihrer Lebensweise in gleicher Richtung. Für die menschliche Gesellschaft muss man den Gesichtspunkt festhalten, dass — mehr als im Tier- und Pflanzenreich — die Beanspruchungen an die Einzelindividuen quantitativ und qualitativ verschieden sind, so dass ihre Organminderwertigkeiten und deren kompensatorische Sicherungen innerhalb einer beträchtlichen Breite differieren. Und diese Variationen

---

[1]) So wird auch die Wertigkeit eines Organs im „Strome des Lebens" zum Symbol, in dem sich Vergangenheit, Gegenwart, Zukunft und fiktives Endziel, — ganz wie im Charakter oder im nervösen Symptom, — abspiegeln. — Der Gedanke des „Symbolischen in der Gestalt" ist nicht neu, er findet sich bei Porta, Gall und Carus.

wären noch auffälliger[1]), wenn sich nicht mit so starkem Übergewicht
die menschliche Psyche als hauptsächlichstes Siche-
rungsorgan in den Kreis der Korrelationen und Kompensationen
eingeschoben hätte. Nunmehr treten die massgeblichsten Sicherungstendenzen nicht mehr als Organvarietäten, sondern in erster Linie als
psychische Eigenarten hervor. Immerhin bleibt ein genügend
nachweisbarer Zusammenhang bestehen, und wir können aus Organvarietäten, Stigmen und Degenerationszeichen derselben auf vermehrte
kompensatorische Einrichtungen des Gehirns und ausgebreitete Sicherungstendenzen in der Psyche schliessen. Ist doch das Wesen und die
Tendenz aller psychischen Vorgänge von Versuchen des Vorbauens
und von Vorbereitungen zur Mehrwertigkeit voll, so dass man
sich der Anschauung nicht verschliessen kann, Seele, Geist, Vernunft,
Verstand sind für uns Abstraktionen jener wirksamen Linien, auf
denen der Mensch über seine Körperfühlsphäre hinausgreift, seine
Grenzen erweitern will, um sich eines Stückes der Welt zu bemächtigen
und sich vor drohenden Gefahren zu sichern. Die Mangelhaftigkeit der
selbsttätigen Organe, hinaufgezaubert auf die sicheren Wege des Er-
kennens, Verstehens, Voraussehens!

Im Tierreich noch ersetzt zum Teil ein feingearbeiteter, technischer
Apparat, was dem Menschen die Erkenntnis leistet. Die feine Witterung
des Hundes wird überflüssig oder dienstbar gemacht; was an Giftpflanzen
der Geschmacksapparat weidender Rinder vermeiden lässt, davor sichert
den Menschen sein verstehendes Auge. Aber die gleiche Tendenz ist es
und bleibt ewig bestehen, den Kampf der Vorfahren um die Erhaltung
ihres Lebens durch feiner abgestufte, variierte Organe, sowie durch ver-
feinerte Kunstgriffe der Psyche zu erleichtern.

Und so ist es uns gestattet, derlei empfindlichere, periphere
Apparate, ihre besondere Physiognomie und Mimik als Zeichen eines
angegriffenen Organes, als verräterische Spuren einer überkommenen
Organminderwertigkeit anzusehen. Dies gilt auch für die besondere
Ausbildung der Geschmacksempfindung beim Menschen, für die grössere
Reizempfindlichkeit der Lippen- und Mundschleimhaut, zu der sich meist
eine grössere Ansprechbarkeit des Gaumens, des Schlundes, meist auch
des Magens und des Verdauungstraktes gesellt. Physiognomisch stellt
sich dies Bild des minderwertigen Mundes dar in der Form beweg-
licherer, feinerer, oft vergrösserter Lippen, meist leichter Deformationen
der Lippen, der Zunge (lingua scrotalis Schmidt), des Gaumens. zu
denen sich oft Degenerationszeichen an diesen Teilen, vergrösserte
Tonsillen oder der ganze Status lymphaticus gesellen. Zuweilen freilich
bleibt bei aller Minderwertigkeit eine Höherbildung im Sinne der
Kompensationstendenz aus, und es fehlt selbst die Hyperästhesie.
Recht häufig sind Reflexanomalien; gesteigerter Rachenreflex, aber auch
Herabsetzung desselben gehören zu demselben Bilde. An Kinderfehlern
beobachtet man: grössere Inanspruchnahme der Mundpartien, Berüh-

---

[1]) Die psychische Sicherung beim Menschen mit ihren Bereitschaften und
Charakteren ähnelt so sehr den sichernden Variationen im Tierreich, dass die
Phantasie der Kinder, der Nervösen, der Dichter, ja auch die Sprache oft diese
Analogie benützt, um gleichnisweise eine psychische Geberde, eine Bereitschaft,
einen Charakterzug durch das Sinnbild eines Tieres verständlich zu machen, in
Wappen zum Beispiel, in dichterischen Gleichnissen, in Fabeln und Parabeln. S.
auch Erckmann-Chatrian, Der berühmte Doktor Matthieu, Goethes Reinecke
Fuchs, Gemälde und Karikaturen.

rungen des Mundes, Daumenlutschen, Neigung alles in den Mund zu stecken, Erbrechen. Dabei meist gutes Gedeihen, sofern dies durch andere gleichzeitige Organminderwertigkeiten nicht gehindert wird.

Aber das Übel, die Entbehrung, Verwöhnung und die Schmerzen, die von der Wiege an den minderwertigen Ernährungstrakt begleiten, erwecken gleichzeitig ein Gefühl der Minderwertigkeit, Verkürztheit und Unsicherheit und drängen das konstitutionell disponierte Kind auf den Weg der Kunstgriffe. Das stärker und überstark ausgebaute, frühreife Persönlichkeitsideal schliesst auch fiktive Ziele überreicher Befriedigungen in sich, denen die Wirklichkeit nie gerecht werden kann. Die Aufmerksamkeit solcher Kinder ist nach Art einer Zwangsidee auf alle Ernährungsprobleme und deren Sublimierungen (Nietzsche) gerichtet. Die Entbehrung eines Leckerbissens löst bei ihnen ganz andere Affekte und Handlungen aus, als wir erwarten. Ihr Sinn geht nach der Küche, ihr Spiel und ihre infantile Berufswahl setzt sich aus ihren Bereitschaften für Nahrungserwerb in Phantasien fort, Koch oder Zuckerbäcker zu werden. Die Bedeutung des Geldes als Machtfaktor dämmert ihnen früher und ungeheuerlicher auf, ebenso der Sinn für Geiz und Sparsamkeit. Stereotypien und Pedanterien beim Essen finden sich oft, prinzipielle Massnahmen wie: das Beste zuerst, oder zuletzt zum Munde zu führen; die Ungeduldigen bevorzugen erstere Praktik, die Vorsichtigeren und Sparsamen letztere. Idiosynkrasien gegen Speisen, Nahrungsverweigerung, hastiges Schlingen werden oft als Trotzgeberde festgehalten und zeigen die Verwendung des Ernährungsproblems zur Aggression gegen die Eltern. — Abgesehen von organischen Erkrankungen des minderwertigen Ernährungsapparats im späteren Leben, von denen ich bei diesem Typus auf Ulcus ventriculi, Appendizitis, Karzinom, Diabetes, Leber- und Gallenerkrankungen aufmerksam gemacht habe, zeigt sich in der Neurose die stärkere Beteiligung, das Mitschwingen und die häufigere Verwendung funktioneller Störungen des Magendarmtraktes. Seine intimere Beziehung zur Psyche spiegelt sich in vielen neurotischen und psychotischen Symptomen wieder. Einem speziellen Kunstgriff dieser Art glaube ich auf der Spur zu sein, ohne eine abschliessende Anschauung vorlegen zu können. Eine Anzahl neurotischer Symptome wie Erythrophobie, neurotischer Obstipation und Kolik, Asthma, wahrscheinlich auch Schwindel, Erbrechen, Kopfschmerz, Migräne stehen in einem mir noch nicht ganz aufgeklärten Zusammenhang mit willkürlichem, aber unbewusstem Zusammenspiel von Anuskontraktion („Krampf" der Autoren, „Spasmus des Sigma"? Holzknecht, Singer) und Aktionen der Bauchpresse, symbolische Akte, die unter der Herrschaft der verstärkten Fiktion zustande kommen.

Den Erwerbsinn dieses Typus, seine Gier nach Geld und Macht fand ich auffallend im Vordergrund und als wesentlichen Einschlag im Persönlichkeitsideal.

Praktischer Teil.

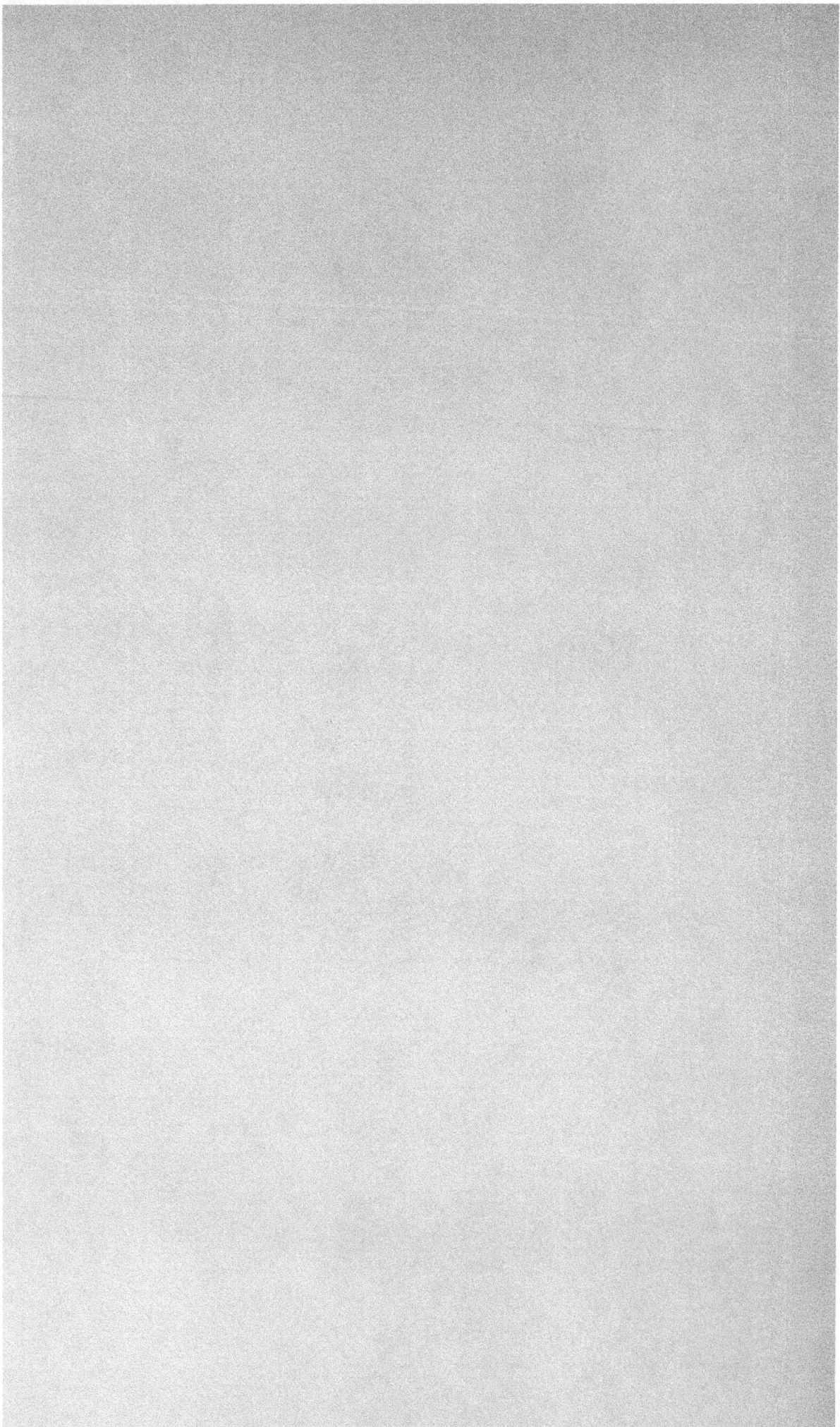

I. Kapitel.

Geiz. — Misstrauen. — Neid. — Grausamkeit. — Herabsetzende Kritik des Nervösen. — Neurotische Apperzeption. — Altersneurosen. — Formen- und Intensitätswandel der Fiktion. — Organjargon.

Ich will zuerst von Charakterzügen sprechen, die sich mit gewisser Regelmässigkeit bei allen Nervösen nachweisen lassen, und die in der Weise zum Ausdruck kommen, dass der Patient mit grosser G i e r, direkt oder auf Umwegen, bewusst oder unbewusst, durch zweckmässiges Denken und Handeln, oder durch das Arrangement von Symptomen nach vermehrtem Besitz, nach Vergrösserung seiner Macht und seines Einflusses, nach Herabsetzung anderer Personen und Verkürzung derselben strebt. Meist finden sich alle diese Formen des Eigennutzes beisammen und erst nach besserer Einsicht erkennt man das gewaltige Überwiegen der Umwege, durch die der Patient sich und seine Umgebung täuscht. Er täuscht auch die Wissenschaft. Denn während er beispielsweise den Uneigennützigen spielt, findet man in seinen Anfällen, in seiner Neurose, zugleich aber in dem durch letztere erzielten Endeffekt die verstärkte Gier wieder, von der wir eingangs gesprochen haben; er erweckt so den Eindruck eines Doppel-Ichs, an Spaltung des Bewusstseins Leidenden, und während e i n f i k t i v e r Endzweck ihn stärker als den Gesunden das S c h e m a des Geizes, des Neides, der Herrschsucht, der Bosheit, der Rechthaberei, der Gefallsucht auf verborgenen Wegen einhalten lässt, darf er offen, — auch aus Gefallsucht etwa, — den Wohltäter und Gönner, den Friedensstifter und uneigennützigen Heiligen spielen. Nicht ohne dass dieses Spiel gewöhnlich zum Unheil ausschlägt, etwa wie Gregor Werles Wahrheitsfanatismus in I b s e n s „Wildente". Man kann die Sucht des Neurotikers, a l l e s h a b e n z u w o l l e n, nicht stark genug ansetzen, seine Gier, d e r e r s t e s e i n z u w o l l e n, unmöglich übertrieben darstellen, — wenn auch die offen zutage liegenden Charakterzüge das widersprechendste Bild dazu liefern. Was den Patienten wirklich treibt, ist das eindeutigste Verlangen nach ausschliesslicher M a c h t, und da sein Persönlichkeitsgefühl an vielen seiner Mittel Anstoss nimmt, auch die Macht anderer seinen Triumph hindern könnte, verbirgt er die verwehrten Charakterzüge vor sich und den anderen, und als verständnisvoller Kenner feindseliger Regungen und deren Unbeliebtheit, lässt er sich im Tageslicht, in seinen „bewussten Regungen" von dem Ideal der Tugend leiten. Dabei verrät sich s e i n v e r s t ä r k t e r Aggressionstrieb dennoch, und zwar im Traume, in unbeherrschten Handlungen, in Haltung, Mimik und Geberde und in jenem psychischen Geschehen, dessen Ausdruck die Neurose ist.

Bezüglich der Frage der Vererbung derartiger Charakterzüge, ja auch ihrer a n t a g o n i s t i s c h e n Anordnung, stellt sich in der Regel heraus, dass sie als sekundäre Leitlinien nach dem Bilde des Vaters, der Mutter oder stellvertretender Personen erworben und keineswegs angeboren sind. Die neurotische Psyche findet sie im eigenen oder in einem vorbildlichen Material vor, als welches für viele Fälle auch das Doppelspiel, die Bewusstseinsspaltung der menschlichen Gesellschaft zu gelten hat. Der Kunstgriff der Neurose aber ist es dann, die für den fiktiven Zweck der Persönlichkeitserhöhung oft ungeeigneten, feindseligen, aggresiven Züge zu verbergen, zu verändern, den gleichen Zweck vielmehr noch intensiver auf Umwegen, oft durch entgegengesetzte Charakterstimmungen und durch neurotische Symptome zu erreichen. Man überzeugt sich dann leicht, dass die übertriebene Freigebigkeit solcher Patienten dem gleichen Ziel des „Willens zur Macht" gehorcht, dem sich der Kranke auch durch Steigerung seines Aggressionstriebs, seiner Begehrlichkeit, seiner Sparsamkeit zu nähern versucht.

Einer meiner Patienten, der wegen Stottern und Depressionszuständen in meine Behandlung kam, liess für seine Umgebung nur die Züge der Freigebigkeit erkennen. Eines Tages übergab er einem Institut eine grössere freiwillige Spende, und erzählte mir dies, indem er scheinbar unvermittelt daran die Bemerkung knüpfte, er sei heute besonders deprimiert. Dabei trat auch sein Stottern stärker hervor. Der verstärkte Zustand seiner Neurose erwies sich als eine Folge seiner Freigebigkeit, durch die er sich nun verkürzt fühlt, und man ist berechtigt, den wahren Charakter in weiteren Handlungen, Gedanken oder Träumen, parallel laufend den hervortretenden neurotischen Symptomen zu erwarten, nicht etwa, weil er den Geiz oder eine entsprechende Sexualregung „verdrängt" hatte, sondern weil er sich von seinem Ziel: Vermehrung des Besitzstandes, zu weit entfernt hatte. Er muss nun etwas tun, um wieder dahin — zurückzukehren. „Es war schon spät in der Mittagszeit", so erzählte er weiter, „ich verspürte starken Hunger, und zudem erwartete mich mein Freund in einer Restauration, wo wir zusammen speisen wollten. So musste ich also den (weiten) Weg dahin gehen. Mein Freund wartete noch. Nach dem Essen wurde es mir etwas besser." Das heisst, er begann sofort wieder zu sparen und ging zu Fuss, trotz Hunger, Depression und Rendez-vous. Nebenbei konnte er so den Freund warten lassen, was für viele Neurotiker die verdeckte Art ist, ihre Herrsucht zu betätigen.

Die allerersten Äusserungen, Handlungen, Mitteilungen des Patienten beim Arzte enthalten oft das Wesentliche aus dem Krankheitsmechanismus und aus der Charakterbildung. Es rührt dies daher, weil der Patient noch nicht die Vorsichtsbereitschaft dem Arzt gegenüber besitzt. Als obiger Patient sich mir vorstellte, erzählte er mir unaufgefordert, sein Vater sei nicht wohlhabend, und er könne für die Behandlung keine grossen Opfer bringen. Nach einiger Zeit kam während der Behandlung notgedrungen das Geständnis zutage, dass er mich in diesem Punkte belogen habe, um einen geringeren Honoraransatz zu erzielen. Auch in vielen anderen Beziehungen erwies er sich als geizig. Aber gleichzeitig versuchte er sich und insbesondere andere darüber zu täuschen. Beide Züge besass auch der Vater, und unser Patient war von diesem mit besonderem Nachdruck auf die Sparsamkeit hingelenkt worden. Oft hatte man es ihm vorgesagt: „Geld ist Macht, für Geld kann man alles haben!" So konnte es nicht fehlen, dass unser Patient, der bereits in der Kindheit sehr ehrgeizig und herrsch-

süchtig war, als er später in eine unsichere Situation geriet und das
Mass des Vaters auf geradem Wege nicht erreichen zu können glaubte,
unter dem Drucke seines Ehrgeizes zu dem Kunstgriff Zuflucht nahm,
durch Beibehaltung eines Kinderfehlers, des Stotterns, den Vater von
dessen Ohnmacht, vom Fehlschlagen seiner Erziehungspläne zu überzeugen. Er verdarb durch das Stottern dem Vater das Spiel,
weil er nicht der erste sein, weil er ihn nicht überflügeln konnte.

Unsere Kultur gibt aber den Kindern grossenteils recht, die in
der Ansammlung von Geld den Weg zur Macht erblicken. Also geleitet
nahm sein Wille zur Macht die äussere Form der Sparsamkeit und des
Geizes an, indem er diese noch überspannte. Erst der Widerspruch
zwischen offenen niedrigen Geizbetätigungen und dem Persönlichkeitsideal zwang zum Verstecken der Geizregung, mit deren Hilfe er
dem Vater überlegen werden wollte, und erzwang das Stottern als
Ersatz.

Im weiteren Verlaufe der Analyse zeigte sich der Ausgangspunkt
seines verstärkten Strebens nach Besitz. Er litt in den ersten Lebensjahren fast unausgesetzt an Magen- und Darmbeschwerden, die sich als
Ausdrucksform einer angeborenen Minderwertigkeit des Ernährungstraktes geltend machten. Auch in der Familie spielten Magen-
und Darmerkrankungen eine grosse Rolle. Der Patient erinnerte sich sehr
genau, wie oft er trotz Hungergefühls und Begehrlichkeit wohlschmeckende
Speisen entbehren musste, während Eltern und Geschwister sie behag-
lich verzehrten. Wo er konnte, sammelte er Speisen, Bonbons und
Früchte, um sie später schmausen zu können. In dieser Neigung zum
Sammeln sehen wir bereits die Wirkung der vorbauenden Sicherungstendenz, die beständig daran arbeitet, das Verkürzungsgefühl irgendwie
auszugleichen.

Wie weit sie aber reicht, kann uns etwa ein konstruiertes Beispiel zeigen, das ich mit Analogien aus unserem Fall belegen kann.
Die Gier nach Macht und damit nach Besitz kann durch das Gefühl
der Minderwertigkeit so aufgepeitscht werden, dass man sie an Stellen
der psychischen Entwicklung trifft, wo man sie kaum vermutet. Ein
derartiger kleiner Patient wird wohl anfangs den Apfel wünschen, der
ihm verwehrt ist, wenn er dem Vater oder Bruder beim Essen zusieht.
Es wird sich der Neid regen, und nach kurzer Zeit kann ein solches
Kind in seinen Überlegungen und im Vorausdenken soweit sein, — aus
Gleichheitsbestrebung — es zu verhindern, dass der andere etwas voraus
haben könnte. Es wird auch den Ausbau dieses gewiss wenig bedeutungs-
vollen Gedankens bald so weit vollzogen haben, dass es Vorbereitungen
und Bereitschaften parat hält, es wird sich, besonders bei ursprünglicher
muskulärer Unfähigkeit, das ganze Jahr im Klettern und Springen
üben, um im Herbst als Meister einen Baum erklimmen zu können.
Die menschliche Psyche ist nicht imstande, jederzeit über fiktive Endziele Rechnung zu legen, und so kann dieses Kind, scheinbar losgelöst
von seinem Endziel, seine Bereitschaft für Sport und Gymnastik in den
Dienst anderer Tendenzen stellen, die auf andere Weise dem Persönlichkeitsgefühl dienen, etwa wie unsere modernen Staaten Kriegsrüstungen
betreiben, ohne auch nur den künftigen Feind zu kennen.

Der Vater unseres Patienten konnte leicht von dem Knaben als
beiläufiges Vorbild genommen werden, da er an Grösse, Kraft, Reichtum
und sozialer Stellung seine Umgebung überragte. Wollte der kleine Junge

aus seiner Unsicherheit heraus, in die ihn seine konstitutionelle Minderwertigkeit gestürzt hatte, so musste er wie nach einem Plan, auf einen fixen Punkt zu, seine Vorbereitungen fürs Leben treffen. Das starke Hervortreten der Leitlinie zum Vaterideal ist bereits ein neurotischer Zug, denn in ihm können wir die ganze Not dieses Kindes begreifen, das aus seiner Unsicherheit herauswill. Die Sicherungstendenz der Neurose führt so den Patienten aus dem Bereich seiner eigenen Kräfte und zwingt ihn auf einen Weg, der aus der Wirklichkeit herausführt: 1. weil er seine Fiktion, dem Vater zu gleichen oder ihn zu übertreffen, zu seiner Aufgabe macht und nun gezwungen ist, sein Erleben der Welt unter ihrem Zwang zu formen, zu gruppieren und zu beeinflussen; 2. weil es nie gelingen kann, eine derartige abstrakte Fiktion in der Wirklichkeit durchzusetzen, ausser in der Psychose. Es kommt so in die Psyche des Kindes ein intensiv suchender, messender, abwägender Zug, von dem ich noch einiges hervorheben muss.

Was nach meiner Erfahrung das zu scharf gefasste Leitbild des Vaters bei neurotischen Kindern zuerst verschuldet, zeigt sich, wie ich in meinen Arbeiten gezeigt habe, beim Suchen nach der Geschlechtsrolle. Das neurotisch disponierte Kind, oder wie ich sagen kann, das Kind, das unter dem Druck eines Minderwertigkeitsgefühls steht, will ein Mann werden, — sobald die Neurose ausbricht, ein Mann sein. In beiden Fällen kann es sich nur um ein Gebaren handeln, als ob es ein Mann wäre oder werden sollte. Die verstärkte Sicherungstendenz zwingt auch in diesem Falle die Haltung des angehenden Nervösen in den Bann der Fiktion, sodass zum Teil auch bewusste Simulation zustande kommen kann, und z. B. ein Mädchen, um seinem Minderwertigkeitsgefühl zu entgehen, anfänglich in bewusster Nachahmung männliche Gesten des Vaters entlehnt. Es liegt kein Grund vor, anzunehmen, dass sie dazu in den Vater verliebt sein muss. Die Höherschätzung des männlichen Prinzips genügt dabei, kann allerdings zuweilen von dem Mädchen sowie von der Umgebung als Verliebtheit empfunden werden, wenn die Vorbereitung für die Zukunft in spielerischer Weise eine Hindeutung auf Liebe oder Ehe verlangt. In unserem Falle setzte sich die Leitlinie zum kompensierenden Persönlichkeitsideal im Wandel ihrer Form und ihres Inhalts in ein ehrgeiziges Streben um, den Vater an Reichtum, Ansehen und — damit im Zusammenhang — an Männlichkeit zu übertreffen. Das Suchen nach der eigenen Geschlechtsrolle setzte intensiv und in typischer Weise, als sexuelle Neugier ein, wobei der Patient im Gefühle seiner Minderwertigkeit die Kleinheit seiner kindlichen Genitalien gegenüber der Grösse der väterlichen als eine herbe Zurücksetzung, als Mangel an Männlichkeit empfand. Sein Ehrgeiz, der ihm ermöglichen sollte, von der Stufe der Minderwertigkeit aufzusteigen, zwang ihn zur Steigerung seines Schamgefühls, damit man nicht bei einer Entblössung seine kleinen Genitalien sehen sollte. Dazu kam noch, dass er jüdischer Abkunft war. Er hatte von der Zirkumzision manches gehört und hegte die Vorstellung, dass man ihn auch bei dieser Operation verkürzt habe. Sein männlicher Protest trieb ihn zur Entwertung der Frau, als ob er auf diese Weise seine Überlegenheit erweisen müsste, und er kam mit seiner Mutter in das denkbar schlechteste Verhältnis. Aber auch dem Vater gegenüber, dessen Vorliebe für ihn er durch diplomatische Anpassung nährte, hegte er feindliche Gefühle, die besonders dann zutage traten, wenn der Vater seine Überlegenheit forcierte, wozu er eine grosse Neigung hatte. In diesem Wirrwarr der Gefühle suchte er Orientierung und fand sie nur in dem Gedanken, dem Vater überlegen zu werden, männlicher zu werden wie er. Folgerichtig hätte er, wie es häufig in ähnlichen Fällen geschieht, Versuche unternehmen müssen, um sein Genitale zur Vergrösserung, zur Erektion zu bringen. Dieser Weg, der zu sexueller Frühreife und Masturbation führt, wurde bald von ihm verlassen, weil ihn der Vater mehrmals davon abschreckte. So blieben ihm als Ersatz des männlichen Protestes bloss die Versuche, reicher, angesehener, klüger wie der Vater zu werden, und seine Umgebung herabzusetzen.

Sein Vater hatte grosse Hoffnungen auf des Patienten Rednergabe gesetzt, die sich in der Kindheit schon gezeigt hatte, hatte sich auch durch das geringfügige Stottern des Knaben nicht beirren lassen und hoffte, dass er die juristische Laufbahn ergreifen werde. Hier konnte er den Vater an der wundesten Stelle treffen, und so verfiel er in immer heftigeres Stottern, eine neurotische Äusserung der Sicherung gegen die Überlegenheit des Vaters, zu der ihm die Anregung durch einen stotternden Hauslehrer gekommen war. In der Folge bekam dieses Symptom eine Unzahl anderer Verwendungen, beispielsweise die, dass er durch das Stottern immer Zeit gewann, seinen Partner zu beobachten, seine Worte abzuwägen, Forderungen der Familie an ihn abzulehnen, das Mitleid Anderer auszunützen und ebenso das Vorurteil, womit man nur geringe Erwartungen an ihn stellte, die er dann leicht übertraf. Interessant ist, dass ihm sein recht auffälliges Stottern in der Liebeswerbung kein Hindernis war, dass es ihn eher förderte, was von unserem Standpunkte begreiflich erscheint, nach welchem ein weit verbreiteter Typus von Mädchen von der Liebesbedingung nicht lassen kann, der Mann ihrer Wahl müsse unter ihnen stehen, damit sie ihn sicher beherrschen können.

Besonders feindselige Regungen gegen Eltern, Geschwister und Dienstboten beendete er mit der Aufstellung einer neuen Leitlinie, die ihn zum gütigen Menschen machen sollte. Diese neue Entwicklung vollzog sich unter allabendlicher Ablegung einer Selbstbeichte, bei der er sich seine Bösartigkeit vorwarf und Gewissensbisse arrangierte. Sein wachsendes Verständnis hatte ihn so auf einen kulturellen Umweg zur Erhöhung seines Persönlichkeitsgefühls hingewiesen.

Der Mangel einer geradlinigen Aggression zeigte sich auch darin, dass er seinen Ehrgeiz in Gedanken und Phantasien, allerdings auch in guten Fortschritten in der Schule bewies, sodass er die meisten seiner Mitschüler besiegte. Eine zunehmende Neigung zu Sarkasmus und Verhetzung anderer wurde jetzt der einzig sichtbare Ausdruck seiner früher oft gewalttätigen Aggression, die ihm den Spitznamen „Blutegel" eingetragen hatte. Eine wichtige Rolle spielte seine kämpferische Stellung für das Judentum, die sich in einer um das 12. Lebensjahr auftretenden Zwangshandlung widerspiegelte. Wenn er ein Schwimmbad betrat, so musste er die Genitalien mit den Händen verdecken und sofort den Kopf unter Wasser stecken, wo er ihn so lange hielt, bis er bis 49 gezählt hatte, sodass er oft schwer nach Luft schnappend und erschöpft auftauchte. Die Auflösung ergab als gedanklichen Inhalt die Bestrebung

seiner Phantasie, die Gleichheit der Genitalien herzustellen. Das 49. Jahr
hat in der alten jüdischen Gesetzgebung, die er kurz vorher kennen
gelernt hatte, die Bedeutung des Jubeljahres, in dem alle Äcker wieder
gleichgemacht wurden. Einfälle dieser Art und das gleichzeitige Verstecken der Genitalien wiesen der Deutung den Weg. Man konnte nun
bereits den Schluss machen, dass auch sein Stottern eine Überlegenheit
wett machen sollte, die Überlegenheit des Vaters, aller Menschen, indem
es ihnen zum Hindernis, oft zur Pein wurde.

Sein Geiz, seine Sparsamkeit waren demnach in der gleichen
Richtung tätig, Überlegenheiten Anderer aus dem Felde zu schlagen,
ihn vor Demütigung und weiterer Verkürzung durch Verarmung zu
sichern, und so musste er diese sekundären Richtungslinien stark aus-
dehnen und seine Erlebnisse nach ihnen formen und werten, um zur
Erhöhung seines Persönlichkeitsgefühls, zum männlichen Protest zu gelangen. Nur bei Anlässen, wo ihm durch Lautwerden dieser Charakterzüge eine Beeinträchtigung seines Selbstgefühls erwachsen wäre, unter-
drückte er ihre offene Betätigung.

Es wäre ein Unding, in einer medizinisch-psychologischen Frage
einen Standpunkt der Moral einnehmen zu wollen, etwa Personen wie
die obige als moralisch minderwertig zu beurteilen. Diejenigen,
die Neigung dazu verspüren, erinnere ich an die überaus starken, kompensatorischen, wertvollen Charakterzüge, im Übrigen aber an die weise
Sentenz Larochefoucaulds, der also urteilte: „Ich habe nie die
Seele eines schlechten Menschen untersucht, aber ich habe einmal die
Seele eines guten Menschen kennen gelernt: ich war erschüttert!"

In einem anderen Falle zeigt sich der Charakter des Geizes nicht
allein als Hilfskonstruktion, um ein Gefühl der Verkürztheit zu kompensieren, sondern vor allem als Kunstgriff, der der Sicherungstendenz
dient. Ein 45 jähriger Patient, der zeitlebens an psychischer Impotenz
litt und von Suicidgedanken verfolgt war, zeigte eine besonders starke
Neigung, Andere herabzusetzen. Wir kennen diesen Charakterzug aus
der Schilderung des vorigen Falles, wo er, wie immer, dazu diente, das
eigene Gefühl der Minderwertigkeit aufzuheben. Mit dieser Tendenz
sind regelmässig gesteigertes Misstrauen und Neid verbunden, die
als neurotische, psychische Bereitschaften das Aufsuchen und Werten
der Erlebnisse zu verfälschen haben. Auch eine Neigung, anderen in
irgend einer Weise körperlichen oder seelischen Schmerz zu bereiten,
wird sich dabei in versteckter Weise immer durchzusetzen wissen. Der
abstrakte leitende Gesichtspunkt des Patienten, seine herrschende
Stellung zu sichern, „oben zu sein", schien offenbar bedroht und zwang
zur Verstärkung fiktiver Richtungslinien. Aus der Kinderzeit kamen
Erinnerungen zur Verwendung in der Neurose, denen zufolge er einem
Homosexuellen fast zum Opfer gefallen wäre. Er war unter
Schwestern als einziger Knabe aufgewachsen, eine Situation, die
nach meiner Erfahrung das Verständnis für die eigene Geschlechtsrolle
häufig beeinträchtigt. Wichtig war seine Stellung zum Vater, weil sie
ihn auch zu verstärkten Sicherungen zwang. Der Vater war nämlich
brutal, egoistisch, tyrannisch, so dass es dem Knaben schwer fiel, sich
neben ihm in offener Weise zur Geltung zu bringen. Einige Liebes-
abenteuer hatten den Vater in recht schwierige Situationen gebracht,
die unser Patient in seiner entwickelten Neurose als Memento verwendete. Sein Misstrauen wendete sich gegen alle Frauen. Seinen

Schwestern gegenüber blieb er zeitlebens aufopferungsfähig, aber diese
Tatsache apperzipierte er schon mit überaus starker Empfindung und
entwickelte daraus mit Tendenz Gedankengänge, wie leicht er Frauen
gegenüber nachgäbe. Und er konnte auch gelegentlich in dieser Richtung weit gehen, um diesen Eindruck bei sich recht scharf hervorzuheben. Dann war er vorbereitet, sich von den Frauen zurückzuziehen.

Aus seiner Kindheit hatte er Gefühle der Minderwertigkeit
in ein sexuelles Bild gebracht. Die Ursache seiner unmännlichen Haltung, — hatte ihn doch der Homosexuelle als Mädchen nehmen wollen! —
suchte und fand er in einem gelegentlichen Kryptorchismus, der durch
einen offenen Leistenkanal verschuldet war. Als er 8 Jahre alt war,
beobachtete er einen Knaben bei der Masturbation. Hic puer ei
semen ejaculavit in os, was er als ein weiteres Zeichen seiner weiblichen
Rolle empfand. Solange er den Vater zum Leitpunkt gemacht hatte,
zeigte er die gewöhnlichen Vorbereitungen, ihm gleich zu werden. Er
trank ihm heimlich den Schnaps aus, versuchte die Mutter auf seine
Seite zu ziehen, und wählte frühzeitig den Beruf seines Vaters, in
welchem er auch seine durch das Gefühl seiner Minderwertigkeit und
durch das Hinstreben zum Leitbild des Vaters gereizten sadistischen
Neigungen befriedigen konnte, er wurde Fleischhauer. Rohe Neigungen
betätigte er auch gerne an Mädchen und Frauen, er biss sie, schlug
sie und nahm auch einmal an einer Vergewaltigung teil, bei der er den
Coitus per anum ausführte, um nicht etwa zu Alimenten verpflichtet zu
werden. Dieses Erlebnis aber, das ihn noch ganz in der brutalen
Manier des Vaters zeigte, drängte ihn durch die drohende Konsequenz
vor strafrechtlichen Folgen und durch die damit verbundene Herabsetzung
seines Persönlichkeitsgefühls auf einen neurotischen Umweg. Er verwendete sein ohnehin gesteigertes Misstrauen gegen Mädchen dazu, sie
mit eifersüchtigen Anwandlungen zu quälen, sie ganz unter
seinen Einfluss zu beugen und sich auf diese Weise den Schein seiner
Herrschaft zu sichern. Seine Ejaculatio praecox und die damit verbundene Impotenz dienten seinem Sicherungsbedürfnis ebenso wie seiner
Gehässigkeit gegen die Frau. Mit Vorliebe versuchte er verheiratete
Frauen zu verführen, um ihnen durch seine Impotenz Enttäuschungen
zu bereiten, gleichzeitig aber, um in spielerischer Weise Bestätigungen
zu erlangen, dass „alle Frauen" schlecht seien. Auch in Zwangsideen
äusserte sich diese Neigung, weh zu tun. So hatte er während der
Kur noch Anwandlungen, eine Sprachlehrerin während des Unterrichts
zu beissen und zu schlagen, weil ihm Gedanken aufgetaucht waren, sie
hätte einen Geliebten, den sie ihm vorzöge. Diese sadistische Reaktion
auf ein Gefühl des Unterliegens, als männlicher Protest gegen die
Empfindung, unmännlich, weiblich zu sein, stammt aus der Kindheit
und durchzieht seine ganze Neurose. Es war nicht schwer, nachzuweisen, dass seine Impotenz in gleicher Weise dem Endzweck gehorchte,
eine Art zu finden, um der Liebeshörigkeit, der Unterstellung
unter ein Weib zu entkommen, eine Tendenz, die aber ihre Fortsetzung darin fand, immer wieder Frauen auf irgend eine Weise herabzusetzen. Als er bei seiner Lehrerin keine Aussicht zu reussieren hatte,
verliess er sie brüsk, da er wusste, dass das Mädchen auf Stundengeben
angewiesen war. Vorher aber stellte er kritische Berechnungen über
die Kosten seiner Sprachstunden auf, fand sie für seine Verhältnisse uner-
schwinglich, was als falsche, tendenziöse Wertung des sehr wohlhabenden

Mannes deutlich in die Augen sprang. — In gleicher Richtung verwendete er gelegentlich auftauchende Erinnerungen an inzestuöse Gedanken, um sich seiner Schwäche, seiner verbrecherischen Neigung, sobald Frauen ins Spiel kamen, mit Schrecken bewusst zu werden. So stellte er seine Operationsbasis her, von der aus er sich vor dem weiblichen Geschlechte s i c h e r n   m u s s t e, wodurch ihm eine dauernde Überlegenheit im Leben gewährleistet schien.

Der tiefste Kern seines Zwangs zur Sicherung vor der Frau war, er könnte in der Ehe, in der Liebe Enttäuschungen erfahren, die er seiner Unmännlichkeit zugeschrieben hätte. Da er sein neurotisches Ziel im Beweis seiner Macht suchte, musste er vorsichtig und zu neurotischen Umwegen geneigt werden. Auch bei diesem Patienten lagen frühzeitige Magen-Darmstörungen vor und als peripheres Minderwertigkeitszeichen der fatale Leistenbruch. Bei seiner Art der Liebesbetätigung bot sich der übertriebene Geiz als das brauchbarste Mittel zur Sicherung gegen eine zuweitgehende Hingabe. Sollte aber dieser Geiz etwas leisten können, so musste er den ganzen Kreis seiner Lebensbeziehungen umfassen und allgegenwärtig sein. Er musste selbst wieder gestützt und durch allerlei Winkelzüge befestigt werden. Unter anderem geschah dies durch das Arrangement von Zwangsgedanken. Wenn er ein Automobil benützte, kam ihm der Gedanke, es möge ein Zusammenstoss erfolgen. Ein näheres Eingehen auf diese Zwangsidee ergab, dass er nicht im Entferntesten an diese Möglichkeit g l a u b t e, dass er aber allen teuren Fahrgelegenheiten auswich. Ja sogar, wenn er eine längere Strecke mit der Trambahn fuhr, kam ihm am Ende der billigeren Zone der Gedanke an einen Zusammenstoss, oder an das Einstürzen einer zu befahrenden Brücke, so dass er fast immer den geringeren Fahrpreis bezahlte, einige Heller ersparte und den Rest des Weges zu Fuss ging. Er war auf der Linie, sich jede Ausgabe zu verbittern.

So kam es auch, dass er, um eine einheitliche Haltung zu gewinnen, in gleicher Weise die Herabsetzung des Mannes anstrebte. Schon bei seiner Jagd auf verheiratete Frauen kam dies zum klaren Ausdruck, und es befriedigte ihn die Bestürzung und Enttäuschung der verführten Frauen, die Schimpfworte, die er ihr nachträglich gab, nicht weniger als die Genugtuung, sich wieder einmal als der Stärkere gezeigt zu haben. Dies wurde nachgerade zum Inhalt seines Lebens, die Formverwandlung, in der sich seine ursprüngliche Fiktion, d e r   M ä n n l i c h s t e   z u   w e r d e n, annähernd erfüllt hatte. Nur die F u r c h t   v o r   d e r   F r a u, die ihn ursprünglich, gleichgerichtet mit der Empfindung seiner eigenen Weiblichkeit, zu seinem übertriebenen männlichen Protest gebracht hatte, fand sich wieder in der übergrossen Sicherung vor der Überlegenheit der Frau, und liess ihn als Schutzdamm sein Misstrauen und seinen Geiz, die beide trefflich argumentieren konnten, masslos verstärken. Von dieser Sicherungstendenz fortgerissen fixierte er zudem noch die psychische Impotenz, die er bei seinen ersten Versuchen kennen gelernt hatte. Ein Dienstmädchen, das er als Jüngling verführen wollte, leistete ihm Widerstand und weigerte sich ihm mit geschlossenen Beinen. Er war damals unerfahren und hielt sich für impotent. Später, als er gelehriger geworden war, empfand er seine Unerfahrenheit so, als ob das Weib für ihn ein Rätsel, unergründbar sei. In der ursprünglichen Impotenz aber und in seiner Ratlosigkeit der Frau gegenüber fand er die neurotischen Umwege, sich einer endgültigen Niederlage, einer Entscheidung zu ungunsten seiner Männlichkeit zu entziehen. Das Messen mit anderen Männern setzte nun verstärkt ein. Er ertappte sich beispielsweise in einer psychischen Situation, wo er mit einer Gesellschaft bei Tische sitzend, bevor noch jemand ein Wort gesprochen hatte, bereits lauerte, was er entgegnen sollte, wie er dem Sprechenden unrecht geben könnte. Sprach er über ein Buch, über ein Theaterstück, eine Gesellschaft, über einen Ort, so drang stets seine herabsetzende Kritik in schärfster Form durch. Und so war es auch zu erwarten, dass er in jeder ärztlichen Behandlung nach einer kurzen Einleitung die Charakterzüge des Misstrauens, des Geizes, der Entwertung, oft kunstvoll in einander verschlungen zum Ausdruck brachte. Dies nicht etwa im Sinne der Liebesübertragung Freuds, sondern weil seine festgefrorene psychische Geste, seine Attitude der Angriff, die Herabsetzung des anderen waren und bei näherer Betrachtung zum Vorschein kommen mussten. Dazu kam noch ein verschärfendes Moment. Seine Absicht, wenn er den Arzt aufsuchte, konnte ja nicht sein, pure et simple von seiner Impotenz befreit zu werden, da er dadurch in das Chaos seiner Befürchtungen gestürzt worden wäre. Er wollte vielmehr den Beweis seiner Unheilbarkeit oder einen Weg finden, auf dem er ohne Furcht vor einer Niederlage potent sein konnte. Um zum ersten Ziel zu gelangen, war die Entwertung des ärztlichen Könnens Vorbedingung. Den Weg aber konnte er nur finden, wenn er die Furcht vor der Frau bis zu ihren Quellen zurückverfolgt hatte, bis zum Gefühle seiner Unmännlichkeit, in dem sich das Gefühl seiner Minderwertigkeit konkretisiert hatte. Einer seiner Träume aus der Zeit vor Beendigung der Behandlung zeigte diesen Sachverhalt sehr genau. Ich muss vorher kurz bemerken, dass ich wesentliche Bestandteile der Breuer-Freudschen Deutungstechnik benütze, den Traum aber als die Spiegelung eines abstrahierenden, simplifizierenden Versuches auffasse, aus einer mit einer Niederlage drohenden Situation durch Vorausdenken und Ausprobung der Schwierigkeiten an einem dem Patienten eigentümlichen Schema einen sichernden Ausweg für das Persönlichkeitsgefühl zu finden. Deshalb wird sich auch in jedem Traume das signifikante Schema der gegensätzlichen Apperzeptionsweise: „Männlich-weiblich" und „oben-unten" als jedem Menschen ursprünglich anhaftend, beim Nervösen aber verstärkt wieder finden. Die zutage tretenden Einfälle und Erinnerungen müssen erst in dieses Schema eingereiht werden, um den Sinn des Traumes zu ergeben, der nicht — oder nicht prinzipiell — einen infantilen Wunsch zu erfüllen hat, dessen Aufgabe es vielmehr ist, einleitende Versuche zu begleiten, die unter Reduktion auf ein kleineres Mass das Soll und Haben des Patienten in dessen neurotischer Art zugunsten des Persönlichkeitsgefühls zur Verrechnung bringen. Der Traum lautete: „Ich handle mit alten Sachen in Wien oder in Deutschland oder in Frankreich. Ich muss aber neue Sachen kaufen und sie abwaschen, weil dies dann billiger kommt. Dann sind es wieder alte Sachen".

Die neuen Sachen bedeuten ein neues, potentes Genitale im Gegensatz zu den „alten Sachen", seiner Impotenz, die noch niemand geheilt hatte. Hier schimmert der Gedanke an ein neues Leben, an die Möglichkeit einer Erlangung der Potenz durch. Die Worte, „weil dies

dann billiger kommt", decken oben klargelegte Gedankengänge, seine
Furcht vor Geldausgaben im Falle seiner Potenz. Dieser Gedanke ist
aber nur in einem Falle haltbar, wenn nämlich der Patient von der
Überzeugung durchtränkt ist, er sei masslos in seinem Liebesdrang,
kenne keine Grenzen und jage sinnlos den Frauen nach. Diese Überzeugung nun holt er sich tendenziös aus Erinnerungen der Kindheit,
der Pubertät und des Mannesalters. Dabei hilft er auch der Gestaltung
seiner kindlichen Inzesterinnerungen nach und bringt sie wie jeder
Nervöse, wenn sie ihm taugen, in die Form, als ob er die Mutter oder
die Schwestern in sexueller Absicht begehrt hätte. Das heisst, er arbeitet
mit einer aus dem Endzweck abgeleiteten Fiktion, um sich zu
sichern, ähnlich wie Sophokles die Ödipussage formt und ausgestaltet,
um die heiligen Gebote der Götter zu festigen. Unser Patient ist ein
williges Opfer seines mangelhaften Verständnisses für Dialektik, für die
Gegensätzlichkeit des primitiveren Denkens geworden. Der leitende
Gedanke seines Persönlichkeitsideals: ich darf Blutsverwandte nicht
begehren, — enthält dialektisch den Gegengedanken von der Möglichkeit
eines Inzests. Da der Nervöse sich sichern will, hält er sich an den
Gegengedanken, spielt mit ihm, unterstreicht ihn und verwendet ihn in
der Neurose wie alle erschreckenden Erinnerungen, die ihm für seine
Sicherung nützlich erscheinen. Im Leben unseres Patienten und aller
Nervösen hat es noch viel mehr Erlebnisse gegeben, die ihnen die
Überzeugung hätten beibringen können, dass sie frei von Inzestregungen,
dass sie überhaupt immer äusserst massvoll, vorsichtig und zaghaft
waren. Da er sich aber sichern will, stossen sein Gedächtnis und seine
neurotische, fälschende Apperzeptionsweise diese Züge tendenziös von
sich. Er hat viel mehr Eindrücke davon, dass er die Mutter und die
Schwestern nicht begehrte, — er kann sie aber zur Sicherung nicht
verwenden. So bleibt ihm bloss eine Erinnerungsspur an ein vor-
bereitendes, spielerisches Unterfangen, und weil ihm dies
als Warnung dienen kann, macht er daraus einen Popanz, mit dem er
sich erschreckt. Genau in der gleichen Weise entstehen die
neurotische Angst, die Platzangst, Hypochondrie, Pessi-
mismus und Zweifelsucht, indem die Patienten bloss die zur
Sicherung dienenden Eindrücke und Erlebnisse heranziehen, die ihre
Affektlage verstärken, und die übrigen speziell die entgegengesetzten ent-,
werten. Die Fähigkeit der Sophisten, von jedem Ding „in utramque
partem dicere", hat auch der Nervöse und der Psychotische, und sie verwenden sie je nach Bedarf.

Die scharf zugeschliffenen, tendenziös verstärkten Bereitschaften
des Nervösen und die ihnen beigeordneten neurotischen Charakterzüge
bringen es mit sich, dass jede neue Situation verwirrend wirkt.
(Lombrosos Misoneismus.) Am meisten fürchtet unser Patient die
ihm unbekannte Situation der Sexualbefriedigung und des gelungenen
Koitus, weil er sich in dieser vorausempfundenen Situation — aus
Sicherungsgründen — als den unterliegenden Teil gesetzt hat. Nun
stellt diese Furcht, die als Furcht vor der Impotenz empfunden wird,
eine weitere Sicherung dar gegen die Möglichkeit, von der Frau gefesselt,
festgehalten, betrogen zu werden, ihr nicht gewachsen zu sein, gegen
eine Rolle, die seinem männlichen Ideal widerspricht, und die er deshalb
als weiblich wertet. Aus harmlosen ubiquitären Zügen der Selbst-
sucht, des Geizes und der Sparsamkeit, arrangiert er eine tiefgreifende,

scheinbar immanente, in Wirklichkeit fiktive Leitlinie des Geizes, weil ihn diese am besten zu behüten scheint. Bekommt er, wie im Traume, was er schon in der Kindheit gewünscht, neue Genitalien, eine gesunde Potenz, dann muss er sich dagegen wehren. Und er greift zu einem Mittel, das er schon lange kennt, das ihm oft schon vergebens empfohlen wurde, zunächst immer aber seine Erektionen abschwächte, statt sie zu stärken, zu kalten Waschungen. Dieser in seiner Erfahrung mangelhaften Kur setzt er meine Behandlung gleich. Die Kur soll das Gegenteil von dem bewirken, was sie anstrebt, und der Arzt soll ebensowenig einen Erfolg erzielen wie die früheren Ärzte. So zeigt der Traum dem Patienten den Ausweg, sich vor der Heilung zu schützen und damit dem Arzte überlegen zu sein. „Dann sind es wieder alte Sachen".

In anderen Fällen von psychischer Impotenz gelingt die Heilung leicht, und wie wir wissen, mit den verschiedensten Mitteln. Oft handelt es sich nämlich um nervöse Patienten, die schon durch ihren Gang zum Arzt zu verstehen geben, dass sie geneigt wären, diese Art von Sicherung aufzulassen. Nun helfen Medikamente, Kühlsonden, Elektrizität, hydropathische Kuren und insbesondere jede Art von Suggestion, auch die durch eine unvollkommene Analyse. Es genügt dann zuweilen die Autorität des ärztlichen Wortes, damit bestimmte Bedenken fallen. In den schweren Fällen ist eine Umwandlung der auf Sicherung allzu stark bedachten Psyche nötig.

Das Alter treibt oft den Neid und Geiz stark hervor. Psychologisch ist dies nicht schwer zu begreifen. Wie schön auch Dichter und Philosophen die Zeit des Alters auszuschmücken versuchen, nur den erlesenen Geistern dürfte es gegeben sein, ihr Gleichgewicht zu bewahren, wenn sie die Pforte, die zum Tode führt, aus der Ferne auftauchen sehen. Und die Entbehrungen und Einschränkungen, die natürlicherweise das Alter mit sich bringt, die fühlbare Überlegenheit jüngerer Menschen, Angehöriger, wie sie oft in harmloser Weise oder harmlosscheinend zu Zurücksetzung älterer Personen Anlass gibt, werden fast immer zur Herabdrückung des Persönlichkeitsgefühls führen. Die sonnige Bereitschaft Goethes, im „Vater Kronos" erquickend zum Ausdruck gebracht, ist wohl für die meisten Menschen eine unerreichbare Illusion, und glücklich sind die zu preisen, die ohne schwere Beeinträchtigung des Gemütes den Verlust ihrer besten Zeit überdauern.

Nach unseren Voraussetzungen ergibt sich folgerichtig, dass die Zeit des Alterns wie eine dauernde Herabsetzung ein starkes Minderwertigkeitsgefühl auslöst. Insbesondere werden alle darunter leiden, bei denen neurotische Disposition vorliegt. Zuweilen bringt das Alter erst, das Klimakterium bei Frauen, Gefühle der Insuffizienz geistiger oder physischer Art, Anzeichen von Impotenz, Auflösung der Familie, Verheiratung eines Sohnes oder einer Tochter, auch Geldverluste oder Entsagungen von Ämtern und Würden den Zusammenbruch. Meist finden sich in der Vorgeschichte schon Spuren oder Ausbrüche neurotischer Erscheinungen. Das Alter mit seinen Einbussen wirkt wie andere Herabsetzungen des Persönlichkeitsgefühls. Der Aggressionstrieb sucht andere Wege, um eine Ausgleichung herbeizuführen, andere Wege, die leider in diesen Fällen nicht leicht zu haben sind. Leichter wäre der Verzicht, wenn gleichmässig mit dem Sinken körperlicher und geistiger

Kraft das Empfindungsleben sich einengte. So kommt es selten. Und um den Ersatz zu finden, peitscht der durch Unsicherheit gereizte Aggressionstrieb alle Regungen des Begehrens noch einmal auf. Das allgemeine Urteil stemmt sich diesen Versuchen oft allzusehr entgegen. Die Haltung, das Leben, das Begehren, die Kleidung, die Arbeit, die Leistungen alternder Personen unterliegen in zu hohem Masse der Kritik. Wer zur Neurose geeignet ist, wird diese Kritik leicht als Sperrung empfinden, und wird dort schon zurückschrecken, wo noch Befriedigungs-möglichkeiten bestehen. Er wird sich zur Unterwerfung nötigen, wird seine Gefühle und Wünsche morden wollen, ohne mit ihnen fertig zu werden. Ja heftiger noch lodern diese auf, wenn ohne Ausgleich ein Verzicht erzwungen wird. So kommt es, dass die aktiven, feindlichen Charakter-züge hervortreten, dass Neid, Missgunst, Geiz, Herrschsucht, sadistische Regungen aller Art Verstärkungen erfahren, und, nie befriedigt, eine Ruhe-losigkeit erzeugen, die ununterbrochen auf Abhilfe, auf Ersatzmöglichkeiten, auf Sicherungen dringt. „Dort wo du nicht bist, dort ist das Glück!" Denn die reale Position alternder Personen ist in unserer Gesellschaft schwer bedroht, da der Wert der Arbeit fast ausschlaggebend für die Schätzung der Persönlichkeit ist. Der Schein der Macht aber, das Prestige. ist das Brod des Neurotikers. Auch Selbstmord als letzten Ausdruck des männlichen Protests im Alter haben wir schon erlebt.

Stärker noch als bei Männern wirkt der Eintritt des Alters bei Frauen. Schon die Bedeutung des Klimakterium wird meist phanta-stisch übertrieben. Aber für die Frau war Jugend und Schönheit Macht, und dies mehr als beim Manne. Ihre Reize konnten ihr Herr-schaft geben, Siege und Triumphe, wonach die neurotische Gier unausgesetzt verlangte. Das Alter trifft sie wie ein Makel. Dabei sinkt ihr Wert stärker als der des alternden Mannes, und die herr-schende Psychologie ist der alternden Frau gegenüber geradezu feind-selig zu nennen. Dieser bedauerliche Zug stammt aus der uns bekannten Entwertungstendenz des Mannes gegenüber der Frau, kooperiert mit dem psychischen Niederschlag aus unserem gesellschaftlichen Er-leben, und bis zum Grab während, zeigt sich dieser neurotische Spross unversöhnlich und unausrottbar. Bewusst und unbewusst, oft durch die Natur der Verhältnisse unüberwindlich, drückt die herabsetzende Tendenz derer, die das Recht zum Leben haben, auf das Persönlichkeits-gefühl alternder Frauen. Kindesliebe und Ehrfurcht vor dem Alter als Hilfsmethoden und leitende Gesichtspunkte im Umgang der Menschen leisten oft nur das Mindestmass und können dem aufgepeitschten Wollen von Menschen, denen die Kraft schwindet, nie genügen. Da setzt der neurotische Zug zur Verstärkung der Leitlinien ein. „Ich bin verkürzt, ich habe zu wenig vom Leben gehabt, ich werde nichts mehr erreichen", das hört man aus den Klagen alternder Neurotiker regelmässig heraus, und sie vertiefen diese Art, das Leben zu betrachten, so sehr, dass sie misstrauisch und argwöhnisch einem oft widerlichen Egoismus verfallen, wie er ihnen früher nie so deutlich geworden ist. Damit aber ist die Unentschlossenheit und der Zweifel stabilisiert. „Handle so, als ob du doch noch zur Geltung gelangen müsstest", so ungefähr hebt sich eine andere Leitlinie aus der Psyche ab, und damit steigt nun die neurotische Verschärfung der Gier, und die geizigen, neidigen, herrschsüchtigen Regungen treten gewaltig in den Vordergrund, fast stets aber gehemmt durch die erstgenannten Leitlinien, gemäss welcher die Patienten vor jedem Begehren und Beginnen zurückschrecken. So liegen förmlich unter einer Decke, mühevoll dem Bewusstsein entrissen, die Regungen, welche andauernd Unzufriedenheit, Ungeduld, Misstrauen unterhalten, und lenken die Aufmerksamkeit unausgesetzt auf das Unerreichte und oft Unerreichbare. Recht häufig wird dieses im Bereich des Erotischen gesucht, oder das Sexuelle wird als Symbol des unerreichbaren Zieles aufgerichtet. In letzterem Falle, zu dessen Gelingen die grosse Eignung des sexuellen Symbols einerseits beiträgt, ferner aber auch der Umstand, dass der Beweis einer sexuellen Unbefriedigung jedem wohl gelingen dürfte, worauf es schliesslich ankommt, wird das ganze Wollen sexualisiert. Es ist leicht zu verstehen, dass diese Personen auf Grundlage einer sexuellen Analogie apper- zipieren. Aber es muss der Fehler vermieden werden, die sexuelle Fiktion, sozusagen einen Modus dicendi oder wie ich es genannt habe, einen sexuellen Jargon für ein ursprüngliches Empfinden zu nehmen. Im theoretischen Teil habe ich auseinandergesetzt, warum beim Neuro- tiker die sexuelle Leitlinie so deutlich hervortritt: 1. weil sie wie alle Leitlinien beim Neurotiker erheblich verstärkt und sozusagen real em- pfunden wird, während sie nur arrangiert wurde, um als sichernde Rich- tungslinie zu wirken, 2. weil sie in die Richtung des männlichen Pro- testes führt. So kommt es, dass jedes Begehren der alternden Neuro- tikerin nicht bloss von ihr, sondern bei einiger Bemühung auch vom Arzte auf eine sexuelle Analogie bezogen werden kann. Auch dass der Arzt das immanente Bedürfnis des Neurotikers nach einer sichernden Analogie durch voreilige Darbietung der sexuellen Leitlinie im Stile der orthodoxen Freud'schen Schule befriedigen kann, geht aus dieser Be- trachtung unzweifelhaft hervor. Ein Gewinn ist dies insolange nicht, als es nicht gelingt, den Patienten von seiner Fiktion loszulösen, was erst möglich ist, wenn er sicherer geworden ist und seine scheinbar libidinöse Regung als fälschende Fiktion erkennt.

Eine solche Fiktion ist beispielsweise das von früheren Autoren, von Freud und von Kurt Mendel beschriebene Klimakterium des Mannes. Das Klimakterium der Frau wirkt psychisch unbe- kümmert um Stoffwechselvorgänge durch die Steigerung des Minder- wertigkeitsgefühls. Gleichzeitige Stoffwechselstörungen können bloss den neurotischen Aspekt verändern oder verstärken, sobald sie sich spezifisch, durch Verstärkung der Unsicherheit fühlbar machen. Die Basedow- neurose bei klimakterischen Frauen gibt ein solches gemischtes und verstärktes Bild. Die Neurose des männlichen Klimakterium ist eben- falls nur mittelbar durch die Genitalatrophie beeinflusst, kann aber eine Verstärkung erfahren durch die verschärfende Abstraktion: ich bin kein Mann mehr, ich bin ein Weib! — Da von diesem ideologischen Standpunkt aus die männliche Richtungslinie mit Aufmerksamkeit und arrangierten Erregungen verstärkt, hypostasiert wird, kommen die wunderlichen Erscheinungen des Johannistriebs zustande, für deren häufigen Bestand bei Frauen sich Karin Michaelis im „Gefährlichen Alter" mit Recht eingesetzt hat. Nur dass die sexuelle Richtungslinie nicht die ausschliessliche oder gar die grundlegende ist, etwa wie sie eine biologische Betrachtungsweise zu erledigen versucht, sondern sie muss als eine Ausdrucksform, die andern Formen des Begehrens gleichgeordnet ist, betrachtet werden, wenn man den Tatsachen gerecht werden will.

Die klimakterische Neurose zeigt uns demnach ein anderes Gesicht der durch den männlichen Protest bedingten Neurose, und die in ihr nachweisbaren Charakterzüge, — sekundäre Leitlinien, die in die Hauptlinie einzumünden bestimmt sind, — gleichen den uns bekannten Hypostasierungen. Ich habe nie einen Fall gesehen, bei dem die Neurose erst im Klimakterium ausgebrochen wäre. Und es ist ja auch nach unseren Voraussetzungen zu erwarten, dass die „klimakterische" Neurose schon früher gelegentlich ihr Gesicht gezeigt hat. Manchmal in mässiger Weise, wenn die Gunst der Verhältnisse oder kulturelle Betätigungen durch teilweise Befriedigung des Machtkitzels den Ausbruch mildern konnten. Meist findet man eine seit Jahren währende Steigerung, ein Weitergreifen der neurotischen Symptome, das von vorneherein eine notwendig gewordene Verschärfung der Sicherungstendenz erraten lässt. Ein Beispiel wäre die Transformation von Kopfschmerzen und gelegentlicher Migräne in Trigeminusneuralgie. Oder die Steigerung der neurotischen Vorsicht in Angst, gelegentlich durch Eskomptierung eines zu erwartenden Unheils in Melancholie. Für diese 3 Stufen der Sicherung ist das im theoretischen Teil angedeutete Schema in Anspruch zu nehmen:

Vorsicht: z. B. als ob ich mein Geld verlieren könnte, „unten" sein könnte.

Angst: als ob ich mein Geld verlieren werde, unten sein werde.

Melancholie: als ob ich mein Geld verloren hätte, unten wäre.

Mit andern Worten, je stärker das Gefühl der Unsicherheit, um so mehr wird unter steigender Abstraktion von der Realität die Fiktion verstärkt und dem Dogma genähert. Und der Patient nährt und fingiert in sich Alles, was ihn näher an seine Leitlinie heranbringt. Die Realität wird dabei in verschiedenem Grade entwertet, und die korrigierenden Bahnen erweisen sich immer mehr als insuffizient.

Nicht selten sieht man Fälle, bei denen in den uns bekannten pathogenen Zeiten neurotische Erscheinungen, wie im Experiment, zutage getreten sind. Kisch und andere haben auf die anamnestische Tatsache der neurotischen Beschwerden beim Eintritt der Menstruation hingewiesen. Häufiger findet man in der Vorgeschichte nervöse Molimina menstrualia oder Neurosen vor der Verehelichung, im Puerperium oder kontinuierlich.

Nach diesen Erörterungen dürfen wir wohl die geschilderten Leitlinien einmünden lassen in die Hauptleitlinie des Neurotikers. Die Neurose alternder Personen ist nur ein anderes Gesicht, ein adaptierter, psychischer Überbau, errichtet über der einen elementaren Richtungslinie: ich will ein Mann sein. Und diese Richtungslinie, die direkt zum Scheitern verurteilt wäre, bedient sich der verschiedensten Verkleidungen, ohne je eine befriedigende zu finden. Oft ist der Eindruck der einer grossen Ratlosigkeit, einer Resignation, als ob die Patienten sagen wollten, sie wüssten nicht, wie sie es anstellen sollen. In alle Pläne mengt sich der Zweifel, das Schwanken verlässt sie nicht, daneben aber sieht man übertriebene Darbietungen, als ob die Patienten sich beweisen wollten, dass sie zu alt, dass sie noch jung sind. Die Tendenz ist, Macht, Einfluss, Geltung zu gewinnen. Aber das Gefühl, Unerreichbares zu wollen, verlässt sie nicht. In den Träumen findet man regelmässig den Versuch, in irgend einer Weise dem männlichen Protest zum Durchbruch zu verhelfen, jung zu sein, sexuelle Befriedigung zu erlangen,

sich nackt zu zeigen, immer aber auch, zuweilen gut verhüllt, ein
Mann zu sein. Auch die Charakterzüge, diese Leitlinien
zweiter Ordnung, zeigen die Wirkung der Sicherungstendenz.
Pedanterie, Geiz, Neid, Herrschsucht, Gefallsucht setzen sich oft in der
verstecktesten Weise durch. Angst findet sich häufig; sie dient oft
dem Beweise, dass man nicht allein sein könne. Und vollends die
neurotischen Symptome zwingen das ganze Haus in den Bann des
Patienten. Oft wird in mehr oder minder zaghafter, versteckter Weise
ein Wunsch zu realisieren versucht, als ob dann der männliche Triumph
gesichert wäre. Häufig ist der Wunsch nach einer Ehescheidung, nach
einer Übersiedlung in die Grossstadt, nach einer Demütigung von
Schwiegersöhnen oder Schwiegertöchtern, als ob dann Beruhigung zu
erwarten wäre. Schwierigkeiten beim Essen, beim Stuhl, Bruchstücke
aus phantasierten Schwangerschaften und Geburten sind nicht selten. Dazu
wird Vergesslichkeit, Zittern, dann und wann auch ein traumatischer
Unfall arrangiert, um sich und Andern das Bild steigender Hilflosigkeit
vor Augen zu führen. Klagen kehren immer wieder, alle unangenehmen
Zufälle gelangen zu besonderer Bedeutung, und der Sinn ist stets auf
kommendes Unheil gerichtet. Die demonstrative Hervorhebung des
Leidens und die zögernde Attitude dienen einerseits der Fesselung des
gesellschaftlichen Kreises, andererseits der Einleitung des Rückzugs bei
peinlichen Erwartungen einer Herabsetzung. Psychologisch lässt sich
feststellen, dass auch das Klagen als eine Art der Revolte, als männlicher Protest gegen Minderwertigkeitsgefühle empfunden und schwer
entbehrlich ist: es soll die anderen schwach, weich machen.

Die Behandlung bietet recht erhebliche Schwierigkeiten, da die
Erziehung zur Selbständigkeit im Alter schwieriger, und lohnende Aus-
sichten nicht leicht plausibel gemacht werden können. Wie immer wird
auch die Person des Psychotherapeuten und sein wirklicher oder möglicher Erfolg zur Ansporung des Neides verwendet, und Besserungen
wirken oft desbalb als Anreiz zur Verschlimmerung.
Auch die leicht zu erzielende Autorität wirkt störend auf das Gleichgewicht der Patienten, die sich in ihrem ganzen Leben nicht einfügen
oder gar unterordnen konnten. Als ultimum refugium empfiehlt sich
in schweren Fällen die Selbstaufopferung des Arztes nach
gründlicher Analyse des Falles, sodass man den Schein eines
Misslingens der Kur auf sich zu nehmen hat und einer anderen Methode
die Lorbeeren zuweist. In zweien meiner Fälle hat sich dieser Kunstgriff bewährt, das eine Mal wurde eine Patientin auf brieflichem Wege
von einem bosnischen Landarzt, das andere Mal ein Fall von langjährige-
Trigeminusneuralgie, den ich 2 Jahre lang mit wechselndem Erfolge
behandelt hatte, durch Wachsuggestion gegen mich geheilt. Meist ergeben sich selbst in diesen Fällen nach der Kur noch weitgehende Besserungen und grosse Intervalle, zuweilen völlige Heilungen.

Eine meiner Patientinnen, eine 56 jährige Frau, war seit 18 Jahren
an Angstzuständen, Schwindel, Üblichkeit, Bauchschmerzen und schwerer
Obstipation erkrankt. Einen grossen Teil dieser Zeit hatte sie im Bette
oder auf einer Ottomane liegend zugebracht, besonders als sich vor
acht Jahren heftige Schmerzen im Kreuz und an den Beinen hinzuge-
sellt hatten. Die Patientin war vorher eine rüstige Frau gewesen, hatte
aber um das 16. Lebensjahr angeblich monatelang an einem Gelenkrheumatismus gelitten. Ihr gegenwärtiger Zustand erwies sich als

psychogen, da entsprechende organische Veränderungen fehlten, und die von mir hervorgehobenen sichernden Charakterzüge[1]) leicht nachzuweisen waren.   Den Ratschlag eines namhaften Gynäkologen, wegen perimetritischer Verwachsungen eine Exstirpatio uteri vorzunehmen, liess ich unberücksichtigt, seit ich aus anderen Fällen gelernt hatte, die ursächliche Bedeutung solcher Schrumpfungsvorgänge (Freund) für die Neurose als mittelbar, über die Psyche wirkend zu verstehen. Veränderungen an den Genitalien, Hemmungserscheinungen, Missbildungen sowie Erkrankungen finden sich häufig bei neurotischen Kranken.   Und Bossi hat sicherlich recht, wenn er, wie ich es bereits früher getan habe (Studie 1907) auf diesem Zusammenhang besteht. Der Zusammenhang liegt aber entweder in der Vermittelung eines speziellen Minderwertigkeitsgefühls, das bei neurotischer Disposition zum Ausbruch der Neurose Veranlassung gibt, oder die aus anderen Ursachen ausgebrochene Neurose bedarf eines sichernden Hinweises auf eine organische Veränderung, um den gesetzten Zweck des männlichen Protestes in die Wege zu leiten.   Die sexuelle Minderwertigkeit wird sozusagen zum Vehikel, was besonders dann in die Augen springt, wenn geringfügige Veränderungen oder gar eingebildete, fiktive, wie vermeintlicher Verlust der Klitoris, Vergrösserung der Labia minora, Feuchtwerden der Öffnung, sagenhafte Merkmale der Masturbation etc. oder Behaarungsanomalien, Phimose, paraurethrale Gänge und asymmetrische Haltung des Penis, der Testiculi, Kryptorchismus zum Anlass und Symbol des Minderwertigkeitsgefühls genommen werden.

Die Erkrankung begann mit einem Schmerz im Abdomen, der sich während einer Tennispartie einstellte.   Ein Jahr vorher war ihr eine Tochter gestorben, und ihr Mann, ein grosser Kinderfreund, wünschte sich noch weitere Kinder.   Patientin, die seit frühester Jugend immer ihr Los beklagt hatte und ein Mann sein wollte, war durchaus nicht geneigt, diesen Wunsch zu erfüllen.   Der Schmerz, — wohl infolge einer Zerrung entstanden, — gab ihrem undeutlich bewussten Widerstand neue Nahrung: sie konnte seither keinen Druck auf dem Bauch vertragen, ihr Bauch wurde für sie eine heikle Partie, und durch weiteres Arrangement von Schlaflosigkeit und Üblichkeiten, letztere als Memento einer Schwangerschaft, brachte sie es dahin, dass ihr Mann auf Anraten der Ärzte den Geschlechtsverkehr aufgab und ein abgesondertes Schlafzimmer bezog.

Schon die Mitteilung, ihren Gelenkrheumatismus betreffend, war charakteristisch.   Sie gab der bereits verstorbenen Mutter alle Schuld. Diese hatte sie im Elternhause gezwungen, zu waschen und zu bügeln, hatte sie stets den anderen Geschwistern gegenüber zurückgesetzt und war in späteren Jahren noch ebenso hartherzig gegen sie verfahren. Der Geiz der alternden Frau hat sie in manche Schwierigkeit gebracht. Ihre Leiden aber glaubte sie alle vom Vater ererbt zu haben, so dass auch dieser sein Teil Schuld abbekam.

Derartige Vorwürfe gegen die Eltern weisen nach meiner Erfahrung regelmässig auf einen anderen Vorwurf hin, den das Kind seinen Eltern heimlich zu machen pflegt, wenn es sich nicht genug oder gar nicht männlich findet.   Solche Vorwürfe werden späterhin abstrakt,

---

[1]) Deren differentialdiagnostische Bedeutung über jeden Zweifel erhaben ist. Bloss die Gleichzeitigkeit einer organischen Affektion ist noch regelmässig zu erwägen.

wie ich es auch bezüglich des Schuldgefühls (s. über neurotische Disposition l. c.) gezeigt habe, und kommen späterhin sozusagen als Schalen zur Verwendung, die sich mit anderem Inhalt füllen. Dann heisst es später, die Eltern wären nicht genug zärtlich gewesen, oder hätten das Kind verhätschelt, oder hätten insbesondere in der Masturbationsperiode nicht genug acht gegeben usw. Kurz wir beobachten bei diesen Formulierungen einer Stellung zu den Eltern und später zur Welt eine Formenwandlung, wie sie für Leitlinien, die einen praktischen Zweck verfolgen, nötig ist, und wir sehen oft ein anderes Gesicht, das auf die aktuelle Situation zugeschnitten ist. Dann ist der Weg zurückzuverfolgen, den die Formenwandlung durchgemacht hat. Dabei bedient sich die analytische Methode des Mittels der Reduktion, der Simplifikation (Nietzsche), der Abstraktion. Neben der Formenwandlung spielt eine grosse Rolle die Verstärkung oder Abschwächung der leitenden Fiktion. Je unsicherer sich der Patient fühlt, um so mehr drängt ihn eine unbewusste Tendenz dazu, seine Leitidee zu grösserer Intensität zu bringen, sich von ihr abhängig zu machen. Ich folge hier gerne der geistreichen Anschauung Vaihingers, der zur Geschichte der Ideen geltend macht, dass sie historisch betrachtet eine Neigung zeigen, aus einer Fiktion (einer unwahren, aber praktisch wertvollen Hilfskonstruktion) zu Hypothesen und später zu Dogmen zu werden. Dieser Intensitätswandel charakterisiert im allgemeinen in der Individualpsychologie das Denken des Normalen (Fiktion als Kunstgriff), des Neurotikers (Versuch, die Fiktion zu realisieren) und des Psychotikers (unvollständiger aber sichernder Anthropomorphismus und Realisierung der Fiktion: Dogmatisierung). — Die stärkere innere Not sucht den Ausgleich durch Stärkung der sichernden Leitlinien. Deshalb wird man regelmässig Äquivalente der neurotischen und psychotischen Leitlinien und Charaktere beim Normalen finden, die hier jeweils korrigiert werden können, um widerspruchslos an die Wirklichkeit angenähert zu werden. Reduzieren wir die entblössten Leitlinien dieser Patientin und erlösen wir sie aus Formen- und Intensitätswandel, indem wir sie statt der später entwickelten Leitlinien in ihrer Grundform einsetzen, so lautet diese: ich bin ein Weib und will ein Mann sein! Der normale Mensch richtet sich auch zeitlebens nach dieser Formel. Sie verhilft ihm, sich unserer männlichen Kultur anzugliedern, ja sie verleiht dieser einen steten Antrieb zur „Vermännlichung." Aber sie ist bloss zur Berechnung da, etwa wie eine Hilfslinie bei einer geometrischen Konstruktion. Ist das Resultat, das höhere, männlich gewertete Niveau erreicht, so fällt sie aus der Rechnung. (Vaihinger.) Bezüglich des Mythus, einer Leitlinie des Volkes, beklagt Nietzsche seine Umwandlung ins Märchen, und fordert seine Umwandlung ins Männliche. — Der Neurotiker unterstreicht diese Fiktion, nimmt sie allzuwörtlich und versucht ihre Realisierung zu erzwingen. Ihm ist nicht die Einfügung der Zweck, sondern die Geltendmachung seines männlichen Prestiges, was zumeist in der überspannten Form unerreichbar oder durch innere Widersprüche im männlichen Protest, durch die Furcht vor einer drohenden Niederlage gehindert ist, ohne dass der Patient die Bedeutung oder Tragweite seiner grossenteils unbewussten Fiktion erkennt. Aber auch ihn hindert das grössere Unsicherheits- und oft unbewusste Minderwertigkeitsgefühl an der richtigen Einschätzung seiner Fiktion. Der Psychotiker benimmt sich so, als ob seine Fiktion eine Wahrheit wäre. Er handelt unter der stärksten Nötigung und rettet sich zu seinem selbstgeschaffenen Gott, den er als wirklich empfindet. Und so empfindet er sich zugleich als Weib und als gesicherter Übermann, letzteres in der Reaktion des übertriebenen männlichen Protestes. Die Spaltung der Persönlichkeit entspricht dem psychischen Hermaphroditismus, der Formenwandel ist ein mannigfacher, drückt sich beispielsweise in der Vereinigung von Verfolgungs- und Grössenideen, von Depression und Manie aus, während die Fixierung als Selbstschutz durch relative Insuffizienz oder absolute Schwäche der korrigierenden Bahnen erleichtert wird. Hebt man in der Freudschen Gleichung der Dementia (Jahrbuch Bleuler-Freud 1911) die hineingetragene Sexualisierung auf, kürzt man sie auf beiden Seiten um den überflüssigen Faktor der Libido, so kommt unsere viel tiefer liegende Formel des psychischen Hermaphroditismus mit männlichem Protest zum Vorschein, gegen die Freud in seiner Arbeit, ihre wahre Bedeutung verkennend, polemisiert.

Um auf die Krankengeschichte zurückzukommen, sei noch erwähnt, dass die Patientin in dem Gefühle ihrer Verkürztheit verschiedene Formen des männlichen Protestes bevorzugte. So brachte sie es nicht über sich, tolerant gegen Leistungen der Männer zu sein. Sie konnte da recht scharf Kritik üben, besonders wenn sich einer überheben wollte. In diesen Fällen trifft es sich nicht selten, dass gerade Ärzte mit selbstsicherem Auftreten, wie es vielen zur Krankenbehandlung nötig erscheint, von ihr mit neurotischer Heftigkeit und ebensolchen Mitteln bekämpft wurden. Freilich leitete sie dabei noch eine Art Instinkt, der ihr die Einfügung in ärztliche Gebote aus Rücksicht auf den Zweck ihrer Krankheit verbot. Aber es kam zuweilen so weit, dass eine harmlose ärztliche Einflussnahme mit Erbrechen und Üblichkeiten beantwortet wurde, wobei Patientin nie verabsäumte, auf den „fehlerhaften" Eingriff des Arztes hinzuweisen. Man darf bei dieser Art von Erscheinungen die Ruhe nicht verlieren, muss vielmehr darauf hinweisen, dass diese Reaktion ein Teil des Ganzen, eine Formverwandlung des ursprünglichen Neides gegenüber dem Manne, später gegenüber dem vermeintlich Überlegenen vorstellt.

Dabei machte die Patientin von gewissen Privilegien ihrer Krankheit einen ausgedehnten Gebrauch. Vor allem konnte sie sich allen gesellschaftlichen Verpflichtungen, die ihr ihre Rolle als Hausfrau und als hervorragende Persönlichkeit einer Provinzstadt auferlegte, soweit entziehen, als sie nur wollte. Sie empfing wohl Besuche, denen sie ihr Leid klagte, erwiderte aber nur in Ausnahmsfällen und sicherte sich so, wie es regelmässig bei Nervösen geschieht, eine bevorzugte, privilegierte Stellung. Nebenbei war es ihr dadurch ermöglicht, Vergleichen und Musterungen, in unserem Sinne also Prüfungen auszuweichen, wozu gesellschaftliche Veranstaltungen in der Regel Anlass geben. In den letzten Jahren schreckte sie ausserdem noch der Gedanke, dass sie infolge ihres zunehmenden Alters der Möglichkeit einer Wirkung auf Männer beraubt war. Eine Freundin zeigte ihr in nächster Nähe, wie lächerlich jugendliches Gebaren einer alternden Frau von der Gesellschaft empfunden wird. Und so entschloss sie sich, in ihrer Tracht mit besonderer Schärfe auf ihr Alter hinzuweisen, wobei der herbe Gedanke an die Oberfläche des Bewusstseins drang, dass ein Mann in ihren Jahren durchaus noch nicht in die Ecke gestellt sei.

Es war seit jeher von ihr mit Bitterkeit empfunden worden, dass sie ihr Leben in einer Provinzstadt zubringen musste. Instinktiv drängte sie in mancherlei Weise auf eine Übersiedelung nach Wien. Doch war eine solche im offenen Kampf gegen den um viele Jahre älteren Gatten nicht zu erreichen, weil dessen unversiegbare Liebenswürdigkeit und Nachgiebigkeit in allen anderen Punkten sie entwaffnete. Sie verfeindete sich aufs heftigste mit ihrem Bruder und arrangierte eine unglaubliche Angst vor einem Zusammentreffen mit diesem in dem kleinen Städtchen. Als dies nicht genügte, stellte sich eine unüberwindliche Schlaflosigkeit ein, als deren Hauptursache sie das nächtliche Wagengerassel vor den Fenstern ihres Schlafzimmers beschuldigte. So erzwang sie eine zeitweilige Übersiedelung nach Wien, bezog in der Nähe der Wohnung ihrer Tochter ein Heim, dessen himmlische Ruhe sie immer hervorhob, wo sie auch ihren Schlaf wiederfand.

Seit ihre Tochter in Wien wohnte, war ihr die kleine Provinzstadt immer mehr verhasst geworden. Die Analyse ergab in Übereinstimmung mit den anderen Richtungslinien, dass sie die Tochter um ihren Vorrang, zu dem sich auch ein Adelsprädikat gesellte, heftig beneidete. Auch sie wollte in Wien wohnen, und hätte dieses Vorhaben längst ausgeführt, wenn ihr nicht in Wien eine neue Gefahr gedroht hätte, und zwar die Ausgaben der Tochter aus eigenen Mitteln decken zu müssen.

Die Rivalität mit der in Wien wohnenden Tochter lag völlig im Unbewussten und deckte eine kindliche Richtungslinie: die verzärtelte ältere Schwester übertreffen zu wollen. Auch diese Richtungslinie erwies sich als Äquivalent der grundlegenden, die dahin ging, die grössere Geltung zu haben, als ob sie ein Mann wäre.

Durch die starken Geldausgaben, zu denen sie in Wien genötigt war, kam ein Widerspruch in ihren männlichen Protest. Der Neurotiker mit seinem peinigenden Gefühle der Verkürztheit lässt sich ungestraft nichts nehmen. Er empfindet eine weitere Verkürzung als Verminderung seines Persönlichkeitsgefühls und gemäss seiner Leitlinie so, als ob dies eine Kastration, eine Verweiblichung, eine Vergewaltigung wäre, zuweilen auch im Bilde einer Schwangerschaft oder einer Geburt[1]). In unserem Falle traten besonders die analogischen Empfindungen einer Schwangerschaft zutage, Üblichkeiten, Bauchkrämpfe und Zwangsgedanken einer bestehenden Gravidität machten sich geltend, Schmerzen in den Beinen stellten eine Phlegmasia alba dolens vor, während eine hartnäckige Obstipation zum Teil einen Vaginismus in der „Analsprache" symbolisierte, zum Teil die Ausgaben symbolisch zu verhindern suchte und drittens die Unfähigkeit des selbständigen Gebärens auszudrücken versuchte.

Ein tieferes Verständnis der Neurosenausdrucksweise scheint mir unmöglich ohne Kenntnis des von mir aufgedeckten „Organjargons" Die Folklore kennt diese Tatsache in den Äusserungen der Volkssprache und Volkssitten. Freud hat diesen Jargon missverstanden und hat

---

[1]) Das heisst: die Denkoperation geschieht nicht entlang dem Realen, sondern gerät auf Analogien und Symbole, deren fälschende Affektbegleitung die Angriffsbereitschaft des Nervösen steigert. Letzteres aber entspricht der unbewussten, leitenden „opinio". Die Verbildlichung, das Symbol, die Analogie stehen als „Junktim" im Dienste der Aggression, zu der das Persönlichkeitsideal den Nervösen zwingt. Die Frau als Sphynx, der Mann als Mörder etc.

aus seinen Bildern den Grundpfeiler der Libidolehre, die Theorie der
erogenen Zonen geschaffen. Besonders seine Arbeit über den „Analcharakter
und Analerotik" ist voll von gequälter und abgemarterter Phantasie.
Der springende Punkt ist die relative Minderwertigkeit bestimmter
Organe, das Verhalten der Umgebung zu deren Äusserungen, sowie der
Gesamteindruck von beiden in der Seele des Kindes. Neurotisch
disponierte Kinder werden die ihrem protestierenden Persönlichkeitsgefühl entstammenden Charakterzüge wie Trotz,
gesteigertes Zärtlichkeitsbedürfnis, übertriebene Reinlichkeit, Pedanterie,
Aengstlichkeit, Ehrgeiz, Neid, Rachsucht etc. mit geeigneten Äusserungen
ihrer Organminderwertigkeit, insbesondere mit Kinderfehlern zu verbinden trachten, um sich eine besonders wirksame Repräsentation zu
verleihen. Einer meiner psychogenen Epileptiker hatte zur Verstärkung
seines männlichen Protestes ein solches „Junktim" — eine Verschränkung — in Anwendung gebracht, indem er zumeist seinen
Anfällen eine Obstipation vorausgehen liess, um bange Ahnungen bei
seinen Angehörigen zu erwecken und sich so in Fällen von Herabsetzung
in Erinnerung zu bringen. Gegen Ende der Säuglingszeit kann der
Trotz und der kindliche Negativismus schon deutlich entwickelt sein.
Eine Verbindung derselben mit Stuhl-, Urin- und Essanomalien ergibt
dann die verstärkte Resonanz. „Das Kind, das sich weigert, seinen
Stuhl abzusetzen", bezieht seinen Lusterwerb nicht aus einer Reizung
des Afters durch zurückgehaltene Kotmassen, sondern aus seinem
befriedigten Trotz, der sich dieses unhonorigen Mittels bedient, kann
aber bis in spätere Jahre, bis zur Heilung von seinem Trotz den After-
empfindungen die Lustqualität andichten. Von einer Mutter
eines nahezu 2 jährigen Mädchens, das noch an Bettnässen litt, und die
Zeichen des verstärkten Trotzes, negativistische und überaus selbständige
Züge zeigte, vernahm ich als oftmals beobachtete Tatsache, dass das
aus dem Schlafe geweckte Kind noch schlaftrunken seine Notdurft
verrichtete, wenn es aber vollständig erwacht war, dies verweigerte.
Erwachte es gegen Ende seiner Verrichtung gänzlich, so warf es den
Topf um und heulte längere Zeit aus Wut über die Überrumpelung;
blieb es schlaftrunken, so schlief es dann ruhig weiter. So lässt sich
in allen Fällen zeigen, dass das Eigengefühl des Kindes in der frühesten
Zeit sich in einem offenen und latenten Gegensatz zur Umgebung
befindet, dass es kämpfend und erobernd im weitesten Sinne auftritt,
bis es schliesslich alle diese aggressiven Regungen (S. der „Aggressionstrieb im Leben und in der Neurose, Fortschritte der Medizin,
Leipzig 1908) einheitlich summiert, sie zum männlichen Protest ausgestaltet und diesen in Gegensatz stellt zu den Regungen der Weichheit,
der Unterwerfung und der Schwäche, sowie zu den Erscheinungen der
Minderwertigkeit, welche es insgesamt als weibliche Symptome empfindet
und bekämpft. Nur dass zuweilen Verschränkungen zustande kommen,
bei denen der männliche Protest weibliche Symptome unterstreicht, um sie für sich zum Schreckpopanz zu verwerten, oder dass
er weibliche Symptome trotzig fixiert und so hermaphroditischen Bildungen Eingang verschafft, die gleichwohl in der Richtung
des männlichen Protestes wirken. Z. B. Tränen, Krankheit, Simulation
und Übertreibung, Kinderfehler. Die übergeordnete Leitlinie: ich will
ein Mann sein, — zieht dann alle brauchbaren körperlichen Symptome
in ihren Bereich, unter diesen vor allen die Minderwertigkeitserscheinungen,

auf welche die eigene Aufmerksamkeit und die der Umgebung vorwiegend gerichtet ist. So kommt es, dass dann der männliche Protest sich einer Organsprache bedient, um sich zum Ausdruck zu bringen. Ein schönes Beispiel, das in neurotischen Phantasien häufig wiederkehrt, ist die Jugendphantasie Leonardo da Vincis: Ein Geier stösst ihm den Schwanz wiederholt in den Mund. Diese Phantasie bringt die psychische Konstellation des Künstlers auf die knappste Abstraktion. Mundphantasien lassen sich regelmässig auf Minderwertigkeitserscheinungen des kindlichen Ernährungstraktes zurückführen. Eine Frucht dieser gerichteten Aufmerksamkeit sind wohl die Ansätze Leonardos zu einer Ernährungswissenschaft gewesen. Der Schwanz des Geiers ist Phallussymbolik. Die Summierung dieser beiden Linien ergibt den charakteristischen Grundgedanken: ich werde das Schicksal einer Frau erleben. Aber schon die straffe Fassung zu einer symbolischen Leitlinie macht uns aufmerksam, dass diese und ähnliche Gedankengänge keinen psychischen Abschluss bedeuten, sondern nach dem Drange unserer männlichen Kultur zu einem verstärkten Antrieb in der entgegengesetzten Richtung werden, zu einer Überkompensation nach der männlichen Seite führen müssen, wo sie die männliche Leitlinie um so schärfer herausarbeiten: „deshalb muss ich so handeln, als ob ich ein voller Mann wäre". Dass diese beiden Leitlinien sich gegeneinander widerspruchsvoll verhalten, abgesehen von der Tatsache, dass jede einzelne, wie natürlich, mit der Realität in Widerspruch gerät, soferne sie „wörtlich" genommen wird und nicht bloss als praktisch nützlich und korrigierbar, habe ich bereits in der Arbeit über „psychischen Hermaphroditismus im Leben und in der Neurose" (Fortschritte in der Medizin, Leipzig 1910) hervorgehoben. Dieser Widerspruch spiegelt sich im Zweifel, in der Unentschlossenheit und in der Furcht vor der Entscheidung, deren Analyse ungefähr den einfachen Tatbestand widergibt, dass in früher Kindheit eine Unsicherheit bezüglich der zukünftigen Geschlechtsrolle bestand, in deren psychischem Überbau alle späteren Wahrnehmungen, Empfindungen und Regungen in gewissem Sinne als zweifelhaft gruppiert werden: ich weiss nicht, bin ich ein Mann oder eine Frau (S. Disposition zur Neurose, Jahrbuch Bleuler-Freud 1909).

Unsere Patientin drückt in der „Analsprache" den Gedanken aus, dass sie eine Öffnung verschliessen müsse. Ein deutlich weiblicher Gedanke. Man stelle sich in Frauenkleidung eine Anzahl von Männern und Frauen in einem Saal vor, in den plötzlich eine Maus gelassen wird. Die Frauen werden sich sofort als solche verraten, indem sie die Kleider eng um die Beine ziehen werden, als ob sie der Maus den Eintritt verwehren wollten. Ebenso verrät die Furcht vor Löchern, vor dem Gebissen-, Gestochenwerden, Gedanken von Verfolgung durch Männer, durch Stiere, die Rückenlage, nach rechts, nach rückwärts gezogen werden, gedrückt werden, Fallen und Ähnliches, die weibliche, schreckende Leitlinie, auf die in der Regel mit der sichernden Angst reagiert wird[1]. Die Obstipation als neurotisches Symptom leitet sich aus einer angeborenen Darmminderwertigkeit ab, die unter Gedankengängen von Geburt und Geschlechtsverkehr im Anus zu nervösem

---

[1]) Der gleiche männliche Protest führt in der Neurose zu Trismus, Blepharospasmus, Vaginismus, Sphinkterkrampf, Globus und Stimmritzenkrampf.

Sphinkterverschluss hinüberleitet. In der Tat litt Patientin in der
Kindheit an Darmkatarrhen und gelegentlicher Incontinentia alvi, später
an Obstipation und einer Fistula vaginalis ani. Dass der Verschluss
des Anus unter der Herrschaft eines leitenden Gedankens über Verschluss der Höhlungen stand, geht auch aus der Tatsache hervor, dass
Patientin nach ihrer Hochzeit längere Zeit an Vaginismus litt. Die
Obstipation der nunmehr alternden Frau drückt anal die gleiche Willens-
richtung aus wie ihr ehemaliger Vaginismus: ich will keine Frau, ich
will ein Mann sein!

Ich muss aus praktischen und theoretischen Gründen hier stark
aus dem Rahmen einer Darstellung des Charakters herausgreifen, wie
man ja überhaupt bei der Erörterung psychologischer Fragen das Ganze
der Psyche heranzuziehen gezwungen ist. Ausserdem bietet dieser bis
ins feinste Detail analysierte Fall so klare Einsichten, wie sie in anderen
Fällen oft verhindert werden, weil nicht selten die Abhängigkeit vom
Arzt oder von äusseren Verhältnissen Heilung oder Abbruch der Kur
eintreten lässt, bevor das Schema, nach welchem der Patient
seine Neurose gestaltet hat, völlig enthüllt ist. Und so will ich
denn versuchen, bei diesem Fall das Schema, ein weit verzweigtes
Sicherungsnetz gegen die Rolle der Frau, darzustellen, indem ich alle
ihre Symptome diesem analytisch gewonnenen Schema einordne und die
Wächter gegenüber der Aussenwelt, die Charakterzüge in synthetischem
Zusammenhange damit nachweise.

An dieses Schema (Seite 85) legte Patientin alle ihre Erlebnisse an,
und wenn sie irgendwie passten, wozu bei symbolischer und mit tendenziöser
Aufmerksamkeit überladener Apperzeption im Leben jedes Menschen
genügend Anlass vorhanden ist, reagierte sie mit den entsprechenden
Krankheitserscheinungen. Die sichernden Charakterzüge waren wie Vorposten weit vorgeschoben, standen stets bereit abzuwehren, klärten die
Situationen im Sinne der Leitgedanken auf und holten gegebenenfalls
die Unterstützung aus der Summe der passenden Symptome. Ihre
selbständigen Äusserungen waren stark gehemmt durch das zarte, ver-
ständnisvolle Betragen des Gatten und durch wohlwollende Leitgedanken
der Patientin. So kam es, dass das Grundschema: ich bin nur ein Weib!
— seine Wirkung aus tendenziös gebliebenen Eindrücken der weiblichen
Rolle schöpfte, wobei der unbewusste Mechanismus der männlichen Leitgedanken das sichernde Memento abgab. Die gesunde Frau unterscheidet
sich durch bewussteres Verhalten zur weiblichen Rolle, durch zweckmässige
Einfügung und durch korrigierende Annäherung des Schemas an die Realität. Die Psychose brächte eine Verstärkung des fiktiven Schemas zu
Sicherungszwecken und eine unkorrigierbare Haltung innerhalb des
Schemas zum Vorschein; eine solche Patientin würde sich etwa betragen, als ob sie wirklich gravid wäre. In allen 3 Fällen wäre
die Fiktion der Gravidität und des weiteren Kreises ihrer Erscheinungen
ein Symbol der minderwertigen weiblichen Rolle, ein dar-
stellender Ausdruck für die Empfindung der Zurücksetztheit, aber zugleich
vom männlichen Protest ergriffen, ein Kunstgriff zur Vermeidung und
Verhütung anderer Zurücksetzungen, wie oben gezeigt wurde.[1]).

[1]) Der Formenwandel der männlichen Fiktion kann sich dahin vollziehen, dass
unter ihrer Leitung die Gravidität, die Mutterschaft angestrebt wird, recht oft in
solchen Fällen, wo Hindernisse schwerwiegender Natur vorliegen. Der Schrei nach
dem Kind ist dann in der Regel gegen den Mann gerichtet. Die Phantomgravidität
stellt oft ein derartiges Arrangement vor.

Schema:

Symptome.	Abkehr von der weiblich. Linie, — der männliche Protest.	Sichernde Bereitschaften.
Gesellschaftsangst Zwangserröten Furcht vor dem Alleinsein Herzklopfen Furcht vor dem Fallen, Höhenschwindel	Sicherung vor der Liebeswerbung	Misstrauen (zutraulich mit folgendem Protest) Entwertung des Mannes Ängstlichkeit Schüchternheit Tugendhafte Moral Herrschsucht (Nachgiebigkeit mit folgendem Protest)
Druckempfindlichkeit am Bauch (Blinddarm) Frigidität Gehörsüberempfindlichkeit geg. Schnarchen des Gatten Vaginismus Druckgefühle auf der Brust Unverträglichkeit gegen jede Art von Druck, Kampf gegen das Mieder Gefühl nach rechts und hinten gezogen zu werden (auf die weibliche Seite) Ohrensausen (Brausen des bewegten Meeres, das auf und nieder wogt)	Sicherung gegen den Koitus	Eigensinn Trotz Streitsucht Gegen den Mann gerichtete Tendenzen
Abdominalschmerzen Atemnot Herzklopfen, Üblichkeiten Erbrechen Zwangsvorstellung einer Gravidität Gelegentliche Astasie Müdigkeit Lüsternheit im Essen	Sicherung gegen Gravidität	Körperliche Überempfindlichkeit hypochondrisch sich verzärtelnd
Bauchkrämpfe Erschwerte Stuhlentleerung — auf schwere Geburt deutend Gelegentliche Polyurie (Fruchtwasserabgang)	Sicherung gegen Geburt	Reaktionscharaktere komplexer Art zwecks Beseitigung der Minderwertigkeit und Verkürztheit:
Unerträglichkeit der Rückenlage Schmerzen in den Beinen Neigung zu andauerndem Krankenlager — Fiktion einer Thrombophlebitis	Sicherung gegen Wochenbett	Geiz, Sparsamkeit, Neid, Herrschsucht, Ungeduld, Furcht nichts zu erreichen, nichts zu vollenden, allerlei Anstrengungen, als ob die Distanz bis zur Manngleichheit irgendwie vermindert werden sollte.
Schwäche in den Beinen, an Astasie und Abasie erinnernd Taumeliger Gang Rasches Ermüden beim Gehen	Memento an das Aufstehen aus d. Wochenbett	
Feindseliges, zuweilen sadistisches Benehmen gegen Kinder Rasche Ermüdbarkeit und Ungeduld in Gesellschaft von Kindern Schlaflosigkeit Reinlichkeitsexzesse Gehörsüberempfindlichkeit bei Nacht Leichtes Erwachen bei Nacht	Sicherung gegen Mutterpflichten	

Ein Traum, gegen Ende der Kur geträumt, zeigt uns den ursprünglichen Leitgedanken der Patientin im Zusammenhang mit ihren aktuellen inneren Kämpfen. Sie träumte, „als ob sie krank und schwach auf einer Bank in einem Parke nahe der Wohnung ihrer Eltern sässe. Am Kopf trug sie zwei Badehauben. Da kamen von rückwärts zwei Mädchen, und eines davon riss ihr die eine Haube vom Kopfe. Sie griff nach dem Mädchen und hielt es fest, während das andere Mädchen verschwand, und drohte mit der Anzeige. Eine arme schlecht gekleidete Frau kam herbei und sagte ihr, das Mädchen heisse Velicka. Hierauf ging sie zu ihrer Mutter, um sich zu beklagen. Die Mutter gab ihr einen Korb voll Eier und sagte, sie kosteten 5 Gulden. Sie nahm 2 Eier in die Hand und sah, dass sie gross und schön seien."

Die Situation auf der Bank, ihre Müdigkeit und die Badehauben deuten auf eine hydropathische Kur, die sie vor meiner Behandlung insbesondere zur Beseitigung ihrer Schlaflosigkeit unternommen hatte. Am Vortage des Traumes machte sie ihrer Tochter Vorwürfe, weil diese ihre Badewäsche in eigenen Gebrauch genommen hatte; sie besitzt auch zwei Badehauben wie im Traume, welche die Tochter ebenfalls öfters benützt. Velicka ist ein slavisches Wort, heisst gross. Die Tochter führt ein slavisches Adelsprädikat. Die schlecht gekleidete Frau ist eine adelige Dame namens Grand-venier. Beiden gegenüber ist sie, die Bürgerliche verkürzt. Sie war unzufrieden, dass ihr Mann nicht geadelt wurde, hat sich aber aus Stolz ihren Neid nicht eingestanden. Sie fürchtet, dass ihr die Tochter alles wegnehmen könnte. Sie hatte zwei Töchter, die eine ist gestorben, verschwunden. Sie verklagt ihre Tochter öfters bei mir, dass sie sie so viel Geld koste. Sie habe ihr schon ihren ganzen Schmuck geschenkt. Schon seit ihrer Kindheit sei sie immer gegen andere verkürzt worden. Auch die Mutter habe sie immer zurückgesetzt, und habe sich, als Patientin schon verheiratet war, jede Kleinigkeit von ihr bezahlen lassen. Sie dagegen versorge die Tochter regelmässig mit Eiern, Wild, Milch, Butter etc. Und doch brauche sie soviel Geld. Vor ihrer Abreise nach Wien habe sie vergessen, eine Schuld im Betrage von 5 Gulden zu begleichen. Am Vortage schrieb sie ihrem Manne, er möge sie sofort bezahlen. Überhaupt müsse sie immer gleich zahlen, was immer sie kaufe[1]). Die Mutter habe an ihr schlecht gehandelt, im Traume mahnt sie an eine vergessene Schuld. Sie hat immer an ihr gespart. Im Traume erhält sie von ihrer Mutter das männliche Attribut (Testikeln), die ihr die Mutter bei der Geburt vorenthalten hat.

Wir sehen wieder, wie aus dem Gefühl der (weiblichen) Verkürztheit der männliche Protest sich im Traum gegen weitere Schädigungen wendet. Dieser Traum zeigt uns den Versuch der Patientin, in Gedanken weiteren Verkürzungen vorzubeugen und die Tochter anzuklagen, dass sie ihr wie die Mutter alles weggenommen, — vorenthalten habe.

[1]) Die Befürchtung, durch weitere Ausgaben verkürzt zu werden, würde die Verwendung der Charakterschablonen von Geiz und Sparsamkeit nahelegen. Diesen mütterlichen, nach ihrer Wertung weiblichen Zügen weicht sie durch einen Zwang im Voraus zu zahlen aus und zeigt sich durch Freigebigkeit der Mutter überlegen.

Ebenso findet sich die Gier, Alles auch zu haben, in folgender Krankengeschichte, die noch deutlicher wie die vorige zeigt, wie der Patient diese Gier aus Stolz aus seinem Gesichtsfelde räumt, — „verdrängt". Wir werden sehen, eine wie geringfügige Änderung durch die Aufhebung der Verdrängung und durch die Klarlegung des „Ödipuskomplexes" vor sich geht. Desgleichen geht aus allen diesen Fällen hervor, dass diese Gier, Alles auch zu haben, die unsinnigsten Ziele verfolgt. Solche Kranke haben nur Augen, und zwar durch ihre Sucht nach einer Art von idealer Gleichberechtigung geschärfte, für Alles, was Andere in ihrem Kreise besitzen, soferne sie selbst von diesem Besitz ausgeschlossen sind. Sie könnten mehr haben als die Andern, und würden die Andern doch beneiden. Sie könnten Alles erraffen, was sie vorher den Andern missgönnt haben, und würden es dann freudlos beiseite schieben, um ihrer Begierde neue Ziele zu setzen. Und ihre Begierde bleibt ewig haften an jenen Zielen. die sie nicht erreicht haben. Dass sie zur Liebe und zur Freundschaft unfähig werden, ist leicht zu verstehen. Oft gelangen sie zu grosser Verstellungskunst und gehen auf Seelenfang aus. weil auch andere Personen Seelen beherrschen. Immer fürchten sie die Verkürzung und suchen sich weit im voraus zu sichern. Die Liebe der Eltern, die ein Bruder geniesst, dessen Schmuck, eine Heirat eines Bruders oder einer Schwester, ein Buch, eine Leistung Bekannter oder auch Unbekannter erfüllen sie mit Ingrimm[1]). Die Erstgeburt des Andern, eine gelungene Prüfung, Besitz oder Würden der Geschwister stürzen sie in Aufregungen, bereiten ihnen Kopfschmerz, Schlaflosigkeit und stärkere neurotische Symptome. Ihre ständige Furcht, einem älteren, jüngeren Bruder nicht gleichzukommen, kann sie unfähig zur Arbeit machen. Dann versuchen sie allen Entscheidungen und Prüfungen auszuweichen, kommen in das Stadium der Aggressionshemmung, treten oft in irgend einer Weise den Rückzug vor dem Leben an und berufen sich dabei auf ihre ad hoc geschaffenen Symptome, unter denen mir Zwangserröten, Migräne, allerlei Kopfschmerzen, Herzklopfen, Stottern, Platzangst, Zittern, Schlafzwang, Depression, Gedächtnisschwäche, Polydipsie und psychogene Epilepsie mehrmals aufgefallen sind.

Ich habe den Fall eines jüngeren oder jüngsten Bruders bei obiger Schilderung in den Vordergrund geschoben, weil ich ihn am häufigsten angetroffen habe, und weil er am ehesten in die Rivalität getrieben wird[2]). Dieser Fall ist nicht der ausschliessliche. Man findet auch ältere Geschwister oder einzige Kinder, selbstverständlich auch Mädchen in dieser Rolle. Die Rivalität kann auch in erster Linie dem Vater oder der Mutter gelten, in deren Bild die anzustrebende Überlegenheit häufig konkretisiert erscheint. Dann geht der „Ödipuskomplex" aus dieser Sucht des disponierten Kindes hervor, ein Leitbild, eine leitende Fiktion für sein Wollen zu gewinnen, und dies geschieht bereits zu einer Zeit, wo noch nicht sexuelle Lust erstrebt wird, sondern der Auch-Besitz einer Person oder eines Gegenstandes, der Anderen gehört. Prädestinationsglaube und Gottähnlichkeitsgedanken bauen sich häufig als Erscheinungen des männlichen Protestes auf.

Anamnestisch lässt sich oft Kleptomanie erheben.

---

[1]) So kann die bevorstehende Heirat eines Mädchens beim Bruder oder Vater, wenn diese neurotisch disponiert sind, zum Ausbruch einer Neurose führen. Das Arrangement von Verliebtheit kann dann „Incestregungen" vortäuschen.

[2]) Frischauf, Psychologie des jüngeren Bruders. E. Reinhardt, München 1912.

Zuweilen ist sich der Patient seiner Leitlinie nicht bewusst. Man sieht ihn manchmal auch am Werke, diese Leitlinie zu verstecken und durch gegenteilige Regungen, etwa durch Freigebigkeit unkenntlich zu machen. Der Wunsch, der ihn beispielsweise zur Mutter zieht, mag man ihn noch so sexuell gefärbt nachweisen, ändert, bewusst geworden, am Krankheitsbilde nichts. Erst wenn der Patient seine Gier nach dem Unerreichbaren, nach dem — der Natur der Sache nach — zu einem andern Gehörigen versteht und einschränkt, kann er gesunden.

Der masslose Stolz, den man in manchen dieser Fälle findet, gestattet dem Patienten nicht leicht das Verständnis für seinen N e i d und für seine E i f e r s u c h t. Die Entwertungstendenz ist dagegen meist überstark entwickelt und liegt auf der Hand. B o s h e i t, R a c h - s u c h t, H a n g z u r I n t r i g u e, bei geringeren Intellekten r o h e r e A n g r i f f s t e n d e n z e n, auch s a d i s t i s c h e und M o r d i n s t i n k t e zeigen sich als Versuche einer Sicherung gegen das Unterliegen in der Rivalität. Furcht vor den Konsequenzen, wie lebhafte Besorgnis wegen des Befindens der Angehörigen, Ausmalung von Strafen, Fesselung und Elend sind die zugehörigen Sicherungen gegen Ausschreitungen des männlichen Protestes. Auch die Anfälle können sichernd eintreten, so z. B. wenn wie in unserem Falle ein psychoepileptischer Insult sich traumhaften Regungen des Vater- und Brudermordes anschliesst.

Vielleicht regelmässig spielt das Motiv v e r s c h m ä h t e r L i e b e mit, und schafft die stärksten Hassregungen gegen umworbene Personen. Es ist mit Recht zu bezweifeln, dass Liebe bei gesunden Menschen einer solchen Umwandlung fähig wäre. Erst die Summe aller Machtimpulse, das überhitzte Persönlichkeitsgefühl solcher Menschen gehört dazu, sich des seelischen Besitzes einer zweiten Person gegen deren Willen bemächtigen zu wollen. Da der Neurotiker a u c h A l l e s h a b e n w i l l, wird er blind gegen natürliche Hemmnisse und fühlt in der Verschmähung seiner „Liebe" seine empfindlichste Leitlinie getroffen. Nun schreitet er zur Rache: Acheronta movebo!

Man kann oft, falls man im Zweifel ist, welche von zwei Personen der Patient für sich in Anspruch nehmen will, ob den Vater oder die Mutter, das Gegenteil dessen annehmen von dem, was der Patient behauptet. Es wäre in der Regel zu schmerzhaft, sich die „verschmähte Liebe" einzugestehen. Ein exaktes Resultat erscheint mir folgender Versuch zu ergeben: Man setzt den Patienten genau zwischen die fraglichen Personen, und wird nach einiger Zeit beobachten können, dass er sich der vorgezogenen Person genähert hat.

So konnte ich mich in dem Falle des Patienten, den ich nun auszugsweise beschreiben will, überzeugen, dass er die grössere Anziehung der Mutter verspürte, obgleich er, wenn wir allein waren, den Vater bei weitem vorzuziehen schien. Nicht selten beschimpfte er die Mutter, und es verging kein Tag, ohne dass er mit ihr in Streit gekommen wäre.

Eine in der Neurose häufig zu beobachtende Erscheinung fehlte auch hier nicht, war vielmehr in besonderer Ausprägung zu beobachten; die starke Vorschiebung eines pedantischen Charakterzuges, der wie im Kriege eine Eklaireurtruppe, die Aufgabe übernahm, mit dem „Feind" in Fühlung zu kommen. Der Feind war in erster Linie die Mutter, und die täglichen Kämpfe entspannen sich regelmässig, weil den übertriebenen pedantischen Forderungen des Patienten bei der Mahlzeit, bei der Wäsche- und Kleiderbesorgung, bei Bereitung des Bades und des Nachtlagers unmöglich vollauf Rechnung getragen werden konnte. Unser Patient gewann so die Operationsbasis, von der nun die Umgehungsversuche ausgingen, um die Mutter doch vollkommen in seinen Dienst zu stellen. Wieder sehen wir einen neurotischen Charakterzug als Kunstgriff, mittelst dessen der Patient seinem V. Akt gerecht werden, sein Schema getreulich innehalten will, um die Mutter doch auch so zu beherrschen, wie er es beim Vater gemerkt zu haben vermeinte. „Und bist du nicht willig, so brauch' ich Gewalt!" Dieser Gedankengang hatte in seiner Kindheit von ihm Besitz ergriffen, und so stand er bald der Mutter gegenüber voll Misstrauen, lauernd auf Herabsetzungen, auf Bevorzugung Anderer, voll gespannter Energie und trüber Erwartung, ob es ihm doch noch gelänge, sie für sich einzufangen. Nicht etwa, weil er sie liebte oder besitzen wollte, sondern weil er sie auch haben wollte, wie so viele andere Dinge, Schmucksachen, Bonbons, die er gar nicht hochschätzte, sondern im Schranke liess und dran vergass, sobald er sie einmal sein Eigen nannte. So war ihm der Besitz der Mutter nicht Selbstzweck, sein Begehren war durchaus kein libidinöses oder gar sexuelles, sondern die Mutter und ihre Distanz von ihm waren ihm zum Symbol, zum Massstab geworden für den Grad seiner Zurücksetzung. Und weil er das Weltbild, jede Begegnung, jede Beziehung zum weiblichen Geschlecht mit den gleichen Charakterzügen aufnehmen wollte, misstrauisch, voll Überempfindlichkeit, mit der gleichen trüben Erwartung einer Enttäuschung, zerrann ihm jeder Erfolg und jede Befriedigung. Er hatte ja nur Augen für Alles, was gegen ihn, gegen seinen Erfolg sprach, und was er erreichte, verlor allen Reiz für ihn. Er beantwortete das Problem seines Lebens mit dem Arrangement seiner Neurose. Er hielt sich um ein starkes Stück verkürzt, und dieses Stück machte der symbolisch zu fassende Verlust der Mutter aus.

Hätte man diesen Patienten, der an Angstzuständen, Migräne und Depressionen litt, etwa heilen können, wenn man ihm die Mutter wieder gab? In der Zeit, wo der Patient zum Arzte kommt, wäre ein solcher Versuch vergeblich. Die nachgiebigste Mutter, — viele von ihnen sind dauernd ihrem Sohne entfremdet, — könnte jenes Mass von Geduld und Aufopferung nicht aufbringen, das der Patient in seinem grenzenlosen Misstrauen und in seiner Machtgier verlangt. Als stets bereiter Anlass zu erneuten Heftigkeiten und Bedrängungen bleibt immer noch die Vergangenheit und die Erinnerung an frühere Entbehrungen. Wohl könnte dieser Versuch in der Kindheit glücken, sowie überhaupt die pädagogische Lösung dieses speziellen neurotischen Problems in einer schrittweisen Aufklärung, Verselbständigung des Kindes und in der sachgemässen Beruhigung über seine Zukunft liegt. Die Unsicherheit ist es, die solchen Kindern den Ausblick in die Zukunft verwirrt, eine Unsicherheit, deren organische und psychische Quellen wir bereits kennen gelernt haben.

In unserem Falle war es der Umstand, dass unser Patient als Kind bereits in der Säuglingszeit leicht zusammenzuckte und erschrak. Dieses Erschrecken von Säuglingen, oft schon als Nervosität gedeutet, ist offenbar ein organisches Erbteil und knüpft nach meinen Beobachtungen an eine ererbte Empfindlichkeit, — Minderwertigkeit, — des Gehörorgans an, so dass solche Kinder schon bei Geräuschen und Tönen zusammenfahren, bei denen andere noch ruhig bleiben. Für uns bedeutet

demnach diese auffallende Erschreckbarkeit ein Zeichen angeborener
Gehörsüberempfindlichkeit, eine Organminderwertigkeitserscheinung, der
familiäre Ohrenleiden, aber auch Steigerungen von Gehörsverfeinerungen,
musikalischer Sinn oft entsprechen. Dass unser Patient im 6. Lebensjahre eine langwierige Mittelohrenentzündung durchgemacht hat, in deren
Verlauf sich eine Parazentese des Trommelfells als nötig erwies, steht
mit den Anschauungen der Organminderwertigkeitslehre in gutem Einklang. Desgleichen auch die Entwickelung eines trefflichen, musikalischen
Gehörs und einer auffallend feinen Gehörsempfindung, die ihn zum
Lauschen geradezu qualifizierte. Diese Organverfeinerung, mit Aufmerksamkeit überladen, bringt es in jedem Falle mit sich, dass
lauschende, der Hörsphäre angehörige neugierige Tendenzen dem
Kinde aufgezwungen werden, zumal wenn es auch aus anderen Ursachen
in grössere Unsicherheit gerät. Die Bedingungen dieser Unsicherheit,
aus der er durch seine Neugierde zu entkommen suchte, lagen in einer
schwächeren Entwickelung seines Intellekts gegenüber einem älteren
Bruder, der ihn, wie dies zum Schaden der Erziehung so häufig geschieht,
zum Spielball seiner Neckereien nahm, ihn auch häufig zum Narren
hielt. Patient erinnert sich auch, eine Zeitlang an jener Form des
Kryptorchismus gelitten zu haben, bei der ein Testikel zeitweise
durch den offenen Leistenkanal in die Bauchhöhle schlüpft. Dieser
Umstand, die bessere Genitalentwickelung des älteren Bruders und dessen
frühere Behaarung, legten ihm frühzeitig den Gedanken nahe, er könne
gar ein Mädchen sein. Er trug bis zum Ende des 4. Lebensjahres
Mädchenkleider und hat wohl aus dieser Zeit die Furcht erworben, nicht
so wie der Bruder oder der Vater zu sein, kein ganzer Mann zu werden.
Die starke Entwickelung seiner Mammae hat seine Unsicherheit
wesentlich verstärkt. Dass er lange Zeit in Ungewissheit über
die Geschlechtsunterschiede verbrachte, geht aus einem Erlebnis
hervor, das ihm im Gedächtnis haften blieb, weil er bei dessen Erzählung
von allen Anwesenden ausgelacht worden war. Er hatte im Volksgarten
ein Mädchen beim Urinieren beobachtet und erzählte zu Hause, er habe
einen Knaben gesehen, der von rückwärts Harn liess[1]).

Diese frühe Zeit war massgebend für seine Einstellung zur Familie und des weiteren zur Welt. Er sah sich
verkürzt, und sein Minderwertigkeitsgefühl fand keine Ausgleichung
in der Familie. Seine Begehrlichkeit, sein Drang, es dem Bruder, dem
Vater, irgend jemandem gleich zu tun, den er als stark, fähig, kraftvoll
ansah, wuchs mächtig an, und leitete ihn auf Bahnen, wo er in häufige
Konflikte mit seinen Eltern kam. Er wurde ein schlimmes, ungeberdiges
Kind, und jetzt war eine zärtlichere Haltung der Eltern noch schwieriger
zu erzielen. Seine Gelüste stiegen masslos, misstrauisch und mit
wachsendem Jähzorn suchte er sich vor jeder Herabsetzung zu
sichern, und dies auch naturgemäss zu einer Zeit, wo er durch die
Entwickelung seiner Genitalien, durch eine auffallend starke Körper-
behaarung und durch seine angesammelte Erfahrung über seine Geschlechts-

---

[1]) Die ursprüngliche Unsicherheit der Geschlechtsrolle spielt,
wie ich seit Jahren betone, (s. „Über neurotische Disposition 1909“ und die folgenden
Arbeiten) eine Hauptrolle in der Entwickelung der neurotischen Psyche, für die sie
später als Symbol und verschärfende Operationsbasis im Kampfe um die Herrschaft
Verwendung findet. In allerletzter Zeit habe ich für diesen wichtigen Befund ein
teilweises Entgegenkommen mehrerer Autoren gefunden.

rolle beruhigt sein konnte. Aber nun hatte sich durch die Entwickelung seiner Charakterzüge, die auch einen schlechteren Fortschritt in der Schule bedingten, seine Lage in der Familie so ungünstig gestaltet, dass er sich mit seiner verfeinerten Überempfindlichkeit mit Recht als zurückgesetzt ansehen durfte. So fand er den Weg zur Norm nicht mehr. Dass er aber dieses Gefühl der Zurückgesetzheit noch immer nach der Analogie einer weiblichen Rolle apperzipierte, ging schon aus dem ersten seiner Träume während der Behandlung hervor. Dieser lautete: Mir war, als ob ich zusah, wie ein Affe ein Kind säugte".

Er wurde wegen seiner starken Behaarung, die er übrigens mit Stolz zeigte, von seinem Bruder öfters als Affe bezeichnet. Der Affe, der das Kind säugt, ein weiblicher Affe demnach, ist er selbst. Das heisst, er sieht sich, er empfindet sich in einer weiblichen Rolle, wobei das Säugen als Hinweis auf seine Gynäkomastie aufzufassen ist, die bei der Traumdeutung zur Sprache kam. Dies wäre die von mir für alle Träume behauptete weibliche Linie, der gegenüber die Andeutung der starken Behaarung in der Richtung des männlichen Protestes aufzufassen ist. Patient führt sich also in die Kur mit der Eröffnung ein, dass er sich zurückgesetzt fühle, und lässt uns durch das gewählte Bild erkennen, dass er diese Minderwertigkeit als weiblich werte.

Nebenbei will ich darauf hinweisen, dass der Traum häufig Bilder oder Ausdrucksweisen wählt, die eine gleichzeitige Durchsetzung mit weiblichen und männlichen Charakteren aufweist. Hier ein Affe, dessen Säugen als weiblich, dessen Behaarung gleichzeitig als männlich anzusehen ist. Derartige Ausdrucksformen, die ich als dem psychischen Hermaphroditismus zugehörig erkannt habe, lassen sich auf zwei erleichternde Bedingungen zurückführen: 1. entsprechen sie der infantilen Undeutlichkeit der Geschlechtserkenntnis, 2. ist die Kategorie der Zeit bei starker Abstraktion im Traume völlig oder nahezu völlig ausgeschaltet, ähnlich wie in anderen Fällen die Kategorie des Raumes, so dass zwei Gedanken, die zeitlich oder räumlich zu trennen wären, — in unserem Falle: ich empfinde mich als Weib und will ein Mann sein, — zusammenfallen. Stekel hat, mit einiger Übertreibung, wie ich glaube, in Weiterführung meiner Anschauung vom psychischen Hermaphroditismus jedes Traumsymbol als doppelt geschlechtlich eingestellt; er dürfte sich aber der Wahrheit näher befinden als Freud, der den regelmässigen Befund des psychischen Hermaphroditismus und männlichen Protestes in der Traumanalyse leugnet.

Die Aufdringlichkeit, mit der uns dieser erste Traum des Patienten auf sein Gefühl der Minderwertigkeit hinweist, sozusagen in einer Reaktion auf den Beginn der Kur, ist natürlich auch als Avis an den Arzt zu verstehen: meine Krankheit rührt von meinem Gefühl der Minderwertigkeit her! Meine Krankheit, — Ohnmachtsanfälle und Berufsuntauglichkeit, — sind Sicherungen gegen eine Niederlage im V. Akt. Ich bin ohnmächtig und untauglich wie ein Kind und sehne mich nach der Liebe, — Affenliebe, — wie ich sie im Traume sehe. Wir ergänzen: ohnmächtig aus Prinzip, um wie ein Kind gehätschelt zu werden, was er auch nach seinen Anfällen annähernd erreicht; und untauglich, damit man ihn immer mit Nahrung versorge,

damit man nicht vergesse, dass er zeitlebens durch Zärtlichkeit und
durch — Testament gesichert werden müsse.

Seine grosse Schreckhaftigkeit bei plötzlichen lauten Geräuschen,
also seine Hyperakousie war ganz besonders berufen, eine Ver-
mittlung abzugeben, damit er seinen Zweck erreichen könne. Sein
vorgesetztes Finale, angestrebte Überkompensation seines Gefühls der
Zurückgesetztheit, bestand ja darin, alle Liebe der Eltern, insbesondere
der schwerer zu erreichenden der Mutter auf sich zu lenken. So griff
er gegebene Erlebnisse auf, ein Erschrecken bei Schüssen, wie er sie
bei militärischen Leichenbegängnissen hörte, beim Pfauchen und beim
schrillen Pfiff der Lokomotive, bei plötzlichen Angriffen des Bruders
und der Spielgenossen, um auf das Herz der Mutter zu wirken. Das
ihm vorschwebende Finale zog eine Fixierung der Hyperakousie
nach sich, die ihn bis heute beherrscht. Diese tendenziöse Hypersen-
sibilität ist so recht geeignet, wie ähnliche bei der Hysterie, uns begreiflich zu machen, dass die Unsicherheit den Patienten zwingt, seine
Fühler so weit als möglich vorzustrecken, wie er dies auch mit den überspannten Charakterzügen tut. Andererseits drückte die Schreckhaftigkeit auf sein männliches Empfinden und gab ihm das Gefühl
weiblicher Regungen. Er versuchte deshalb in allen anderen
Beziehungen Mut und unerschrockenes Benehmen an den
Tag zu legen, was ihm auch gelang.

Die Aufdeckung seines Wunsches nach der Liebe seiner Mutter blieb
ohne besonderen Erfolg. Seine Anfälle erfolgten in ungefähr den gleichen
Intervallen, nur verlegte sie Patient ins Bett, dies aber nur deshalb,
um sich auch gegen die Eingriffe der Behandlung zu sichern, die nunmehr nicht so leicht wie anfangs der Kur die auslösenden Ursachen
der Ohnmachtsanwandlungen feststellen konnte. Denn vorher waren sie
stets im Zusammenhang mit Erlebnissen erfolgt, die das Persönlichkeitsgefühl des Patienten herabsetzten; jetzt war ich gezwungen, diese
Erlebnisse aus Einfällen und Träumen des Patienten zu rekonstruieren.
Der Patient freilich machte aus der Not eine Tugend und hob diese
Veränderung als Besserung durch die Behandlung hervor, in der
Erwartung, meine Sympathie so für sich zu gewinnen, ein Gewinn, der
ihm wie bei allen Personen seiner Umgebung als Machtgefühl zur
Empfindung kam. Die Sucht, dieses Machtgefühl zu erlangen, hat auch
aus ihm einen sehr umgänglichen, liebenswürdigen Charakter
im Verkehr mit Fremden gemacht.

Nun könnte einer sagen, der Ödipuskomplex sei bei meiner anders-
artigen Auffassung nicht rein zum Vorschein gekommen, nicht so rein,
wie ihn etwa Freud selbst zur Darstellung gebracht hätte. Ich müsste
dem energisch widersprechen. Gerade dieser Fall war wie wenige
geeignet, das Streben nach der Mutter in sexueller Verkleidung
rücksichtslos zur Anschauung zu bringen, und der Patient zögerte nie,
seine oft unverhüllten Ödipusträume als Beweise eines sexuellen
Begehrens hinzustellen. Solcher Träume gab es viele. So träumte er:

„Ich gehe mit einer Dame vom Rendez-vous weg auf die Gasse".
Die Dame stellte seine Mutter vor, wie aus Einzelheiten hervorging.
Die Gasse wies auf Prostitution hin. Das „Rendez-vous" aber war ein
Bestandteil einer Tageserinnerung und bezog sich auf ein Mädchen, die
ihm ein Wiedersehen verweigerte, durch ihre Ablehnung also der

Mutter gleichgestellt wurde. Er konnte auf Mädchen nicht wirken, war so, nach seiner Meinung, um das männliche Machtgefühl gebracht, und erniedrigte, im Protest, die Mutter wie das Mädchen, des weiteren aber alle Frauen, die er eigentlich fürchtete, zu Dirnen.

Ebenso deutlich kam der „Ödipuskomplex" bei anderen Träumen zutage, wo auch erst die Einfügung in die psychische Konstellation erlaubte, das Sexuelle als Jargon, als Modus dicendi zu erkennen. So träumte er:

„Ich sitze an einem schlichten Tisch aus braunem Holze. Ein Mädchen bringt mir ein grosses Gefäss mit Bier."

Der Tisch erinnert ihn an einen unterirdischen Keller in Nürnberg; dorthin war er zu einer wissenschaftlichen Unternehmung gefahren, die ihn ins germanische Museum führte. — In die gleiche Richtung, — des Germanentums, — leiteten Gedanken über das grosse Gefäss mit Bier. Es ist von vorneherein begreiflich, dass der ausserordentlich musikalische Patient mit starken Reminiszenzen an Wagners „Meistersinger" in Nürnberg ankam. Als er diese erwähnte, begann er eine Szene aus Wagners Opern zu suchen, in der jemand einen Trunk zu sich nimmt. Erst fiel ihm Tristan ein, hierauf Siegfrieds Eintreffen am Hof Gunters. In beiden Szenen trinkt der Held einen Liebestrank. So fühlte unser Patient die rätselhafte Neigung zu seiner Mutter als durch die Zauberkünste der Mutter erweckt. Zuletzt fiel ihm Siegmund ein, dem seine Schwester Sieglinde mitleidig ein Horn mit Meth reicht. Der Sinn dieses Traumes lautet demnach: die Stimme des Blutes hat gesprochen, die Mutter nimmt sich mitleidig seiner an, er ist der Held, der dem Mann (Vater) die Frau entreisst. Der Ausblick auf den Inzest wie bei Wagner, Patient begehrt wie ein Trunkener nach seiner Mutter.

Die psychische Situation des Patienten war ins „Weibliche" geraten. Sein älterer Bruder kam von einer Reise nach Hause und wurde mit grosser Liebe empfangen. Wie anders war es ihm ergangen, als er vor einiger Zeit von seiner Deutschlandreise zurückgekehrt war! Der Gedanke: ich bin verkürzt! — wurde durch den Empfang des Bruders mächtig verstärkt, und im Traum sucht er sich auf die männliche Linie hinüberzuretten. Es war ein Versuch, der scheitern musste. In derselben Nacht bekam er einen Anfall.

Der Anfall hatte den Zweck, die Zärtlichkeit der Mutter auf den Patienten zu lenken. Mit dem Vater gelang dies leicht. Aber auch die Mutter vergass seine eifersüchtigen, oft rohen Zornesausbrüche, sobald er bewusstlos lag, und setzte sich auf einige Zeit an sein Bett. So befriedigte er seinen Wunsch, Alles zu haben, Alles so zu haben, wie der Bruder, wie der Vater. Die Formenwandlung seiner ursprünglichen Fiktion: ich habe ein unvollkommenes Genitale, ich werde kein ganzer Mann sein, — war bis zu dem Gedanken gelangt: ich will auch die Mutter haben wie der Vater, wie der Bruder sie besitzen. Um mit der nötigen Energie vorgehen zu können, bedurfte es nun einer tiefgefühlten Überzeugung seiner Neigung zur Mutter: also fingierte er sie.

Den tiefsten Zweck seiner sehnsüchtigen Einstellung zur Mutter ergab die weitere Analyse, die einen entscheidenden Punkt in seinem Gefühle der Unsicherheit aufdeckte. Als sich die Mutter ihm in der Kindheit immer mehr entzog, kam er, wie so viele Kinder in ähnlicher Situation, auf den Gedanken, er sei nicht das Kind dieser Familie. Die Märchen vom „Schneewittchen" und „Aschenbrödel" dürften bei diesen Kinderphantasien häufig Leitgedanken abgeben. Als sein älterer Bruder einst erkrankte, wich die Mutter nicht von ihm. Seither reizte es unseren Patienten ununterbrochen, durch schwere Ohnmachtsanfälle, wie er sie von einem Onkel kannte, die Eltern, insbesondere die Mutter zu prüfen, ob die Stimme des Blutes sprechen würde. Diese Prüfungen nahm er mit echt neurotischer Unersättlichkeit vor, und so zeigt sich auch in diesem Falle die völlige Auflösung des Ödipuskomplexes, sein Wesen als das einer arrangierten Fiktion, seine Bedingtheit als Ausdrucksmittel des männlichen Protestes gegen ein Gefühl der Unsicherheit und Minderwertigkeit, seine Abhängigkeit von der neurotischen Sicherungstendenz des „Alles haben Wollens".

Der innere Widerspruch, der sich bei dieser Form des männlichen Protestes oft geltend macht, die moralische Verurteilung eines dem Grundsatz des „Alles haben Wollens" entsprechenden Handelns, aber auch die stärkere Einsicht in die Unerfüllbarkeit, oder die Furcht vor der Entscheidung, die gegen den Patienten fallen könnte, erzwingen häufig ein Kompromiss. Man kann dieses am besten in die Worte kleiden: Halb und halb! Der Patient sucht einen Ausweg aus dem Dilemma und kommt auf diesem Wege zu dem: Divide et impera! Zuweilen ist dieser Weg gangbar, — wegen der Möglichkeit einer Befriedigung der Herrschsucht. Manchmal kommt es dabei zu starken kulturellen, aber auch zu utopischen Ausprägungen von Gleichheitsgefühlen und Gerechtigkeitsliebe.

II. Kapitel.

Neurotische Grenzerweiterung durch Askese, Liebe, Reisewut, Verbrechen. — Simulation und Neurose. — Minderwertigkeitsgefühl des weiblichen Geschlechts. — Zweck des Ideals. — Zweifel als Ausdruck des psychischen Hermaphroditismus. — Masturbation und Neurose. — Der „Inzestkomplex" als Symbol der Herrschsucht. — Das Wesen des Wahns.

Eine Betrachtung, die sich hier anreihen darf, will zu zeigen versuchen, wie die kompensierende Leitidee: „Alles haben zu wollen", von ihrem geraden Wege abbiegen kann, um auf Umwegen oder nach Art eines Kunstgriffes sonderbare neurotische, verbrecherische, aber auch schöpferische Leistungen anzuregen, um endlich bei ihrem Ziele anzulangen und eine Erhöhung des Persönlichkeitsgefühls irgendwie durchzusetzen, zumindest aber, und so lange bleibt die Neurose produktiv, vor einer Herabsetzung zu bewahren. Schon die Sparsamkeit, Kargheit und Askese mancher Neurotiker zeigt uns einen derartigen Umweg, auf dem sich der Patient treiben lässt, als ob er nur in dieser Weise vor Gefahren gefeit wäre. Er handelt dann strenge nach diesen fiktiven Leitlinien, glaubt an sie, steigert auch sein abnormes Wesen in Fällen besonderer Unsicherheit bis zur Psychose. In der Melancholie, bei Vorwiegen von Verarmungsphantasien, antizipiert der Patient, um der wirklichen Gefahr zu entgehen, ähnlich wie bei der Hypochondrie einen befürchteten Zustand, versucht eine Fiktion zu realisieren, unterstreicht sein Minderwertigkeitsgefühl und verwendet sein Leiden zur Sicherung seines Persönlichkeitsgefühls. Auch Fälle von Kaufzwang, Fetischismus, neurotische Sammelwut und Kleptomanie kommen als Äusserungen dieser Gier, Alles haben zu wollen, zustande. Immer ist ein Zug sichtbar, die von der Realität gesetzten Grenzen entlang einer fiktiven Leitlinie zu durchbrechen, um einem Gefühl der Verkürzung zu entkommen. Immer tritt dabei die Apperzeption nach dem strengen bildlichen Gegensatz von „männlich-weiblich" zutage und lässt den Patienten häufig Betonungen und Unterstreichungen vornehmen, durch welche bewiesen werden soll, dass er ein Mann sei. Dazu nun eignet sich das sexuelle Symbol als Ausdrucksmittel recht gut, dessen Auflösung die übertriebene männliche Richtungslinie zuweilen auf sonderbaren Umwegen ergibt. Hier reihen sich nervöse Lügenhaftigkeit, Prahlerei, Hochstaplertum an, ebenso Versuche mit dem Feuer, mit der Liebe zu spielen und so die gegebenen Grenzen so weit als möglich hinauszuschieben. Harmlosere Erscheinungen sind pathologische Reiselust, deren Ausartung im Weglaufen, in der Fugue neurotischer und psychotischer Personen zu finden ist. Regelmässig ist im Leitbild dieser Nervösen ein Persönlichkeitsideal, dessen Höhe durch Nachahmung oder durch trotziges, negativistisches Verhalten zu erreichen gesucht wird. Die gleiche Richtung, männliches Können bis an die äusserste Grenze auszudehnen, liegt auch den fortgesetzten Neigungen zugrunde, gruselige, Entsetzen erregende Handlungen zu lesen, zu hören, zu sehen, zu begehen.

Je stärker dieser Drang nach wertlosem Besitz sich geltend macht, um so mehr verfälscht er normale Neigungen und Wertungen. Etwa wie die Liebe für die Natur nur vorgetäuscht, aber in übertriebener Weise dargestellt wird, wenn ein Tourist alle Spitzen auf seinem Bergstock verzeichnet haben will. Die Leporelloliste zeigt uns diese Gier in bezug auf Liebe, und dem Don Juan ist die Messalina gleichzusetzen, die Nymphomane, die sich stets ungesättigt und verkürzt wähnt, weil in dieser neurotischen Gestaltung reale Befriedigungsmöglichkeiten unzureichend sind. Die Fesselung und Entwertung des Partners kommt dabei wesentlich in Betracht.

„Liebe Seele, wo wäre ich nicht gewesen", antwortet Immermanns Münchhausen auf die Frage, ob er einen fernen Ort kenne. Die realen Befriedigungen bei Bewegungsspielen, Reiten, Fahren, Schnellfahren, bei der Aviatik stammen in ihrem tiefsten Grunde aus der Besitzergreifung, aus der Bemächtigung. Deshalb will jedes Kind Kutscher, Kondukteur, Lokomotivführer, Aviatiker, nicht minder aber auch Kaiser sein, Lehrer, um die anderen zu beherrschen und den sichtbaren Ausdruck für seine Überlegenheit zu schaffen, Arzt werden, um den Tod zu bannen und die Grenzen des Lebens zu erweitern, General, um die Armee zu leiten, Admiral, um dem Meere zu gebieten.

Lüge, Diebstahl und andere Verbrechen der Kinder erweisen sich als Versuche einer derartigen Grenzerweiterung. Meist bleibt es beim Phantasieren und Tagträumen. Eine von mir angeregte Enquête in einer höheren Mädchenschule ergab bei allen 25 Mädchen Erinnerungen an kleine Diebstähle[1]). Die Lehrerin durfte ich mitzählen. Bei näherer Einsicht erschliesst sich immer als Antrieb dieses Strebens, auf die Höhe zu kommen, ein aus dem Minderwertigkeitsgefühl des Kindes stammender unerträglicher Reizzustand. Häufig wird das Kind unter diesem Zwang neugierig, wissbegierig, sucht seine Fehler zu erkennen und Raum zu schaffen für die Entfaltung seiner Persönlichkeit. Der Mangel, das Übel, das Gefühl der Unsicherheit und der Minderwertigkeit erzwingen, analog dem Kompensationszwang im Organischen, oft auch eine stürmische Entwickelung des psychischen Überbaues. Jatgeir sagt in Ibsens Kronprätendenten: „Ich empfing die Gabe des Schmerzes, und da ward ich Skalde." Man kann in einer Anzahl von Fällen leicht den Nachweis erbringen, dass ein besonders starkes Minderwertigkeitsgefühl den Forschertrieb in die Wege leitet, oder dass der „Eingangsakkord" eines Künstlerlebens, — eines späteren Vorbilds abgeklärter Harmonie der Kunst und des Lebens, — mit einer herben Dissonanz beginnt." (B. Litzmann, Clara Schumann.)

Eine andere Art, wie sich Kinder oft ihren Eltern überlegen zeigen, habe ich in der „Psychischen Behandlung der Trigeminusneuralgie"[2]) beschrieben. Sie besteht darin, dass in Erinnerung früherer Mängel oder in Nachahmung fremder ein Zustand von scheinbarer Dummheit, Blindheit, Taubheit, Hinken, Stottern, Enuresis, Kotschmieren, Ungeschicklichkeit, Appetitlosigkeit, Erbrechen

---

[1]) Herrn Kollegen Wexberg verdanke ich die Mitteilung eines phantasierten Diebstahls, der deutlich die Überwältigung des Vaters darstellt.
[2]) l. c.

usw. festgehalten wird. Allmählich gestaltet die Psyche aus diesen vorbereiteten psychischen Geberden, mit denen das Kind auf das Gefühl der Herabsetzung antwortet, psychische Bereitschaften, die in der Neurose das Symptombild gemäss einer Richtungslinie gestalten: handle so, als ob du dir durch einen dieser Mängel, durch eines dieser Gebrechen die Sicherheit, das Gefühl der Überlegenheit verschaffen müsstest. Der Unterschied von der Simulation besteht oft nur darin, dass nicht erst in jedem Falle die Überlegung das Phänomen hervorruft, sondern dass die fertige Symptombereitschaft als Sicherung gegen die Befürchtung der Herabsetzung dem ehernen Bestand des Gedächtnisses einverleibt wird, etwa wie die Fingerfertigkeit eines Virtuosen stets bereit ist, auf entsprechende Anforderungen zu reagieren. Das gesamte Heer der neurotischen Symptome, Erröten, Kopfschmerz, Migräne, Ohnmacht, Schmerzen, Tremor, Depression, Exaltation etc., lassen sich auf diese bereitgestellten psychischen Attitüden zurückführen.

Eine der Tatsachen, deren Feststellung ich meiner Betrachtungsweise zu verdanken habe, betrifft das mehr weniger bewusste Minderwertigkeitsgefühl aller Mädchen und Frauen, das ihnen durch die „Weiblichkeit" gegenüber dem Manne vermittelt wird. Ihr Seelenleben wird dadurch so sehr alteriert, dass sie stets Züge des „männlichen Protestes" aufweisen und zwar meistens in der Form des Umweges über scheinbar weibliche, minderwertige Züge, wie sie in der vorigen Gruppe geschildet wurden. Erziehung sowie die nötigen Vorbereitungen für die Zukunft zwingen sie, ihre Überlegenheit, ihren „männlichen Protest" auf Schleichwegen resignierend meist, zum Ausdruck zu bringen. Immerhin sind die Züge von „Emotionalität" (Heymans) deutlich genug, Herrschsucht, Geiz, Neid, Gefallsucht, Neigung zur Grausamkeit usw. fallen so häufig in die Augen, dass man sie leicht entlarven kann als kompensatorische männliche Züge, nach einer männlichen Richtungslinie geordnet. Parkes Weber (Lancet 1911) hat nach mir in dieser Art der Sicherung vor Herabsetzung die Grundlage hysterischer Phänomene gefunden.

Auch die Verbrechensbereitschaft ist als Vorstoss des männlichen Protestes bei Personen zu verstehen, deren kompensierendes Ideal eine fiktive Richtungslinie erzwingt, bei der Leben, Gesundheit, Güter des Nächsten entwertet werden. Im Falle erhöhter Unsicherheit, bei Entbehrungen, Herabsetzungen, drohender Einbusse des Persönlichkeitsgefühls, ebenso bei angestrengten Versuchen „oben" zu sein, ihre Überlegenheit zu sichern, werden sich solche Personen, deren Minderwertigkeitsgefühl sich in der Affektbereitschaft eine Kompensation gesucht hat, in prinzipieller Verfolgung ihrer Richtungslinie, durch abstrahierendes Vorgehen gegenüber der Realität, ihrem Persönlichkeitsideal durch ein Verbrechen zu nähern suchen. Dr. A. Jassny hat diesen Mechanismus, der am deutlichsten bei Affektverbrechen, Gewohnheitsverbrechen und Fahrlässigkeit hervortritt, bei verbrecherischen Frauen im Gross' Archiv f. Kriminalanthropologie 1911 vortrefflich auseinandergesetzt.

Die überragende Bedeutung der Liebesbeziehung im menschlichen Leben bringt es mit sich, dass sich die neurotische Gier, alles haben zu wollen, regelmässig in das Verhältnis von Mann und Frau einmengt und dort eine störende Tendenz entfaltet, indem sie zwingt,

von der Wirklichkeit abzusehen und Versuche zu unternehmen, die auf
eine Erhöhung des Persönlichkeitsgefühls abzielen. Es liegt im Wesen
des Nervösen, sein Minderwertigkeitsgefühl durch fortwährende Beweise
seiner Überlegenheit abschwächen zu wollen. Eine geliebte Person soll
ihre Persönlichkeit aufgeben, soll ganz in ihm — oder in ihr aufgehen,
soll zum Mittel werden, das eigene Persönlichkeitsgefühl zu
heben. Es wäre ein guter Prüfstein einer echten, von neurotischen Tendenzen freien Liebe, ob der eine Mensch es vertragen kann, wenn der
andere seine Eigengeltung behält, ja wenn er ihn darin noch unterstützt.
Dieser Fall ist selten. Gerade in die Beziehung der Geschlechter
kommt fast regelmässig ein prüfender, suchender, misstrauischer, eigen-
sinniger und eigennütziger Zug, der ein liebevolles Nebeneinander immer
wieder stört. Prinzipielle Forderungen stehen hier auf der Tagesord-
nung, und ein Junktim löst das andere ab, wobei die Spitze immer
leicht zu erkennen ist. Es ist als ob beide Teile vor einem Rätsel
stünden, dessen Lösung sie mit allen Mitteln durchsetzen wollen. Die
Analyse deckt dann regelmässsig als Folge des Gefühls der Minderwertigkeit Furcht vor dem sexuellen Partner und damit ein Ringen um
die Überlegenheit auf.

Wir haben dieses Ringen auf verdeckten Wegen in Fällen mit
gesteigertem Minderwertigkeitsgefühl, bei angeborener Organminderwertigkeit zum Teil schon kennen gelernt. Es wird durch eine Anzahl neurotischer Bereitschaften gesichert, und gewisse Charakterzüge werden
stark hervorgetrieben, damit man „mit dem Feind" in enger Fühlung
bleibt. Vielleicht der sozial bedeutsamste dieser Züge ist das Misstrauen und die Eifersucht, denen gleichlaufend Herrschsucht und
Rechthaberei beigeordnet sind. Je nach der Vorgeschichte des Patienten,
nach seinen verwendbaren Vorübungen und tendenziös gewerteten Erinnerungen wird bald der eine Zug, bald der andere deutlicher hervortreten. Sie stehen alle unter dem Drucke des fiktiven Endzweckes, brechen
bei drohender Einbusse des Persönlichkeitsgefühls mächtig hervor, oder
erweisen sich noch als wirksam, wenn der Stolz sie ins Unbewusste zu-
zurückdrängt. In allen Fällen verfügen sie über die neurotischen Bereitschaften, die bald als Depression, bald als Angst vor dem Alleinsein,
als Platzangst, als Schlaflosigkeit und in hundert anderen Symptomen
den „Gegner" zur Waffenstreckung zwingen sollen. Die stärksten moralischen Prinzipien haben die gleiche Geltung wie etwa Gefallsucht und
Ehebruch als Racheakt, wenn das Gefühl einer Herabgesetztheit die
Wiederherstellung der Gleichberechtigung oder die Niederlage des
Anderen verlangt. Die protestierende Rachsucht des Mannes bei
Mangel des Überlegenheitsgefühls ist meist geradliniger, äussert sich
im „Spielen des wilden Mannes", in Seitensprüngen und Verschmähung,
zuweilen aber in Impotenz, auffallender Protektion der Kinder oder
Zweifel an deren Legitimität, häufig auch im Meiden der Häus-
lichkeit, vermehrtem Alkoholkonsum oder im Aufsuchen von Vergnügungen.
Die Absicht dieser Handlungsweise ist meist so durchsichtig, dass sie
verstanden wird. Denn nur dann erfüllt sie ihren Zweck, wenn sich
die Frau dadurch herabgesetzt fühlt. Der häufige Eifersuchtswahn
des Alkoholisten ist nicht in der resultierenden Impotenz begründet,
sondern Alkoholismus, Impotenz und der verstärkte Charakterzug der
Eifersucht sind neurotische Ausdrucksformen des Disponirten, dessen
Minderwertigkeitsgefühl eine Steigerung erfahren hat. Wie jeder Neu-

rotiker leidet auch er an der neurotischen Apperzeption, mittelst deren er den Abstand der Wirklichkeit von einem tendenziös verstärkten Ideal misst. Es ist aber eine der wirksamsten Attituden des Nervösen, pollice verso sozusagen einen wirklichen Menschen an einem Ideal zu messen, da man ihn dabei beliebig stark entwerten kann. Die Rachsucht der verschmähten herabgesetzten Frau bedient sich mit Vorliebe neurotischer Symptome, unter denen die Frigidität eine hervorragende Rolle spielt. Die Absicht zielt darauf hin, dem Manne die Männlichkeit zu bestreiten, ihm selbst bei gutem Einvernehmen die Grenzen seines Einflusses vor Augen zu führen, und sich so ein gut Stück Unüberwindlichkeit zu sichern.

Dass dieser mächtige Aufbau die Folge ursprünglicher Gefühle der Verkürztheit ist, die nach Kompensation verlangen, geht aus eingehenderen Analysen hervor. Gewöhnlich geschieht die Apperzeption einer Herabsetzung oder einer analogen Befürchtung oder eines solchen Wunsches nach dem Bilde des Gegensatzes von Mann und Weib, demzufolge die Erhöhung des Persönlichkeitsgefühls als männlich, eine Erniedrigung als weiblich empfunden und gewertet wird. Oder es setzt sich in Phantasien und Träumen der Gedanke einer Kastration (weiblich), eines Verlustes des Penis als Symbol an Stelle des Gefühls der Herabsetzung. Recht häufig dringt die männliche Leitlinie, die bereits in der Vorgeschichte eine grosse Rolle gespielt hat, in der Neurose vorwiegend oder nebenbei durch und verstärkt männliche Züge, sobald das Persönlichkeitsgefühl in Frage gestellt wird, was bei Frauen in der Regel leicht auffällig wird.

Abgesehen von der Bereitschaft zur Eifersucht findet man bei weiblichen Nervösen eine Anzahl anderer Symptome, die aus dem Festhalten einer männlichen Leitlinie erwachsen. Sie sind im allgemeinen der Liebe, insbesondere dem Sexualverkehr abhold und können eine ganze Anzahl von Gründen statt des einen wahrhaften nennen, ein Mann zu sein, und sie versuchen, dies so weit als möglich durchzusetzen. Abneigung gegen Liebe und Ehe dauert dann entweder durchs ganze Leben an, oder dieser Formenwandel der männlichen Leitlinie entwickelt mit zunehmenden Jahren einen derartigen inneren Widerspruch, — die Furcht, den Mann nicht fesseln zu können, drückt auf das Persönlichkeitsgefühl und zeitigt unter fortwährenden Schwankungen neurotische Liebesregungen. Diese Schwankungen kommen dadurch zustande, dass die neue Richtungslinie, einen Mann zu gewinnen, um dadurch zur Erhöhung des Persönlichkeitsgefühls zu gelangen, bereits seinen Gegensatz in sich trägt: Verminderung des Persönlichkeitsgefühls durch Verweiblichung. Oft erwacht in solchen Fällen das Symptom neurotischer Zweifelsucht und macht sich in den banalsten Beziehungen breit, bis man hinter den hermaphroditischen Gehalt der aktuellen Situation kommt, aus dem der Antrieb des Schwankens und Zweifelns hervorquillt. Jeder Entschluss ruft im Gegenbewusstsein (Lipps) die gegenteilige Regung hervor, die dann nach dem Gegensatz „Männlich-Weiblich" empfunden und gewertet werden, so dass die Patientin entweder gleichzeitig oder hintereinander eine weibliche und männliche Rolle spielt. Folgender Fall dürfte diesen Zustand anschaulich darstellen:

Ein 30jähriges Mädchen, das sich durch Lektionen ihren Unterhalt erwirbt, stellt sich mit Klagen über Unruhe, fortwährenden Zweifel,

Schlaflosigkeit und Suicidgedanken vor.   Seit dem Tode des Vaters sorgt
sie für die ganze Familie, vertritt also den Mann, den Ernährer, ist in
ihren Phantasien und Träumen das Lasttier, das Pferd, das alles herbei-
schafft.   Sie arbeitet bis zur Erschöpfung und opfert alles ihrem Bruder
und ihrer Schwester.   Soweit sie zurückdenkt, wollte sie immer ein
Mann sein.   Als Kind hatte sie derbe, knabenhafte Züge und wurde in
ihrem 15. Lebensjahre noch im Bade für einen Knaben gehalten.

v. Neusser hat in seiner Arbeit über Status thymico-lymphaticus
auf gegengeschlechtliche körperliche Charaktere bei dieser Konstitutions-
anomalie hingewiesen.   Auch in meinen Arbeiten neurologischen Inhalts
habe ich den Befund der körperlichen Gegengeschlechtlichkeit hervorgehoben, und von ihr nachweisen können, dass sie von der Neurose
häufig benutzt wird, sei es zur Hervorhebung der Minderwertigkeit
infolge eines weiblichen Einschlags, sei es zum männlichen Protest.   Die
älteren Hervorhebungen Flies', der ebenso wie Halban meine Aufmerksamkeit auf dieses Gebiet gelenkt hat, betreffen nicht den psychischen
Mechanismus in meinem Sinne.

In einer nicht allzu seltenen Variante enthüllt die Patientin ihren
männlichen Protest gleich am ersten Tage, indem sie mit grosser Schärfe
eine unentgeltliche Behandlung ablehnt.   Sie wolle sich nichts
schenken lassen, betont sie mehrere Male hintereinander, was sie
in der Folge in der mir bereits bekannten Art aufklärte, es sei
unmännlich, sich Geschenke machen zu lassen.   Deswegen habe sie es
stets abgelehnt.   Dagegen schenkt sie selbst gerne, was sie insbesondere
in ihrer väterlichen Rolle innerhalb der Familie häufig praktiziert.

Aus ihrer Krankengeschichte hebe ich als wichtig hervor, dass ein
Oheim sie im 8. Lebensjahre zu vergewaltigen suchte.   Sie verhielt
sich in ihrem Schrecken passiv, tat aber von diesem Angriff keine
Erwähnung.   Seit ihre Nervosität Fortschritte gemacht hatte, zwang
sie sich zu der Auffassung, sie wäre schon als Kind ein sinnliches
Geschöpf gewesen und fähig, sich jedem hinzugeben.   Und so sei es auch
bis heute geblieben.   Also die uns bereits geläufige neurotische Nutzanwendung einer Erinnerung zu Zwecken der Sicherung;
denn die Folge dieses Gedankenganges war, dass sie bis zu ihrem
30. Lebensjahre allen Männern auswich.

Seit ihrem 10. Lebensjahre trieb sie bis vor 5 Jahren, wie sie
behauptete, eifrig Masturbation.   Sie entwickelte daraus ein überaus
starkes Schuldgefühl, stärkte die Überzeugung von ihrer Sinnlichkeit
und kam zu dem Schlusse, sie habe sich auf immer unwürdig gemacht
in die Ehe zu treten.   Diese Überzeugung musste noch weiter ihre
Haltung beeinflussen, die sie gegen Männer einnahm.

Dies ist die gewöhnliche Rolle der Masturbation in der Neurose,
dass sie durch das Arrangement eines Schuldgefühls[1]), gleichzeitig
aber durch ihr Ergebnis, auf den Partner verzichten zu können, die Sicherung vor dem Partner durchführt.   Die Ähnlichkeit mit jenen Fällen, die
durch Verstärkung eines Kinderfehlers, Enuresis, Stottern, oder durch
neurotische Symptome die gleiche Sicherung vornehmen, liegt auf der

---

[1]) Die primären Gewissensregungen bei der Masturbation sind die Folgen,
zugleich aber die Sicherungen des beleidigten Persönlichkeitsideals. In der Neurose
werden diese Sicherungen, oft unter Beibehaltung der Masturbation verstärkt, und
als zweckdienlich dem Lebensplan eingefügt: Der Autoerotismus wird so zum
Symbol des Lebensplanes, woraus sich sein Zwangscharakter ableitet.

Hand. Das ursprüngliche Minderwertigkeitgefühl bleibt als „Schale"
zurück, füllt sich mit weiblichen Verkürztheitsphantasien und Schuldgefühlen und zwingt, den männlichen Leitpunkt zu erreichen. Das Gebaren unserer Patientin ist nach der Richtungslinie aufgebaut: ich will
ein Mann sein.

Seit einigen Jahren setzte eine Zwangsidee ein, die unsere Auffassung von der Neurose klar widerspiegelt. **Patientin glaubt, sie
habe durch die Masturbation einen nach vorne ragenden
Teil des Genitales, der in ihrer Beschreibung wie ein
Penis erscheint, verloren.** Nun sei sie gänzlich unbrauchbar
für die Ehe geworden, denn sie könnte es nicht überleben, wenn ihr
Mann von ihrem Laster erführe. Die Sicherung scheint dadurch eine
überaus gelungene, und man sieht deutlich, wie sie ihr fiktives, männliches Leitbild als Ideal zu ihrer realen Weiblichkeit in Gegensatz bringt,
letztere unterstreicht und als minderwertig empfindet, gerade durch
diesen Kunstgriff aber sich vor einer weiblichen Rolle in der Wirklichkeit sichert.

Unter den Hilfslinien der Charakterzüge mussten insbesondere
Ehrgeiz und Entwertungstendenz hervortreten, ersterer in der Familie,
in ihrer Kunst und den Freundinnen gegenüber, letztere in dem spärlichen
Verkehr, den sie mit Männern pflegte. Immerhin halfen ihr auch diese
beiden Charaktere sich jeder gesellschaftlichen Beziehung zu entschlagen
und sich ganz auf die Familie zu beschränken, eine fast regelmässige
Erscheinung bei Mädchen, die in ihrem männlichen Protest die Furcht
vor dem Mann entwickeln.

Selbst diese Sicherung, so stark sie auch erscheinen mag, konnte
dem Persönlichkeitsideal unserer Patientin auf die Dauer nicht genügen.
Ihre Freundinnen verliessen sie, um zu heiraten, und als sich auch die
jüngere Schwester verlobte, war ihre Leitlinie unhaltbar geworden, weil
der Ehrgeiz auch nach der „Herrschaft über den Mann" strebte.
Prinzipiell, wie nervöse, in ihrer Unsicherheit verstärkte Mädchen
meistens tun, entschied sie: der Erstbeste! Sie ging auf einen Masken-
ball, lernte dort einen ehrenwerten Mann kennen, der nach kurzer
Bekanntschaft ihr Gatte werden wollte. Auf einem Ausflug gab sie sich
ihm hin, weil sie, wie sie erzählte, bei einer Berührung befürchtete, er
könnte den Defekt ihres Genitales und damit ihre Schmach erkennen.
Und lieber wollte sie alles Andere über sich ergehen lassen. Als der
Mann später freundlich in sie drang, sie möge ihm offen sagen, ob er
ihr erster Liebhaber gewesen sei, und warum sie sich so kalt
benommen habe, stürzte sie den wohlmeinenden Mann mit der
lügenhaften Erklärung aus allen Himmeln: sie habe schon einem anderen
Mann angehört. Daraufhin löste der Mann die Beziehung.

Es ist leicht auszurechnen, was nun folgte. Die Patientin, die
ständig über einen anderen Verlust, den ihrer Männlichkeit, trauerte,
sah sich abermals verkürzt und um ihren neuen männlichen Triumph
gebracht. Sie widerrief ihre Lüge, versuchte mir später zu erklären,
dass sie, um den Mann zu quälen und ihn für die ihr beigebrachte
„Niederlage" zu bestrafen, zu entwerten, so gesprochen habe. Sie teilte
ihm diesen Sachverhalt auch mit, aber er zog sich gänzlich zurück, grossenteils aus Furcht vor weiteren Disharmonien in einer Ehe mit diesem
nervösen Mädchen. Daraufhin entbrannte unsere Patientin ganz in
Liebe für ihn, machte ihn zu ihrem Gott, verbrachte die Nächte

schlaflos mit Gedanken an ihn und schwur es sich zu, nur diesen oder keinen zum Manne zu nehmen. Damit drückte sie aber deutlich aus, dass sie keinen nehmen werde, denn dieser Eine war nach aller menschlichen Voraussicht ihr für immer verloren. So war sie schliesslich durch diverse Kunstgriffe ihrer Neurose wieder zu ihrer alten Leitlinie zurückgekehrt, hatte ein fiktives Ideal gewonnen, die weibliche Rolle aber bis zur Zeit ihrer Behandlung zurückgewiesen.

Im Falle der psychotherapeutischen Behandlung ist ein besonderes Augenmerk darauf zu richten, dass man nicht selbst das Opfer der blind arbeitenden Entwertungstendenz des Patienten werde, dessen Krankheitszustand regelmässig dazu benützt wird, den Psychotherapeuten um seine Geltung zu bringen. Der Patient kann dies in seinen gewohnten Bahnen, nur schärfer nuancierend, indem er Symptome verstärkt, neu auftauchen lässt, gespannte Beziehungen, häufig auch Liebes- und Freundschaftssituationen herzustellen versucht, stets aber mit der durch sein neurotisches Ziel, den männlichen Protest, geleiteten Absicht, des Arztes Herr zu werden, ihn herabzusetzen, in eine „weibliche" Rolle zu bringen, seine Geltung zu vernichten. Die taktischen und pädagogischen Kunstgriffe, die man nötig hat, diesen Kampf des Patienten gegen den Arzt abzuschwächen, verständlich zu machen, um daran das ganze neurotische Verhalten des Patienten in seinem übrigen Leben zu demonstrieren, werden zum Hauptfaktor der Heilung. Man unterschätze aber den stillen Protest des Nervösen nicht, erwarte ihn bis zum Ende der Behandlung, insbesondere aber gegen Ende, hebe ihn mit ruhiger, objektiver Haltung hervor, als die selbstverständliche Aggression des Patienten, die identisch ist mit seiner Neurose, indem sie die nervösen Bereitschaften und Charakterzüge schafft. Über Freuds Hypothese von der Liebesübertragung soll später noch gesprochen werden. Sie ist nichts anderes als ein Kunstgriff des Patienten, um dem Arzt die sachliche Überlegenheit zu rauben. Auch Bezzola und andere haben die Umwege geschildert, auf denen nervöse Patienten den Arzt verkleinern wollen. Immer ist es die männliche Leitlinie, die dabei zum Vorschein kommt und dem Patienten die Überlegenheit sichern soll. Die naheliegendste Art, seinen Aggressionstrieb zu betätigen, findet der Nervöse stets im Festhalten an seinen Symptomen, weil diese selbst einen Teil seines Aggressionstriebes darstellen. Ein Ausschnitt aus der Krankengeschichte einer Patientin kurz vor Beendigung der Behandlung zeigt in der Art eines feindlichen Vorstosses diese gegen den Arzt gerichtete Entwertung als eine der psychischen Bereitschaften ihres männlichen Protestes. Die Patientin stand wegen Angstzuständen und nächtlichen Aufschreiens in Behandlung, war virgo und zählte 36 Jahre. Ich will die Aufrollung dieses neurotischen Bildes an folgendem Traum beginnen:

„Ich liege zu Ihren Füssen und greife mit der Hand nach oben, nach dem Stoff ihres seidenen Kleides. Sie machen eine lascive Geberde. Darauf sage ich lächelnd: Sie sind auch nicht besser als die anderen Männer! Nickend bestätigen Sie es".

Wer in Anlehnung an Freuds Traumdeutung das sexuelle Wunschmotiv in den Vordergrund stellte, wird um eine Deutung nicht verlegen sein; die Forderung nach einer sexuellen Grundlage des Traumes wäre nicht allzuschwer zu erfüllen. Auch könnte man sich leicht die Genugtuung verschaffen, wie die Patientin es vorher schon getan, aus ihrer Kinderzeit eine Erinnerung hervorzuholen, wo sie in ähnlicher Weise um den Vater geworben hat: ihre neurotische Sicherungstendenz hat ja schon lange alle warnenden Erlebnisse in übertriebener Sorgfalt gesammelt, um gegen eine Wiederholung „anaphylaktisch" vorzubauen. Ja, man würde leicht die Zustimmung der Patientin finden, das Auftauchen gleichgerichteter Erinnerungen und gegenwärtiger Erlebnisse als ihren eigentlichen „verdrängten" Willensimpuls zu buchen. Denn ihre neurotische Psyche sucht solche Übertreibungen oder auch reale Erinnerungen und macht sie zur Operationsbasis, indem sie die Überzeugung von der Minderwertigkeit des Patienten, von seiner Schuld, von seinem Laster, von seiner allzugrossen Weiblichkeit festigt, um mit grösserer Vehemenz die Überlegenheit, die Männlichkeit zu verfechten und die Vorsicht zu vergrössern. Dieser verstärkte männliche Protest aber, der aus der fehlerhaften, vorsorglichen Perspektive des Patienten erfliesst, kann natürlich die Neurose bloss verstärken. Die Zerstörung dieser Perspektive erst, der neurotischen Apperzeptionsgrundlage, und die Absperrung der fiktiven Zuflüsse zum männlichen Protest, zuletzt das Verständnis für den Aberglauben an eine abstrakte Leitlinie und an deren Vergöttlichung sind die Hebel, die zur Beseitigung der Neurose in Aktion gesetzt werden müssen.

Unsere Patientin hatte um die Zeit dieses Traumes eine Liaison mit einem verheirateten Mann begonnen. Als dieser in sie drängte, und sie während einer Badereise seiner Frau in seine Wohnung lud, hatte sie allerlei Bedenken, in denen ich sie wesentlich bestärkte. Nichtsdestoweniger hielt sie die Beziehung aufrecht und spielte mit dem Feuer, weil ihr, wie sie sagte, das ungeduldige Zappeln des Mannes Spass machte. Nebenbei war ihre Handlungsweise als feindseliger Akt gegen ihre Angehörigen und gegen mich, den bedächtigen Warner, gerichtet. Ihre eigene Auffassung liesse sich als billiger Vorwand deuten. Aber die Vorgeschichte der Patientin, ihr Verhalten während ihrer 20 jährigen Krankheit und während der Behandlung zeigten deutlich, dass sie im stärksten männlichen Protest stand, dass sie wohl die Unterwerfung des Mannes verlangen konnte, eine weibliche Rolle aber ängstlich und erschreckt — ihr Leiden bestand in Angstzuständen und nächtlichem, erschrecktem Aufschreien — zurückweisen musste. Der Kernpunkt ihres psychischen Verhaltens bestand in der Furcht vor dem Manne, dem sie sich nicht gewachsen glaubte, eine Furcht, die sie durch ihr eigenes männliches Auftreten und durch Erniedrigung der Männer zu kompensieren suchte.

Nun könnten wir uns an die Deutung des Traumes wagen. Sie übertreibt ihre psychische Abhängigkeit von mir, und festigt diese Überzeugung durch das für diesen Zweck ausgezeichnete Mittel der Einkleidung in ein Traumbild. „Als ob ich zu Ihren Füssen läge." Dieses „Unten sein" wird zur Operationsbasis genommen, und wir dürfen mit Recht erwarten, dass der Konstruktion einer fiktiven weiblichen Rolle der männliche Aufschwung folgt, wie sich in jedem Traume zeigen lässt. Sie greift mit der Hand nach Oben. Die Fortsetzung ergibt meine Entmannung, die Umwandlung in eine Frau: ich trage ein seidenes Kleid. Der gleiche psychische Mechanismus der Entwertung webt in dem übrigen Teil des Traumes.

Ich habe die Patientin gewarnt, — im Traume mache ich die laszive Geberde, deren sich der Bewerber schuldig gemacht hat, das heisst, ich stehe auf der gleichen Stufe, ich bin „auch nicht besser als die anderen Männer". Dazu muss ich im Traume noch schweigen und eine zustimmende Geste machen. Der Gegengedanke, ich könnte besser sein, ist der Patientin unerträglich, von ihm, der mir eine Art Überlegenheit gibt, geht die vorbauende, sichernde, nach der neurotischen Perspektive gebaute Traumfiktion aus. Die Patientin fühlt sich nur sicher, wenn prinzipiell alle Männer gleich schlecht sind. Dann ist sie auf ihrer alten Leitlinie und fühlt sich überlegen. In ihrem Lachen spiegelt sich ihre Überlegenheit, ebenso in meinem Schweigen.

Bemerkenswert ist der Umstand, dass sie diese erste gefährlichere Liaison mit einem verheirateten Manne begann. Man kann in allen ähnlichen Fällen eine solche Beziehung als Sicherung vor der Ehe, meist auch vor Geschlechtsverkehr nachweisen. Die männliche Leitlinie bleibt gewahrt, aber die Realität macht sich durch den Einschlag weiblicher Regungen und Empfindungen geltend; es ist, wie ich des öfteren ausgeführt habe, ein männlicher Protest mit weiblichen Mitteln, der uns an die Tatsachen des psychischen Hermaphroditismus erinnert. Letzter Linie kommt auch die Überlegenheit über die Ehefrau im Dreieck zur Geltung, was in allen analogen Fällen die treibende Kraft ungemein verstärkt.

Wenn wir nun im Sinne einer vergleichenden Psychologie vorgehen und die Bestandteile der apperzipierenden Grundlage dieser Patientin zu bewusstem Ausdruck bringen wollen, indem wir uns die Frage vorlegen: woher hat die Patientin diese Bereitschaft, die psychische Vorbereitung, den Mann durch das weibliche Mittel ihrer Liebesregung zu entmannen, damit gleichzeitig ihr männliches Persönlichkeitsgefühl zu heben und eine Frau zu überflügeln?, so lautet die Antwort: aus ihrer Beziehung zu Vater und Mutter. Dort hat sie die Vorbereitung bekommen, sich dem Vater als konkretem Leitbild liebend und schätzend zu nähern, hat ihn beherrschen gelernt und hat so sich der Mutter überlegen gezeigt. Abstrahiert man von dem männlichen Protest des neurotischen Kindes und apperzipiert man selbst, wie es der Nervöse häufig tut, diese Geschehnisse in einem sexuellen Schema, so erhält man den „Inzestkomplex". Man kann nun, wie ich in früheren Arbeiten gezeigt habe, aus dem „Inzestkomplex" wieder herausziehen, was die männliche Leitlinie in ihn hineingetragen hat, nämlich die Sicherung des Persönlichkeitsgefühls unter dem Titel einer Liebesbedingung. In der psychoanalytischen Literatur taucht immer wieder die Behauptung auf, die Libido des Nervösen sei am Vater, an der Mutter fixiert, weshalb er ähnliche Bedingungen, eigentlich den geliebten Teil der Eltern suche. Die einzige wirkliche Liebesbedingung schafft der „Wille zur Macht und zum Schein" Und diesen Leitpunkt sucht der Nervöse mit aller Vorsicht, aber unabänderlich, mit all seinen wohlausgebildeten, vorbauenden Bereitschaften, die von der Sicherungstendenz starr und mit ausschliesslicher Geltung geschaffen wurden und jeder Abänderung widerstreben. Die Bedeutung der Liebesbedingungen ist keine andere wie die der Sicherung des Persönlichkeitsgefühls, wobei die ausschliessende Wirkung desselben noch deutlicher verrät, dass die treibende Kraft im männlichen Protest zu suchen ist, der auch schon die Inzestkonstellation geschaffen hat. Wo, wie in manchen Fällen, die Fixierung an einem der Elternteile deutlich sichtbar wird, ist sie zweckdienlich[1]) konstruiert, arrangiert, um der Entscheidung vor anderen Partnern, vor der Liebe und Ehe auszuweichen. Denn meist hat der Nervöse die Liebes- und Ehebereitschaft als mit seinem männlichen Endziel unverträglich zerstört oder unausgebaut gelassen.

Die ursprünglichste der Dreiecksituationen aber, die „Inzestsituation", löst sich bei näherer Betrachtung in eine durch den „Grössenwahn des Kindes" erzwungene Affäre auf, die bereits alle neurotischen Charaktere des disponierten Kindes, seinen Neid, seinen Trotz, seine Unersättlichkeit, seine Frühreife aufweist. Ohne dass der Sexualtrieb dabei namhaft beteiligt sein braucht, können in der Vorbereitung für die Zukunft Gedanken und Erwägungen des Kindes zutage treten, die später sexuell gewertet und dargestellt werden, wenn die neurotische Sicherungstendenz daran anknüpfen will. „So masslos, straffällig war ich schon als Kind, so stark ist mein Sexualtrieb, so verbrecherisch bin ich veranlagt, ich bin ein Sklave der Liebe", also tönt es dann durch die Seele des wachsenden Neurotikers. „Folglich muss ich vorsichtig sein!" Die Triebfeder zur Festhaltung geeigneter Erinnerungen, zu den Erinnerungsfälschungen und Übertreibungen der Erinnerungsspuren ist durch die Furcht vor einer Niederlage im Leben gegeben. Und wo wirklich der Sexualtrieb sich bemerkbar gemacht hat, wo die Inzestmöglichkeit für das Kind gegeben war, wird die Erinnerung als schreckende Spur, als Memento aufbewahrt. Was die neurotische Psyche lenkt, sind nicht Erinnerungen, Reminiszenzen, sondern das fiktive männliche Endziel, welches die Nutzanwendungen zu seinen Gunsten in Form von Bereitschaften und Charakterzügen gezogen hat. Es macht kaum eine Änderung aus, wenn diese Reminiszenzen durch das Persönlichkeitsgefühl „verdrängt", ins Unbewusste gestossen wurden; in jedem Falle steht der neurotische Charakter und die sonstigen psychischen Gesten mit ihrem unbewussten Mechanismus gegen die Einordnung in die Wirklichkeit.

So war es auch im Falle unserer Patientin. Sie konnte beispielsweise angeben, dass sie immer den Vater auf ihre Seite bringen wollte, dass sie dies auch durch sorgfältiges Eingehen auf seine Gedankengänge und Wünsche erreicht habe. Von der Mutter ihn loszureissen, war ihr nicht schwer gefallen. Mit 14 Jahren begann sie seinen Küssen auszuweichen, weil sie ein unheimliches, erotisches Gefühl dabei empfunden hatte. Zum Verständnis dieses Arrangements füge ich bei, dass Patientin seit ihrem 12. Lebensjahre deutliche Zeichen der Neurose aufwies. Ihre damalige Situation lässt uns den Sinn dieser Sicherung — durch Konstruktion erotischer Bereitschaften — verstehen. Sie war immer ein ungeberdiges, knabenhaftes Geschöpf gewesen, das damals bereits die Macht des Sexualtriebs empfinden gelernt hatte und seit längerer Zeit masturbierte. Um diese Zeit begannen auch Nachstellungen von seiten der Männer, gegen die sie mit starker Angst reagierte. Seit einigen Jahren war bereits die Sicherungstendenz soweit hervorgetreten, dass Patientin die Angstbereitschaft verstärkt hatte, die aus ursprüng-

---

[1]) Entsprechend dem Lebensplan, dem Finale —.

lich realen Angstempfindungen aufgebaut war, und nun konnte sie auf
eine Befürchtung einer Herabsetzung im Sinne einer weiblichen Rolle,
mit Vorsicht jeden Anlass wahrnehmend, halluzinatorisch einen
Zustand von Angst bei sich auslösen, ihn sozusagen eskomptieren, wie
er etwa der Eventualität einer Gravidität entsprochen hätte. Diese
Antizipation und halluzinatorische Erweckung von Sen-
sationen, wie sie einer für die Zukunft befürchteten Niederlage entsprechen, sind das Werk der vorbauenden Sicherungstendenz und machen,
wie ich bereits hervorgehoben habe [1]), das Wesen der Hypochondrie, der
Phobie und zahlreicher neurasthenischer sowie hysterischer Symptome
aus. Ich will hier nur kurz anführen, dass auch das Wesen des
Wahnes auf einer ähnlichen dogmatischen, antizipierten Darstellung
einer Befürchtung oder eines Wunsches beruht, welche die Sicherungstendenz zu besserer Beglaubigung in einer Phase grosser Unsicherheit,
in stärkerer Anlehnung an die fiktive Leitlinie zum Schutze des Persönlichkeitsgefühls bietet. Indem unsere Patientin mit ihrem Angstzustand
einen möglichen, zu erwartenden Prestigeverlust vorausahnte und
halluzinatorisch festhielt, fand sie sich am besten davor gesichert. Zuweilen brauchte die halluzinatorische Erregung eine weitere Verstärkung:
da kam Patientin zur sichernden Zwangsvorstellung, sie habe ein neu-
geborenes Kind getötet. In der Analyse zeigte sich diese Angst vor
dem Manne, gelegentlich in Platzangst ausartend, an Ermahnungen
der Mutter geknüpft. Dies bedeutet, dass Patientin aus ihren Erinnerungen sogar die Worte der stets bekämpften Mutter herausgriff,
soferne diese sich zur Sicherung eigneten [2]).

In diese vorbereitenden Akte fiel ein Ereignis, das den über-
stürzten Ausbau der sichernden Bereitschaften drohend
forderte: eine ihrer Cousinen brachte ein uneheliches Kind zur Welt,
worüber in der gutbürgerlichen Familie die grösste Empörung zum Ausbruch kam, insbesondere als sich der Verführer aus dem Staube machte. —
Unser wachsendes Verständnis für die Entwickelung dieses Mädchens
lässt uns verstehen, warum dieses Ereignis den Ausbau der Neurose
beschleunigen musste, und wieso es kam, dass den Worten der gering
geachteten Mutter eine höhere Wertung zuteil wurde. Patientin
war seit früher Kindheit ein wildes, ungeberdiges Mädchen von grosser
körperlicher Kraft gewesen, das mit Vorliebe Knabenspiele spielte
und jede weibliche Regung mit äusserster Unlust verpönte. Es ist ihr
noch erinnerlich, mit welcher Heftigkeit sie Puppenspiele und weibliche Handarbeiten von sich wies. Die Persönlichkeit des Vaters
überragte die der Mutter in auffallendem Masse. Eine un-
verheiratete Tante, die bei der Familie unserer Patientin wohnte,
erfreute sich eines durchaus männlichen Gebarens, zeigte einen Bart-
wuchs und hatte eine Männerstimme. An diese stark und immer wieder
auftretenden Erinnerungen reihte sich eine, die aus späterer Zeit stammte
und mit der die Patientin beherrschenden Tendenz aus der Kindheit, —
ein Mann werden zu wollen, — erst die nötige Resonanz schuf, die Erinnerung, wie sich eine langjährige Schulkollegin — ein
Pseudohermaphrodit — in einen Mann verwandelte. Diese
und ähnliche Mitteilungen, ein besonderes Interesse für Hermaphrodi-

[1]) „Syphilidophobie“ l. c.
[2]) Nebenbei sollte die Mutter mit ihren apodiktischen Drohungen auch nicht
recht haben.

tismus z. B., genügt nach meiner Erfahrung zur vorläufigen Feststellung, dass derartige Patienten den Schein ihrer Weiblichkeit — ob sie nun weiblichen oder männlichen Geschlechtes sind — abzustreifen wünschen, dass sie sich männliche Charaktere beilegen wollen, als ob sie an ihre Verwandlungsfähigkeit fest glaubten, und dass sie unausgesetzt Versuche unternehmen, in die höher gewertete männliche Rolle vorzurücken. Unter diesen Versuchen — corriger la fortune — interessieren uns insbesondere zwei: die Herstellung des neurotischen Charakters und der neurotischen Bereitschaften in Form der Neurose und ihrer Symptome.

Als einen nicht seltenen Charakterzug solcher Patientinnen möchte ich anführen, dass sie eine Neigung zur Entblössung zeigen, und zwar in der Kindheit oder im späteren Leben, im Traum, in der Phantasie oder im neurotischen Anfall, wo sie sich die Kleider vom Leibe reissen, in der Psychose wo sie sich entkleiden, als ob sie der weiblich gewerteten Schamhaftigkeit entraten könnten, als ob sie mit fiktiven grossen männlichen Genitalien prahlen und andere herabsetzen wollten. Man sieht aus diesen Fällen, wie eine Perversion, die des Exhibitionismus, nicht aus einer „angeborenen sexuellen Konstitution" erwächst, sondern dass die das Persönlichkeitsgefühl sichernde Neurose Minderwertigkeitsgefühle zu unterdrücken, zu verdrängen bestrebt ist, weil in ihr das heftige Begehren zum Ausdruck kommt, ein ganzer Mann, höherwertig sein zu wollen. Der sexuelle Jargon ist dabei bloss eine Ausdrucksweise, ein „Als-Ob", der sexuelle Gedanken- oder Tatsacheninhalt nur ein Symbol des Lebensplanes. Auch die weibliche, übertriebene Schamhaftigkeit solcher Patienten ist ein Kunstgriff in der entgegengesetzten Richtung, um über den Mangel der Männlichkeit hinwegzutäuschen[1]). Die Schamlosigkeit steht in solchen Fällen an Stelle der gewünschten Männlichkeit, ist männlicher Protest, auffälligere Schamhaftigkeit zeigt regelmässig auf peinliche Gedankengänge über ein verkürztes Genitale und löst deshalb Protestregungen männlicher Art aus, welche die Linien des Ehrgeizes, des Obenseinwollens, des Alleshabenwollens, des Trotzes etc. namhaft verstärken. In der weiteren Entwickelung der Neurose kann sich die Eroberungslust und Überwältigungswünsche sowie die Entwertungstendenz gegen andere auch in Form von feindseligen Kastrationsphantasien und deren Rationalisierungen (Jones) geltend machen. Neigungen, den Partner wehrlos zu machen, den Beweis der Überlegenheit zu empfinden, was regelmässig den tragenden Gehalt des Exhibitionismus ausmacht, finden sich oft. Zuweilen kann man Mangel an Nettigkeit und Indezenz bei Mädchen als Spur der zutage tretenden Fiktion verstehen: ich will ein Mann sein!

Alle diese Charakterzüge, so gegensätzlich sie sich zuweilen geberdeten, waren in gleicher Richtung für den fiktiven Endzweck dieser Patientin tätig. Es war nicht schwer, als Vorbedingung ihrer männlichen Einstellung ein Stadium der Unsicherheit in ihrer frühen Kindheit aufzufinden, wo sie in mangelhafter Einsicht, aber geleitet durch den knabenhaften Einschlag und ihren kompensierenden Ehrgeiz die Hoffnung nährte, sich dereinst in einen Mann zu verwandeln. Dieses

---

[1]) Adler, Männliche Einstellung bei weiblichen Neurotikern (Venustraum). l. c.

Endziel, sich aus dem hermaphroditischen Zustand (Dessoir) zu einem Manne zu entwickeln, lässt sich leicht überblicken, wenn man ihr knabenhaftes Gebaren als die Vorbereitung für ihre fiktive Erwartung versteht. Hierher gehört auch ihre Neigung Knabenkleider anzuziehen, eine Erscheinung, die, wie bei den Transvestiten Hirschfelds, aus der eben geschilderten psychischen Dynamik erfliesst. Besonders deutlich wurde ihr Leitbild in ihren kindlichen Phantasien und Tagträumen. In Anlehnung an Märchen und Mythen (Zwerg Nase, 1001 Nacht etc.) sah sie die mannigfachsten Verwandlungen mit sich vorgehen, glaubte sich bisweilen in eine Nixe oder in eine Meerjungfrau verwandelt, bei der — als für den besonderen Sinn bezeichnend — ein Fischschwanz die untere Körperhälfte beschloss. Zu dieser Zeit stellte sich auch im Zusammenhange damit ein deutlicheres neurotisches Symptom ein, sie konnte gelegentlich nicht gehen, als ob sie statt der Beine einen Fischschwanz hätte. Auch ein sich anschliessender Schuhfetischismus deutet in die männliche Richtung und entwickelte sich derart, dass sie grosse Schuhe, wir können sagen: männliche Schuhe tragen musste, weil sie sonst Fussschmerzen bekam. Aus Ovids Metamorphosen, die sie in ihrer Lesewut frühzeitig in die Hände bekam, entlehnte sie ein anderes Bild und liess es noch während der Behandlung in ihren Träumen auftauchen: wie sie sich derart verwandelte, dass der Unterkörper in einen festwurzelnden Stamm auslief. In dieser und ähnlicher Weise gab sie sich die Antwort auf die Frage nach ihrer zukünftigen Geschlechtsrolle.

Es wird uns in diesen und ähnlichen Fällen nicht überraschen, zu erfahren, dass auch ihre Stellung zum Weibe von ihrem männlichen Endziel beeinflusst wurde. In ihren Vorbereitungen für die Zukunft musste auch die Liebes- und Geschlechtsbeziehung ihren Platz haben, und so finden wir unsere Patientin denn auch bald als den ideell männlichen Beschützer einer jungen, zarten Schwester. Des Weiteren kamen insbesondere sadistische Akte gegen kleine Mädchen und Dienstmädchen, aber auch gegen zarte, weiblich geartete Knaben vor. So finden wir in der männlichen Leitlinie der Patientin eine Verschränkung von sekundären Zügen, unterstützende Hilfslinien der Homosexualität[1]) und des (männlichen) Sadismus, deren Arrangement sich aus dem Ausbau der männlichen Bereitschaftsstellung ergab, und die als einzig möglicher Ersatz männlicher Sexualität von ihrer neurotischen, tendenziösen Apperzeption aus den Eindrücken des Lebens mit zureichendem Grunde ausgewählt wurden. Auch diese beiden Perversionen sind, wie noch auszuführen sein wird, Umwege und neurotische Kunstgriffe, sekundäre Leitlinien, die aus dem übertriebenen männlichen Protest erwachsen. Die Frage nach der konstitutionellen Grundlage der Perversionen ist ganz irrelevant, da die sichernde, ihr Material tendenziös wählende Neurose an die harmlosesten Beziehungen anknüpfen kann, ihnen gleichzeitig Masse und Geltung verleiht, die ins Ungemessene gehen können, soweit als die Neurose es braucht, indem sie dieselben aufpeitscht und ihnen die höchsten Werte verleiht.

---

[1]) Moll hat die häufige Verbindung von Homosexualität und Exhibitionismus mit grossem Scharfblick hervorgehoben. Unsere Darlegung weist den inneren Zusammenhang nach. Beide Perversionsneigungen sind Ausdrucksformen des männlichen Protestes.

Eines Tags, als der nunmehr 14 jährigen Patientin ein Mann auf der Treppe Anträge stellte, entwickelte sich aus dieser Konstellation eine Wahnbildung, deren Grundlagen leicht zu durchschauen sind. Sie hielt sich mehrere Monate lang für den Dienstbotenmörder Hugo Schenk und brachte so durch stärkere Abstraktion, die zu Sicherungszwecken eingeleitet wurde, ihre männliche, ihre homosexuelle und ihre sadistische Fiktion zur Verschränkung, indem sie sie schärfer zum Ausdruck brachte, und indem sie gleichzeitig ein zu befürchtendes Ereignis antizipierte. Diese drei Bedingungen: stärkere Abstraktion von der Realität, Verstärkung der männlichen, nach „oben" führenden Leitlinie und Antizipation des Leitbildes meist in Form einer Verkleidung — sind die Fundamente jeder Wahnbildung. Die Rolle endogener und exogener Gifte besteht in vielen Fällen darin, dass diese ein Gefühl erhöhter Unsicherheit hervorrufen, wie es auch durch psychische Erlebnisse zustande kommen kann. Immer aber ist die neurotische Sicherungstendenz, die sich im Falle erhöhter Unsicherheit naturgemäss verstärkt, die wirkende Ursache der Wahnbildung. Sie zieht dann auch die neurotische Apperzeptionsweise stärker in ihren Machtbereich und bewirkt so die Absperrung. Die Verwendung von weiblichen Dienstboten im Wahngebäude unserer Kranken bringt gleichzeitig die gegen das weibliche Geschlecht gerichtete Entwertungstendenz zum Ausdruck. In ihr Wahngebäude ragte mächtig noch die Angst hinein, deutlich erkennbar als Sicherung gegen den Mann und so der Absicht ihres Wahnes koordiniert, ein zweiter Ausdruck für ihren verschärften männlichen Protest[1].

Eine weitere Perversionsrichtung unserer Patientin, die ihr unklar bewusst war, bestand in einer Fellatiophantasie. Die Realien, die dazu vorlagen und bei der neurotischen Leitung ihrer Phantasie Verwendung fanden, waren der Patientin genau bekannt. Sie war immer sehr genäschig gewesen und hatte als Kind dieser Neigung sehr gefröhnt. Noch heute kommt dieser Charakter öfters zur Geltung. Es war aber auch nicht selten vorgekommen, dass sie ohne Ekel abscheuliche Dinge in den Mund nahm. Auf ihrer Flucht vor der weiblichen Rolle versuchte es diese Patientin, da ihr, wie aus Einzelheiten ihrer Krankengeschichte hervorgeht, gerade der Geburtsakt als unannehmbar und besonders weiblich erschien, sich vorübergehend diese perverse Situation als möglich vorzustellen. Die Anregung ging von einem Gespräch aus, das sie belauscht hatte. Von einer in angenehmen Verhältnissen lebenden, allein stehenden Nachbarin wurde diese Perversion behauptet. Frühzeitig vom Manne abgedrängt, suchte sie gelegentlich doch die Fühlung mit der Wirklichkeit zu gewinnen und fand in Ablehnung des Geburtsaktes, gestützt auf ihre übertrieben empfundene Eignung zu ekelhaften Prozeduren den Weg zu dieser Perversionsphantasie. Doch auch gegen diese lehnte sich ihr männlicher Protest auf. Ihr nächtliches Aufschreien galt in der Regel derartigen probeweise arrangierten Traumsituationen, und mit diesem männlichen Protest antwortete sie auf die selbstgestellte Zumutung einer weiblich-perversen Rolle.

---

[1] Die Verstärkung der fiktiven Leitlinie beim unsicher gewordenen Neurotiker bringt es mit sich, dass er stärkere Mittel zu seiner Sicherung verwenden muss: Angst, wo ein Anderer Moral hat, — Hypochondrie, wie ein Anderer Vorsicht anwendet. Unsere Patientin hat den Wahn und die Angst zugleich, während andere Mädchen noch mit Moral und Vorsicht auskommen. So auch Halluzinationen an Stelle von Vorsicht, Befürchtungen und Zuspruch.

Die eingangs geschilderte psychische Haltung der Patientin zeigt
den wesentlichen Unterschied. Allerdings war noch ein Rest ihrer Furcht
vor dem Manne und ihres männlichen Protestes vorhanden, der nach
kurzer Zeit einem normalen Verhalten Platz machte Was einen nach-
denklich stimmen konnte, war der Ansatz zu einer schwierigen, sozial
minderwertigen Situation, der nur durch weiteres Eingreifen beseitigt
werden konnte. Ob es aber eine um vieles günstigere Lösung des Problems dieser Patientin gibt, die gealtert, durch die langdauernde Neurose aller gesellschaftlichen Verbindungen beraubt und mittellos ist?

Bei aller Wucht und Hartnäckigkeit, die den neurotischen Symptomen und dem neurotischen Charakter anhaften, zeigen sie doch auch
häufig eine derartige Wandelbarkeit und Hinfälligkeit, dass gerade diese
Erscheinungen die Aufmerksamkeit vieler Autoren erregt haben. Der
Charakter der Launenhaftigkeit, des Stimmungswechsels, der
Suggestibilität und der Beeinflussbarkeit (Janet, Strümpell, Raimann u. a.) wurde nicht mit Unrecht als ein wichtiges
Zeichen einer psychogenen Affektion angegeben. Es muss aber darauf
hingewiesen werden, dass bei psychischen Erscheinungen, die — wie
wir nachgewiesen haben — nur Mittel, Ausdrucksmittel, zweckdienliche
Bereitschaften vorstellen, die Variabilität selbst oft gewahrt bleiben
muss, da sie ja auch als Hilfslinie erscheinen und dem fiktiven Endzweck,
der Erhöhung des Persönlichkeitsgefühls dienen kann. Die neurotische
Selbsteinschätzung wird allerdings dieses Schwanken abermals zum
Ausgangspunkt einer Betrachtung nehmen, wird durch tendenziöse Verstärkung der Suggestibilität das Urteil von der eigenen Schwäche
übertreiben, es mit aufgesuchten, meist falsch gewerteten Erinnerungen
stützen, um auf neurotische Weise den erhöhten Auftrieb zu gewinnen. Etwa wie folgender Fall lehrt: Vor kurzem zeigte in Wien ein
Arzt in öffentlicher Sitzung Beispiele von Wachsuggestion, die auch bei
einer bestimmten Dame an einigen Abenden gelangen. Als dieselbe
Dame sich an einem späteren Abend abermals zur Demonstration bieten
sollte, antwortete sie mit einem hysterischen Anfall von solcher Stärke,
dass die weiteren Vorlesungen des Arztes polizeilich verboten wurden. —
Bei der psycho-therapeutischen Behandlung muss man jederzeit darauf
gefasst sein, dass die Einfügung des Patienten seinen männlichen Protest, seine Anfallsbereitschaft steigert, und ist in erster Linie gezwungen,
diese Reaktion zu unterbinden. Jede Besserung im Befinden wird von
dem Patienten als Zwang und Niederlage empfunden, und oft schliesst
sich eine Verschlechterung an, aus keinem anderen
Grunde, als weil ein gutes Befinden vorhergegangen ist. —
Die vielfachen, polar angeordneten, ambivalenten (Bleuler) Züge des
Nervösen und psychotischen Kranken bauen sich auf der hermaphroditischen Spaltung der neurotischen Psyche auf und gehorchen einzig dem
mit Überempfindlichkeit und grosser Vorsicht gesicherten Persönlichkeitsideal.

III. Kapitel.

Nervöse Prinzipien. — Mitleid, Koketterie, Narzissismus. — Psychischer Hermaphroditismus. — Halluzinatorische Sicherung. — Tugend, Gewissen, Pedanterie, Wahrheitsfanatismus.

Bei unserer vorhergehenden Betrachtung konnten wir die mannigfachen Versuche, Vorbereitungen und Bereitschaften einer Patientin beobachten, die durch ihre männliche Einstellung bedingt waren. Die resultierende Furcht vor dem Manne war so gross, dass jede Knüpfung einer Liebesbeziehung verhindert war, bis die Behandlung sie ermöglichte. In sehr vielen Fällen sieht man den männlichen Protest in einer scheinbar entgegengesetzten Weise zum Ausdruck kommen: die Patientinnen knüpfen ununterbrochen neue Beziehungen an, die freilich leicht verkümmern und von den seltsamsten Schicksalen bedroht sind. Auch Ehen zu schliessen sind sie ein- oder mehrere Male fähig, ebenso sie wieder aufzuheben. Sehr häufig brechen die heftigsten Leidenschaften der Liebe durch, die alle Hindernisse überwinden können, durch sie meist nur gesteigert werden. Die gleichen Erscheinungen kann man bei männlichen Nervösen beobachten. Bei näherer Betrachtung findet man die bekannten Züge des Neurotikers wieder, in erster Linie seine Herrschsucht, die sich wie seine anderen Charaktere der Liebesbeziehung als eines Vehikels bedienen, um sich beweisbar durchzusetzen. Die Sehnsucht, alles haben zu wollen, drückt sich auf diesem Wege derart aus, dass alle Männer, zuweilen alle Menschen zum Ziel der Eroberung gemacht werden, wobei die Koketterie und das Zärtlichkeitsbedürfnis, die Unzufriedenheit mit dem erreichten Lose gar sehr in die Halme schiessen. Auffällig ist oft das Junktim mit Schwierigkeiten. Ein kleines Mädchen bevorzugt nur grossgewachsene Männer, oder die Liebe bricht erst los bei Verboten der Eltern, während das Erreichbare mit offener Geringschätzung behandelt wird. In den Gesprächen und Erwägungen solcher Mädchen taucht immer das einschränkende Wörtchen „nur" auf. Sie wollen nur einen gebildeten, nur einen reichen, nur einen männlichen Mann, nur platonische Liebe, nur eine kinderlose Ehe, nur einen Mann, der ihnen volle Freiheit lässt usw. — Man sieht dabei oft die Entwertungstendenz so stark am Werke, dass schliesslich kaum ein Mann übrig bleibt, der ihren Anforderungen genügte. Meist haben sie ein fertiges, oft ein unbewusstes Ideal, dem Züge des Vaters, Bruders, einer Märchenfigur, einer literarischen oder historischen Persönlichkeit beigemengt sind. Je mehr man sich mit diesen Idealen vertraut macht, desto grösser wird unsere Überzeugung, dass sie als fiktives Mass aufgestellt sind, um daran die Wirklichkeit zu entwerten. Die psychische Richtung mit den begleitenden Zügen „unweiblichen" Wesens, die vielfach zu „männlichen" Zügen der Sexualfreiheit, Untreue und Unkeuschheit Anlass gibt, zielt deutlich nach dem Leitbild der Manngleichheit. Die Analyse ergibt leicht ursprüngliche Organminderwertigkeiten, ein übertriebenes Minderwertigkeitsgefühl, eine auffällige ursprüngliche Höherschätzung des Mannes, der die Entwertung als Sicherung auf dem Fusse folgt. Andere Sicherungen bekräftigen unsere gewonnene Anschauung. Prinzipielle Anschauungen wie: alle Männer sind roh, tyrannisch, haben einen üblen Geruch, sind infiziert etc., zeigen den Einfluss der tendenziösen Apperzeption. Bei männlichen Nervösen findet man misstrauische Grundauffassungen, welche jede Frau als lasterhaft, unersättlich, leichtsinnig, physiologisch schwachsinnig, ihrer Sexualität schrankenlos preisgegeben hinstellen. Unsere Lehrmeister, — Philosophen und Dichter, — die uns die Leitbilder unserer Zeit, den „heimlichen Kaiser" (Simmel) formen, unterliegen nicht selten den gleichen Fiktionen. Der Nervöse greift sie dann gerne auf, um eine sichernde Linie in der Unrast des Lebens zu gewinnen. Für die obige neurotische Richtung der Männer haben ausser den Religionslehrern und Kirchenvätern noch Schopenhauer, Strindberg, Moebius und Weininger die beliebtesten Klischees geschaffen. Den gelehrten Disputationen der Kleriker, ob das Weib eine Seele habe, ob sie ein Mensch sei, folgte der Hexenhammer und die Schmach der Hexenverbrennungen. — Die sichernden schematischen Fiktionen nervöser Mädchen sind, — da die Kunst fast ausschliesslich noch Männerwerk ist, und die neurotische Apperzeption der Frau weniger geeignete Stoffe bietet, — einer kindlichen Anschauungsstufe entnommen, deshalb noch schwerer mit der Realität in Einklang zu bringen.

Wo aber die Realität auf die neurotische Fiktion der Mädchen wirken kann, wird sie meist Charakterzüge und Tendenzen zeitigen, die noch immer deutlich genug die männliche Neigung zur Überwältigung des Mannes, bei stärkster Sicherung — in homosexueller Art — des Weibes aufweisen, aber den entwerteten, in geringerem Grade kampffähigen Mann zur Liebe oder Ehe suchen. Der Ausdruck des Mitleids kann dann oft den wahren Sachverhalt verschleiern, und die Liebe wird dann frei, wenn der Mann machtlos, gesunken, ein Krüppel, gealtert ist. In Phantasien, Träumen, Halluzinationen, in denen der Mann entmannt, in ein Weib, in eine Leiche verwandelt, „unten" ist, besonders aber in der Tendenz den Mann wehrlos, klein, erniedrigt zu sehen, äussert sich der Zwang der männlichen leitenden Fiktion, und findet in der Nekrophilie seinen gesteigerten Ausdruck[1]).

Ein anderer Weg führt, wie schon erwähnt, über die Linie des „Alles haben Wollens" zur neurotischen Koketterie. Der männliche Protest drückt sich dabei aus: 1. in der Tendenz, ein ursprüngliches Gefühl der Minderwertigkeit, der Verkürztheit, apperzipiert nach dem Bild des verloren gegangenen männlichen Geschlechtsteiles durch Herrschaft und Beherrschung vieler, aller Männer zu kompensieren, 2. durch die Ablehnung einer weiblichen Rolle im Sexualverkehr, in der Ehe; an Stelle dieser als Herabsetzung gewerteten Rolle setzen sich Kunstgriffe, die von der männlichen Leitlinie diktiert sind, wie sexuelle Anästhesie und Perversionen aller Art, unter denen sadistische, den Mann herabsetzende überwiegen. Bloch hat die Herrschsucht der Koketten gut hervorgehoben, indem er sagt (Beiträge zur Ätiologie der Psychopathia sex. 1903): „Die Koketterie, welche man als die Bemühung der Weiber, die Männer an sich zu fesseln und unter ihre Herrschaft zu bringen, definieren kann, bedient

---

[1]) Eulenburg hat die innige Beziehung der aktiven Algolagnie (v. Schrenck-Notzing) zur Nekrophilie in der gleichen Weise hervorgehoben.

sich denn auch vorzüglich rein sinnlicher Mittel, um ihre Zwecke zu erreichen und ist in dieser Hinsicht ein Ausfluss echt gynaikokratischer Instinkte". Wir können nur hinzufügen, dass diese „gynaikokratischen Instinkte" nach dem Muster der Manngleichheit konstruiert sind, sich also von einem männlichen Persönlichkeitsideal abhängig erweisen, wenngleich durch einen Kunstgriff dabei weibliche Mittel als die einzig vorhandenen und wirksameren zur Anwendung gelangen. Die Aufmerksamkeit und das Interesse dieser Nervösen, unter denen die männlichen koketten Neurotiker dadurch auffallen, dass sie nach Art von Frauen ihren männlich gewerteten Triumph durchsetzen wollen, ist in hochgradiger Weise darauf gerichtet, Eindruck zu machen, und die Andern in ihren Dienst zu nehmen. Es hängt mit diesem Charakterzug zusammen, dass die neurotische Verstärkung dieser sekundären Leitlinie zur Selbstüberschätzung führt, damit auch zu verstärkten Zügen der Herrschsucht, des Stolzes und der Entwertung anderer. So darf uns dabei nicht wundernehmen, dass das Objekt des Begehrens in der Regel durch den Narzissismus (Naecke) des Patienten überwertet erscheint. Diese Überwertung ist vielmehr Vorbedingung in der Konstruktion der Beziehung, und in ihr spiegelt sich das Grössengefühl der Patientin[1]). In der psychotherapeutischen Behandlung rufen insbesondere diese Fälle den Schein der „Verliebtheit in den Arzt" hervor. Es lässt sich aber unschwer entnehmen, dass diese „Liebesübertragung" nur einer der vielen Kampfbereitschaftsmöglichkeiten entspricht, den Widerstand und damit die Überlegenheit des Mannes, des männlichen Arztes zu brechen. Und es ist nicht schwer, ihr Gefühl der Verkürztheit, das diese sonderbare, verwickelte Form des männlichen Protestes hervorruft, aus dem Gefühl ihrer Weiblichkeit entspringen zu sehen, die sie als eine Minderwertigkeit empfinden.

In keinem Falle aber, wie weit auch die kokette Nervöse gehen mag, ist ihr Ziel mit der Unterwerfung unter den Mann zu vereinbaren. Bald früher, bald später auf diesem Wege droht dem Manne die Entwertung, und zwar immer dann, wenn der neurotischen Patientin die Situation „zu weiblich" wird. Auch dieser Moment kann verschiedentlich angesetzt werden, in der Regel aber lösen eine intimerBerührung, ein Kuss, die Erwartung des Sexualverkehrs oder die Bee fürchtung einer Gravidität und Geburt die verstärkte Sicherungstendenz aus und erzeugt den Ausbruch dessen, was gemeiniglich als Neurose oder Psychose bezeichnet wird. Dann kommt die stärkere Abstraktion von der Wirklichkeit zu ihrem Recht, die Fiktionen treten deutlicher hervor, die Entwertung des Mannes drängt zu Handlungen und Taten, die scheinbar jeden Sinn verloren haben, und die feindlichen Bereitschaften des gereizten Aggressionstriebs, mit ihnen die neurotischen Charakterzüge werden sichtbarer.

Jeder Neurotiker hat etwas von dieser narzissistischen Koketterie; sie entstammt ja seiner hypostasierten Persönlichkeitsidee, und gründet sich wie diese auf einem ursprünglichen Gefühl der Minderwertigkeit. Mit diesem Zuge steht in gutem Einklange, dass sich jeder Neurotiker, insbesondere aber die eben behandelte Spielart, so schwer von Personen oder Dingen trennen kann. Der Abschied eines schein-

---

[1]) Der Glaube an den eigenen Zauber ist so gross, dass jeder Widerstand zu neuen Anstrengungen Anlass gibt.

bar fernstehenden Menschen, geschweige eines scheinbar geliebten kann
die schwersten neurotischen Symptome hervorrufen, neuralgische Anfälle, Depression, Schlaflosigkeit, Weinkrämpfe etc. Andererseits sind
Drohungen mit Verlassen oder Scheidung nicht selten, und sollen Beweise
des Einflusses erbringen.

Dass der männliche Protest in der neurotischen Koketterie herrscht,
geht aus mehreren Erscheinungen hervor. Die starke Abneigung vor
einer deutlich weiblichen Rolle wurde bereits hervorgehoben; sie kann
in diesen Fällen ein auffälliges Bild, wie wir gezeigt haben, den
Schein eines double vie, einer Spaltung des Bewusstseins, einer Ambivalenz (Bleuler) hervorrufen. Immer ergeben
sich in der Analyse gleichzeitig eine Anzahl weiterer Beweise für das
Streben zur Manngleichheit. Träume, Phantasien, Halluzinationen, aus-
brechende Psychosen zeigen in deutlicher Weise das Streben ein Mann
zu sein, oder eines der vielen Äquivalente wie Furcht vor einem weiblichen Schicksal. Die starke Entwertungstendenz gegenüber dem Manne
stammt aus dem Ringen nach Gleichwertigkeit und drängt im Sexual-
erlebnis zur Fiktion einer männlichen Rolle, die sich in der Frigidität,
im Obenseinwollen und in jenen Perversionen ausdrückt, die den Mann
in eine sklavische, erniedrigende Position zwingen.

Oft rechnet man den Ausbruch der Neurose von solchen Momenten
an, wo die Furcht vor einer Entscheidung, Prüfungsangst, Angst
vor der Ehe, vor öffentlichem Auftreten, Platzangst, eine ärztliche Behandlung erfordern. Diese Angst entsteht beim Auftauchen eines
Widerspruchs im männlichen Protest, wenn in dessen Verfolgung eine
Herabsetzung, ein weibliches Schicksal, eine Niederlage und damit die
Notwendigkeit eines Eingeständisses der Weiblichkeit droht.

So war es bei einer meiner Patientinnen, die vor mehreren Jahren
knapp vor ihrem ersten Auftreten an Klavierspielerkrampf erkrankte. Diese Neurose gab einen guten Vorwand ab, einer gefürchteten
Niederlage zu entgehen. Die nähere Einsicht in die Bedingungen dieser
Erkrankung ergab eine neurotische Illusion, in welcher Patientin
durch den Anblick der Noten an männliche Genitalien erinnert wurde.
Nichts läge näher als die Auffassung einer gesteigerten, aber verdrängten
Sexualität, deren Widerspiel in dem „Klavierspielerkrampf", einer Verdrängung von Masturbationsneigungen, zu suchen wäre. Das Ergebnis
lautete durchaus anders. Der Triumph in der Öffentlichkeit sollte die
Gleichberechtigung mit dem Manne bedeuten, die Manngleichheit. Diese
Fiktion stand mit der Wirklichkeit, mit ihrer Weiblichkeit, in Widerspruch, sodass ein öffentliches Auftreten — sehr viele begabte Mädchen
und Frauen scheitern aus dem gleichen Grunde — einem endgültigen
Abwägen der Tatsachen gleichkam. Letzteres liess der vor die Tatsachen gestellte Realitätssinn der Patientin nicht zu, und arrangierte
durch symbolische Auffassung der Notenköpfe und Striche ein fiktives
Hindernis, das gleichzeitig an die eigene Weiblichkeit erinnerte und so
zu einem Rückzugssignal wurde.

Der Widerspruch im männlichen Protest dieser Patientin ergab
sich, wie fast regelmässig in der Neurose, aus der Unrealisierbarkeit
der Fiktion. gerade wenn vor der Entscheidung — eine regelmässige,
selbstverständliche Tatsache — die Möglichkeit einer weiblich gewerteten
Niederlage auftaucht. Nun wird der Charakterzug der Ängstlichkeit, der Schüchternheit, das Lampenfieber verstärkt, und

sie bieten entweder selbst Vorwände oder gleichgerichtete Vorbereitungen und Bereitschaften, Schmerzen und Schwerbeweglichkeit in den Händen in unserem Falle, und lenken den Blick von der Bedrohung des männlichen Protestes ab.

Aber auch in diesem Falle muss man die Kraft der männlichen Leitlinie anstaunen, die noch aus der Flucht der Patientin in die Krankheit eine männliche Kampfbereitschaft gestaltet. Dieses Mädchen hatte unter dem Druck der unnachgiebigen Mutter gegen den eigenen Willen die Virtuosenlaufbahn betreten.

Das Scheitern der ehrgeizigen mütterlichen Pläne bedeutete für die Tochter einen Sieg, der sie teilweise entschädigte. Was ihr Trotz, ihre männliche Auflehnung nicht zuwege brachte, gelang mit den Mitteln der Krankheit, sobald wie ein drohendes Memento Notenköpfe ihr zuriefen: du bist ein Weib, gib acht, lasse dich von der Mutter nicht in eine weibliche, fügsame Rolle bringen, — unterwirf die Mutter! —

Eine weitere Konstruktion, ein Vorwand, um die Operationsbasis gegen die Mutter zu gewinnen, lag in ihrem gesteigerten Gefühl der Zurückgesetztheit gegenüber einer jüngeren Schwester. Dieser Gedankengang, sowie ihr Ringen um den ausschliesslichen Besitz jeder Person, der Mutter, aller Familienglieder, aller Menschen in ihrer Umgebung, eines Hundes auch, spiegelt sich in dem verstärkten Zug ihrer Koketterie und kommt beispielsweise in einem ihrer letzten Träume dem Arzt gegenüber zu gutem Ausdruck. Der Traum lautet:

„Ich sitze Ihnen gegenüber und frage, ob Sie andere Patienten auch so gerne haben wie mich. Sie antworten: ja, alle, und meine 4 Kinder auch. Auf einmal verwandeln Sie sich in ein Weib und schlafen ein. Eine Frau gibt auf die schwarzen Noten acht."

Die Liebesbereitschaft dieser Patientin verträgt keine Nebenbuhler. Sie braucht die Gewissheit ihres Sieges, um ihre Überlegenheit zu fühlen. Ich, der Arzt, der ihr zu verstehen gibt, dass er mit gleichem Interesse alle Patienten behandelt, der zudem seine Kinder liebt, wird dadurch zum Angriffspunkt ihrer Herrschsucht, wie früher die Mutter, ihr Mann, den sie kürzlich geheiratet hat, wie alle Personen ihrer Umgebung, Dienstboten, Geschäftsleute, Lieferanten, Lehrer usw. Ihr egozentrisches Wesen braucht nicht zu „übertragen", da sie nur fertige, starre Bereitschaften in die Behandlung mitbringt und diese vom ersten Augenblick der Begegnung mit dem Arzte spielen lässt. Nur dass die neue Situation Erschwerungen und Hindernisse bringt, unter denen der Wille zur Beherrschung durch Liebe nicht voll zur Entfaltung kommt. Verständlicherweise fehlt meine Frau im Traume. Gerade diese Auslassung ist der Angelpunkt der Situation: meine Frau ist endgültig beseitigt. Bis hierher reichen die weiblichen Mittel und charakterisieren die weibliche Linie, auf der sich Patientin hält. Nun reckt sich deutlich der männliche Protest. Ich werde entmannt, die sichernde Illusion der Patientin, Noten als schützendes Symbol der männlichen Genitalien, tritt in ihre Rechte, sie selbst „gibt acht", sichert sich, um in ihrem männlichen Persönlichkeitsgefühl nicht zu sinken, keine Niederlage zu erleiden.

Dass ich im Traume einschlafe, weist mir eine ähnliche Stellung an, wie sie ihr Mann einnimmt. Patientin empfindet es als stärkste Herabsetzung, dass ihr Mann, ein stark überarbeiteter Fabrikant, häufig früher einschläft als sie selbst. Die Entmannung des Mannes ist die Antwort darauf, ebenso eine langwierige Schlaflosigkeit, deren konstruktive Bedeutung darin liegt, dass sie der Patientin gestattet, gegen den Mann zu operieren. Nun kann sie ihm sein Mannesrecht verweigern und verweist ihn, anfangs mitten in der Nacht, später dauernd aus dem Schlafzimmer. Denn er „schnarcht, und stört sie so am Einschlafen". Unsere Patientin fände leicht ein anderes Argument, falls sich dieses nicht böte, und es wäre ein arger Fehler, etwa eine neurotische Konstruktion auszuschliessen, weil das Recht auf Seiten des Nervösen liegt. Um recht zu behalten, wird der Patient in der Regel treffend argumentieren; das neurotische Stigma liegt vielmehr in der Tendenz, seine Überlegenheit mit allen Mitteln ersichtlich zu machen. Der Querulantenwahn z. B. zeigt uns diesen Mechanismus mit noch grösserer Deutlichkeit. — Die Neurose unserer Patientin baut übrigens sichernd weiter fort. An ihre Schlaflosigkeit knüpft sich, um diese zu festigen, eine Gehörsüberempfindlichkeit. Deren Mechanismus besteht in einer tendenziösen Aufmerksamkeits-überladung der Hörfunktion, so dass wir auch sagen könnten: damit Patientin, sobald sie einschläft, durch die geringsten Geräusche geweckt wird. So kann sie, des Morgens noch wach, in den Tag hineinschlafen und sich den weiblichen Aufgaben der Haushaltung entziehen, ähnlich wie sie sich durch Lampenfieber und Fingerkrampf der Herrschaft der Mutter entzogen hat. Eine abschliessende Sicherung bildet eine Gehörs-halluzination, ein sägendes Geräusch, das sich analytisch nach 2 Richtungen verfolgen lässt. Die eine Deutung ergibt ein warnendes und zugleich ihre Koketterie aufstachelndes Memento: als sie einst mit 8 Jahren eine intime Szene bei ihrer verheirateten Schwester belauschte, fühlte sie sich als ausgeschlossen, verkürzt und herabgesetzt. Eine ähnliche Wertung lässt sie, um sich gegen ihren Mann scharf aggressiv halten zu können, seiner „Gleichgültigkeit" zuteil werden, wenn er früher einschläft. Eine zweite Deutung führt in eine andere Richtung. Das Geräusch erinnert an das Absägen eines Stammes und symbolisiert akustisch[1]) die Entmannung, die Entwertung des Mannes. Wie so häufig, erweist sich dieses Symptom, ganz wie ich es vom Traume, von Symptomen und von der Neurose behauptet habe, als Dar-stellung eines Aufsteigens von der weiblichen zur männ-lichen Linie, als der männliche Protest auf eine meist voraus-empfundene weibliche Situation, auf ein antizipiertes und aufgebauschtes Gefühl der Verkürzung, als ein Symbol des Lebensplanes dieser nervösen Patientin.

Dieser und ähnliche Fälle konnten mich auch belehren, wie die Suggestibilität im Dienste der Sicherungstendenz steht, sei es, damit sich der Patient im Kleinen die Überzeugung seiner Schwäche holt, um im entscheidenden Punkte wehrhaft zu sein, sei es, dass er mit überraschender Schmiegsamkeit sich einfügt, um den andern zu erobern[2]). Die geradlinigeren Versuche seiner Herrschsucht kon-trastieren dann so gewaltig, dass bei oberflächlicher Betrachtung die Auffassung einer Bewusstseinsspaltung nahe genug liegt. Ebenso wird

---

[1]) Man erinnere sich des „Organjargous", von dem öfters die Rede ist. So würden die Wörter: „schrill" und „grell" in ihrer „übertragenen" Bedeu-tung gefühlsmässig Analogien zum Ausdruck bringen, die das eine Mal mit dem Gehörsorgan, das andere Mal mit dem Auge empfunden werden.

[2]) Letzterer Mechanismus erweist sich als die Grundlage der passiven Homo-sexualität und beide Einstellungen können sich als die Struktur des Masochismus (daher besser: Pseudomasochismus) herausstellen.

ihn die Eitelkeit, der Stolz, die Selbstbewunderung in
manchen Fällen zum gleichen Ziele leiten, wie er zuweilen, nach Art
eines Kunstgriffes sich bescheiden, einfach und nachlässig
im Wesen und in der Kleidung geberdet. Zumeist wird der Spiegel,
das Aussere und die körperliche Haltung mit grosser Aufmerksamkeit
bedacht sein. Häufig findet man fetischistische Züge, deren wesentliche
konstruktive Grundlage Versuche darstellen, auf Umwegen die Manngleichheit zu erweisen, demnach das Gefühl einer Verkürztheit auszugleichen. Die Literatur hat uns in den Memoiren der Basch-
kirzewa und der Helene Rakowiza Darstellungen aller dieser Versuche des männlichen Protestes in meist verfeinerten Formen bescheert.

Interessante Belege boten mir zu einer Zeit, als ich mit meinen Aufstellungen über den Zweifel an der künftigen Geschlechtsrolle des
nervösen Kindes und dem daraus notwendig erwachsenden männlichen Protest längst im Klaren war, eine Reihe von Analysen, die reiner als andere
Fälle diese merkwürdigen Eindrücke aus ihrer Kindheit in ihrem Gedächtnis aufbewahrt hatten. Einige davon erinnerten sich ganz deutlich bis
zum 12. oder 14. Jahr einen Zweifel verspürt zu haben, ob sie männlich
oder weiblich seien. Es dürfte kein Zufall sein, dass diese Patienten
männlichen Geschlechts waren. Zuweilen tauchte der Gedanke auf,
ob sie nicht Zwitter wären, so dass ich in anderen Fällen, wo der
Gedanke an Hermaphroditen sich deutlich und aufdringlich in der
Erinnerung der Patienten vorfand, übrigens spontan vorgebracht wurde,
darin einen letzten Ausdruck des Zweifels am eigenen Geschlecht
anzunehmen geneigt bin. Auch in der Literatur bin ich häufig in den
Krankengeschichten von Nervösen und Psychotikern auf diese bedeut-
same Spur gestossen, ohne dass den Autoren die fundamentale Bedeutung
dieses Zweifels an der Geschlechtsrolle klar geworden wäre. Meschede
hat einen prägnanten Fall von Fragezwang, Freud einen von Dementia
nach der Schreberschen Biographie geschildert. Ob dieses Interesse des
Patienten mit Abbildungen auf Plakaten, im Lexikon, mit Lektüre, mit
Schaustellungen oder Vorkommnissen erklärt wurde, liess ich gleicherweise unbeachtet, als die wissenschaftliche Interpretation, die ihr
Interesse auf männliche Perioden, männliches Klimakterium, auf Untersuchungen des männlichen und weiblichen Anteils im Individuum oder
Sonstiges zu konzentrieren schien. Für mich war der bleibende Eindruck
massgebend, der sich in einer offensichtlichen Unterstreichung
der Beziehung und der Aufeinanderbeziehung von Männlich-Weiblich
geltend machte. Ich habe mir in den letzten Jahren meiner Arbeiten,
seit ich diesen Grundphänomenen der Neurose auf die Spur gekommen
bin, öfters die Frage vorgelegt, ob nicht auch in meiner eigenen
kindlichen Entwickelung ein ähnlicher Zweifel vorgeherrscht habe,
trotzdem mich das hermaphroditische Problem nur als Kritiker, also
scheinbar sekundär und auffallend spät gereizt hat. Auch meine
Leugnung des biologischen Hermaphroditismus als Ursache der Neurose
(Flies) würde ich als Gegenargument geltend machen, wenn ich nicht
mit der Tatsache vertraut wäre, dass auch die Negation oft der Ausgang
eines alten, unbewusst gewordenen Interesses ist. Immerhin zeigt mir meine
Weltanschauung, dass ich einer alten kindlichen Gegensätzlichkeit in
mir sehr wohl Herr geworden sein muss, ohne dass ein übertriebener
männlicher Protest erwachsen wäre. Denn ich habe im Leben wie in
der Wissenschaft nach einer anfänglichen Überschätzung eines abstrakten

männlichen Prinzips die Flut der Argumente von der ursprünglichen
Minderwertigkeit der Frau mit sachlicher Ruhe zurückgewiesen.
Von meinen bisherigen Kritikern des „männlichen Protestes" aber
getraue ich mich häufig aus der Art ihrer Fechterstellung und ihrer
hartnäckigen Missverständnisse den Nachweis zu führen, dass die übertriebene Wildheit ihres Angriffs in einer streng wissenschaftlichen Frage
fast ebenso wie die Furcht vor dem Begriffe: „Hermaphroditismus" auf
einen alten Kindheitseindruck zurückführt, der ihnen eine stark betonte
Weiblichkeit oder ein Zwittertum schreckend vorgetäuscht hat. Womit ich
übrigens niemanden von einer wissenschaftlichen Kritik abzuhalten vermeine.

Es gibt übrigens kein besseres Reagens auf die neurotische Psyche,
als die Frage nach der Wertung des anderen Geschlechts. Es wird
sich herausstellen, dass jede stärkere Leugnung der Gleichberechtigung
beider Geschlechter, die grössere Entwertung oder Überschätzung des
anderen Geschlechtes unweigerlich mit neurotischen Bereitschaften und
neurotischen Charakterzügen verbunden ist. Sie hängen eben alle von
der neurotischen Sicherungstendenz ab, zeigen alle die deutlichen Spuren
des wirksamen männlichen Protestes und legen Zeugnis ab von
der prinzipiellen, abstrakteren Bindung an eine leitende Fiktion.
Sie sind insgesamt Kunstgriffe des menschlichen Denkens, das eigene Persönlichkeitsgefühl zu erhöhen.
Es geht aus den Aufstellungen meiner Neurosenpsychologie hervor,
dass ein weibliches Leben in der Zukunft, einem Manne untertan sein,
entjungfert, verletzt zu werden, Kinder zu gebären, eine untergeordnete
Rolle im Leben zu spielen, gehorchen zu müssen, im Wissen, im Können,
an Kraft, an Klugheit zurück zu sein, schwach zu sein, Periode zu
haben, sich dem Gatten, den Kindern aufzuopfern, eine alte, zurück-
gesetzte Frau zu werden, mit dem Gefühle der Angst und des Schreckens
vorausempfunden wird und zwar sowohl bei männlichen als
weiblichen disponierten Kindern. Wie dieser Schrecken vor der Zukunft
egoistische Charakterzüge aufstachelt, ist im Vorigen geschildert.
Einen prägnanten Fall eines kleinen Mädchens habe ich in der „Disposition zur Neurose" (l. c.) charakterisiert.
An dem Falle einer Patientin mit Magenneurose kann ich
nun ein Verhalten zeigen, das sich regelmässig in der psychischen Entwickelung neurotischer Patienten findet. Es betrifft das Vorausdenken, oft das Vorausempfinden und Ahnen all der zu
erwartenden Nachteile. Man findet diese Neigung schon im frühen
Kindesalter, wo sie im Falle von Organminderwertigkeiten und deren
Übeln stark genährt wird. Häufig erscheint dafür die Zeit vor dem
Schlafengehen in Anspruch genommen, und es ist dann nicht weiter
auffällig, wenn ein Traumbild diesen Versuch des Vorausdenkens, oft in schreckhafter Form, weiterspinnt. Nur dass der
Traum, ähnlich wie die Neurose, einen Zustand des Fühlens, Empfindens
— wie bei der Halluzination — herbeiführt, der ein Vorausfühlen
bedeutet, parallel dem Vorausdenken im wachen Zustand. Die halluzinatorische Erregbarkeit ist, wie ich schon in der „Studie über
Minderwertigkeit von Organen" (l. c.) hervorgehoben habe, eine erweiterte
Fähigkeit des zu Kompensationszwecken überanstrengten, übertrai-
nierten Gehirns, dient der neurotischen Sicherungstendenz und verdankt
seine Darstellbarkeit im Bewusstsein dem tendenziösen Gedächtnis und
der neurotischen, vorsichtigen Apperzeptionsrichtung. — Das kindliche,

unentwickelte Seelenleben zeigt höchstens spurweise Ansätze zu halluzinatorischen Empfindungen, die als fiktive Vorbereitungen für ein Ziel, als Antizipationen in unsicherer Zeit aufzufassen sind. So Lächeln im Schlafe, angenehme Empfindungen beim vorauseilenden Suchen nach irgendwelchen Organbefriedigungen oder Sicherungen.

Die halluzinatorische Erregung in der Neurose und Psychose dient ohne Ausnahme der leitenden Fiktion des Persönlichkeitsideals. Man beachte auch die Bedeutung der Schmerz- und Angsthalluzination für das Bild nervöser Erkrankungen. Ein weiteres Eingehen auf den Mechanismus der Halluzination belehrt uns eindeutig, dass sie sich aus Tendenzen zur Abstraktion und zur Antizipation zusammensetzt, und dass sie als verstärkte Fiktion oder als Memento dadurch ihre Bedeutung gewinnt, dass sie zur Sicherung des Persönlichkeitsgefühls anspornt. Dass sie mit Erinnerungsspuren verknüpft ist, kann nichts Wesentliches daran bedeuten. Die Psyche arbeitet ausnahmslos mit Bewusstseinsinhalten und Empfindungen, die durch die Erfahrung gegeben sind und aus dem körperlichen Substrat stammen. Die Bedeutung der Psyche und insbesondere der neurotischen Psyche liegt in der besonderen Auswahl dieser Erinnerungsspuren und in deren tendenziösem Zusammenhang mit der neurotischen Apperzeption. Die nervös aufgepeitschte Sicherungstendenz bedient sich also einer besonders ausgebildeten Funktion des Vorausdenkens, der Halluzination, in welcher abstrakter und bildlich eine Szene abläuft, ein vorläufiges Finale, ein antizipierter Schlusspunkt, aneifernd, damit der Halluzinant die Brücke schlagen soll, oder schreckend, damit er andere Wege des Handelns einschlage. Die Halluzination, somit auch der Traum sind gleich andern Vorversuchen der Psyche dazu bestimmt, den Weg ausfindig zu machen, der zur Erhöhung oder Erhaltung des Persönlichkeitsgefühls nötig ist. In ihr spiegeln sich das Zutrauen, die Hoffnungen oder Befürchtungen des Patienten.

Obige Patientin stand knapp vor der Schliessung einer Heirat, als ihre Magenneurose einsetzte. Sie litt an Schmerzen in der Magengegend, an Aufstossen, Erbrechen, Appetitlosigkeit und Obstipation. Eines Abends, kurz vor dem Schlafengehen hörte sie deutlich das Wort: „Eskadambra". Scheinbar sinnlose Wortbildungen finden sich bekanntlich oft unter den Leistungen der Nervösen. Zumeist erweisen sie sich als nach einem Schema zusammengesetzt, ähnlich wie Kinder Sprachen erfinden, durch die sie ein Überlegenheitsgefühl erwerben. Pfister konnte bei „Zungenrednern" Deutungen der aus den Faszinationen stammenden Wortbilder zustande bringen. Im vorigen Kapitel habe ich die vollständige Auflösung eines halluzinatorischen Ohrensausens gegeben, in zwei anderen Fällen fand ich das Ohrensausen als schreckende Erinnerung an das Brausen des Meeres und seine Gefahren, als Sinnbild des Lebens, ähnlich wie Homer die ἀγορά mit dem brausenden Meere vergleicht[1]). Bei der Paranoia und Dementia praecox kleiden sich die zum männlichen Protest führenden Regungen in die Form der Halluzination und sichern das psychotische Schema durch ihre akustische oder visuelle Abrundung.

---

[1]) Ein anderes Mal fand ich das Ohrensausen als Erinnerung an das Tönen der Telegraphenleitung; dieses Tönen mahnte ihn an seine Vereinsamung in der Kindheit, wo er oft allein mit seinen Zukunftshoffnungen, ähnlich wie der Telegraph, die ganze Welt umspannte.

Auch bezüglich der obigen Abrundung einer psychischen Bewegung in eine Gehörshalluzination dürfen wir annehmen, dass starke innere Not zu einer grösseren Anspannung der Sicherungstendenz geführt hat, wofür das Wort „Eskadambra" als der Patientin unverständlich und wertlos bloss ein Mass und Signal[1]) vorstellen kann. Es ist aber die Erwartung berechtigt, dass ein eindringliches Verständnis dieses Wortes einen Sinn erkennen lässt, der uns den Seelenzustand dieses Mädchens verstehen lehrt. In der Regel ergibt sich das Verständnis für derartige Halluzinationen leicht, nicht schwerer jedenfalls als für kurze Traumbruchstücke. Über den Eindruck der Wortneubildung befragt, gibt Patientin an, sie erinnere sich dabei an „Alhambra". Für dieses habe sie allerdings seit jeher viel Interesse gehabt; es bestand einmal prächtig, sei aber jetzt zerfallen, eine Ruine. Der Beginn des Wortes: „Esk" finde sich in dem Wort: „Eskimo", auch in „E(tru)sker" seien diese Buchstaben enthalten. Der Volksstamm der „Basken" fiele ihr noch ein; auch in diesem Worte kommt der grössere Teil von „Esk" vor. Patientin zeigt damit den Weg, den sie bei der Wortneubildung gegangen ist, sie hat ein Bruchstück der Namen von Volksstämmen und das Bruchstück des Namens einer verfallenen Stadt zusammengefügt. Schliesslich bedeutete ihr „Alhambra" auch nur ein Bruchstück, und so dürfen wir vermuten, dass der Gedanke des Gebrochen-, Verkleinert-, Verkürztwerdens in dem zu findenden Sinne der Halluzination auftauchen werde. Die Buchstaben: „skad" gehören, wie Patientin leicht herausfindet, dem Worte: „Kaskaden" an. Sie sei dessen sicher, denn bei ihrer vor kurzem stattgehabten Periode habe sie sich geäussert: „ganze Kaskaden".

Berücksichtigt man, dass diese Patientin vor der Heirat steht, so versteht man ohne weiteres den Zusammenhang dieser Wortneubildung mit ihrer psychischen Situation. Dass sie nicht heiraten will, geht aus ihrer Neurose hervor, die ein brauchbares Hindernis abgibt[2]). In der Halluzination steckt eine abgebrochene Skizze von etwa folgenden Gedankengängen: Die Pracht meiner Jungfräulichkeit wird zerstört werden. — Ein neues Geschlecht (Volksstämme) soll ich gebären. Ganze Kaskaden von Blut werde ich opfern müssen.

Als ich mit der Deutung so weit war, half mir die Patientin weiter, indem sie erzählte, sie habe als 8 jähriges Mädchen gehört, dass eine Frau ihrer Bekanntschaft bei einer Geburt an Verblutung gestorben sei. Sie habe seither die Furcht vor dem Gebären niemals losgebracht.

Was ist nun der Sinn dieser Halluzination? Ist er mit dem Worte „Wunscherfüllung" auch nur annähernd gekennzeichnet? Die ganze Zusammenstellung spricht dagegen. Der Sinn dieser Wortneubildung ist das Vorausdeuten in die Richtung einer zu erwartenden Gefahr, einer Erniedrigung, die Furcht, eine Ruine zu werden, wie sie oft die Mutter genannt hat, zu sterben, wie die Frau in ihrer Kindheitserinnerung.

---

[1]) Wie man es auch bezüglich des Traumes annehmen muss, der die Spiegelung einer psychischen Bewegung im Bewusstsein vorstellt.

[2]) Wie schon erwähnt, bildet die „Heiratserwartung" einen der häufigsten pathogenen Anlässe zur Verschärfung der Neurose und zum Ausbruch von Psychosen. Gegenteilige Äusserungen solcher Patienten, wie: sie möchten ja gerne heiraten! — erweisen sich immer als „platonisch".

Diese Tendenz gegen weibliche Funktionen, — und Patientin wehrt sich ja auch bewusst gegen die Ehe, — ist aber noch älter, stammt aus der frühesten Kindheit und war damals in dem Wunsch verkörpert, oben, gesund, kräftig zu sein wie der Vater. Sie wurde dann zur fiktiven Leitlinie erhoben und füllte sich mit logischem Inhalt, der sich um ein leitendens männliches Persönlichkeitsideal gruppiert, und mit der gleichgerichteten Furcht vor einer weiblichen Rolle. Nun konnte ich der Patientin auch den Sinn ihrer Magenneurose allmählich klarlegen: es waren halluzinatorische Erregungen, die Beschwerden einer Schwangerschaft vorspiegeln sollten, damit sich die Patientin von dieser fernhalten sollte. Im wachen Zustand, im Traum, in der Halluzination und in der Neurose bestand demnach der Einklang der Sicherungstendenz: sei keine Frau, unterwirf dich nicht, sei ein Mann! Dieses Mädchen zeigte in ihrem Auftreten barsche, resolute Züge und kam mit allen Menschen in Streit. Ihr Ehrgeiz flammte lichterloh und machte sie unduldsam. Von ihrem Bräutigam, den sie sehr schlecht behandelte, verlangte sie unbedingte Unterwerfung und löste auch öfters jede Beziehung. Als er sich aber einst einem anderen Mädchen zuwandte, bot sie alles auf, um ihn festzuhalten. Einer von ihren Kindheitstagträumen bestand in der Phantasie, dass die ganze Menschheit zugrunde gegangen, und sie allein übrig geblieben sei, eine Analogie zum Mythus der Sintflut, aus der das egozentrische, feindselige Wesen der Patientin deutlich hervorblickt.

Bei vielen Patienten, welche Züge des „Alles-Haben-Wollens" mit grosser Deutlichkeit aufweisen, wie auch bei dem zuletzt beschriebenen Mädchen, findet man auch Charakterzüge gegenteiliger Art. Sie sind oft von so aufdringlicher Ehrlichkeit, Bescheidenheit und Genügsamkeit, dass die besondere Akzentuierung schon den Verdacht eines Arrangements erweckt. Überall spricht ihr „Gewissen" mit, und leicht rege sitzt ihnen das Schuldgefühl[1]), bereit auf alle möglichen Anlässe zu reagieren. Die Lösung dieser alten Rätsel der Menschheit ergibt sich aus dem Verständnis der Sicherungstendenz, welche die geradlinigen, aggressiven Leitlinien unterbricht, den Regungen strafbarer Habgier und Masslosigkeit ein Ende macht, sobald dem Persönlichkeitsideal durch sie eine Gefahr droht. Sie stellt dann sozusagen eine intermediäre leitende Fiktion auf, das Gewissen, und seine antizipierende Steigerung, das abstrakte Schuldgefühl, — Instanzen, durch die alle angesponnenen Handlungen und Vorbereitungen derart umgewandelt werden, dass sie dem Willen zur Macht und zum Schein nicht abträglich werden, dass sie auch die Selbsteinschätzung hoch zu halten gestatten. Wir gewahren an diesem Punkte den Widerpart des ursprünglichen Minderwertigkeitsgefühls als eine zu moralischem Ausdruck kommende Kompensation des Gefühls der Unsicherheit. Nun kann der Nervöse eine Anzahl von Möglichkeiten sicher ausschliessen, die ihn erniedrigen könnten.

Auch in anderen Beziehungen lässt sich die Wirkung der Sicherungstendenz in der Moral, in der Religion, im Aberglauben, in den Regungen des Gewissens und des Schuldgefühls erkennen. Sie alle schaffen starre Formeln und Leitsätze, wie sie der unsichere Nervöse liebt. Und er kann sich im Kleinen bereits üben, oft an Nichtigem seine

¹) Adler, Über neurotische Disposition (l. c.) und Furtmüller (l. c.)

moralischen Bereitschaften erproben und insbesondere — principiis obsta! — sich vor Weiterungen und vor moralischem Falle, die er vorausahnend stark übertreibt, dadurch sichern, dass er anticipando die moralische Niederlage empfindet. Dieser letztere, halluzinatorische Kunstgriff gleicht der Sicherung durch die neurotische Angst, wie sich ja auch Gewissen, Schuldgefühl und Angst in der Neurose oft ergänzen, oft ablösen. Von grosser Wichtigkeit für den Psychotherapeuten ist diese Kenntnis für den Zusammenhang von Masturbation und Neurose, aus welchem sich gleichfalls die sichernde Bedeutung des aus der Tatsache der Onanie konstruierten Schuldgefühles ergibt. Wird dieses Schuldgefühl in ein Junktim mit der Masturbation gebracht, um gegen den Zwang der Sexualität als Bremse zu wirken, so fundieren beide später die Operationsbasis, von der aus der Patient seine neurotischen Bereitschaften erweitert, um sich gegen eine Herabsetzung seines Persönlichkeitsgefühls zu wehren. In der Regel werden beide, — meist unter Zuhilfenahme von antizipierten „Folgen" wie Impotenz, Tabes, Paralyse, Vergesslichkeit, — als Vorwand verwendet, um vor Entscheidungen zurückzuweichen, immer auch, um die Furcht vor dem sexuellen Partner zu vertiefen. Derartige Zusammenhänge habe ich des öfteren in dieser und früheren Arbeiten beschrieben.

Ehrlichkeit und Gewissenhaftigkeit grenzen in der Neurose deutlich an Pedanterie. Und so wird es uns nicht wundernehmen zu erfahren, wie oft diese Vorzüge ihren wahren Wert aus der durch sie hergestellten Bereitschaft beziehen, Andere herabzusetzen, mit ihnen in Konflikt zu geraten, sich über sie zu erheben und sie in den Dienst zu stellen. Gerade der Nervöse, dessen Herrschsucht das Schema innehält, alles haben zu wollen, der nicht selten Erinnerungen an Laster aufbewahrt, wird sich meist sorgsam hüten, sein Geheimnis preiszugeben, was ihm die sichere Niederlage einbrächte. Er wird vielmehr mit Peinlichkeit, meist auch mit Angst den Schein zu wahren suchen, wird ängstlich erröten, wenn er seine eigene Brieftasche vom Boden aufhebt, oder wird das Alleinsein in einem fremden Zimmer vermeiden, um bei Verlust eines Gegenstandes nicht in den Verdacht des Diebstahles zu kommen. Ebenso fand ich einen Starrsinn, immer vorausbezahlen zu wollen, nichts schuldig zu bleiben, bei Patienten, denen jede Ausgabe als weitere Verkürzung ihres Persönlichkeitsgefühls erschien. Sie zogen ein Ende mit Schrecken einem Schrecken ohne Ende vor, hatten dabei aber zugleich ein Gefühl der Überlegenheit über den Empfangenden.

Desgleichen entpuppt sich der Wahrheitsfanatismus vieler Neurotiker — man denke an das Urbild, das enfant terrible, — in der Regel als Racheakt des Schwächeren gegen überlegene Kraft. Aus der Vorgeschichte eines Katatonikers erfuhr ich, dass er von seiner Frau bedrückt und herabgesetzt wurde. Eines Nachts brach er in Schluchzen aus und gestand seiner Frau, dass er sie mit einem Dienstmädchen betrogen habe. Sein männlicher Protest bediente sich des Kunstgriffes, einen Ehebruch zu versuchen, um daran ein offenes Geständnis zu knüpfen, wieder in der Form des uns bereits bekannten neurotischen Junktims. Es ergab sich, dass die Frau nicht bloss über den stärkeren Willen, sondern auch über den Geldschrank verfügte. Patient selbst, ein schwächlicher Prestigemensch, musste von ihren Revenuen leben, was die Frau und deren Familie, obwohl sie es voraus wussten, zum Anlass mannigfacher Kränkungen nahmen. Um sich vor der Überlegenheit der

Frau zu schützen, nicht gänzlich ihrem Einflusse zu unterliegen, kam er,
— auch schon im Kampfe um die männliche Herrschaft, — zum Arrangement einer psychischen Impotenz. Die Frau hinwieder griff dieses
Moment der Impotenz heraus und setzte den Mann öffentlich herab.
Sein Flirt mit dem Kindermädchen war der Beginn seiner Rache. Diese
konnte aber nur ihre erhebende Wirkung üben, wenn er den Ehebruch
mannhaft eingestand. Folglich griff er zur Wahrheitsliebe, die
ihm schon öfters als Vehikel für allerlei Bosheiten gedient hatte. Dass
er seinen Fehltritt weinend gestand, entspricht seinem Zagen vor der
Entscheidung, erleichterte ihm andererseits die für seine Frau schmerzhafte Botschaft. — Der weitere Verlauf entschied gegen den männlichen
Triumph des psychischen Hermaphroditen: die Frau ging in ihrer Aggression noch weiter und beklagte sich bei ihren Angehörigen, die ihm
nun die schwersten Vorwürfe machten. Jetzt verfiel er mit steigender
Sicherungstendenz in Apathie, wollte auch seinen zwecklosen Fehltritt
ungeschehen machen, da er ihm nicht zum männlichen Triumph ver-
holfen hatte, uud fand die Lösung in der Fiktion eines reinigen-
den Wunders, das Gott an ihm vollzogen hatte. Jetzt war er wieder
auf der Höhe, seine Prädestinationsphantasie brach durch,
er stand mit Gott in Verbindung, bekam Aufträge und Befehle von
ihm und errichtete ein Wahngebäude, in dem er als Prophet auf Erden
wandelte. Auch die Masturbation, die er gelegentlich offen übte, bezeichnete
er als Wunder, um so dem Gefühl einer Herabsetzung zu entgehen. Stereotypien bestanden unter anderem in einer zeitweiligen Geraderichtung
des Körpers und Emporwerfen des Kopfes, eine Bewegung, die ich gelegentlich bei einer Hysterika als männliche Erektionsphantasie deuten
konnte. —

„Jemandem eine bittere Wahrheit sagen!" Dies Wort enthält den
Kern der vorgetragenen Auffassung. Der Neurotiker bedient sich oft
der Wahrheit, um dem andern weh zu tun. Angenehme Wahrheiten wird
man von nervösen Patienten nie hören, ohne dass die Reaktion, gewöhnlich
eine Verschlimmerung des Leidens, bald sichtbar würde. Jeder Liebesregung, die als weiblich, als Unterwerfung empfunden wird, folgt eine
Hassregung als männlicher Protest, letzterer im Gewande der Wahrheit,
— ein Mann, ein Wort. — Auch in diesem Falle von Demenz finden
wir ein Stadium, wo der Zweifel an der eigenen Männlichkeit durch
Kunstgriffe und durch Anspannung der leitenden Fiktion im männlichen
Protest überbaut wird, wo die kompensierende Sicherungstendenz dazu
drängt, ein leitendes Symbol (als ob man Lehrer, Kaiser, Heiland etc.
wäre) wörtlich zu nehmen und zu arrangieren.

Andere Züge wie die der Launenhaftigkeit, der Ungesel-
ligkeit sind ebenfalls deutlich als Bereitschaftsstellungen zu erkennen,
jederzeit geeignet, die Überlegenheit anderer, die Durchsetzung des
Willens anderer zunichte zu machen. Der nervöse Mensch ist der
typische Eigenbrödler und Spielverderber, kommt von seinem
Grössenideal abgelenkt in die stärkste Unsicherheit und ist stets am
Werke, seine eigenen Richtungslinien zu hypostasieren und zu vergött-
lichen, die anderer zu durchkreuzen. — Auch einer weiteren Verwendung
sind diese Züge fähig. Der Nervöse nimmt seine Unfügsamkeit, seine
störenden Attacken als Beweise dafür, dass ihn die anderen beeinträchtigen wollen und richtet schützend die Mauer seiner Prinzipien
auf, innerhalb deren sich sein Herrschergefühl entfalten kann. Hier

tauchen Tendenzen auf, wie die Sehnsucht allein zu sein, zuweilen auch begraben zu sein, oder Bilder: wie lebendig begraben, im Mutterleib geborgen zu sein (Grüner). Zuweilen habe ich als Erfüllung dieser Sehnsucht nach Herrschaft in Einsamkeit langes Verweilen am Klosett gefunden. — Ganz in die gleiche Richtung, Herrschaft zu gewinnen, führen den Nervösen seine übertriebene Nachgiebigkeit und weiblich gewertete Einfügung. Immer ist dabei der Patient auf der Lauer, obgleich er auf diese Weise auch den Stärkeren zu fesseln sucht, nach der männlicheren Linie abzuweichen und seinen offenen Triumph zu geniessen. —

Die gleiche Kampfbereitschaft gewährleistet dem Neurotiker sein Hang zum Wählerischen. Er kann dabei alle und alles entwerten, sich vor Entscheidungen sichern und seine Prärogative in Anspruch nehmen. Er wird dort wählerisch sein, wo es seinen Tendenzen am besten entspricht, und wo er die vorteilhaftesten Griffe anbringen kann. Beim Essen, bei der Wahl von Freunden, von Liebesbeziehungen, im Umgang sichert er sich dadurch ein quälendes Übergewicht. Jeder muss mit ihm rechnen, denn er ist krank, nervös. Zu grossen Leistungen gelangt dieser Charakterzug, sobald sich die Furcht vor dem geschlechtlichen Partner, vor der Ehe seiner bedient. Kein Mädchen, kein Mann taugt dann etwas, und ein windiges Ideal gibt ihm bei dieser Entwertung aller den Stützpunkt. Zu anderen Zeiten, in anderer Beziehung zeigt sich dieser Zug als Arrangement, als die Vorsicht eines Menschen, der den schwachen Punkt seines Minderwertigkeitsgefühls noch nicht überwunden hat: er kann auch genügsam sein, „wenn der Wind von Nordnordwest bläst", wenn sein Wille zur Macht es verlangt.

Eine der Beruhigungsmethoden, die wohl allenthalben zu finden sind, sobald Kinder sich irgendwie unzufrieden zeigen, sind die bekannten Vertröstungen auf die Zukunft, in der das Kind grösser sein, wachsen wird. Von Kindern selbst kann man häufig hören: „wenn ich gross sein werde," werde ich — — —. Das Problem des Wachstums beschäftigt das Kind ungemein, und es wird im Laufe seiner Entwickelung ununterbrochen daran erinnert. So bezüglich seiner Körpergrösse, bezüglich des Wachstums der Haare, der Zähne, und sobald es auf Spekulationen über den Sexualapparat gerät, bezüglich des Wachstums der Schamhaare und der Genitalien. Die Einstellung des Kindes in seine männliche Rolle, von der wir oft gesprochen haben, verlangt ein deutliches Grössenwachstum der eigenen Person und seiner Körperteile. Wo ihm dieses versagt bleibt, — und hier stossen wir wieder auf das Fundament der Organminderwertigkeit, insbesondere auf ursächliche Rhachitis (Thymusanomalien?), Anomalien der Thyreoidea, der Keimdrüsen, der Hypophysis etc., — gerät es durch seine Sehnsucht nach männlicher Geltung in die männliche Proteststellung. Dann erhält es den verstärkten Antrieb zu Neid, Missgunst, Prahlerei, Habsucht, Aktivität, bekommt ein verschärftes Massgefühl und vergleicht sich ständig mit anderen, insbesondere mit den geltenden Personen seiner Umgebung, schliesslich auch mit den Helden aus Märchen und Erzählungen. So kommt es zu sehnsüchtigen Zukunftsbetrachtungen, und die von der Sicherungstendenz aufgestachelte Phantasie erfüllt alle Wünsche.

IV. Kapitel.

Entwertungstendenz. — Trotz und Wildheit. — Sexualbeziehungen des Nervösen als Gleichnis. — Symbolische Entmannung. — Gefühl der Verkürztheit. — Der Lebensplan der Manngleichheit. — Simulation und Neurose. — Ersatz der Männlichkeit. — Ungeduld, Unzufriedenheit und Verschlossenheit.

Das zwanghafte Streben des Nervösen, sein Persönlichkeitsideal mit den höher gewerteten männlichen Zügen zu erfüllen, treibt ihn insbesondere wegen der Hindernisse der Realität zum Formenwandel seiner leitenden Richtungslinien, so dass er auf Umwegen ein dem männlichen gleichwertiges Ziel zu erreichen sucht. Was ihn in die Irre führt, ist sein Sehnen und Drängen, ein unerfüllbares Ideal für sich zu realisieren. Kommt dann auf der Hauptlinie des männlichen Protestes die Niederlage oder ein Vorgefühl derselben, so sucht er auf Umwegen unter Arrangement verstärkter sichernder Kunstgriffe dieses vorläufig als gleichwertig empfundene Ersatzziel. An diesem Punkte beginnt in der Regel jener Prozess der psychischen Umgestaltung, den wir Neurose nennen, sofern nicht die leitende Fiktion zur Vergewaltigung der Wirklichkeit führt, sondern der Patient letztere nur als störend empfindet, wie in der Neurasthenie, Hypochondrie, Angst- und Zwangsneurose und in der Hysterie. In der Psychose tritt die leitende männliche Fiktion, in Bilder und Symbole kindlicher Herkunft gekleidet, hervor. Der Patient benimmt sich dann nicht mehr wie in der Neurose, als ob er männlich, oben sein wollte und dies mit allen Mitteln versuchte, sondern durch den Kunstgriff der Antizipation so, als ob er es bereits wäre, und weist nur nebenbei, in der Regel anfangs, wie zur Begründung (Depression, Verfolgungsideen, Versündigungs-, Verarmungswahn) darauf hin, dass er „unten", unmännlich, weiblich sei.

Der Übersichtlichkeit halber gehe ich nun an die Schilderung einiger Charakterzüge bei Nervösen, die entweder geradlinig dem mit männlichem Inhalt erfüllten Persönlichkeitsideal zustreben oder so nahe anschliessen, dass sich die Auffassung, sie seien nur kleine Umwege des männlichen Protestes, von selbst aufdrängt; die allgemeine Auffassung hat sie als aktive, männliche Züge notifiziert, und der Nervöse kann sich auf das übereinstimmende Urteil berufen. Wir haben aber in früheren Betrachtungen bereits zu zeigen versucht, dass bei der Konstruktion männlicher Züge die Auswahl vom fiktiven Endziel abhängig und nur innerhalb geringer Grenzen von der bewussten Auffassung des Nervösen oder gar des Beurteilers geleitet ist. Er bedient sich auch solcher Richtungslinien zum männlichen Protest, die der allgemeinen Logik nicht immer oder nur teilweise als männlich erscheinen, etwa wie die Koketterie, die Lügenhaftigkeit usw. Als geradlinigere Charakterzüge zum männlichen Protest sind hervorzuheben: die häufig bewusst geäusserten Tendenzen, ein voller Mann, mutig, angriffslustig, offen, hartherzig, grausam zu sein, alle übertreffen wollen an Kraft, Einfluss, Macht, Klugheit etc. — Wenn das zugrunde liegende Minderwertigkeitsgefühl — wegen der mit Sicherheit vorauszusetzenden Niederlage oder Ahnung derselben — verstärkte sichernde Kompensationen verlangt, so erfolgen diese durch Verstärkung der Kampfbereitschaften, die nunmehr vielfach auf Umwegen, in abstrakterer Weise, durch gleichzeitige, oft gegenteilige Züge — nach Art eines Kunstgriffes — dem männlichen Gefühl der Überlegenheit zustreben. Dann kann der Nervöse anstatt Trotz oder neben diesem die Fügsamkeit, je nach Bedarf Züge von Masslosigkeit und Bescheidenheit, Roheit und Milde, Mut und Feigheit, Herrschsucht und Demut, Männlichkeit und Weiblichkeit aufweisen, die immer seiner Sicherung vor Niederlagen dienen, oder ihm gestatten, auf Umwegen sein Persönlichkeitsgefühl zu erhöhen oder Andere zu entwerten. Dass man auch mit der Schwäche, mit Demut, mit Bescheidenheit siegen kann, zeigt das Beispiel der Frauen und viele weltgeschichtliche Exempel.

Die Herrschaft der selbst gemachten Götzen, der leitenden Fiktion und ihrer Hilfslinien ist jedesmal leicht zu erkennen, dringt übrigens in der Psychose mit nicht misszuverstehender Deutlichkeit durch. Ich will an einem Traume eines 22 jährigen Mädchens, die an Enuresis nocturna litt, tagsüber häufig Ausbrüche von Jähzorn und Verstimmung hatte, nur mit mir, sonst nirgends Frieden halten konnte und häufig Suizidgedanken hatte, zu zeigen versuchen, wie alle diese Erscheinungen samt anderen Zügen von Herrschsucht, Trotz, aber auch Ängstlichkeit unter der Leitung des männlichen Protestes standen, wie dieser aber abhängig war von einer konstitutionellen Minderwertigkeit der Harnorgane, die im Zusammenhang mit Hässlichkeit und ursprünglicher Langsamkeit der geistigen Entwicklung zur kompensierenden Aufstellung einer übertrieben männlichen Leitlinie zwang. Um den Fall kurz und abschliessend verständlich zu machen, schicke ich voraus, dass die Patientin zur sichernden Neurose die Realien ihrer Kindheit verwendet, die Enuresis als Bereitschaft ausgebildet hatte und jedesmal mit diesem Symptom eingriff, wenn ihr Persönlichkeitsgefühl eine Herabsetzung erfuhr. Auch in diesem Falle zeigte sich die kolossale Macht der Entwertungstendenz im Arrangement des Anfalls, der die Mutter zu machtloser Verzweiflung trieb, zugleich aber auch in der allgemein üblichen Form eines Hinweises, durch den der Patient alle Schuld von sich ab und auf eine andere Person wälzt, diese dadurch erniedrigend. Der folgende Traum zeigt diese Spitze besonders deutlich;

„Die Mutter zeigt meiner Freundin die schmutzige Kappendecke des Bettes. Wir beginnen zu streiten. Ich sage: die Kappendecke ist von dir, — und fange heftig zu weinen an." Ich erwache tränenüberströmt.

Kurz vorher erzählte sie, dass sie oft weinend aus dem Schlafe erwache, ohne den Grund ihres Weinens zu kennen. Aus dem Zusammenhang der damals schon durchsichtigen Krankheitsgenese ergab sich, dass das Weinen in Beziehung zur Mutter von Bedeutung war, eine der üblichsten kindlichen Angriffsbereitschaften vorstellte, die Überlegenheit der Mutter zu verringern. Nach Mitteilung des Traumes bemerkt sie: „Sie werden gewiss glauben, dass Sie mit Ihrer Meinung bezüglich meines Weinens recht haben". Solche und ähnliche Bemerkungen hört man während der psychotherapeutischen Behandlung regelmässig, und man darf die darin verborgene Kritik als Bereitschaft der gegen Alle gerichteten Entwertungstendenz nicht übersehen. Der diesmalige massvolle Ausdruck derselben liess mich erwarten, dass die Heilung der Enuresis im Gange sei, da die heftigeren Reaktionen ausgeblieben waren. Früher hatte sie in ähnlichen Fällen mit Schärfe und Leidenschaft hervorgehoben, dass ich ganz unrecht habe, oder sie hätte solche Träume und Gedanken, die für mich sprachen, verschwiegen oder vergessen. In meiner Annahme wurde ich durch die weitere Mitteilung bestärkt, dass Patientin nach dem Traume sofort die von früher her nur wenig beschmutzte Bettwäsche abgenommen und heimlich gereinigt habe, was früher nie vorgekommen war, weil der Anblick der schmutzigen Wäsche für die Mutter bestimmt war.

Zur Erklärung des Traumes berichtet sie folgendes: sie sei fest überzeugt, dass die Mutter von der Enuresis allen Bekannten erzähle. Alle Verwandten scheinen von ihrem Leiden zu wissen. Einmal habe ihr ein Onkel, offenbar um sie zu trösten, mitgeteilt, er und noch ein anderer Bruder der Mutter hätten lange Zeit das Bett nass gemacht. Im Traum gibt sie vorwurfsvoll der Mutter zu verstehen: dieses Leiden liegt doch in deiner Familie, du bist schuld, wenn ich das Bett beschmutze, „die schmutzige Kappendecke ist von dir!" — Weiter erzählt sie, dass sie beim Wäschewechsel oft einen Duchentüberzug statt einer Kappendecke nehme; der eine sei geschlossen, die andere offen, — fügt sie hinzu, — und man könne beide im Kasten leicht verwechseln.

Hinter diesen Gedanken liegt das Problem von „offen und zu" als Ausdruck für den Gegensatz der Geschlechter deutlich zu erkennen. Sie gibt der Mutter die Schuld an ihrer Krankheit, schielt aber sozusagen gleich nach dem Urgrund und der Triebfeder ihres Leidens, der durch die Mutter verschuldeten Weiblichkeit, und verrät uns im männlichen Protest ihres Traumes, wie gering sie den Unterschied zwischen Mann und Frau veranschlage. Ähnlich erklärte George Sand, es gäbe nur ein Geschlecht. Das Streiten und Weinen ist die vorwiegendste Attitude ihrer Aggression gegen die Mutter, deren Überlegenheit sie dadurch wie auch durch das Festhalten an der Enuresis aufzuheben sucht. Dass sie gegenwärtig mit der enuretischen Bereitschaft auch gegen den Mann operiert, einer Heirat und damit der „Herrschaft des Mannes" auszuweichen sucht, geht aus anderen Perspektiven ihrer neurotischen Psyche hervor.

Ein Beispiel für den Formenwandel der leitenden männlichen Fiktion, die ursprünglich gelautet hat: ich will ein Mann sein, — im obigen Stadium der Kur: ich will der Mutter überlegen sein, so wie ein Mann, — ergab sich gegen Ende der Kur und kann ungefähr in die Worte gefasst werden: ich will die Mutter erniedrigen — mit weiblichen Mitteln. In einem Traum, einem Vorversuch also, einem probeweisen Anschlag, kommt diese Richtungslinie unserer Behauptung gemäss zu stärkerem Ausdruck. Er lautet:

„Ich liege in einem brennenden Bett. Um mich herum jammern alle. Ich lache laut."

Dem Traum gingen Gespräche und Erwägungen über „freie Liebe"
voraus. Das brennende Bett stellt nach der Auffassung der Patientin
Liebesfreuden vor. Wir übersetzen unserer Traumauffassung gemäss:
Wie wäre es, wenn ich der freien Liebe huldigen würde? Dann würde
meine Mutter beschmutzt sein, ich aber würde sie auslachen, wäre ihr
überlegen. — Man beachte den wie so häufig aus dem psychischen
Überbau der Harnfunktion stammenden Ausdruck „brennen" im Gegensatz zu „Wasser" (Enuresis)[1]), und die auf dieser „Urinsprache" ge-
gründete gleichnisweise Darstellung. Das „Lachen" in diesem Traume
ist gleichwertig dem „Weinen" im ersten Traume. Beide zeigen die
Aggressionsrichtung, die zur Niederlage der Mutter führen soll. Auch
in dem Falle kann man die Unhaltbarkeit der Annahme einer Per-
sönlichkeitsspaltung leicht ersehen. Ebenso irrtümlich wäre die Annahme eines realen Sexualwunsches. Nur wenn die Mutter dabei
herabgesetzt wird, sie also die Rolle des herrschenden Mannes spielen
könnte, wäre ihr dieses Mittel recht.

Die leitende Fiktion der Manngleichheit kommt bei allen Mädchen
und Frauen in irgend einer Weise zum Ausdruck. Wie ich an obigem
Falle zeigen konnte, ist es der durch die Realität erzwungene Formen-
wandel, der die Verschleierung des männlichen Protestes bewirkt.
Ebenso ist es wesentlich, in der Analyse neurotischer Patientinnen
jenen Punkt ihres Seelenlebens ausfindig zu machen, wo sie gegen ihr
Gefühl der Weiblichkeit protestieren. Man wird ihn immer finden,
denn der Drang nach Erhöhung des Persönlichkeitsgefühls erzwingt die
Konstruktion von sichernden Richtungslinien, die im Gegensatz zur
Idee des „Weiblichen" erbaut werden. Bei normalen Mädchen und
Frauen liegen meist kulturelle oder unkulturelle Emanzipationsgedanken,
kämpferische, gegen den Mann und seine Privilegien gerichtete Züge
zutage. Man trachtet die Distanz möglichst zu verringern, in Kleidung,
Haltung, Sitte, Gesetz, Weltanschauung. In allen diesen Beziehungen
steigert sich der männliche Protest der Nervösen. In der Kleidung
werden grelle, aber auch männlich einfache Moden, häufig Verlänge-
rungen einzelner Stücke und stark erhöhte Schuhe bevorzugt. Oder alle
als weiblich imponierende Arten der Kleidung werden abgelehnt. Häufig
besteht ein besonders heftiger Kampf gegen das Mieder, der gegen die
Fesselung gerichtet ist, aber auch anderen Zwecken dienen kann, der
oft, um Gesellschaften auszuweichen, inszeniert wird und meist seine
Spitze gegen den Gatten richtet. Haltung und Sitte neurotischer
Frauen ist oft so deutlich männlich, dass es im ersten Augenblick auf-
fällt. Übereinandergeschlagene Beine, gekreuzte Arme sind zuweilen
verräterische Spuren, ebenso das Bestreben, auf der linken Seite, wo
sonst der Mann seinen Platz hat, zu gehen, niemanden beim Stehen
(z. B. im Traum) vor sich zu dulden etc. In der Weltanschauung der
neurotischen Patientin wird die regelmässige ideelle Überschätzung des
Männlichen durch die praktische Entwertung des Mannes reichlich auf-
gewogen. Im Sexualverkehr überwiegt die Anästhesie. Männliche oder
den Mann herabsetzende Varianten werden bevorzugt.

Ähnliche Auftragungen bietet die neurotische Psyche des Mannes.
Er leitet seine Griffe von einer fiktiven weiblichen Empfindung aus, um

---

[1]) Adler, Studie, l. c. Anhang — Vor mir hat Freud den Zusammenhang
von Feuer und Wasser im Traume berührt.

zum Gefühl der vollendeten Männlichkeit zu kommen. Einer meiner Patienten, der an Asthma nervosum litt, brachte diese Dynamik mit grosser Deutlichkeit zur Anschauung. Er war ein schwächliches Kind gewesen und hatte, — ein Zusammenhang, auf den Strümpell hingewiesen hat, — an exsudativer Diathese gelitten. Seine häufigen Katarrhe ermöglichten ihm frühzeitig, die Mutter in seinen Dienst zu stellen. Sie nahm ihn zu sich, pflegte ihn in ihrem Schlafzimmer und fügte sich seinen Wünschen. Er kam frühzeitig unter die Aufsicht einer strengen Gouvernante, der er trotz seines Jähzornes und seiner Unbändigkeit nicht gewachsen war. Ihr gegenüber fühlte er sich schwach und lernte so die Wege kindlicher Schlauheit kennen, auf denen er sich der strengen Gouvernante entzog, und zwar durch Simulation und Übertreibung der katarrhalischen Beschwerden, durch das Arrangement von Husten und anfänglich willkürlichen Reizungen der Kehlkopf- und Luftröhrenschleimhaut mittelst eines eigenartigen forcierten Atmens, durch asthmatische Erscheinungen, die er nach dem Bilde des Pressens beim erschwerten Stuhlgang durch Anspannung der Bauchpresse und starken Verschluss des Anus erzeugte. Er lernte bald verstehen, dass er bei solchen Erscheinungen ins Schlafzimmer der Mutter kam, und brachte im Laufe der Jahre eine asthmatische Bereitschaft zustande, die er jederzeit unbewusst aktivieren konnte, wenn er, der ein überspanntes fiktives Leitziel mit sich trug, sich zum Beherrrscher des Hauses, damit auch der Gouvernante, aufschwingen wollte. Bald erreichte er auch, dass ein Verbot an die Gouvernante erging, nach welchem er nicht strenge behandelt oder geschlagen werden durfte.

Wir sehen, wie sein Persönlichkeitsideal nunmehr über eine allerdings neurotische Waffe verfügte, die ihn in den Stand setzte, einer Niederlage, dem auftauchenden Gefühl seiner ursprünglichen Minderwertigkeit dadurch zu entkommen, dass er auf einem Umweg, nicht mehr durch Trotz, Jähzorn, Mut, Mannhaftigkeit, sondern durch eine Art List, Verschlagenheit, unmännliches Verhalten, Feigheit und Anlehnung an die Mutter obenauf zu sein trachtete. Dieser Winkelzug, hypostasiert und zu einem unbewusst wirkenden Bereitschaftsmechanismus verarbeitet, gab ihm die fürs Leben nötige Sicherung. Sein neurotisches Symptom, das durch weitere Hilfslinien seiner Charakterzüge, Alles haben zu wollen, durch seine Herrschsucht, durch seinen Starrsinn und durch seine Rechthaberei, gleichzeitig durch Feigheit, Furcht vor neuen Unternehmungen, Furcht vor Männern und Frauen und durch die aus ihr sich stets belebende Entwertungstendenz behütet und beansprucht wurde, das im Bunde seiner Aggressionsbereitschaften eine so wichtige Rolle spielte, ergab für ihn ein neues Organ, ein Mittel sich auf besondere Weise geltend zu machen, sich seiner Welt zu bemächtigen, indem er stets die Mutter als Schutz begehren konnte. Bei ihr fühlte er sich sicher wie bei keiner Frau, und so kam er aus Not zu einer Verliebtheit in seine Mutter, die näher betrachtet sich in Tyrannei auflöste. Schwangerschaftsphantasien spiegelten ihm das erniedrigende Empfinden einer weiblichen Rolle vor, und konnten mit Kastrationsgedanken sowie mit Phantasien ein Weib zu sein abwechseln. Sein Masturbationszwang zeigt den Versuch, sich siegreich von der Frau zu emanzipieren, einer Niederlage zu entgehen, sich männlich zu geberden, und setzte sich fort in gleichgerichtete Grössenphantasien, beides Ausdrucksformen seines männlichen Protestes. Als Bild und Anschauungsform für seine Minderwertigkeit und weibliche Artung galt ihm die vermeintliche, übertrieben empfundene Kleinheit seiner Genitalien. Seit seiner Kindheit suchte er alle seine misslungenen Anschläge und seine Niederlagen unter dem Bild des ursächlichen kleinen Penis zu bringen, apperzipierte auch alle seine Erlebnisse und gruppierte sie nach dieser Richtung und der damit zusammenhängenden gegensätzlichen Anschauungsform von „männlich-weiblich". Der „kleine Penis" war für ihn der bildliche Grenzbegriff zwischen männlich und weiblich, und zeigte sich wie die Haltung des Patienten auf der Idee eines körperlichen und psychischen Hermaphroditismus und seiner Tragik aufgebaut. Kein Wunder, dass man in der psychologischen Analyse dieser Fälle mit der männlich-weiblichen Apperzeptionsweise, die zu den Grundlagen der neurotischen Psyche gehört, auf lauter sexuelle Relationen stösst. Sie sind alle als Modus dicendi, als Jargon und bildliche Ausdrucksweise zu verstehen und dementsprechend aufzulösen, wobei Kraft, Sieg, Triumph in männlicher Sexualsymbolik, Niederlage in weiblicher, die neurotischen Kunstgriffe in beiden zugleich, zumeist auch in perverser oder hermaphroditischer Symbolik zum Ausdruck kommen.

Bei unserem Patienten war leicht zu erraten, dass er ausser der sexuellen Ausdrucksweise auch noch eine Apperzeptionsweise auf der gegensätzlichen Anschauung des Ein- und Ausatmens hatte, die durch die Minderwertigkeit seiner Atmungsorgane, der Nase mit einbegriffen, angeregt worden war. Auch die zu unserer gegenseitigen Verständigung dienende Sprache bedient sich solcher Bilder, und ein Seufzer der Erleichterung aus gepresster Brust kann ganz gut in das Bild gekleidet werden, als ob man wieder Luft hätte. Auch eine Hetzjagd um den Vorrang, die Begierde, der Erste am Ziel zu sein, vermochte Patient „pantomimisch" in Erinnerung an den Wettlauf in den Knabenjahren durch keuchendes Atmen darzustellen. In einem Traum aus der letzten Zeit der Behandlung bedient er sich der bildlich zu verstehenden Fähigkeit zu pfeifen, um seine Männlichkeit „respiratorisch" hervorzuheben. Der Traum lautet:

„Mir war, als ob 4 Leute pfiffen. Ich merke, dass ich es ebenso gut kann." Kurz vorher hatte er eine Beziehung zur Gouvernante in der Familie seines verheirateten Bruders angeknüpft, und hatte an sie die Frage gestellt, ob sein Bruder des Nachts oft die Frau besuche. Das Mädchen gab eine verneinende Antwort. Pfeifen können ist das Ideal aller kleinen Knaben, und auch Mädchen bemühen sich oft, diese männliche Attitude herauszubringen. In diesem Traume nimmt er probeweise einen Vergleich vor, ob er den männlichen Angehörigen seiner Familie gewachsen sei, und kommt von dieser seinem Weibempfinden entstammenden Linie zum männlichen Protest: er sei allen Vieren gewachsen.

Auch in diesem Falle fand ich meine Beobachtung bestätigt, dass der Nervöse seine sexuelle Libido nach der Art und Grösse empfindet, ebenso darstellen kann, wie es sein fiktives Endziel verlangt, sodass jede psychologische Auffassung haltlos wird, welche den Faktor der Libido als konstitutionell gegeben und in seinen Abwandlungen und Schicksalen das Wesen der Neurose erblickt. Insbesondere sind Sexualwünsche und Erregungen leicht zu arrangieren und stets dem männlichen Protest in irgend einer Weise untergeordnet. Eine Identifizierung von Männlichkeit mit Sexualität kommt in der Neurose durch Abstraktion, Symbolisierung und bildliche Organsprache zustande, und dieser fälschende Kunstgriff des Nervösen füllt seinen Gedankeninhalt mit sexuellen Bildern.

Die Rechthaberei und versteckte Streitsucht, die mit der Entwertungstendenz in innigster Verbindung stehen, stellen den Psychotherapeuten vor schwere taktische und pädagogische Probleme. Sie verraten in jedem Falle den schwachen Punkt, das Minderwertigkeitsgefühl des Patienten, das ihn zur Kompensation treibt. Eine einfache Anschauungsweise gibt uns ein Hilfsmittel an die Hand, die neurotische Aggression des Patienten in jedem Falle zu entlarven. Man stelle sich vor, dass der Nervöse sich um seine volle Männlichkeit gebracht, sich verkürzt fühle und beobachte nun, durch welche Kunstgriffe er seine Ergänzung oder Überkompensation durchzuführen versucht. Man wird dann leicht eine Anzahl von Bereitschaften, Charakteren, Syndrome und Symptome finden, die ein ideelles Organ vorstellen können, muss aber darauf gefasst sein, wie vor ein Rätsel gestellt zu sein, das erst entziffert werden soll. Denn dieses ideelle Organ, eben die Neurose oder Psychose, ist wohl männlicher Herkunft und trägt in sich die Bestimmung, das Persönlichkeitsgefühl des Patienten nicht sinken zu lassen, ihn vielmehr seinem männlichen Endziel nahe zu bringen. Aber die rauhe Wirklichkeit versagt sich dem Werben dieser Fiktion so sehr, dass die absonderlichsten Umwege gewählt werden müssen, dass Teil- und Scheinerfolge angestrebt werden, fast immer ohne dass der Patient seinem Endziele näher kommt. Und immer wieder steigert sich ohne die Hilfe des Psychotherapeuten, der in seltenen Fällen durch die Schicksale des Lebens vertreten werden kann, bei Misserfolgen dieser „Wille zum Schein" und verstärkt die abstrakten, prinzipiellen Linien der alten, leitenden Fiktion. Einer der hauptsächlichsten Umwege, auf denen dieses ideelle Organ, — eben der männliche Protest, — wirkt, ist die Entwertungstendenz. Von ihr war deshalb so oft die Rede, weil sie für den Arzt und dem Arzte gegenüber leicht ins Auge fällt und immer die Stärke des neurotischen Bestrebens zum Ausdruck bringt. Sie ist auch der stetig vorhandene Anknüpfungspunkt, um dem Patienten die Selbsteinsicht zu verschaffen, und sie liegt auch jener Erscheinung zugrunde, die Freud als Widerstand beschrieben und irrtümlich als Folge der Verdrängung sexueller Regungen aufgefasst hat. Mit ihr kommt der Nervöse zum Arzt und sie trägt er, wie der „Normale" auch, erheblich geschwächt, wenn er die Behandlung verlässt, nach Hause. Nur dass seine gesteigerte Selbsteinsicht dann wie ein Wächter vor ihren Äusserungen steht, und so den Patienten zwingt seiner Sehnsucht nach „oben" andere Wege zu weisen.

Man darf nicht davor zurückschrecken, Ausserungen des Zweifels, der Kritik, Vergesslichkeit, Verspätungen, allerlei Forderungen des Patienten, Verschlechterungen nach anfänglicher Besserung, beharrliches Schweigen ebenso wie zähes Festhalten von Symptomen als wirksame Mittel der auch gegen den Psychotherapeuten gerichteten Entwertungstendenz aufzugreifen. Man wird dabei kaum je fehlgehen und wird meist durch die Koinzidenz gleichgerichteter tendenziöser Erscheinungen und durch deren Vergleichung in dieser Auffassung gerechtfertigt

werden. Es handelt sich oft um die subtilsten Äusserungen. Soll ich
noch hinzufügen, dass die ausgebreitetste Erfahrung und Kenntnis bezüglich der Entwertungstendenz gerade hinreicht, um nicht überrascht
zu werden, und dass grosses Taktgefühl, Verzicht auf die überlegene
Autorität, stets gleich bleibende Freundlichkeit, wachsames Interesse und
das besonnene Gefühl einem Kranken gegenüberzustehen, mit dem kein
Kampf zu führen ist, der ihn aber jederzeit beginnt, zum Erfolge un-
umgänglich nötig sind?

Bei einem stotternden Patienten erwies es sich als nötig, ihm in
einer Zeichnung die Lage des Kehlkopfes klar zu machen. Anstatt die
Zeichnung mit nach Hause zu nehmen, wie er vorhatte, um sie nochmals zu überlegen, liess er sie bei mir auf dem Tische. Am nächsten
Tage verspätete er sich um eine Viertelstunde, suchte zuerst das Klosett
auf, erzählte von einem anderen Patienten, der sich über mich beklagt
hatte und berichtete nach anfänglichem Schweigen einen Traum, der
folgendermassen lautete:

„Es war mir, als ob ich eine Zeichnung betrachtet hätte. Von
einem Kreis ging ein Zylinder aus, der nicht gerade, sondern seit-
wärts verlief."

Die Deutung ergab, dass es sich um die Zeichnung des Kehlkopfes
handelte, auf der der Kehlkopf gerade nach unten gezeichnet war.
Patient polemisiert im Traume mit mir, als wollte er sagen: wie wäre
es aber, wenn mein Arzt unrecht hätte? — und zeigt mir dadurch seine
misstrauische Stellung, die Furcht hintergangen zu werden, zugleich
aber auch die gegen mich gerichtete Entwertungstendenz, die sich in
seinen unbewussten Massnahmen des Vergessens, der Verzögerung, der
tendenziösen Berichterstattung, des Schweigens und endlich in einem
probeweisen Versuch im Traum, mir Unrecht zu geben, geäussert hat.
Man kann mit Recht erwarten, dass der Patient sein Stottern zum
gleichen Zweck verwendet und gegen mich verwenden wird. Trotz
vieler Gegensätze zwingt er mich in die Rolle eines ehemaligen Lehrers,
den er oft korrigierte, damit er mit seinen alten Bereitschaften gegen
mich vorgehen kann[1]. Dies ging aus seinen Bemerkungen zum Traume
hervor, und des Ferneren noch, dass seine Krankheit von ihm aufgegriffen und festgehalten war, um sich die Überlegenheit über seinen
Vater zu sichern und so diesen zu entwerten.

Eine Patientin, die mir wegen Depression, Suicidgedanken, Wein-
krämpfen und lesbischen Neigungen zur Behandlung zugewiesen war,
wurde von mir wegen Verdachts einer Genitalaffektion nach kurzer
Behandlung zu einem Gynäkologen geschickt, der ein grosses Myom
entfernte, und sich von dieser Operation eine Heilung der Neurose
versprach. Nach der Operation reiste die Patienten in ihre Heimat und
schrieb mir von dort, sie habe nun erkannt, dass der Gynäkologe
mit seiner Meinung recht gehabt habe. Hoffentlich würde
ihm die Operation bei einer Gräfin, von der sie in der Zeitung gelesen
habe, besser gelingen als bei ihr. Bald darauf erschien sie bei
mir, polemisierte gegen eine meiner Arbeiten, die sie sich irgendwie
verschafft hatte, erklärte mir ihr ungeheures Interesse für meine Behandlung, erzählte, dass ihr Zustand der gleiche sei wie vor der Operation
und verschwand. Aus dem Stück ihrer Krankheitsgeschichte, das sie

---

[1] Junktim zum Zweck einer tendenziösen, herabsetzenden Affektäusserung.

mir während der Behandlung mitteilte, ergab sich unter anderem, dass sie mit ihrer ganzen Umgebung in Unfrieden lebte, dass sie den Mann vollkommen beherrschte, dass sie die Kleinstadt hasste und einer Freundin gegenüber sexuell und psychisch den Mann spielte. Ihre Furcht vor Kindersegen war ungeheuer, der Sexualverkehr unerträglich, weil ihr der Mann zu schwer erschien. Als letzterer sie einmal während der Kur besuchte, träumte sie Tags vorher Folgendes:

„Mir war, als ob das ganze Zimmer in Feuer gehüllt wäre."

Sie gab spontan an, dass dies ein typischer Traum sei, der fast regelmässig zur Zeit der Periode wiederkehrte. Diesmal war noch lange Zeit bis zu ihrem Termin. Der Traum liess sich deutlich als Versuch erkennen, eine weibliche Situation, — die Menstruation — zum männlichen Protest, — Verweigerung des Sexualverkehrs — zu verwenden. Ein tieferes Eindringen, das sicherlich kindliche Enuresis aufgedeckt hätte (Feuer — Myom, siehe „Studie", Anhang), war durch die Unterbrechung der Behandlung verhindert. Ich bekam noch einen Brief, der Versicherungen enthielt, Patientin wolle nunmehr mit ihrer Umgebung in meinem Sinne Frieden schliessen. Ich meine, dass ihr dies noch recht schwer gefallen sein mag. —

Trotz, Wildheit, Ungeberdigkeit können in gleicher Art dem Beweise dienen, den Patientinnen suchen, um ihre geringe Eignung für die weibliche Rolle darzutun. Die Vorbereitungen beginnen schon in früher Kindheit und führen allmählich zu physischen und psychischen Gewandtheiten in Geberde, physiognomischem Ausdruck, Affektbereitschaft und Mimik, während der Charakter sich nach der ideellen Leitlinie psychisch ausgestaltet und vorbauend, vorausfühlend die Stellungnahme des Patienten einleitet. In vielen Fällen findet man diese Züge geradlinig ausgesprochen, und sie dienen direkt zur Darstellung des männlichen Protestes. Oder es erfolgt der Formenwandel der leitenden Fiktion, sei es wegen auftauchender Widersprüche in der Leitlinie, im Falle einer wirklichen oder drohenden Niederlage, sei es, — was sich gewöhnlich damit deckt, durch einen als unüberwindlich gewerteten Widerstand der Realität. Unter Arrangement der sichernden Angst oder des sichernden Schuldgefühls oder sichernder gegenteiliger Züge (Dissoziation der Autoren) erfolgt dann die Abbiegung auf den neurotischen Umweg. Aber die Bereitschaften bleiben bestehen. Nur dass die neurotische Vorsicht die Abbiegung unter den Sicherungen der Angst, des Schuldgefühles, des Anfalles einleitet, wenn der Patient mit der ursprünglich hergestellten Affektbereitschaft (der Wut, des Jähzorns, der Aggression) antworten sollte. Häufig findet man tendenziös gruppierte Erinnerungen an Masslosigkeiten, Gedanken und Erinnerungen, Vorspiegelungen, als sei man grenzenlos begehrlich, sinnlich, dämonisch, verbrecherisch, zuweilen auch offensichtlich arrangierte Unbesonnenheiten und Unfälle, die als Memento der Vorsicht die Wege weisen. Oder der Abbruch der geradlinigen männlichen Aggression geschieht immer wieder knapp vor der Entscheidung, wodurch sich viele neurotische Liebesbeziehungen auszeichnen oder erklären. Auch in perverser Richtung kann bei diesen die Abbiegung unter dem Einfluss der Sicherungstendenz erfolgen, oder die Richtungslinie führt bis in den Schutz des Vaters, der Mutter, Gottes, des Alkoholismus oder einer Idee. Versuche mit weiblichen Mitteln nach Oben zu kommen, wenigstens alle Frauen zu übertreffen, führen zu übertriebener Reinlichkeit, zur „Putz-

krankheit", zu masochistischer Unterwerfung oder Koketterie, Gefallsucht und fortwährenden Liebeleien bei weiblichen Patienten. Immer
wird man Züge oder verräterische Spuren nebenbei finden, dass auch in
diesen Fällen die leitende männliche Fiktion allmächtig ist und auf
diesen Umwegen ihr Ziel zu erreichen sucht. — Die Erhöhung der
Sexualerregung in manchen dieser Fällen ist nicht als echt, etwa als
konstitutionell gegeben zu verstehen, sondern zeigt sich gebunden an die
Fiktion und kommt zustande durch ununterbrochene tendenziöse Aufmerksamkeit, die auf Erotik gerichtet ist. Dasselbe gilt von Perversionen
und scheinbar herabgesetzter Libido, die auf neurotischen Umwegen
konstruiert werden. Alle Sexualbeziehungen in der Neurose
sind nur ein Gleichnis.

Die Furcht vor der Überlegenheit des Mannes und der entwertende
Kampf gegen ihn kleidet sich oft infolge der gegensätzlichen neurotischen Perspektive in Entmannungsphantasien, die den Mann entwerten
sollen. In Träumen dieser Patientinnen liegt dies klar zutage und lässt
sich durch gleichzeitige andersartige Entwertungen in unserem Sinne
erweisen. Einer dieser Träume sei hier angeführt. Die Patientin kam
kurz nach einer Fisteloperation wegen eines Zwangsgedankens und wegen
Aufregungszuständen in meine Behandlung. Der Zwangsgedanke lautete:
„ich werde nichts erreichen können". Schon bei unserem
ersten Zusammentreffen äusserte sie Zweifel, ob ich etwas er reichen
werde. Die gleiche Linie der Entwertung beleuchtete ihr Traum.
Sie träumte:
„Ich rief im Traume: Marie, die Fistel ist schon wieder da!"
Der Operateur hatte ihr völlige Heilung versprochen und hat auch
Wort gehalten. Er ist ihr in mancher Hinsicht verpflichtet und wollte
kein Honorar nehmen. Patientin regte sich darüber sehr auf und
empfand dies als Herabsetzung. Sie quälte sich einige Zeit mit Gedanken,
wie sie ihrer Schuld ledig werden sollte. Marie heisst ihr Dienstbote,
mit dem sie nie über die Operation gesprochen hatte. Käme es zu
einem neuerlichen Aufbruch der Fistel, so wäre ihr erster Gang zu dem
Operateur, dem sie ihre Meinung sagen würde. Marie, ein weiblicher
Dienstbote, ist der Operateur. Patientin setzt den Fall, den ihr
männliches Selbstgefühl braucht, der Arzt hat schlecht operiert, hat
sein Wort nicht gehalten, ist ein Weib und Dienstbote zugleich. Dies
die Art, wie sie alles erreichen könnte: wenn sie ein
Mann wäre.

Wenn man die veröffentlichten Analysen welcher psychologischen
Schule immer darauf untersucht, wird man regelmässig den Mechanismus
des neurotischen männlichen Protestes darin finden. Ich will aus der
Analyse eines Falles von Migräne diesen Zusammenhang nochmals
hervorheben.

Aus ihrer Kindheitsperiode erzählte Pat. sofort, dass sie stets
mit den älteren Brüdern in Streit lebte, weil sie sie beherrschen wollte. Derartige Erinnerungsspuren leiten, sobald sie frei-
willig preisgegeben werden, regelmässig auf einen verborgenen Kampf
gegen die männliche Vorherrschaft. Und man wird sich nie in der
Voraussetzung täuschen, dass auch andere Charakterzüge auf diesen
Kampf, es dem Manne gleich zu tun, hinweisen. Unbeeinflusst fährt
unsere Patientin fort zu erzählen, dass sie fast ausschliesslich mit
Knaben spielte und von ihnen „wie ihresgleichen behandelt

wurde". Diese Ausdrucksweise verrät mit grosser Deutlichkeit die Höherschätzung des männlichen Geschlechtes, welche die Mädchen dem Vater näher bringt, was leicht als sexuelle Verliebtheit in den Vater und als zum „Inzestkomplex" gehörig missdeutet wird. Die Entwickelung unserer Patientin nahm den gleichen Verlauf. Sie setzte sich ganz den Vater zum Vorbild und war, besonders als sie die Mutter auf einer Lüge ertappte, inbetreff von Wahrhaftigkeit und Pünktlichkeit bestrebt, sich diese väterlichen Eigenschaften beizulegen[1]). Sie erinnert sich auch, dass der Vater es oft bedauernd hervorhob, dass sie kein Knabe geworden sei, und dass es sein Wunsch war, sie solle studieren. In dieser Situation entwickelte sich naturgemäss ein Persönlichkeitsgefühl, in welchem ehrgeiziges Streben nicht fehlen durfte. Dagegen fiel allen und ihr selbst ihre übermässige Schüchternheit auf, die viele ihrer Vorsätze zum Scheitern brachte. Diese Schüchternheit findet sich ungemein häufig in der Vorgeschichte der Neurotiker. Sie ist identisch mit dem Gefühl der Unsicherheit, sobald sich dieses im Verkehr mit anderen Personen geltend macht. Erröten, Stottern, gesenkte Blicke, Absperrung von der Gesellschaft Erwachsener, Erregung vor Prüfungen und Lampenfieber begleiten oft den Versuch der Annäherung oder die Anknüpfung von Beziehungen zu fremden Personen. Dabei wird man in der Regel Verschlossenheit und Unzufriedenheit beobachten können. Die Analyse ergibt als Quelle dieser Art von Unsicherheit, mit der sich gewöhnlich auch ein starkes Schamgefühl verbindet, ein meist organisch bedingtes Gefühl von Minderwertigkeit, Organminderwertigkeiten, die sich psychisch geltend machen, Kinderfehler, starke psychische Bedrückung von seiten der Eltern oder Geschwister und zuletzt auch wirkliche oder vermeintliche Weiblichkeit, die frühzeitig in starkem Gegensatz zu einem männlichen Glied der Familie (Vater, Bruder) gerät. Die Analogie, nach der in kindlicher Weise die mannigfachsten Empfindungen der Verkürzung, Herabsetzung, Minderwertigkeit apperzipiert werden, ist dann gewöhnlich die der symbolisch zu verstehenden Kleinheit des Penis, sind Kastrationsgedanken und Gedanken von einer weiblichen Rolle im Geschlechtsverkehr, von Befruchtung und Schwängerung, aber auch von Verfolgung, Gestochen- und Verletztwerden, Fallen und Untensein. Alle diese Fiktionen treten in Tagträumen, Halluzinationen, Träumen auf, sofern sie nicht durch Fiktionen des männlichen Protestes völlig abgelöst werden und drücken ein Gefühl der Verkürztheit aus, das sich in dem Gedanken Bahn bricht: „ich bin weiblich!" wogegen das Persönlichkeitsgefühl nach „Oben" drängt und die männliche Proteststellung erzwingt.

Von unserer Patientin ist bloss zu hören, dass sie frühzeitig vom Geschlechtsverkehr Ahnungen hatte, zu einer Zeit, wo sie mangels grösserer Erfahrung mit der Endgültigkeit der Geschlechtsrolle noch nicht gerechnet hat. In solchen Fällen dürfen wir stets auf Schüchternheit, Schamhaftigkeit und Zweifel gefasst sein, im späteren Leben auf Furcht vor der Prüfung und vor Entscheidungen in jeder Form, Charakterzüge, die sich analytisch dahin auflösen lassen, man könnte

---

[1]) Was die Autoren Nachahmungstrieb oder Identifizierung nennen, ist immer das Aufgreifen einer Schablone behufs Erhöhung des Persönlichkeitsgefühls.

an ihrer Person den Mangel oder die Mangelhaftigkeit des Genitales entdecken. Gewöhnlich findet man frühzeitig schon die Charaktere einer gesuchten Manngleichheit, oder das Suchen darnach steht im Vordergrund, während in vielen Fällen durch einen Einschlag von Hoffnungslosigkeit die „angeborene Farbe der Entschliessung" angekränkelt ist. Da der direkte Weg zur Männlichkeit verschlossen ist oder verschlossen scheint, werden Umwege und Auswege gesucht. Auf einem dieser Auswege liegen die wertvollen sozialen Emanzipationsbestrebungen der Frau, auf einem ihr privater Ausdruck, die Neurose der Frau, die Konstruktion des ideellen männlichen Organs.

Es war bei dieser Patientin leicht zu sehen, dass sie in ihrer Kindheit die Beherrschung des Mannes anstrebte, der Brüder und des Vaters, da sie mit der Mutter scheinbar leicht fertig geworden war. Der Vater kam vollends in ihren Bann. Den wichtigen Schluss auf die Tendenz ihrer neurotischen Symptome kann man bei einiger Übung leicht machen: ihre Kopfschmerzen und ihre Migräne mussten seit ihrer Ehe Mittel zur Beherrschung ihres Mannes vorstellen. Und in dieser Beherrschung suchte sie einen Ersatz für die verloren geglaubte Männlichkeit.

Ich kenne den Einwand, der sich an dieser Stelle erheben wird. Wie, der schwere Jammer einer Neurose, die entsetzlichen Schmerzen einer Trigeminusneuralgie, Schlaflosigkeit, Bewusstseinsverlust, Lähmungen, Migräne, all dies sollte in Kauf genommen werden, um eines Zieles willen von der Hinfälligkeit einer Manngleichheit? Ich habe selber lange gegen diese sich mir aufdrängende Überzeugung gekämpft. Ist es aber viel anders, wenn Menschen ein Leben lang alle Pein ertragen um einer anderen Seifenblase willen? Ist der „Wille zum Schein" (Nietzsche) nicht lebendig in uns allen, und lässt er uns nicht Übel aller Art ertragen? Und dann: auf diesem neurotischen Umwege zur Männlichkeit liegen auch, wie ich gezeigt habe, das Verbrechen, die Prostitution, die Psychose, der Selbstmord! Dies, und ferner noch den Hinweis auf die Unbewusstheit psychischer Mechanismen in der Menschenseele kann ich zugunsten meiner Auffassung anführen. Die von mir festgestellte Übertreibung in der Wertschätzung des männlich scheinenden Endzieles aber ist der sichere Grundpfeiler der psychischen Therapie der Neurosen. Und ich ziehe aus diesem Einwand gegenüber meinen Patienten die Nutzanwendung, dass ich ihnen zu zeigen mich bemühe, wie sie, vor die Wahl gestellt zwischen einer naturgemässen Rolle und dem neurotischen männlichen Protest, das grössere Übel von zweien gewählt haben.

Aus der Vorgeschichte unserer Patientin wäre noch anzumerken, dass sie stets eine Abneigung gehabt hat, mit Puppen zu spielen, ferner dass sie bis zu ihrer Verehelichung am Turnen und am Sport ihre grösste Freude hatte. Dass auch diese Bestrebungen im Dienste eines Ersatzes der Männlichkeit stehen, geht mehr als aus ihnen selbst aus dem Zusammenhang mit anderen „männlichen" Zügen hervor, besonders aber aus einer Art Aufdringlichkeit, mit der Patientin davon erzählt. Auch Touristik betrieb sie leidenschaftlich, wovon ihr seit der Geburt eines Kindes, das sie bestimmt als männlich wünschte und erwartete, bloss noch eine grosse Neigung zum Reisen geblieben war.

Man muss nur den Fehler vermeiden, etwa anzunehmen, es seien die hier geschilderten, von der Patientin selbst hervorgehobenen

Charakterzüge eingesprengte Inseln im weiten Gebiete eines weiblichen Seelenlebens. Man muss sich vielmehr zur Annahme entschliessen, dass diese männlichen Züge unter dem Zwange einer beherrschenden Tendenz zustande kamen, einem Lebensplan entstammen und deutlich in Erscheinung traten, weil sie es konnten, während rings um diese Züge herum ein undeutliches, nur gelegentlich hervortretendes, männliches Wollen besteht, das mehr auf Verhinderung und Umarbeitung weiblich scheinender Regungen verwendet wird, ehe es sich selbständig macht. In diesem Kampfe männlicher gegen weibliche Regungen wirft sich das Persönlichkeitsgefühl ganz auf Seite der Männlichkeit und nutzt etwa vordringlich auftauchende weibliche Regungen, darunter auch den Sexualtrieb des Weibes, dazu aus, um sie als erniedrigend, gefahrbringend zu sammeln[1]), zu gruppieren, zu vergrössern und zu unterstreichen, sie aber sogleich mit Wachposten zu umstellen, damit sie ihres Einflusses beraubt seien. Diese Wachposten — Sicherungen — reichen meist weit über die Sphäre der weiblichen Regung hinaus. Man findet immer, dass diese Sicherungen und wachenden Bereitschaften, unter ihnen unsere Krankheitssymptome, — nicht bloss ihren Zweck erfüllen, eine Niederlage zu verhindern, sondern dass sie die Patienten mit einer überaus vorsichtigen Art so sehr erfüllen, dass diese schliesslich zu allem unfähig werden. Dann erst ist die primäre Unsicherheit aufgehoben, die der Furcht vor einer weiblichen Rolle gleichzusetzen ist, doch ist sie auf das ganze Leben verschoben und drängt den Erkrankten aus allen sozialen Banden. Auf dieser Rückzugslinie finden wir alle unsere Patienten, und ihre Symptome bilden die Sicherung, auf dass sie nicht ins Gewühl des Lebens zurückkehren. Daraus entwickelt sich nun ein Bild des Neurotikers, das oft eine Zurückschraubung auf einfachere, kindlichere Verhältnisse und Beziehungen erkennen lässt, sei es, dass diese erst nach anfänglicher Entwickelung vollzogen wurde, sei es, dass sie diese Entwickelung überhaupt verhinderte. Dabei wird manches wieder wie in der Kinderstube. Die Beziehungen zur Familie werden ungemein verstärkt, oder statt der kindlichen Liebe zu den Eltern entwickelt sich der alte Kindertrotz, und beide Einstellungen werden als Leitbilder verwendet, als ob der Patient in allen Personen Vater oder Mutter aufsuchte. Trotzdem er durch diese Fiktion mit der Realität in Widerspruch kommt, hält er daran fest, weil er in dem Verhältnis seiner Kinderstube Sicherheit hatte. Kipling erzählt von einem im Todeskampf Liegenden, den er solange beobachtete, bis sich der erwartete Schrei nach der Mutter von seinen Lippen rang. Man braucht, um diese Sehnsucht nach Sicherheit zu begreifen, nur kleinen Gassenjungen zuzuhören, wie sie sofort, wenn sie in Bedrängnis geraten, nach der Mutter rufen. Die gleiche Sehnsucht nach Sicherung hat sich auch in die Verehrung der Mutter Gottes eingeschlichen. Bei Mädchen findet man in der Regel die Sehnsucht nach Sicherung analog der Beziehung zum Vater ausgesprochener. Die von G. Grüner in den Vordergrund gerückte Mutterleibsphantasie habe ich gleichfalls bloss in Anwendung bei Neurotikern gefunden, wenn sie damit ausdrücken wollten, nur bei der Mutter ist Ruhe, oder wenn sie Suizidgedanken,

---

[1]) Diese Affektverstärkung wird immer aus einem tendenziösen Junktim geholt. Weibliche Rolle und Abgrund, Ertrinken, Sterben, Überfahrenwerden oder Erdrücktwerden.

Wünsche nach Rückkehr vor der Geburt hatten. (Das hermaphroditische „Avant nach rückwärts".)

Auch unsere Patientin suchte als Kind und Mädchen diese Anlehnung an den Vater, der sie nicht wenig verhätschelte. Die Mutter war, wie Mütter leider häufig, den Brüdern mehr zugetan. Auch dieser Zug erweist sich letzter Linie als durch die Höherschätzung des männlichen Prinzips bedingt, dem sich der Vater als Mann leichter entschlagen kann. Insbesondere merkte Patientin bald, dass die Sorge des Vaters erheblich zunahm, sobald sie sich unwohl fühlte. Sie kam deshalb auch zu einer besonderen Vorliebe für das Kranksein, das ihr weitere Verzärtelungen, Liebe und Näschereien eintrug. Dies muss für sie wohl den geeignetsten Ersatz für die verloren geglaubte Männlichkeit bedeutet haben, dass sie die unumschränkte Herrscherin im Hause wurde, alle Wünsche befriedigen, auch unangenehmen Begegnungen in der Schule und in Gesellschaften ausweichen konnte, sobald sie sich krank fühlte. Ja es bedeutete die höchste zu erreichende Potenz ihres Sicherheitsgefühls, sobald sie der Vater krank glaubte. Und sie tat zuweilen mit Absicht so, als ob sie krank wäre, das heisst, sie simulierte oder übertrieb.

Diese Tatsache der Simulation in der Kindheit findet sich ungemein häufig in der Vorgeschichte der Neurotiker. Ich habe in umfänglicher Weise auf diese Erscheinung (in der „Psychischen Behandlung der Trigeminusneuralgie" l. c.) aufmerksam gemacht und habe erwähnt, wie sich das Kind taub, blind, dumm, verrückt etc. stellte. Auch E. Jones erwähnt diese Tatsache in seiner „Hamletstudie", und verweist auf die Analogie der Verstellung Hamlets mit der in der Kindheit. Historische Beispiele, wie Saul, Claudius u. a., gibt es genug, und sie zeigen uns das Problem in seiner Reinkultur. Immer ist der beherrschende Gedanke dabei: wie sichere ich mich vor einer Gefahr, wie kann ich eine Niederlage vermeiden? Es ist klar, dass der Neurotiker, der nach der Analogie „Mann-Weib" apperzipiert, in der Beherrschung einer Situation ein männliches Äquivalent erblickt, einen Ersatz und Schutz für den drohenden Verlust der Männlichkeit. Und die Technik der Simulation besteht darin, dass die Person eine Fiktion aufstellt und ihr gemäss handelt, als ob sie den entsprechenden Defekt hätte, während sie weiss und daran festhält, dass sie ihn nicht hat. Das psychisch bedingte, neurotische Symptom kommt nun, behaupten wir, in der gleichen Weise zustande, nur mit dem Unterschied, dass die Fiktion nicht als Fiktion erkannt, sondern für wahr, für echt gehalten wird[1]. Wie so oft kann uns die beste Einsicht in diesen Zusammenhang nicht das neurotische Symptom, sondern ein Grenzfall liefern, der in der Mitte zwischen beiden Erscheinungen liegt. Wir meinen die Psychologie des Mitleids. Wir sind imstande das Leid eines anderen so mitzufühlen, als ob es unsere eigene körperliche Sphäre beträfe. Ja wir können sogar das Leid eines andern vorausfühlen, bevor es noch eingetreten ist. Bekannte Beispiele dafür sind die ziehenden, ängstlichen Gefühle mancher Menschen, wenn sie andere, Dienstmädchen, Dachdecker oder Zirkuskünstler in gefahrdrohender Situation erblicken, oder auch nur daran denken. Es betrifft dies Symptom zumeist Personen, die an Höhen-

---

[1] S. Theoretischer Teil: III. Kapitel. „Die verstärkte Fiktion".

angst leiden, und sie benehmen sich bei Gefahren anderer genau so, wie wenn sie selbst etwa beim Fenster oder auf einem Felsen stehen. Sie weichen unter dem Gefühl der Angst zurück, legen eine Sicherungsdistanz zwischen sich und die meist gar nicht gefährliche Stelle, kurz sie haben eine Empfindung, die sie etwa hätten, wenn sie selbst in Gefahr wären. Hier springt die zuweit getriebene Vorsicht deutlich in die Augen, die bei Neurotikern so stark ist, dass sie nicht einmal über eine Brücke gehen, in der Angst, sie könnten ins Wasser fallen oder sich hineinstürzen. Ähnliche Mechanismen der Vorsicht habe ich in allen Fällen von Platzangst gefunden, und sie zeigen uns an, dass wir einen Patienten vor uns haben, der der Entscheidung ausweichen will, ob er auch irgend einer erst von uns aufzufindenden Situation, in der Regel dem geschlechtlichen Partner, gewachsen ist. Auch bei allen anderen Phobien macht, wie ich bei Besprechung der Syphilidophobie (Zeitschrift f. Ps. I. Bd., 1911, Heft 9) gezeigt habe, diese „Einfühlung" (Lipps) in einen noch nicht vorhandenen, aber mit einiger Wahrscheinlichkeit zu gewärtigenden Zustand die charakteristischen Symptome und zeigt sich als ein sehr geeignetes Mittel der Sicherungstendenz, ersetzt in vielen Fällen geradezu den nicht unbesieglichen Charakter der Moralität. Genau betrachtet liegt auch jedem Charakterzug eine derartige Einfühlung zu Sicherungszwecken zugrunde, wie die Formel in Kants kategorischem Imperativ für das gesamte Charakterbild deutlich zeigt, wenn dieser Philosoph das Handeln jedes einzelnen von dem Gesichtspunkte geleitet wissen will, als ob es zur allgemeinen Maxime erhoben werden sollte[1].

Es gibt also entsprechend den sichernden Fiktionen des Simulanten bei allen Menschen, insbesondere aber bei den neurotisch disponierten Kindern Fiktionen, Maximen, Leitsätze, die bestimmt sind, eine stärkere Sicherung durchzuführen, entsprechend dem stärkeren Minderwertigkeitsgefühl dieser Kinder. Und auf ihren Kern reduziert lauten diese Formeln alle: Handle so, als ob du ein ganzer Mann wärst, oder sein wolltest! Der Inhalt dieses Handelns, der sich meist als ein Ersatzstück qualifiziert, ist durch Erfahrungen des Kindes, durch die Art seiner Organminderwertigkeit vorausbestimmt, erleidet aber durch die besonderen Umstände seiner neurotisch gewerteten Erlebnisse spezielle Abänderungen, die als Formenwandel erkannt werden müssen.

Die Organminderwertigkeit bestimmt durch die sie begleitenden psychischen Unlusterscheinungen die Richtung der Begehrungsvorstellungen und leitet dergestalt im psychischen Überbau die Kompensationsvorgänge ein. Auch hier sehen wir die Sicherungstendenz am Werk (Adler, Studie l. c.) und meist in der zweckdienlichen Weise, dass sie mit einem Sicherungskoeffizienten arbeitet und so zur Überkompensation Anlass gibt. (J. Reich, Kunst und Auge, Öst. Rundschau 1909.) In der Entwicklung etwa des Stotterers Demosthenes zum grössten Redner Griechenlands, von Klara Schumann, die hörstumm war, zu einer vollendeten Musikerin, des kurzsichtigen G. Freytag, vieler Dichter und Maler mit Augenanomalien zu visuellen Talenten, und der vielen Musiker mit Gehörsanomalien sehen wir, wie sich die kompensatorische Sicherungstendenz durchsetzt. Ebenso auch in jedem schwächlichen Kind,

[1] Vaihinger, Die Philosophie des Als Ob.

das ein Held sein will, in dem plumpen, schilddrüsenschwachen Knaben,
der ein Schnellläufer und später immer der erste zu werden versucht.

Aber die Richtung der Sicherungstendenz muss sich, um ziel-
gerecht zu werden, an Beispiele anlehnen. Und da bietet sich der
Mann dem Persönlichkeitsgefühl des Kindes viel auffälliger an als die
Frau. Ja es ist, als ob ein weibliches Beispiel nur nach anfänglichem
Kampf nachgeahmt werden könnte, und zwar nur dann, wenn es nach
der Richtung des geringsten Kraftausmasses die Herrschaft zu sichern
imstande ist.

So war es, wie recht häufig in Fällen von Migräne, auch bei
unserer Patientin. Ihre Mutter litt an Migräne. Zahlreiche Autoren
hoben den Umstand hervor, dass man so oft eine „Vererbung" der
Migräne von der Mutter konstatieren könne. Wir müssen den Gedanken
an eine Vererbung der Migräne in gleicher Weise fallen lassen, wie den
einer organischen Bedingtheit. Ich habe das Wesen dieser Frage schon
einmal (Neurotische Disposition, Jahrbuch Bleuler-Freud 1908) an
dem Falle eines 7 jährigen Mädchens klargelegt und habe mich vorher
oft überzeugt, dass dem Migräneanfall ein Gefühl der Unsicherheit und
Verkürztheit vorausgeht, und dass der Anfall dazu dient, meist nach
der Art der Mutter, das ganze Haus in den eigenen Dienst zu stellen.
Es leiden der Mann, der Vater, die Geschwister nicht weniger
darunter als der Patient. Und so ist die Migräne in die Reihe der
neurotischen Erkrankungen zu setzen, die dazu dienen, die Vorherrschaft im Hause, in der Familie zu sichern. Dass diese Vorherrschaft
männlich gemeint ist, auf den Wunsch ein Mann zu sein, zu reduzieren
ist, ergibt sich aus der weiteren Analyse. Aber eine kurze Erwägung
betreffs der zur Zeit der Periode auftretenden Migräne lehrt uns auch
in diesem Falle die Unzufriedenheit mit der weiblichen Rolle verstehen.
Zusammenhänge mit Epilepsie, Ischias, Trigeminusneuralgie habe ich
öfters kennen gelernt. In meinen Fällen stellte sich regelmässig heraus,
dass die letztgenannten Erkrankungen in diesen Fällen gleichfalls
psychogen waren und entstanden, als stärkere Sicherungen nötig wurden.

Unserer Patientin blieb als Einflusssphäre bloss der Vater übrig,
den sie wohl ganz gewonnen hatte, dessen Eroberung aber ihr eigenes
Ziel nie ganz decken konnte, so dass sich, wie in der Neurose gewöhnlich, ein „Noch, Noch mehr!" nachweisen liess, das den Besitz des
Vaters beweisender festlegen wollte. Die Mutter litt an Migräne, und
die Zeit ihrer Anfälle war wie gewöhnlich bei Migränekranken auch die
Zeit ihrer Alleinherrschaft. Also tat unsere Patientin, die bereits den
Wert der Krankheit begriffen hatte, so, als ob sie auch an Migräne
litte[1]). Und es gelang ihr, was auch dem Urmenschen, dem Wilden gelang, als er sich einen Götzen schuf, der ihn mit Schaudern erfüllte:
die selbstgeschaffene Migräne. Diese Als-Ob-Schöpfung, diese
Fiktion verselbständigte sich, so dass sie Schmerz und Trauer erwecken
konnte, sobald Patientin ihrer bedurfte. Die schauspielerische Leistung
gelang so sehr, dass Patientin um ihres tendenziösen Wertes wegen die
Fiktion nicht mehr durchschaute. Ja sie gewann durch sie ein Gefühl
der Überlegenheit und Sicherheit gegenüber ihrem Manne, wie vorher

---

[1]) In der Arbeit „Über neurotische Disposition" habe ich hervorgehoben, was
auch an dieser Stelle gesagt werden muss, dass eine ursprüngliche Minderwertigkeit
die Auswahl des Symptoms protegiert. In der Neurose kommt dieser Mechanismus
als Krankheitsbereitschaft in den Besitz der Psyche.

über den Vater, wenn diese Sicherheit gelegentlich in die Brüche ging. Die männliche Einfühlung in der Ehe war also auf Beherrschung des Mannes und Steigerung seiner Zärtlichkeit gerichtet. Da es dabei immer ein „Noch" gab, mussten weitere Ersatzstücke herbeigeholt werden. Und die wichtigste dieser Ersatzbildungen war, weiterhin keine Kinder zu gebären. Es war, wie in vielen dieser Fälle (einen habe ich in der „Männlichen Einstellung weiblicher Neurotiker", Zeitschr. f. Psychoanalyse, Heft 4, 1910 beschrieben), im Hause ein Gemeinplatz geworden, dass eine Frau, die an solchen Kopfschmerzen litt, kein zweites Kind haben durfte. Schlaflosigkeit, Unmöglichkeit des Einschlafens nach zufälliger Störung, Hinweis auf Schwierigkeiten der Wohnung, Schutzmassregeln und Verzärtelung des einzigen Kindes vervollständigten die Sicherung.

Dass diese Erscheinungen bloss ein neues Gesicht für den alten Wunsch der Manngleichheit waren, bewies schon ihr erster Traum:

„Ich befand mich mit Mama am Bahnhof. Wir wollten den kranken Papa besuchen. Ich fürchtete den Zug zu versäumen. Da tauchte plötzlich der Papa auf. Dann war ich in einem Uhrengeschäft und wollte mir einen Ersatz für meine verloren gegangene Uhr kaufen."

Der Mutter, die von ihr ungemein verehrt wird, fühlt sie sich überlegen. Ebenso dem Vater, der ihr alles zu willen tut. Krank = schwach. Der Vater ist vor einiger Zeit gestorben. Kurz nach seinem Tode bekam sie einen ihrer schrecklichen Migräneanfälle. Im Traume lebt er wieder auf, und seine Person bedeutet für sie eine Erhöhung ihres Persönlichkeitsgefühls. Sie ist seit jeher ungeduldig, fürchtet immer zu spät zu kommen. Ihr Bruder ist früher wie sie gekommen, ist ein Mann geworden. Sie muss sich beeilen, — „mit einem Sprunge machts der Mann, mit hundert Sprüngen machts die Frau" — wenn sie bis zur Höhe des männlichen Persönlichkeitsgefühls gelangen will. Am Vortage des Traumes eilte sie ins Konzert, und war durch die Mutter aufgehalten worden. Die Frauen verspäten sich häufig, sie will es nicht.

Die Wirklichkeit erinnert sie daran, dass sie doch wie die Mama eine Frau ist. Dieser Gedanke liegt in dem Bild des Zusammenseins mit der Mutter am Bahnhof. Ihr kämpferischer Affekt, der identisch ist mit ihrem männlichen Protest, richtet sich gegen den Mann, gegen den Vater. In der weiteren Folge der Analyse tritt oft der entwertende Gedanke zutage, die Frau sei stärker, lebenskräftiger und gesünder als der Mann. Dazu kommt als weiterer Anreiz zum Kampfe, dass „der Vater (der Mann) plötzlich auftaucht". Dieses Bild ist vom Schwimmen genommen und bedeutet in der neurotischen Perspektive immer das „Oben sein" im Gegensatz zum „Unten sein". Während also Patientin fürchtet, den Zug zu versäumen, zurückzubleiben, einem andern gegenüber — aus dem Zusammenhang zu ergänzen: dem Manne gegenüber, — zu unterliegen, merkt sie mit immer zunehmender Erfahrung, dass der Mann vorne, oben ist. Die Verwendung eines räumlichen Bildes, einer abstrakten Raumvorstellung, um das Gefühl der Zurückgesetztheit zu illustrieren, ist in der Neurose (s. Syphilidophobie l. c.) wegen seiner Eignung, durch fiktive, abstrakte Gegensätzlichkeit — Nichts oder Alles! — die Kampfstellung vorzubereiten, im weitesten Ausmasse vorzufinden. Ebenso ist es ein viel-

geübter unbewusster Kunstgriff in der Malerei, die — weil vorwiegend
von Männern geübt — oft die Macht der Frau, ebenso die Furcht vor
ihr durch die räumliche Höherstellung zum Ausdruck bringt. Auch in
den religiösen und kosmogonischen Phantasien drängt sich die Vorstellung
einer Überlegenheit oft in dieser räumlichen Verlegung nach oben
durch. — Dass in dem Traume unserer Patientin das räumlich-
gegensätzliche Schema nach der Analogie „Mann-Weib"
durchschlägt, findet sich auch in dem Nebeneinander der
Patientin und der Mutter — „mit der Mutter" — angedeutet.

Dieser erste Traum der Patientin in der Behandlung beginnt also
mit Erwägungen über die Rolle des Mannes und der Frau. Man
darf es niemals unterlassen, auch wenn die Überzeugung des Psychotherapeuten bezüglich der Bedeutung dieses Problems für die Neurose
felsenfest ist, vorurteilslos die Fortsetzung des Traumes in Betracht zu
ziehen, und neue bestätigende Daten abzuwarten und zu vergleichen.
Die weiteren Erklärungen der Patientin betrafen eine Uhrkette, die
durch die Schuld ihres Mannes in Verlust geraten war. An den
Verlust einer Uhr kann sie sich nicht erinnern. Über die Bedeutung
der im Traum an Stelle der Kette gesetzten Uhr befragt, antwortet
Patientin affektvoll, aber scheinbar „vorbeiredend", nicht der Verlust
der Kette, sondern eines an dieser befindlichen Anhängsels habe sie
betrübt. — Um kurz zu sein, die an einer Damenkette herabhängende
Uhr ist identisch mit dem verloren gegangenen Anhängsel, um welches
Patientin trauert und für das sie nach einem Ersatz sucht.

Der Traum begann mit einer bildlichen, in räumliche Darstellung
gebrachten Gegenüberstellung von minderwertiger Weiblichkeit und mehr-
wertiger Männlichkeit und schliesst folgerichtig mit einem Ausdruck des
Strebens nach einem „Ersatz" für die verloren gegangene Männlichkeit.
In dieser konstruierten fiktiven Leitlinie mussten auch der Charakter,
die Affektreaktion, die Bereitschaften und die neurotischen Symptome
liegen, wie sich auch in der Folge zeigte. Die Charakterzüge der Ungeduld, Unzufriedenheit, des Trotzes und der Verschlossenheit ergaben sich demnach wie alle anderen als sekundäre Hilfslinien, die in Abhängigkeit von der leitenden Fiktion zur Erreichung
einer männlichen Höhe standen.

V. Kapitel.

Grausamkeit. — Gewissen. — Perversion und Neurose.

Der Befund grausamer Charakterzüge in allerfrühester Kindheit lässt sich in der Analyse von Neurosen und Psychosen ungemein häufig erheben. Man tut freilich unrecht, an die Lebensäusserungen der ersten zwei Jahre unseren moralischen Massstab anzulegen und Kraftleistungen solcher Kinder, die wirklich noch jenseits von Gut und Böse stehen, bereits als sadistisch oder roh einzureihen, wie es oft zu geschehen pflegt, wenn Eltern oder Erzieher aus der Vorgeschichte von Psychopathen erzählen. Denn psychisch, oder in unserem Falle neurotisch werden diese Äusserungen erst, wenn sie einem bestimmten Zwecke dienen und dazu unter Abstraktion und mit vorausblickender Tendenz konstruiert werden[1]. Dass sie sich immer aus Möglichkeiten und Fähigkeiten des Erlebens aufbauen, berechtigt natürlich nicht zur Annahme eines konstitutionellen Faktors. In der Tat findet man den Charakterzug der Grausamkeit immer nur als kompensatorischen Überbau bei Kindern, die auch sonst durch ihr Minderwertigkeitsgefühl zu frühzeitigem und überstürztem Ausbau ihres Persönlichkeitsideals gedrängt werden. Begleitende Züge von Trotz, Jähzorn, sexueller Frühreife, Ehrgeiz, Neid, Habsucht, Bosheit und Schadenfreude, wie sie regelmässig von der leitenden Fiktion erzwungen werden und die Kampf- und Affektbereitschaften formieren und mobilisieren helfen, geben das bunt wechselnde Bild des schwer erziehbaren Kindes.

Die Herrschsucht solcher Kinder tritt in der Familie und im Spiel, zumeist auch im Gang, in der Haltung und im Blick deutlich hervor. Im Spiel und in den frühesten Gedanken über die Wahl eines Berufes dringt ihr grausamer Zug oft verschleiert durch und lässt sie Henker, Fleischhauer, Polizisten, Totengräber, Wilde, aber auch Kutscher, „weil sie die Pferde", Lehrer, „weil sie die Kinder schlagen können", Ärzte, „weil diese schneiden können", Soldaten, „weil sie schiessen können", Richter etc., als Idealfiguren aufstellen[2]. Auch das Forscherinteresse mengt sich häufig drein, und das Quälen von kleinen und grösseren Tieren und Kindern, Erwägungen und Phantasien über mögliche Unglücksfälle, die oft die nächsten Angehörigen betreffen könnten, das Interesse für Leichenzüge und Friedhöfe, für sadistische Erzählungen, die das Gruseln erzeugen, nehmen ihren Anfang.

Der nächste Zweck dieser aufgepeitschten Grausamkeit ist, die stets gegenwärtigen, gleichzeitigen Möglichkeiten der Schwäche, des

---

[1] S. auch Wagner v. Jauregg, Über krankhafte Triebhandlungen. Wiener klin. Wochenschr. 1912.

[2] Adler, Aggressionstrieb l. c.

Mitleids, weil sie zur männlichen Leitlinie in Gegensatz stehen, nicht auftauchen und wirksam werden zu lassen. Die allgemeine Verbreitung dieses Hanges, männlich zu sein, der zur Überlegenheit über den anderen führen soll, erweist sich nirgends so deutlich wie an der unschuldigen Schadenfreude; beim Nervösen kann diese allerdings überaus stark betont werden und auf die unsinnigste Art zur Erhöhung des Persönlichkeitsgefühls verwendet werden. Larochefoucauld spricht es in seiner neckischen Weise aus, „dass es im Unglück unserer Freunde etwas gäbe, was uns nicht ganz unangenehm sei".

Ich hörte einen Patienten laut auflachen, als er von dem Erdbeben in Messina unterrichtet wurde. Er litt an starken masochistischen Anwandlungen. Zwangslachen tritt oft auf, wenn der Patient sich einem überlegenen Menschen gegenüber sieht, einem Lehrer etwa oder einem Vorgesetzten, der mehr als die gewohnte Autorität beansprucht. Man findet bei solchen Patienten eine ausgesprochene Neigung, andere zu beherrschen oder zu quälen, zuweilen sadistische Phantasien, bis man entdeckt, dass sich der Lachzwang, die Herrschsucht und der Sadismus über dem schwachen Punkt des Minderwertigkeitsgefühls aufbauen, um ihn zu kompensieren. — Pyromanie, die Freude an Feuerbränden und der kaum unterdrückbare Zwang, im Theater, in der Kirche an ein Feuer zu denken oder „Feuer!" zu schreien, scheint nach manchen Ergebnissen unserer Beobachtung auf die Minderwertigkeit der empfindlichen Blase und lichtempfindlicher Augen, respektive auf Vorbereitungen zu deren Kompensation zurückzuweisen.

Doch dieser Leitlinie der männlichen Grausamkeit drohen in unserer Gesellschaft mit ihren ethischen Imperativen grosse Gefahren und Unfälle, so dass sie nur gedeckt beschritten werden kann. Meist kommen Ausbiegungen und Umwege zustande, bei deren Betretung der sadistische Zug vollends oder grossenteils verloren gegangen scheint. Da gelingt es dem Nervösen, durch Milde und Weichherzigkeit sich die gleiche Überlegenheit über den Schwachen zu sichern, oder er operiert auf der neuen Linie so geschickt, dass er neuerdings eine Aggression herstellt, um andere zu beherrschen und zu quälen. Häufig findet man bei Zwangsneurosen, dass sie ihre verstärkte sadistische Leitlinie verlassen haben, und nun zu Bussübungen und sichernden Massnahmen gekommen sind, die ganz den gleichen Charakter des Zwanges tragen und auf der Umgebung nicht weniger lasten als die früheren Affektbereitschaften der Patienten, in gleicher Weise demnach geeignet sind, das Überlegenheitsgefühl des Nervösen ersichtlich zu machen. In den grossen Anfällen der sogenannten „Affektepilepsie", der Hysterie der Trigeminusneuralgie, der Migräne etc. biegt die männliche Herrschsucht auf den neurotischen Weg der Anfallsbereitschaft um, aber die Machtlosigkeit der Umgebung und ihr Leiden tritt nicht weniger, eher mehr zutage als bei offener Wut und Feindseligkeit, die sich meist in den Intervallen in der früheren Weise betätigt. Eine Neigung für Antivivisektion, Vegetarianismus, Tierschutz, Wohltätigkeit zeichnet oft diese guten Kenner fremden Leides aus, sie können keine Gans bluten sehen, „klatschen aber in die Hände, wenn ihr Gegner bankerott von der Börse geht". Ihr Hang zum Sektierertum stammt aus einem feindseligen, antisozialen Zug, und ebenso die heftige Bestreitung fremder Geltung, die sie oft vornehmen, bevor sie ein Urteil haben. Toleranz ist ihnen fremd, sofern sie sie nicht selbst schreiend einfordern.

Wenn ich hier Züge zeichne, die allenthalben anzutreffen sind, — sie sind demungeachtet Züge der überall verbreiteten Nervosität und Zeichen einer tiefgegründeten Unsicherheit. Sie sind keineswegs in der menschlichen Natur gelegen, sind vielmehr Formen des missratenen männlichen Protests, der die Sicherung des Persönlichkeitsgefühls durchführen soll. Scheitert er auf einer Hauptlinie, so werden die neurotischen Umwege beschritten, und der „Ausbruch" der Neurose oder Psychose erfolgt durch den Formenwandel und durch die Intensitätssteigerung der leitenden Fiktion.

Auch die angeborene Kriminalität des Kindes und des Verbrechers, wie sie Lombroso und Ferrero behauptet haben, muss ich leugnen, ebenso Stekels universelle Kriminalität des Nervösen[1]). Sie sind nichts anderes als Formen des durch das Minderwertigkeitsgefühl gesteigerten Aggressionstriebes, der sich der männlichen Leitlinie bedient. Der Umschlag in die deutlich sichtbare Neurose erfolgt durch Verlassen dieser geradlinigen Aggression. Wo die Furcht vor der Entscheidung ausbleibt, eine Frühfrucht der sichernden Neurose, und wo sich eine starke Entwertungstendenz gegen Leben, Ehre und Gut des Nächsten erhebt, entsteht das Verbrechen[2]).

In der entwickelten Neurose aber findet man die Erinnerungsspuren der Grausamkeit und der Kriminalität, ebenso wie die der Sexualität tendenziös übertrieben, falsch gruppiert und festgehalten. Durch die Imagination eines übertriebenen Gewissens und übertriebener Schuldgefühle wird der männliche Protest von der geradlinigen Aggression abgedrängt und auf konstruierte Bahnen der Weichherzigkeit gelenkt. Nur am Affekt, der zeitweise losbricht, in der Analyse des Anfalls, an gelegentlich hervortretenden Charakterzügen, wie so häufig bei Ausbruch einer Psychose und am Endziel der neurotischen Umwege und der aus der Richtung gedrängten Charakterzüge, an der Tatsache der Aufrichtung einer Herrschaft trotz aller Unterwerfung, der Quälerei anderer durch Selbstquälerei, und an den Beimengungen gelegentlich auftauchender, ursprünglicher und geradliniger Aggressionen merkt man, dass das alte überspannte Ziel besteht und nur ein Formenwandel der Fiktion die Richtung des Strebens auf andere, zuweilen scheinbar entgegengesetzte Wege gelenkt hat.

So können nach einer durchaus aggressiven Periode, in der Ahnung oder durch das Erleiden einer Niederlage, habsüchtige, brutale, gewalttätige Züge des Psychopathen durch die Errichtung einer fiktiven Instanz, des Gewissens, besser oder sogar allzu aufdringlich an die allgemeinen Leitbilder der Moral herangebracht werden, ebenso wie ja auch aus dem Minderwertigkeitsgefühl heraus die Linien des egozentrischen, bösen Wollens beschritten wurden. „So bin ich denn gewillt, ein Bösewicht zu werden", — in dieser und ähnlicher Weise gestaltet sich nur unmerklich und unbewusst der fiktive Lebensplan vieler Neurotiker, bis ein Blick in den Abgrund den von jähem Schwindel Erfassten von den gefährlichen Stellen reisst und ihn zu stärkerer Sicherung zwingt als unbedingt nötig wäre. Das Gewissen baut sich unter dem Druck der Sicherungstendenz aus den einfacheren Formen des Voraussehens und der Selbsteinschätzung auf, wird mit den Zeichen

---

[1]) Aggressionstrieb l. c.
[2]) A. Jassny, Das Weib als Verbrecher. Archiv f. Kriminalpsychologie 1911, H. 19.

der Macht ausgestattet und zur Gottheit erhoben, — damit der Mensch seine Richtungslinien einwandfrei ausbauen kann, damit er sich leichter zurechtfindet in der Unsicherheit des Geschehens, damit er die Wahl habe unter den Griffen und Kampfesweisen, zu denen ihn sein Wille zur Macht leitet.

Aber selbst, um besser die Griffe ansetzen zu können, bringt der Nervöse diese Umbildung von Charakterzügen zustande. So wenn er in der Furcht vor dem sexuellen Partner in neurotischer Perspektive ihm egoistische, grausame, hinterhältige Charakterzüge ganz allgemein und prinzipiell zuschreibt. Er wird dann gerne aus seinen Erinnerungen und Regungen jene hervorsuchen und übertreiben, die seinen Charakter als herzlich, milde und offen bestätigen. Er wird auch des Beweises wegen öfters so handeln, als ob seine Tugenden die Realität des Angeborenen und Unvergänglichen hätten.

Eine wichtige Frage muss noch berührt werden. Fast alle unsere nervösen Patienten kommen im Stadium der Tugend zu uns, das heisst nach der Niederlage. Wir müssen demnach darauf gefasst sein, ihren männlichen Protest weniger in geradlinigen Charakterzügen und Affekt-bereitschaften als in den neurotischen Umbiegungen, verstärkten Sicherungen und in der Analyse ihrer Träume und neurotischen Symptome mühsam zu entdecken. Es wird sich erweisen, dass das kindliche fiktive Leitbild nur stärker wirksam geworden ist, und für die zuletzt genannten Fälle, dass die neurotischen Symptome mit stärkerer Wucht zur Entwertung Anderer führen als die früheren Leit-linien der Grausamkeit und Quälsucht. Denn alle diese Linien sind gespannt zwischen der ursprünglichen Unsicherheit des konstitutionell oder subjektiv Minderwertigen und seiner unerreichbaren fiktiven Persönlichkeitsidee. Wie weit auch der Sadismus, Perversionen, Sexual-libido, oder summarisch der männliche Protest und die konstruktiven Linien des Charakters in die Tage der Kindheit zurückreichen, sie sind immer aufgebaut nach einem Lebensplan und zeigen sich von ihm ab-hängig. Die Befreiung des Sadismus aus den neurotischen Bereit-schaften, — nach Freud: aus dem Unbewussten und aus der Ver-drängung, — ist etwa einer Zurückführung der Neurose in ein früheres Stadium, in die Zeit vor der Niederlage gleichzusetzen. Freuds wissen-schaftliche Leistung, so bedeutend und folgenschwer sie auch war für das Verständnis der Neurose, gab kein richtiges Bild von der neuro-tischen Psyche. Die neurotischen Bereitschaften der Affektsteigerungen, die Züge der übertriebenen Aggression, der Überempfindlichkeit und der geradlinigen kompensierenden Charaktereigenschaften bedürfen einer Erlösung aus ihrer Überspannung. Ebenso die zuweilen frühzeitig konstruierten neurotischen Perversionsneigungen, die der allgemeinen Furcht vor Entscheidungen durch eine Kompromissbildung zu Hilfe kommen sollen. Deshalb ist die Aufhebung des Minderwertigkeitsgefühls und der daraus resultierenden Entwertungstendenz, — dieser beiden wichtigen Pole jeder neurotischen Einstellung, — durch die Einsicht und Überlegung des Patienten anzustreben. Denn sie sind, wie ihre sexuellen Analogien, (Sadismus, Masochismus, Fetischismus, Homosexuali-tät, Inzestphantasie, scheinbare Steigerung oder Abschwächung des Sexual-triebs,) bereits zum Fundament der Neurose geworden.

VI. Kapitel.

Oben—Unten. — Berufswahl. — Mondsucht. — Gegensätzlichkeit des Denkens. — Erhöhung der Persönlichkeit durch Entwertung Anderer. — Eifersucht. — Neurotische Hilfeleistung. — Autorität.— Denken in Gegensätzen und männlicher Protest. — Zögernde Attitude und Ehe. — Die Attitude nach aufwärts als Symbol des Lebens. — Masturbationszwang. — Nervöser Wissensdrang.

Die Abstraktion der Begriffe „Oben—Unten" spielt in der Kulturentwickelung der Menschen offenbar eine ungeheure Rolle, die wahrscheinlich schon an den Beginn des aufrechten Ganges der Menschheit anknüpft. Da jedes Kind dieses Geschehnis in der Entwickelungsreihe wiederholt, wenn es sich vom Boden aufrichtet, die Erziehung auch aus allgemeinen hygienischen Grundsätzen stark nachhilft, ihm das „Unten sein", das Haften und Kriechen am Boden zu verleiden, ja zu verekeln, so mag diese höhere Entwickelung im Kindesalter nicht wenig dazu beitragen, das „Oben" höher zu werten. Ein sicherer Hinweis ist in dem Benehmen kleiner Kinder zu finden, die sich trotzig zu Boden werfen, sich dabei auch wohl schmutzig machen wollen, um sich den Eltern gegenüber zur Geltung zu bringen, dabei aber verraten, dass ihnen der Begriff des „Untenseins" als Fiktion des Verbotenen, Schmutzigen, Sündhaften aufkeimt. In dieser psychischen Geste kleiner Kinder ist wohl auch das Vorbild für spätere, stark überbaute neurotische Züge, insbesondere des pseudomasochistischen Gebarens zu erblicken.

Weitere Eindrücke, wie man sie auch aus kultur- und religionspsychologischen Erkenntnissen reichlich gewinnen kann, dürften dem Eindruck der Himmelskörper entnommen sein. Wie das Kind, so kamen auch die Urvölker dazu, die Sonne, den Tag, die Freude, die Erhebung, das „Obensein" einander gleichgesetzt zu fühlen, während sie das „Unten" mit der Sünde, dem Tode, dem Schmutz, der Krankheit, der Nacht recht häufig in Verbindung brachten. Die Gegensätzlichkeit des „Oben—Unten" in den modernen Religionssystemen ist nicht minder deutlich bei den Alten zu finden. Einer Arbeit von K. Th. Preuss über „die Feuergötter als Ausgangspunkt zum Verständnis der mexikanischen Religion" (Mitteilungen der Anthropologischen Gesellschaft in Wien 1903) entnehmen wir die besondere Ausprägung dieses Gegensatzes und der Verbindung von „Unten—Oben" Der Feuergott ist zugleich der Gott der Toten, die mit ihm am Ort des Herabsteigens wohnen. Als Bilder des „Oben—Unten", d. h. des Hinabstürzens ins Totenreich galten umgestürzte Gefässe, hinabstürzende

10*

Menschen, und in diesen räumlichen Gegensatz fasste man Gedanken von erhaltender und zerstörender oder schreckender Tätigkeit[1]).

Des weiteren wirken als ausgestaltend auf den Raumbegriff des „Oben—Unten" Empfindungen und Eindrücke aus der Kindheit, die den Gegensatz noch verschärfen. Das Fallen, nach unten Fallen, ist schmerzhaft, schimpflich, unehrenhaft, zuweilen strafbar. Nicht selten ist es die Folge einer Unachtsamkeit, geringer Vorsicht, und kann deshalb auch diese Empfindungsspuren als warnende Erinnerung dauernd aufnehmen, so dass „Untensein" als prägnanter Ausdruck des „Gefallenseins", der Unachtsamkeit, der Ungeschicklichkeit, der Niederlage empfunden werden kann, nicht ohne den Protest auszulösen oder zumindest anzuregen, der sich gegen das hinzutretende Gefühl der Minderwertigkeit richtet.

Man findet ferner in dieser Kategorie des „Unten—Oben", von denen bei jedem das andere mitgedacht wird, bei Normalen und Neurotikern Gedankengänge beigemischt, die einen Gegensatz von Sieg und Niederlage, von Triumph und Minderwertigkeit ausdrücken. Im Einzelnen tauchen in der Analyse Erinnerungsspuren vom Reiten auf, vom Schwimmen, vom Fliegen, vom Bergbesteigen, vom Hinaufklettern und vom Stiegensteigen, als deren Gegensätze sich das Tragen eines Reiters, Alpdruck, Untergehen im Wasser, Herabfallen, Herabstürzen, Hemmung in einer Auf- oder Vorwärtsbewegung zeigen. Je abstrakter und bildhafter die Erinnerung wird, im Traum, in der Halluzination, in einzelnen neurotischen Symptomen, um so deutlicher sind Übergänge wahrzunehmen, die einen sexuellen Einschlag zeigen; dabei wird das männliche Prinzip, oft nur in der Auffassung einer stärkeren Kraft, als das „Oben", das weibliche als das „Unten" dargestellt. Dass Raufereien und ihre Ergebnisse diese Wertung unterstützten, ist leicht zu erkennen.

In den für das Leben vorbereitenden Spielen der Kinder (Karl Groos) ist dieser Zug nach „Oben" regelmässig zu finden. Ebenso in den kindlichen Gedanken über künftige Berufe. Bei fortschreitender psychischer Entwickelung findet man regelmässig die bremsende Wirkung der Realität, so dass die Abstraktion des „Oben" sich irgendwie konkret einzukleiden versucht. Dabei ist ungemein häufig die Vorsicht nach Art der Höhenangst am Werke und wendet den Wunsch Dachdecker zu sein, zur Berufswahl eines Baumeisters, macht aus dem Aviatiker einen Konstrukteur von Flugmaschinen, aus dem Wunsch kleiner Mädchen, wie der Vater zu werden, den erfüllbaren, als Mutter zu herrschen.

Sicherungstendenz und männlicher Protest nützen die sich ergebenden Leitlinien des „Oben sein Wollens" aufs Äusserste aus. Unter dem Drucke dieser Fiktion ist der Neurotiker bald zu männlicher Entschlossenheit, zu Kampf und Streit, zu hastigem Drängen, bald wieder zu vorsichtigem, zögerndem, zweifelndem Tun genötigt. Er ist so in die Lage versetzt, die Rechnung seines Lebens anzusetzen, und das auch in Fällen, die sich der Aufmerksamkeit des anderen noch entziehen. Ja er muss Situationen herauswittern, festhalten, aufbauschen oder arrangieren, deren Wert uns doch allzu gering erscheint. Verfolgen wir dieses Gebaren im einzelnen.

---

[1]) Für manche wertvolle historische Hinweise zu meiner Arbeit bin ich Herrn Professor Dr. S. Oppenheim besonders verpflichtet.

Ein klein gewachsenes 25 jähriges Mädchen stellt sich mit der Klage über häufigen Kopfschmerz, Affektausbrüche, Arbeits- und Lebensunlust vor. Spuren der Rachitis sind allenthalben wahrzunehmen. Die Kindheitsgeschichte deckt ein ungeheures Minderwertigkeitsgefühl auf, das insbesondere wegen der Bevorzugung eines jüngeren Bruders durch die Mutter und durch dessen intellektuelle Überlegenheit in fortwährender Spannung erhalten wurde. Der sehnlichste Wunsch dieser Patientin war immer gewesen: gross, sehr klug und ein Mann zu sein. Die vorbereitenden Attituden zur Erreichung dieses männlichen Persönlichkeitsideals nahm sie, soweit sie konnte, vom Vater. Wo ihr als kleinem, dummen Mädchen diese Möglichkeit fehlte, hat sie durch Affektbereitschaften des Jähzorns und der Wut, durch Simulation von Dummheit, Ungeschicklichkeit und Krankheit, nicht zuletzt durch das Arrangement von Faulheit ihren Angehörigen gegenüber, insbesondere im Trotze gegen die Mutter ihr imaginatives Persönlichkeitsgefühl gesichert. Ich übergehe die von ihr konstruierten Linien der Männlichkeit, der Bosheit und des Trotzes, will auch nicht ihren flammenden Ehrgeiz, noch ihren Hang zur Lüge und Prahlerei auseinandersetzen, sondern ich werde mich begnügen, zu zeigen, wie in der Sucht „Oben zu sein" alle diese Züge vereint sind und der Entwertungstendenz dienen. Zu diesem Zwecke will ich an einen ihrer Träume anknüpfen, der einen bescheidenen Hinweis auf die Psychologie der „Mondsucht" enthält. Der Traum lautet:

„Ich bin mondsüchtig geworden und bin allen Leuten auf den Kopf gestiegen."

Patientin hat vor einigen Tagen von Lunatikern sprechen gehört. In ihren Erklärungsversuchen zu diesem Traumbild taucht eine Reihe ehrgeiziger Gedanken auf, die unter anderem auch in ein sexuelles Bild der Vorherrschaft über ihren zukünftigen Mann gekleidet sind. Von früher her erinnert sie sich an Traumbilder, die sie auf einem Manne[1], auf einem Pferde reitend darstellen. Ich habe nie einen veritablen Mondsüchtigen behandelt. Aber in Ansätzen findet man dieses neurotische Symptom gelegentlich angedeutet. Es erweist sich, ebenso wie der Flugtraum, der Traum vom Treppensteigen etc. als der dynamische Ausdruck des „Obenseinwollens" im Sinne der männlichen Aggression. Bei einem Patienten, der einen stark masochistischen Einschlag zeigte, fand ich angestrengte Versuche, während seines Schlafes mit den Beinen voraus an der Wand, zur Decke des Zimmers hinauf zu gelangen. Die Deutung ergab, dass der Patient sich aus einer als weiblich gewerteten phantasierten oder realen Situation durch Umkehrung zum männlichen Protest wandte, gleichzeitig diesem durch sein Streben nach „Oben" in einem symbolischen Modus dicendi Ausdruck gab.

Der zweite Gedanke des Traumes: „ich bin allen Leuten auf den Kopf gestiegen", — ergibt den gleichen Sinn. Patientin verwendet hier eine geläufige Redensart, um auszudrücken, dass sie allen überlegen ist. Ihr Trachten nach Oben ist nur dialektisch, in einer Antithese zu verstehen, wie sich ja überhaupt das Denken des unsicheren Neurotikers gewöhnlich in scharf gegensätzlicher Richtung, in einem „Entweder—

---

[1] Eine Frau auf dem Manne reitend, findet sich direkt oder in Verkleidungen häufig als Sujet der Malerei. Ich erinnere an Burgkmair, Hans Baldung Grien, Dürer und die mehrfachen Abbildungen, welche die Geliebte Alexanders auf Aristoteles reitend zeigen.

oder" bewegt, in einer nach dem Schema des Gegensatzes von Männlich—Weiblich gefassten Abstraktion. Die zahllosen Mittelwege gelten nicht, weil die beiden neurotischen Pole, das Minderwertigkeitsgefühl auf der einen, das überspannte Persönlichkeitsgefühl auf der anderen Seite — unter der verstärkten Sicherungstendenz nur die gegensätzlichsten Werte zur Apperzeption gelangen zu lassen[1]).

Der Gedankengang dieses Traumes lässt uns die neurotischen Bereitschaften der Patientin erraten. In der Tat ist ihr männlicher Protest, ihre Neigung zur Herabsetzung anderer, ihr Ehrgeiz, ihre Empfindlichkeit, Trotz, Unnachgiebigkeit, Eigensinn auffällig genug. Die psychische Bedeutung ihres Kopfschmerzes lugt aus diesem Traum hervor. Die bisherige Analyse ergab nämlich, dass das Symptom immer im Falle des Gefühls einer Herabsetzung, einer Verkürztheit, einer „Verweiblichung" eintrat, — mit den Worten des Traumes gesprochen: wenn man ihr „auf den Kopf stieg". In den Phasen des Kopfschmerzes, also durch die Konstruktion dieser „Schmerzbereitschaft" mit folgender Schmerzhalluzination war sie der Herrschaft aller, insbesondere der Mutter, entrückt, konnte ihr Persönlichkeitsgefühl ähnlich, nur stärker steigern, wie durch Trotz, Faulheit und Eigensinn, kurz: war den andern „auf den Kopf gestiegen".

Bei Kindern ist dieser Hang nach oben unverkennbar und deckt sich vielfach mit dem Wunsche gross zu sein. Sie wollen in die Höhe gehoben werden, klettern mit Vorliebe auf Sessel, Tische und Kasten und verbinden mit diesem Streben meist die Idee, sich als unfolgsam, mutig, männlich zu zeigen. Wie nahe daran die Tendenz der Entwertung anderer grenzt, geht aus ihrer Freude hervor, wenn sie „an Grösse" nunmehr den Erwachsenen übertroffen haben. Die Steigerung des Aggressionstriebes zeigt sich bei frühzeitig neurotischen Kindern oft deutlich in dieser Schaustellung. So kommt es gelegentlich vor, dass kindliche Patienten im Ordinationszimmer des Arztes unablässig auf Stühle, Bänke und Tische steigen und so ihre Geringschätzung an den Tag legen.

Die Gefahr des Fallens, der Unfälle bei diesem Streben nach Oben, sowie die landläufige Erziehung zur Feigheit zwingen die meisten dieser Kinder zu einem Formenwandel ihrer Leitlinie oder zu neurotischen Umwegen, wobei sich die Furcht vor der Höhe, die Höhenangst wie ein Memento, meist in symbolischer Weise vor Unternehmungen und Wagnisse aller Art stellt und so eine fertige Bereitschaft begründet, die den S c h e i n e i n e r n e u r o t i s c h e n A g g r e s s i o n s h e m m u n g hervorruft. — Zuweilen geht die Sucht nach der Höhe zum grössten Teile in Tendenzen zur Herabsetzung anderer über. Die Neigung bei Dementia praecox, alle Möbel umzulegen, ist so regelmässig in Verbindung mit Herabsetzungen der Umgebung, dass die Vermutung gerechtfertigt ist, dies sei einer der fiktiven, abstrakten Umwege, auf denen der Psychotiker sein Persönlichkeitsgefühl erhöht. — In übertragener Form äussert sich diese Tieferstellung Anderer in der Schmähsucht, insbesondere aber in

---

[1]) Dass auch die tastenden, in Unsicherheit begonnenen Anfänge der Philosophie dieses gegensätzliche Denken hypostasiert haben, wurde bereits hervorgehoben. Karl Joël spricht von diesem Problem in der „Geschichte der Zahlprinzipien in der griechischen Philosophie" (Zeitschr. f. Philosophie u. philos. Kritik. Bd. 97) und hebt dort hervor: „Der eigentliche Urgrund der Antithetik ist die instinktive, eigensinnige Denkstarre, die nur Absoluta kennen will."

der neurotischen Eifersucht und im Eifersuchtswahn. — Eine
weitere, interessante Art der Herabsetzung fand ich bei Nervösen in
ihrer Fürsorge, in ihrem ängstlichen Gehaben und in
ihren Befürchtungen um das Schicksal anderer Personen.
Sie benehmen sich, als wären andere unfähig, ohne ihre Hilfe für sich
zu sorgen. Sie geben immer Ratschläge, wollen alles selbst zu Ende
bringen, finden immer neue Gefahren und ruhen nicht, bis sich der
andere kopfscheu und entmutigt ihren Händen anvertraut. Nervöse
Eltern richten dadurch viel Schaden an, auch in der Liebe und in der
Ehe kommen auf diese Weise viele Reibungen zustande. Einer meiner
Patienten, der zweimal in seiner Kindheit überfahren wurde, verband sein
beschädigtes Persönlichkeitsgefühl mit dieser Erinnerung und führte
jedesmal, wenn er Begleitung hatte, den Anderen am Arme ängstlich
über die Strasse, als ob er ihm die Fähigkeit, ohne Hilfe hinüber-
zukommen, nicht zutraute. Viele haben Sorge, wenn ihre Angehörigen
die Wagenbahn benützen, schwimmen oder Kahn fahren, geben ununterbrochen den Kindermädchen Weisungen, setzen auch ihre Entwertungstendenz mit übertriebener Kritik und mit Zurechtweisungen fort. In
der Schule, im Amt wird man bei nervösen Lehrern und Vorgesetzten
diese nörgelnden Herabsetzungen immer finden. Bei Ausübung der
Psychotherapie ist es ein Haupterfordernis, ähnliche Bereitschaften auszuschalten, auch wenn der Patient sie provoziert. Es läuft diese
Forderung auf den Verzicht drückender Autorität hinaus. Wer die
Überempfindlichkeit des Nervösen kennen gelernt hat, wird wissen, wie
leicht er sich herabgesetzt fühlt. Einer meiner Patienten, der an
Hysteroepilepsie litt, und immer sich geberdete, als wolle er sich völlig
unterordnen, fiel einmal vor meiner Türe in Bewusstlosigkeit. In solchen
„Zufällen" ist deutlich die Tendenz der Entwertung zu erkennen. Noch
im Dämmerzustand sprach er mich als „Lehrer" an und stammelte, er
werde einen Brief bringen. Nach dem Anfall bestätigte er mir, er sei
diesmal ungern gekommen. Die Analyse ergab, dass er mich, — was
aus der Situation heraus jederzeit möglich war, — zum Lehrer gemacht
hatte, um die nötige Kampfdistanz zu gewinnen, handeln zu können,
als ob er wie in der Schule zum Kommen verpflichtet wäre und eine
briefliche Entschuldigung bringen müsste. Nachdem er sich gefühlsmässig in diese Situation der Minderwertigkeit versetzt hatte, konnte er
die daraus abgeleiteten, kompensierenden Bereitschaften spielen lassen,
um mich herabzusetzen. —

Ein zwanzigjähriges Mädchen leidet an der Zwangsvorstellung, in
keiner Trambahn fahren zu können, denn es tauche immer, wenn sie
aufsteigt, der Gedanke auf, zur selben Zeit könnte ein Mann
absteigen und unter die Räder geraten. Die Auflösung ergab, dass
diese Zwangsneurose den männlichen Protest der Patientin im Bilde des
„Obenseins" darstellt, welchem entsprechend der Mann nach „Unten"
kommen, herabgesetzt werden müsste, den Schaden tragen sollte, den er
der Frau zufügt[1]). Dazu baut die verstärkte Sicherungstendenz noch den
Vorban der Angst, die der Furcht vor dem Manne weiter genügen
soll: auch dann, wenn ihre Überlegenheit gesichert wäre, könnte sie sich
zur Ehe noch nicht entschliessen. denn ihr zukünftiger Mann würde es

[1]) Laura Marholm führt folgendes Gedicht an:
„Die Frau, das ist ein Rosenstock,
„Kommt her, frisst auf der Ziegenbock.

recht schlecht bei ihr haben. — Man versteht von diesem Punkte aus
das oft unbegreifliche Streben mancher neurotischer Mädchen und Frauen,
ihrem Partner die grössten Opfer und schwersten Prüfungen zuzumuten,
soferne sie dadurch zu einer Erhöhung ihres Persönlichkeitsgefühls, zum
Scheine der Manngleichheit zu gelangen hoffen.

Das Denken in schroffen Gegensätzen ist also allein schon
ein Zeichen der Unsicherheit und hält sich an den einzig realen Gegensatz, den zwischen Mann und Frau. Damit ist auch schon ein Werturteil
gegeben, das unmerklich in jede „Antithetik" (Joel) hineinfliesst, weil
diese immer nach dem Bilde der Zerlegung des Hermaphroditen in eine
männliche und weibliche Hälfte vorgenommen wird. Plato hat dieser
Idee vielleicht am reinsten Ausdruck gegeben. Und die menschliche
Anschauung hat sich bis Kant nicht aus den Fängen ihrer selbstgeschaffenen Fiktion befreien können. — An die Gegensätzlichkeit der
Geschlechter aber und an die damit verbundene Höherwertung des
männlichen Prinzips klammert sich das neurotisch disponierte Kind, um
seiner Unsicherheit zu entgehen, und um Richtungslinien für seine
leitende Persönlichkeitsidee zu finden. So kommt es, dass diese leitende
Fiktion ein männliches Aussehen erhält, und dass bei allem Erleben
und Streben des Nervösen der männliche Protest als
ordnendes und treibendes Prinzip durchdringt. Im obigen
Symbol des räumlichen Gegensatzes von „Oben—Unten" lässt sich der
Gegensatz der Geschlechter vorzüglich ausdrücken. Und so wird verständlich, dass in jeder unserer psychologischen Analysen dieser Ausdruck
eines scharf gegensätzlichen Schemas irgendwie hervortreten muss. Ob
dabei aus den Realien der frühen Kindheit und ihren Eindrücken, aus
Beobachtungen des Sexualverkehrs bei Menschen oder Tieren Verstärkungen
geholt werden, oder ob nicht das Höhenbewusstsein des Mannes die
normale Situation des Sexualverkehrs fixiert hat, ist eine offene Frage.

Das „Obenseinwollen" der nervösen Frau ist durch ihr männliches Leitbild erzwungen und stellt den Versuch einer Identifizierung
mit dem Manne vor. Die Aufdringlichkeit und „Denkstarre", mit der
dies, wenn auch auf neurotischen Umwegen, geschieht, bezeugt die
ursprüngliche Unsicherheit und Furcht, man werde einmal „unten",
herabgesetzt, weiblich sein. So kommt die transzendentale Persönlichkeitsidee zu ihrer beherrschenden Macht, weil sie die Kompensation, die
Beruhigung des Minderwertigkeitsgefühls „im Jenseits", in Aussicht
stellt. „Ich will oben, ich will ein Mann sein", spricht dann jede Geste,
„weil ich fürchte, als Frau unterdrückt und missbraucht zu werden".
Damit wird der Ehrgeiz, der Neid etc. verstärkt, und ein ungemein
geschärftes Misstrauen wendet sich frühzeitig gegen jede Möglichkeit
einer Verkürzung. Bei wirklichen Herabsetzungen aber flammt der
männliche Protest auf und führt bei geringfügigen, oft nichtigen Anlässen
schon zu den bekannten, unangenehmen Reibungen der Nervösen mit
ihrer Umgebung, zu denen prinzipielle Rechthaberei und Gerechtigkeitsliebe, der eigensinnige Scharfsinn und der Scharfblick des Nervösen die Bereitschaften und Griffe bilden, das vorgeschobene Angriffsorgan, um dem Machtgefühl zu seiner Bestätigung
zu verhelfen. Dabei wird man niemals, insbesondere in Zeiten grösserer
Unsicherheit, das „Suchen nach Unten" vermissen, der verschärfte
Blick für erlittene Demütigungen und Kränkungen, Verkürzungen und
Zurücksetzungen, ferner Arrangements von Depression, Angst, Reue,

Schuldgefühlen und Gewissensbissen. Nun werden stärkere Sicherungen angebracht, neue neurotische Symptome und Umwege konstruiert, die neurotischen Charakterzüge werden prinzipieller und abstrakter und das entwickelte Bild der Neurose tritt hervor[1]). Damit ist die Revolte zur Erzielung eines höheren Persönlichkeitsgefühls richtig angezettelt; die Einleitung dazu bildet das Kranksein selbst und die Krankheitsbereitschaft, die in irgendwelcher Weise der Umgebung gegenüber als Machtmittel ausgenützt wird. —

Eine 21jährige Patientin kommt wegen schwerer Depression, Schlaflosigkeit und Zwangsgedanken, dass sie sterben müsse, in Behandlung. Es erweist sich, dass sie immer neurotische Charakterzüge gehabt hat. Die Zwangsneurose brach aus, als es mit einer Beziehung zu einem Manne, der sie heiraten wollte, ernst wurde. Diese typische pathogene Situation bringt das neurotische „Nein" zutage, und während Patientin ihre Vorbereitungen zur Ehe trifft, mit ihrem Jawort nicht zögert, arrangiert sie die Neurose und benimmt sich so, als ob sie nicht heiraten wollte. In allen diesen überaus häufigen Fällen ist der nächste Schritt ein Junktim, das also lautet: Wenn ich gesund werde, meine Zustände verliere etc. (bei Männern oft: wenn ich potent werde) so werde ich heiraten. Durch dieses Junktim, das einem Schwanken, einem Zweifel, einer besonderen Vorsicht gleichwertig ist, entschlägt sich der Patient aller Verantwortlichkeit, hat den Riegel bis auf weiteres heimlich vorgeschoben, kann aber so tun, als ob er ganz gerne die Türe öffnen wollte. Die Züge des Misstrauens, der Rechthaberei, Herrschsucht und des „Obenseinwollens" treten in der Analyse deutlich hervor, und man kann leicht wahrnehmen, dass die Furcht, dem Partner nicht gewachsen sein, die Bedrohung des Überlegenheitsgefühls in der Liebe oder Ehe, den heimlichen Rückzug verlangt und das neurotische Symptom konstruiert. Nicht selten findet man eine tendenziöse Wertung der eigenen Sexualität, von der ohne Beweis oder durch Zuhilfenahme von Erinnerungen, wie sie jedem zu Gebote stehen, oder auch durch Inszenierung von unbewussten Fälschungen der Eindruck gesucht wird, dass sie zu gering oder zu gross sei, als dass man eine Ehe riskieren könnte.

Die weiteren Mitteilungen der Patientin gingen dahin, zu erklären, sie könne nichts unternehmen, da bei allem der Gedanke auftauche, es sei ohnehin unnütz, da alle sterben müssen. Wie man sieht ein unsinniger Gedanke, der gleichzeitig sinnreich ist, vor allem aber Zeit und Entwicklung zum Stillstand bringt und der Patientin den Eintritt

---

[1]) Während der Niederschrift fand ich einen mit grosser intuitiver Kraft geschilderten Typus dieser Art Menschen, bei denen das „Obenseinwollen" besonders krass hervortritt in Alfred v. Berger's Hofrat Eysenhardt, dessen Lektüre ich allen Psychotherapeuthen empfehlen möchte. Man wird in dieser Schilderung den ganzen von uns gezeichneten Typus von einem Dichter geschaut wiederfinden. Der allzustarke Elan des Vaters, das Minderwertigkeitsgefühl des Knaben mit dem kompensatorischen männlichen Protest. — Steigerung des Sexualbegehrens, des Willens zur Macht, Vorbereitung zum Vatermord, Fetischismus, richterliche Laufbahn; — verstärkte Sicherungen bei einer Niederlage; — Konstruktion von Reue, Gewissensbisse, Halluzinationen und Zwangsvorstellungen als rachsüchtige Verwerfung des staatlichen Autoritätsgedankens; Verlust eines Zahnes und verstärkte Furcht vor der Frau als Ursache eines weiter gesteigerten männlichen Protestes und damit abermals das Arrangement gesteigerten Sexualbegehrens, — alles eindrucksvoll und durchsichtig, eine Schilderung des neurotischen Umweges, die an die Bilder Dostojewskys erinnert und keiner weiteren Erklärung bedarf.

in die Ehe unmöglich macht. Die Überzeugung, dass Patientin nur gezwungen zum Arzt gekommen war, eine Heilung gar nicht anstrebte,
vielmehr bloss den Beweis der Unheilbarkeit verlangte,
ergab sich demnach von selbst. Einer ihrer Träume zeigt vieles aus
dieser Konstellation. Er lautete:

„Es kommt ein Arzt zu mir, der mir sagt, ich möge, wenn mir
Gedanken über das Sterben kommen, springen und singen. Dann würden
die Gedanken verschwinden. Dann wird ein Kind (zögernd) — ein
grösseres — gebracht. Es hat Schmerzen und weint. Es bekommt
eine Medizin, damit es sich beruhigt und einschläft.“

Der Arzt im Traume hat sie einmal behandelt, als sie als Kind an
Scharlach erkrankt war. Im Traume spricht er in Worten, die sie
während ihrer gegenwärtigen Erkrankung von ihren Angehörigen und von
Ärzten immer wieder gehört hat. Er gibt ihr Ratschläge wie einem Kinde,
die alle nichts nützen. Diese Gedanken zielen auf mich und drücken
die Erwartung aus, auch meine Mittel würden nichts nützen. Selbstverständlich ist dieser Traum in einer Nacht geträumt, in der sie ge-
schlafen hat, — zum ersten Male nach einer längeren Periode der Schlaflosigkeit. Da Patientin darin einen teilweisen Erfolg der Behandlung
sieht, reagiert sie mit stärkerer Aggression: auch meine Mittel taugen
nichts. Denn: — — —. Die zweite Szene ist die Umschreibung einer
Geburt. Die zögernde Hervorhebung der „Grösse“ des Kindes zeigt,
wo die Gedanken der Träumerin weilen: bei einem kleinen Kind, bei
einem Neugeborenen. Der Ausdruck: ein Kind wird gebracht (ergänze:
zur Welt) ist der Vorstellung vom Gebären entnommen und deckt diese
in der skizzenhaften Darstellung des Traums. Das Pulver,
welches das Kind bekommt, ist das Schlafpulver der Patientin aus einer
früheren Behandlung, ein Hinweis, dass auch die Schmerzen zur Patientin,
das heisst zum Gebären gehören. Mit anderen Worten drückt hier die
Patientin aus: ich kann nicht schlafen, weil ich an das Gebären mit
seinen Schmerzen denke. Gebären, Schmerzen, Sterben, darin sieht sie
ihr sicheres Schicksal, deshalb denkt sie an das Sterben, um
nicht gebären zu müssen.

Die übertriebene Sicherung gegen das Gebären ist ein Formen-
und Intensitätswandel ihrer männlichen Fiktion. Sie betritt, um sich
vor der weiblichen Rolle zu sichern, den neurotischen Umweg, fixiert
unter antizipierender Tendenz den Gedanken an das Gebären und Sterben
als Memento und will lieber ein Kind sein, ein Pulver bekommen, als
psychotherapeutisch geheilt zu werden. Denn ihre Heilung bedeutet die
Einordnung in die weibliche Rolle. Nun wendet sich der Kampf in ver-
schärfter Tendenz gegen den Arzt, der die Schlaflosigkeit heilen will.
Sie muss ihm überlegen bleiben, muss ihn Unsinn reden lassen,
und ihm diktieren, dass er sie so behandle, wie sie als Kind, — mit
einem Medikament, — behandelt wurde. Die Zwangsneurose stellt ihre
sichernde Privatphilosophie von der Eitelkeit alles Seins vor.

Man gewinnt bei unserer Art der Neurosenpsychologie immer den
Eindruck, dass die neurotische Geberde, die eben in Sicht kommt,
präzise auf das Finale, auf den fiktiven Endzweck gerichtet ist, etwa
wie wenn man auf einem Film des Kinematographen eine der mittleren
Aufnahmen untersucht. Die Aufgabe besteht nun darin, diese Geberde,
eben die Symptome, Bereitschaften und Charakterzüge zu erkennen und
ihr Ziel begreifen zu lernen. In jeder neurotischen Attitude liegt der

Anfang und das Ziel andeutungsweise verborgen[1]). Diese Feststellung ist das Fundament jeder individual-psychologischen Methode und deckt sich mit unseren übrigen Befunden. Man wird deshalb in der Analyse eines Symptoms oder eines Traumes jedesmal das „Unten" — die Empfindung des Weiblichen, der Minderwertigkeit — und des „Oben" — männlichen Protest, fiktives Endziel — in Spuren wiederfinden, in der Art einer nach aufwärts gerichteten psychischen Attitude, in einem stark gegensätzlich gefassten, „hermaphroditischen" Bild, im neurotischen Umweg, der als solcher die Tendenz charakterisiert, gegen Widerstände durch Kunstgriffe aufzukommen, oder auseinandergelegt, so dass im Wechsel und Schwanken der psychischen Erscheinungen bald das „Unten" bald das „Oben" zutage tritt. — Oft ist dieses „Oben sein wollen" stark bildlich ausgedrückt, insbesondere in Träumen, aber auch in Symptomen, setzt sich symbolisch als Wettlauf, als Aufflug, als Bergbesteigung, als Treppenbesteigung, als Auftauchen im Wasser etc. durch, während das „Unten" durch Fallen, kurz durch eine Bewegung nach abwärts dargestellt wird. Ebenso häufig findet sich zu dem gleichen Ausdruck das Bild oder die Tatsache des Sexualverkehrs symbolisch verwendet. Ich will hier über die Träume eines Patienten berichten, der aus Erinnerungen an Schwäche und auffälliges weibliches Verhalten für seine männliche Zukunft fürchtete. Ein Traum aus seiner frühen Kindheit, der ihn lange mit Schrecken erfüllte, zeigte ihm das Bild, wie er von einem Stier verfolgt wurde. Als Bauernsohn verstand er frühzeitig, dass dieser männliche Verfolger einen Wettlauf gegen eine Kuh, die Pat. selbst vorstellte, aufnahm. Als er in die Schule gehen sollte, richtete er seine Schritte geradewegs auf die Mädchenschule, und musste unter Anwendung von Gewalt in die Knabenschule gebracht werden. Sein Leben fasste er unbewusst als Wettlauf auf, zu dem er unausgesetzt Vorbereitungen traf. Als er sich um ein Mädchen bewarb, stach ihn sein Freund aus. Als er vor einer Heirat stand, fürchtete er die Überlegenheit seiner zukünftigen Frau, verfiel in Zwangsmasturbation, hatte gehäufte Pollutionen und bekam einen Tremor, der ihn bei seinen Arbeiten und an der Vorrückung im Amte störte. Natürlich stellte er das Junktim auf, nur dann zu heiraten, wenn er gesund würde, ein Gedanke, der klug und berechtigt erscheint, dem Patienten aber gestattete, wie hinter einem Schleier heimlich gegen die Heirat zu operieren, von der er eine Herabsetzung seines Persönlichkeitsgefühls befürchtete. Der Tremor stellte dabei den vorausgefühlten Beginn einer Paralyse vor, die er wegen masturbatorischer Exzesse befürchtete. Nachdem er sich in dieser Art gesichert hatte, bedurfte er noch der Bestätigung seines unheilbaren Leidens, und so stellte er sich den Ärzten weinend vor. Unsere Besprechungen ergaben mir das Bild eines rastlos ehrgeizigen Menschen, der immer die Anderen herabsetzen wollte, aber vor einer ernsthaften Entscheidung zurückschreckte. Auch Liebesbeziehungen waren bei ihm in der Hauptsache Mittel, um den Beweis seiner überlegenen Männlichkeit zu erlangen. So stürmisch er sich auch um ein Mädchen bewerben konnte, in dem

---

[1]) Mit Recht hebt Bergson das Gleiche von jeder Bewegung hervor. Bei genügendem Wissen und ausreichender Erfahrung kann man in jedem psychischen Phänomen Vergangenheit, Gegenwart, Zukunft, aber auch das erstrebte Finale herausfinden. Und so darf jedes psychische Phänomen, auch jeder Charakterzug gleich dem minderwertigen körperlichen Organ als Symbol des Lebens aufgefasst werden, als Versuch des Aufstiegs, des männlichen Protestes.

Augenblick, als es ihm entgegenkam, verlor es jeden Reiz für ihn. Ausserdem knüpfte er, als er der Verlobung näherkam, andere aussichtslose Beziehungen an, oder gestaltete sie aussichtslos, lief so seinen Körben nach, um sich durch die Empfindung seiner Einflusslosigkeit auch seiner zukünftigen Braut gegenüber als minderwertig einschätzen zu können. Daraus gewann er dann immer wieder neu den Antrieb, gegen die scheinbar gewünschte Heirat heimlich zu operieren.   Einer seiner Träume lautete:

„Ich bin bei meinem alten Freunde und spreche mit ihm über einen gemeinsamen Bekannten.   Er sagt, was hat der von seinem Gelde, er hat doch nichts gelernt."

Auch der alte Freund, der unseren Patienten bei einem Mädchen ausgestochen hat, ist in der Unterrealschule durchgefallen und hat das Studium aufgegeben.   Patient ist ihm überlegen, denn er hat die Technik absolviert.   Er bekennt sich zu der sublimen Lehre: Wissen ist mehr als Geld, — insbesondere da dieses Bekenntnis seiner Fiktion, oben zu sein, zustatten kommt und ihn tröstet.   Der gemeinsame Bekannte steht hier statt des von beiden umworbenen, reichen Mädchens. Der Wettlauf beginnt abermals.   Unser Patient wird von seinem Rivalen als Sieger erklärt. —

Ein zweiter Traum aus dieser Nacht macht dies deutlicher. Patient träumt, „als ob er ein Mädchen aus dem niederen Volke zu Falle gebracht und entehrt hätte."   Die Fiktion dieses Traumes besagt noch um eine Nuance deutlicher, dass er „oben" sei.   Das früher umworbene Mädchen ist hier im Sinne des Patienten herabgesetzt, verarmt und erkennt in ihm ihren Herrn. —

Ganz kurz will ich an dieser Stelle erwähnen, dass die Vielheit von Träumen in einer Nacht sich daraus erklärt, dass mehrfache Versuche des Vorausdenkens, der probeweisen Lösung eines Problems unternommen wurden.   Es stellt sich dabei regelmässig heraus, dass — wie bei Nervösen leicht begreiflich — ein einziger Weg zur leitenden Persönlichkeitsidee der Vorsicht nicht genügt.   Der Traum wird dann unter dem Einfluss der weitergehenden Sicherungstendenz noch abstrakter, bildlicher, und man hat dann nach der Deutung aller Träume einer Nacht mehrere psychische Attituden, aus deren Vergleich die Dynamik der Neurose um vieles deutlicher wird.   Im obigen Fall unterwirft sich der Rivale im ersten Traum, und der Reichtum des Mädchens, ihre Macht, wird bezüglich der Geltung entwertet.   Der zweite Traum hat dem Mädchen auch diese Macht genommen. sie in die weibliche Situation, „nach unten" gebracht, und dies unter weitestgehender Abstraktion, so dass dem in Betracht kommenden Mädchen nichts Persönliches mehr, bloss ihre untergeordnete Rolle geblieben ist. — Patient äussert übrigens mehrfach Gedanken, dass für ihn nur ein ungebildetes Mädchen vom Lande tauge, der gegenüber er stets die herrschende Person sei[1]).   Auch das Mädchen, die er zur Braut wählen will, schreckt ihn wegen ihrer Intelligenz.   Dies ist der Zug vieler Neurotiker, der sie immer unter ihrem sozialen Niveau wählen lässt, und so kommen Gedanken und Tatsachen zustande, wie die, eine Prostituierte, ein kleines Mädchen zur Liebe oder Ehe zu wählen, nekrophile Neigungen etc.   In allen ähnlichen Fällen wird man

---

[1]) Ein weiterer Traum der gleichen Nacht könnte von der sexuellen Eroberung eines Mädchens handeln.

die Entwertungstendenz gegenüber der Partnerin beobachten können, die unter Konstruktion von Misstrauen, Eifersucht, Herrschsucht, ethischen Prinzipien und Forderungen die Herabsetzung der Frau einleiten soll.

Ein weiterer Traum zeigt den Wettlauf recht drastisch. „Ich bin mit dem Zug gefahren und sah beim Fenster hinaus, ob der Hund noch mitläuft. Ich dachte, er habe sich zu tot gelaufen. sei unter die Räder gekommen. Es war mir leid um ihn. Dabei fiel mir ein, dass ich jetzt einen anderen Hund hätte, der aber plump ist." Mit seinem alten Freund und Rivalen ist er oft um die Wette Rad gefahren und blieb meistens zurück. Jetzt, wo sein Freund sozial schlechter gestellt ist wie er, „kann ihm der Freund nachlaufen", wie man in Wien sagt, wenn man sich mit seiner Überlegenheit brüstet. Die Verwandlung in einen Hund ist ein Produkt der Entwertungstendenz und ziemlich häufig. Bei einem Falle von Dementia praecox beobachtete ich, dass der Kranke allen Hunden die Namen bedeutender weiblicher Personen gab. Der Hund stellt auch seine zukünftige Braut vor, die ihm ja auch den Vorrang streitig macht. Ihr Tod würde ihn von seiner Furcht befreien, ebenso wäre er frei, wenn sie einem zweiten Bewerber, wie sein Misstrauen ihm öfters zuflüstert, Gehör schenkte, wenn sie unter die Räder käme. Wenn dieser Fall eingetreten wäre, täte es ihm leid. Im Traum setzt er diesen Fall als eingetreten und antizipiert seine Trauer. Der „plumpe Hund" ist ein Mädchen, die ihn durch ihr Entgegenkommen um diese Zeit degustiert hatte, mit der er auch fertig geworden ist.

Seine Abneigung gegen Personen, die ihm „über" sind, ist grenzenlos und prinzipiell. Eines Nachts träumte er: „Unser Gesangverein gab ein Konzert. Der Platz des Dirigenten war leer". Der Verein, dem er angehörte, musste einmal ohne den Dirigenten singen, weil dieser den Zug versäumt hatte. Diese Situation scheint ihm die geeignetste: wir brauchen keinen Dirigenten! Solcher Art ist die gewohnheitsmässige Geberde in allen Situationen, in denen nicht er der Dirigent ist. —

Wie bei männlichen Nervösen entspringt auch bei weiblichen der Masturbationszwang der Tendenz, einer Entscheidung auszuweichen und dadurch „oben" zu bleiben. In den Masturbationsphantasien der Mädchen findet man das Weib oft in der Rolle des Mannes. Auch die Lage, die dabei eingenommen wird, ist zuweilen die des Mannes. Bei Männern dient die Masturbation 1. dem Beweise, dass man allein bleiben könne, 2. zum Vorwand und zur Verhinderung des Sexualverkehrs, den man wegen der Überlegenheit der Frau fürchtet, ist also der Sicherungstendenz entsprungen. Bringt die Situation die Notwendigkeit stärkerer Sicherungen herbei, so tritt Impotenz oder die entwickelte Neurose auf, nicht etwa als Folge des Verzichts auf die Masturbation, sondern als verstärkte Sicherung. — Die Masturbationsphantasien bei Nervösen haben oft einen masochistischen oder sadistischen Einschlag, je nach der Phase des männlichen Protestes, deren Darstellung sie dienen.

Unter den vorbereitenden Handlungen und neurotischen Bereitschaften, die der Sicherung nach „Oben" dienen sollen, nehmen die Neugierde, der Forschertrieb, die Neigung alles sehen zu wollen, der „Voyeurtrieb" der Autoren eine hervorragende Stellung ein. Diese Regungen sind immer der Beweis einer primären

Unsicherheit, zu deren Kompensation die Richtungslinien des Forschens entworfen werden. Sie dienen besonders in der entwickelten Neurose sekundär den Zwecken der Verzögerung, dem Plane, der Entscheidung auszuweichen, und werden im Leben, speziell in der Erotik recht häufig aus einem Mittel in einen Zweck verwandelt, auf den sich alle Regungen der Psyche beziehen. Forschen, die Wahrheit suchen, sich in allem zurechtfinden wollen, die bekannte neurotische Gründlichkeit, — dies sind dann die Züge, die das Persönlichkeitsgefühl aufbauen und heben oder behüten müssen.

VII. Kapitel.

Pünktlichkeit. — Der Erste sein wollen. — Homosexualität und Perversion als Symbol. — Schamhaftigkeit und Exhibition. — Treue und Untreue. — Eifersucht.

Eine bei Nervösen häufige Erscheinung betrifft ihre prinzipielle Haltung in der Frage der Pünktlichkeit. Gemäss unseren Auseinandersetzungen über die nervöse Pedanterie ist die Erwartung berechtigt, man werde unter den Patienten ziemlich viele pünktliche Menschen treffen. Es ist in der Tat so. Man kann aber dabei leicht die Beobachtung machen, dass gerade diese Patienten mit dem Gedanken spielen, wie es wäre, wenn sie den Anderen warten liessen, ein Gedankengang, der den Gegensatz zum Anderen andeutet. Immerhin bleibt in dieser Attitude der Pünktlichkeit soviel Aggression übrig, dass diese Patienten mit grosser Schärfe von allen die gleiche Pünktlichkeit fordern, infolgedessen oft in die Lage kommen, ihre Griffe und neurotischen Anfallsbereitschaften bei der Unpünktlichkeit Anderer zu aktivieren. — In anderen Fällen findet man, dass der Stolz es gebietet, regelmässig zu spät zu kommen, was dann, wenn Andere warten müssen, unter einer Flut von mehr weniger haltbaren Entschuldigungen, als Erhöhung des neurotischen Persönlichkeitsgefühls empfunden wird. Dieses „Zuspätkommen" eignet sich ganz besonders dazu, die Furcht vor Entscheidungen zu ersetzen. Die Gesellschaftsfähigkeit wird in erster Linie bedroht, und ebenso sind Berufspflichten sowie Beziehungen zu Freunden und geliebten Personen bald wieder ausgeschaltet. Ermahnungen sind gänzlich fruchtlos, denn die trotzige Attitude erfasst sie nur als Bestärkungen in ihrem Verharren. Der Nervöse kann mit seinem ewigen Zuspätkommen die Situation beherrschen und seine Angehörigen vor ein unlösbares Problem stellen. Die Auswahl dieser Charakterlinie erfolgt oft nach einer gesuchten Analogie: „weil ich auch unter meinen Geschwistern zu spät, als der Zweite, als der Letzte zur Welt gekommen bin", „weil ich nicht später gekommen bin, an Stelle eines jüngeren Bruders, einer Schwester"! — Man sieht wie durch ein neurotisches Junktim, — Minderwertigkeitsgefühl und Geburtenabfolge der Geschwister, — eine breite dauernde Operationsbasis zum Kampfe um die Überlegenheit geschaffen wird. — Patienten, die überall zu früh kommen, zeigen auch sonst immer den Charakterzug der Ungeduld. In einem Gefühl der Verkürztheit fürchten sie immer wieder neue Verluste, und sichern sich, indem sie fest an ihren „schlechten Stern" glauben. Auch bei diesen Nervösen findet man oft als Gegenspieler einen älteren Bruder, mit dem sie wie in einem Wettlauf begriffen sind, eine analogische Fiktion, keineswegs aber die ursächliche Veranlassung zu ihrem Verhalten.

Auch fiktive Erstgeburtsrechte werden für später geborene Kinder oft ein Antrieb zur Erhöhung ihrer Persönlichkeitsidee, wie über-

haupt nach meiner Erfahrung zweit- und später geborene Kinder die grössere
Neigung zur Neurose und Psychose, sicher aber den grösseren Ehrgeiz
zeigen [1]). In ihrem neurotischen Gehaben tritt oft als bildliche Analogie
die Geschichte von Jakob und Esau hervor, als Hinweis, dass es darum
geht, der Erste zu sein. Ihre Vorbereitungen und Bereitschaften
werden immer darauf hinzielen, keinen gelten zu lassen, jede Beziehung mit den Mitteln der Liebe und des Hasses so um-
zugestalten, dass ihre Überlegenheit zutage kommt. Die
Entwertungstendenz geht oft über alle Grenzen. Dieser Typus schreckt
nicht davor zurück, sich zu schädigen, wenn er nur den Anderen damit
treffen kann. — Im Formenwandel der Leitlinie kommt es oft zu Anschauungen wie der Cäsars: Lieber im Dorfe der Erste als in Rom der
Zweite, — lieber bei der Mutter, beim Vater die Herrscherrolle spielen,
als sich einem ungewissen Los in der Ehe auszusetzen etc. — Vorgesetzten, Lehrern, Ärzten gegenüber regen sich häufig Hassgedanken.
Sie sind meist Spielverderber in der Gesellschaft, sobald ihre Überlegenheit nicht deutlich hervortritt, und sie brechen jede Freundschafts-
und Liebesbeziehung nach kurzer Zeit oft ab, wenn sich der Andere
nicht willenlos unterordnet. Sehr häufig ist ihr Benehmen gleich anfangs
brüsk und feindselig, denn sie stehen schon im Kampf, bevor der Andere
es ahnt. Sie können es nicht vertragen, wenn jemand vor ihnen steht
oder geht, und weichen jeder Schulprüfung aus, weil ihnen die Überlegenheit des Prüfers unerträglich ist. Dass alle diese Erscheinungen
auf das Familienmilieu letzter Linie hinzielen können, oft in die unbewusste Absicht münden, die Familie müsse für sie sorgen, ist ein
weiterer Schritt zur Erweisung der Bedeutung und Wichtigkeit der
Persönlichkeitsidee dieser Patienten. Zuweilen betreiben sie ihre Neurose,
wie Andere Erbschleicherei betreiben.

Häufig versteckt sich in dem neurotischen Bestreben eines männlichen Patienten, der Erste bei der Frau sein zu wollen, — sei es dass
er ihr Vorleben mit Eifersucht und Misstrauen durchstöbert und sich
stets hintergangen glaubt, sei es dass er angespannt darüber wacht, ob
die Frau einen Anderen vorziehen könnte, — die Furcht vor der Frau
als Ausdruck des Gefühls einer unvollkommenen Männlichkeit. Nur
Sicherheit will der Nervöse dann in diesem Punkte haben, und geht
darin zuweilen soweit, der Frau allerlei Prüfungen aufzuerlegen. Bei
der nunmehr entbrennenden Eifersucht ergeben sich die Griffe von
selbst, mittelst deren die Frau herabgesetzt wird, und das Persönlichkeitsgefühl des eifersüchtigen Nervösen hebt sich dadurch so deutlich,
dass er oft nicht imstande ist, sich von der mit Recht oder Unrecht
Beschuldigten zu trennen. Letztere Tatsache, die man öfters beobachten
kann, hängt ganz an der männlichen Leitidee des Patienten. Er kann
den Gedanken nicht ertragen, dass man ihn verlassen könnte, und
konstruiert nun die Tatsachen dergestalt um, dass er von der Liebe,
vom Mitleid, von der Furcht vor einem Unglück, das die Frau oder
die Kinder treffen könnte, gehindert wird, den letzten Schritt zu tun.

Vielfach baut sich der Drang, der Erste sein zu wollen, allen zu
imponieren, auf einem Minderwertigkeitsgefühl auf, das sich auf die
Kleinheit der Gestalt oder der Genitalien mit scheinbarem Recht oder
mit Unrecht bezieht. In der entwickelten Neurose bricht der Patient

---

[1]) Vgl. Frischauf, Zur Psychologie des jüngeren Bruders. E. Reinhardt,
München. (Im Erscheinen begriffen.)

mehr weniger entfernt von der Gelegenheit, wo er sich beweisen sollte, durch Arrangement eines neurotischen Symptoms ab. Als ein häufiges Symptom dieser Art konnte ich Zwangserröten beobachten.

In schwächerer Ausprägung findet sich die Tendenz, der Erste sein zu wollen, als allgemein menschlicher Charakterzug, und zugleich mit ihm finden wir auch regelmässig kämpferische Neigungen bei allen Menschen. Der Wettlauf im Leben beginnt eben schon in der frühesten Kindheit und schafft sich seine psychischen Organe und sichernden Charakterzüge. So findet man oft bei Kindern als hervorragenden Charakterzug, dass sie als die ersten essen, trinken wollen, dass sie gerne voraus laufen, um früher als andere an Ort und Stelle zu sein. Nicht selten treiben sie um das 5. Lebensjahr das Spiel, mit jedem Wagen um die Wette zu laufen, und viele Kinderspiele danken der Idee des Wettlaufes ihren Ursprung. Manche Menschen behalten diese Neigung zeitlebens in Form einer unbewussten Geste, müssen in Gesellschaft immer an der Spitze gehen oder verdoppeln ihre Schritte, wenn ihnen auf der Gasse jemand vorauseilen will. In übertragenem Sinne macht sich dieselbe Tendenz darin auffällig, dass ihre Träger Heroenkultus treiben, wobei der tiefere Sinn, selbst Heros, Achilles, Alexander, Hannibal, Caesar, Napoleon, Archimedes zu sein nebenbei zutage kommt, so zugleich die leitende Fiktion als auch das ursprüngliche Minderwertigkeitsgefühl verratend. Auch die Gottähnlichkeit tritt als werbende Fiktion auf und zeigt sich zuweilen im Märchen, in der Phantasie und in der Psychose. Wir haben hervorgehoben, dass bei diesem Stand der Bereitschaften und Charakterzüge alle Bande der der Freundschaft, der Liebe bedroht sind, und wenn die stärkere Unsicherheit es verlangt, so drängt sie den Patienten in den Zweifel, lässt ihn Schreckpopanze oder Idealgestalten aufstellen, durch die er sich dauernd vor der Wirklichkeit sichert. Eine Karikatur Caesars, sucht er nun die Mutter, die kleine Stadt, die kleinen Verhältnisse, wandert zuweilen ruhelos von einer Wohnstätte zur anderen, als ob die äusseren Verhältnisse an seiner Zerrissenheit die Schuld hätten. Oft richtet sich in dieser entwickelten Neurose der Sexualtrieb des Patienten auf Kinder, niedrig stehende Personen, Dirnen; homosexuelle, perverse oder masturbatorische Neigungen werden konstruiert und festgehalten, weil der Patient auf diese Weise die Situation leichter zu beherrschen hofft. Denn die Furcht vor der Frau lässt eine natürliche Liebesbeziehung so wenig zu, dass der Nervöse, um seiner befürchteten Niederlage auszuweichen, auch zum Ausweg der Ejaculatio praecox, der Pollutionen und der Impotenz gelangt.

Ähnlich ergeht es den nervösen Frauen von diesem Typus, bei denen häufig die Rivalität in der Gesellschaft, mit Freundinnen in der grossen Stadt, mit Schwestern, mit der Tochter und Schwiegertochter heimlich wühlt, zu neurotischen Sicherungen zwingt und so krankmachend wirkt. Bei männlichen Nervösen führt zuweilen die gesellschaftliche Stellung zur Entwickelung der Neurose, sobald der Vorrang im Geschäft, in der Wissenschaft im Geniessen in Frage kommt und bestritten wird.

Wo das Minderwertigkeitsgefühl des jüngeren Kindes das fiktive Leitziel nach dem Erstgeborenen oder Frühergeborenen formt, sind es die mannigfachsten wirklichen und angeblichen Güter, die das Begehren und den Neid des jüngeren Kindes aufstacheln. Fast immer

werden dem Pädagogen Züge auffallen, wie Neid wegen der Grösse des
älteren Bruders, wegen seiner Behaarung, wegen der Grösse seiner
Genitalien. Dass es sich bei diesen Urteilen um fiktive Werte handelt,
ergab sich mir auch gelegentlich der psychotherapeutischen Behandlung
zweier Brüder, von denen jeder den anderen wegen der grösseren
Genitalien in der Kindheit beneidet hatte. Ebenso wird eine wirkliche
oder in der Natur der Sache gelegene Bevorzugung des älteren Bruders zum
Angriffspunkt genommen. Dass er ins Theater, auf Reisen mitgenommen
wird, dass er erfahrener im Sexualproblem ist, sich sexuell betätigt,
dass er von Mädchen und vom weiblichen Dienstpersonal bevorzugt wird,
kann das jüngere Kind bei vorliegendem Minderwertigkeitsgefühl mit
unendlicher Bitterkeit erfüllen. Denn diese wehmütige, zuweilen
hoffnungslose Stimmung ist bei unseren Patienten durch frühzeitige
Empfindungen von Organminderwertigkeit bedeutsam vorbereitet und
kann unglaublich hohe Grade erreichen. Zuweilen erscheint dem Kinde
der Wettkampf aussichtslos. Es biegt seine männnliche Tendenz nach der
pseudomasochistischen[1]) Seite um und will nunmehr sein männliches Leitziel erreichen, indem es seine Krankheits- und Schwäche-
empfindungen stark unterstreicht, sich masslos beugt und unterwirft, in
der Hoffnung, so den Schutz der Eltern und Stärkeren, die Herrschaft
über sie und damit die ersehnte Sicherung im Leben zu gewinnen. Ich
sah Fälle, wo lang andauernde Katarrhe in der Kindheit (Czerny's
exsudative Diathese) durch fortgesetztes Räuspern und Schnauben unterhalten wurden, zu Nieskrämpfen und Asthma führten (S. Strümpell's
Asthmatheorie), wobei gleichzeitig weibliche Fiktionen von Schwangerschaft und Kastration in Verbindung mit übertriebenen analen Empfind-
lichkeiten einen symbolisch zu verstehenden homosexuellen Einschlag
bewirkten. In einem dieser Fälle war die fiktive weibliche Einstellung
soweit gegangen, dass der Patient im Formenwandel seiner Leitlinie
zur Identifizierung mit der jüngeren Schwester kam. Und da die Mutter
eine auffällige Neigung zeigte, immer zu spät zu kommen, nahm er
diese Wahrnehmung und seinen Wunsch an Stelle der später geborenen
Schwester zu sein, zum Leitmotiv, um überall im Leben, auch bei mir
in der Behandlung regelmässig zu spät zu kommen, eine Erscheinung,
die nicht bei ihrer Aufdeckung, sondern erst nach eingetretener Heilung
schwand. Bei diesen weiblichen Einstellungen wird der männliche
Protest durch einen Umweg über die weiblichen Linien erstrebt, wird
durch Tagesphantasien, Reizbarkeit, Rechthaberei, Unzufriedenheit
regelmässig flankiert und ist in der Regel durch die Furcht vor der
Prüfung, vor Entscheidungen, vor dem geschlechtlichen Partner auf
Abwege gedrängt, so dass perverse Regungen, Zwangsonanie und
Pollutionen häufig zu finden sind. Die initialen Organminderwertigkeitserscheinungen können verschwunden oder als Rest noch vorhanden
sein. Kleinheit und Anomalien der äusseren Genitalien sind zuweilen
nachzuweisen, äussern sich aber in der Regel nur psychisch durch die
Furcht, dem geschlechtlichen Partner nicht zu imponieren. Diese
Gefühlslage führt oft zu Eifersüchteleien, Quälsucht und sadistischen
Neigungen, die den Beweis der Potenz, des Geliebtwerdens durchsetzen wollen.

[1]) Nach unserer Auffassung ist jede Inversion und Perversion gleichnisweise
und symbolisch. Zum Pseudomasochismus s. „Die psychische Behandlung der Trigeminusneuralgie" l. c.

Oft ist der Stolz des Patienten so gross, dass er selbst seiner Eifersucht nicht gewahr wird. Gemäss unserer Anschauung ergibt sich als Lösung dieser psychischen Konstellation, dass der männliche Protest neben anderen Wirkungen auch die Verdrängung der Eifersucht herbeiführt, um das Persönlichkeitsgefühl nicht sinken zu lassen. Die Konsequenz dieser Verdrängung ist gering, höchstens dass Patient in unklare Situationen gerät. Im allgemeinen aber handelt er so, als ob er eifersüchtig wäre, und dies oft mit solcher Deutlichkeit, dass es jeder weiss, nur der Patient es nicht wahrnimmt. Zuweilen allerdings maskiert sich diese Eifersucht mit Depression, Kopfschmerz, Flucht in die Einsamkeit etc. —

Ich will noch den Traum eines Patienten folgen lassen, der wegen Depression und Gesellschaftsangst in meine Behandlung kam, weil er in der vom Patienten vorgenommenen teilweisen Deutung viele der eben beschriebenen Punkte aus dem Wettlauf eines Neurotikers mit seinem älteren Bruder aufweist.

„Es war mir, als ob ich mit meinem Bruder Josef eine Wette abgeschlossen hätte, früher an einem bestimmten, im Traume nicht gekennzeichneten Orte zu sein als er.„

„Ich sah mich nun plötzlich in einem dreiräderigen kleinen Automobil auf der Landstrasse, und bemühte mich, mittelst einer kleinen, schlüsselähnlichen Handhabe, die ich nur zwischen Daumen und Zeigefinger nehmen konnte, das Auto so gut als möglich zu lenken. Ich fuhr sehr unsicher und fühlte mich unbehaglich. Auch auf Seitenwege kam ich, auf denen ich nicht weiter konnte. Die Leute, denen ich begegnete, staunten und lachten. Ich sah mich veranlasst, das Auto auf den Rücken zu nehmen und wieder auf die Landstrasse zurückzukehren. Dort fuhr ich in derselben Weise weiter.“ —

„Plötzlich sah ich mich mit meinem dreiräderigen Vehikel in einem Zimmer eines Wirtshauses, das mir wohl bekannt war und auf einem nahen Berge meines Heimatsortes liegt. Mein Auto schob ich jetzt in eine Ecke und bekümmerte mich nicht mehr um dasselbe. — In demselben Lokal war mein Bruder schon vor mir angekommen; ausserdem sass dort eine mir gut bekannte, stark verschuldete Familie, bestehend aus Herrn und Frau M. und deren beiden Töchtern. Ich und mein Bruder bekümmerten uns nicht um sie. Da kam Herr M. an unseren Tisch, sprach mit uns, und schliesslich begaben wir uns mit ihm an den Tisch der Familie, was mir aber nicht angenehm war.“

„Der Gedanke einer Wette ist in meinen Gesprächen mit meinem Bruder aufgetaucht. Er gab mir den Rat, mich nicht frühzeitig an jenes leichtsinnige Mädchen zu binden, das ich heiraten wollte, und erzählte mir aus seinem Leben, welch schlimme Folgen dies für einen aufstrebenden Mann haben kann. Ich sah dies ein und versprach, in seinem Sinne handeln zu wollen. Er nahm solche Versprechungen immer sehr ungläubig auf. Dies reizte mich zu einer Wette. In früheren Jahren, als ich noch nichts von dem wusste, was er tief in seinem Innern mit sich trug, da erschien er mir als ein Vorbild, und ich wetteiferte, in bezug auf Charakter, Denkungsart, Auftreten so zu werden wie er. Jetzt sehe ich, dass ich in Vielem nicht so sein darf wie er, um nicht auf ebensolche Wege zu kommen.“

„Mit einem Auto kann man sein Ziel früher erreichen als zu Fuss. Dieses Auto jedoch stellt offenbar das Weib dar, an das ich mich ge-

11*

kettet hatte.   Ein dreiräderiges Auto ist unvollkommener als das vier-
räderige, es fehlt ihm etwas.   Ebenso ist es beim Weib.   Der Mann ist
vollkommen.   Dazu der Gegensatz: die kleine Handhabe.   Ich habe
schon in früher Jugend bei Mädchen nach etwas gesucht.   Es war mir
etwas unklar an ihnen.   Öfters hat es uns unter eine Brücke gezogen,
und doch wussten wir nicht, was wir über uns durch die Ritzen zu
sehen erwarteten.   In jener Zeit, — ich konnte fünf Jahre alt gewesen
sein, — hatte ich von den geschlechtlichen Vorgängen nicht die leiseste
Ahnung („unsicher“), und war auch keiner geschlechtlichen Verirrung
anheimgefallen.   Ich kann mich aber erinnern, dass mich in jener Zeit
schon etwas zu Mädchen hinzog. — „Die kleine Handhabe am Auto“
deutet zugleich darauf hin, dass ich auch dem Weibe gegenüber eine zu
kleine oder gar keine Handhabe (Penis) besass, weshalb das Mädchen
mir überlegen werden musste.“ —

„Mit meinem Auto, d. h. durch das Weib kam ich auf Seitenwege,
die ich gar nicht gehen konnte, und die mich dem Ziele, das ich
erreichen wollte, meinem Weg zur Höhe, nicht näher brachten.“

„Ich nahm das Auto auf den Rücken, das Weib war auf diese
Weise mehr denn je über mir.“

„Das Wirtshaus, in dem ich mich endlich mit meinem Bruder
wiederfand, steht auf dem Gipfel eines Berges; es deutet dies auf mein
heisses Verlangen hin, einmal Grosses im Leben zu erreichen, wie ich
es von meinem Bruder erwartet hatte.“

„Dass ich mit einer stark verschuldeten Familie zusammentraf,
deutet darauf hin, dass ich mir schon oft übertriebene Gedanken
darüber gemacht, wieviel eigentlich das Weib dem Manne kostet, und
dass das Weib nur zu oft Ursache der Verschuldung ist.“

„Es ist mir klar, dass auch Gedankengänge an die Masturbation
(Seitenwege, Verschuldung) in den Traum hineinspielen, ebenso der
fälschliche Zusammenhang von Masturbation und Verkümmerung der
Genitalien.   Letzterer schrieb ich die Unsicherheit meiner Braut gegenüber zu, zu deren Entfernung (in die Ecke) ich, ohne es zu wissen,
alle Anstalten traf.   Mein Depressionszustand gilt dem gleichen Ziel,
frei von der Frau, meine Überlegenheit im Leben zu erweisen.“ —

In unserer Physiognomik der Seele, als welche wir die Charakter-
lehre zusammenfassen, haben wir des öfteren schon von jenen scharf
hervorspringenden, prinzipiellen Zügen gesprochen, die wie ein aufdringlicher Beweis der Männlichkeit das Persönlichkeitsgefühl stützen
und heben sollen, als wäre eine Deklassierung, die Offenbarung einer
weiblichen Rolle zu befürchten.   So zeigt uns die übertriebene Schamhaftigkeit mancher Nervöser, Männer, die keine öffentliche Bedürfnis-
anstalt aufsuchen können, an „Harnstottern“ bei Anwesenheit Anderer
leiden, sich durch Zwangserröten oder Angst und Herzklopfen jeder
weiblichen Gesellschaft entziehen, den aufgepeitschten männlichen Ehrgeiz, der sich gegen das ursprüngliche Minderwertigkeitsgefühl stützt.
Der männliche Protest dieser im innersten Kern unsicheren Patienten
treibt sie zu diesem Arrangement, dessen Grenzen in das der Schüchternheit und Ungeschicklichkeit übergehen; oder es kommt zu einem
Zusammenwirken dieser und anderer Züge, die sich auch gelegentlich
vertreten können.   Häufig findet man bei nervösen Personen beiderlei
Geschlechts eine Unfähigkeit, angesichts anderer Personen den oft
dringlichen Weg zum Klosett zu nehmen.   Die grössere Schamhaftigkeit

weiblicher Personen, insbesondere nervöser, in allen Beziehungen des
Lebens stammt aus dieser, aus der frühen Kindheit übernommenen
Furcht, es könnte die Aufmerksamkeit auf ihr Geschlecht gelenkt
werden. Ich habe mich oft davon überzeugt, dass die Leistungen von
Mädchen und Frauen unter diesem mehr weniger unbewussten Eindruck
erheblich leiden, ja dass oft der Fortschritt in der geistigen Entwickelung, — genau so wie bei männlichen Patienten, die sich unmännlich fühlen, — die Anknüpfung von gesellschaftlichen, beruflichen und
Liebesbeziehungen prompt gehemmt werden, sobald der Patient in eine
„weibliche", oder untergeordnete Situation gerät oder diese Erwartung
bei Anderen voraussetzt.

Dieses Ergebnis wird in keiner Beziehung berührt wenn a l s
s c h e i n b a r e Q u e l l e der Aggressionshemmung offene oder „verdrängte"
Sexualerregungen zutage treten. Sie sind nämlich gleichfalls arrangiert,
haben den Zweck, die Furcht vor dem Partner zu steigern und den im
Lebensplan vorbestimmten Rückzug mit Sicherheit eintreten zu lassen,
sind also auch Akte der Vorsicht. Auf diese Vorsicht aber hat es der
Nervöse schon in seiner Kindheit angelegt, und in ihr spiegelt sich als
Leitlinie der sichernden Schamhaftigkeit das Schamgefühl und die
Prüderie der Kultur. Man kann von der übertriebenen Schamhaftigkeit
aus der Vorgeschichte der Patientinnen erfahren, auch zuweilen von
denen, die sonst ein bubenhaftes Wesen zeigten, und man kann bei
nervösen Kindern beobachten, wie sie ängstlich jede Entblössung vermeiden und alle Anwesenden aus dem Zimmer schicken, auch wohl die
Türen versperren, wenn sie sich entkleiden müssen. Dieses Verhalten
wird man öfters auch bei Knaben wahrnehmen, die unter Mädchen
aufwachsen. Der männliche Protest der letzteren äussert sich in diesen
Fällen in absichtlicher und unabsichtlicher Herabsetzung des Knaben,
bis dieser zur Verheimlichung seiner Männlichkeit gelangt. Für die
Entwickelung der Neurose hat dieser Kunstgriff der Feigheit eine folgen-
schwere Bedeutung. Er ist gleichwertig etwaigen späteren Kastrationsgedanken und -wünschen des Neurotikers, Wünschen, ein Weib zu sein,
sobald ihm die Furcht vor der Frau aktuell erscheint, oder sobald er
vor einer Entscheidung fliehen will. Und ist doch ursprünglich aus
dem Zwange einer übermännlichen Fiktion erwachsen, was man leicht
aus den begleitenden, oft überdauernden Charakterzügen der übertriebenen
Herrschsucht, des brennenden Ehrgeizes, der Sehnsucht, Alles haben zu
wollen, überall der Erste zu sein, aus den Affektbereitschaften des
Jähzorns und der Wut, aus der Entwertungstendenz und aus der übergrossen Vorsicht ersehen kann!

Ist demnach die nervöse Schamhaftigkeit dem heimlichen Versuche
gleichzusetzen, den Mann spielen zu wollen, so tritt dieses „Rollen-
bewusstsein" (G r o o s) bei dem scheinbar gegensätzlichen Charakterzug
der nervösen S c h a m l o s i g k e i t deutlicher hervor. In Wirklichkeit erweist
sich diese letztere Linie als Verstärkung und Fortsetzung der ersteren,
als aufdringliche Erinnerung an die Umgebung, dass man ein Mann sei.
Die leitende Idee, welche die Bereitschaft oder die Gewohnheit der
e x h i b i t i o n i s t i s c h e n G e b e r d e zeitigt, damit gleichzeitig oft ver-
letzende, taktlose Aufdringlichkeit gegenüber der Umgebung, verrät im
einzelnen den starken männlichen Einschlag. So, wenn bei nervösen
Knaben oder Männern der sexuelle Exhibitionismus durchbricht oder
sich gewohnheitsmässig in bestimmten Toilettefehlern äussert. In allen

ähnlichen Fällen findet man den Glauben an die Macht des Phallus
ganz wie in den antiken Religionskulten als männliches Machtbewusstsein
konstruiert, und auf diese Art das Persönlichkeitgefühl gesichert. Auch
narzissistische Züge sind regelmässig beigemengt, so dass in diesen
Fällen die Attitude der Sieghaftigkeit, begleitet von Koketterie,
von Unfähigkeit an eine Absage zu glauben, dem Beobachter besonders
ins Auge fällt. — Bei schamlosen Mädchen tritt dieser Zug als unge-
wöhnlich noch deutlicher hervor. In Worten, in der Kleidung, im
Betragen, zuweilen nur in Kleinigkeiten, zuweilen zotenhaft oder in Form
der Koprologie demonstrieren sie ihre schlechte Einfügung, ihre Unzufriedenheit mit der weiblichen Rolle. Die Operationsbasis ergibt sich
für beide Geschlechter dann in der Weise, dass jedes vom anderen die
Anerkennung oder eine übertriebene Folgsamkeit verlangt. In der Analyse
solcher neurotischer Mädchen, zuweilen nur in ihren Träumen und Symptomen findet man die kindliche Erwartung einer Verwandlung ins
männliche Geschlecht, sonst durchgängig als versuchten Ersatz den
Willen zur Macht, den Wunsch, oben zu sein. Treffen zwei Personen
dieser Art zusammen, so ergibt sich nicht selten, dass die verstärkte
männliche Leitlinie des einen nach Art eines Wunders, eines Talismans
auf die weibliche Person vorläufig wirkt, weil auch in ihrem Leitziel
der Wunderglaube an die Männlichkeit und an ihre Zauberkraft enthalten ist. So wird oft beiden die Erfüllung eines Schicksals, das zu-
fällig scheint, durch die inhärente Kraft ihrer Persönlichkeitsidee aber
gegeben ist. — Öfters findet man schamloses Gebaren bei nervösen
Mädchen als Antizipation ihrer fiktiven Erwartung; sie benehmen sich so, als ob sie ein Knabe, ein Mann wären, zeigen
sich nackt oder erleben in nervösen Symptomen, Träumen und Phantasien ihre männliche Wiederkunft. Vielfach beobachtet man bei solchen
Patientinnen den Versuch, die Zaubermacht des Phallus unter Formenwandlung der Fiktion anderen Körperteilen, z. B. den eigenen Händen,
Füssen, Brüsten zuzuteilen, die so ins Männliche gerückt als Fetische
in besondere Gunst genommen werden und eine narzissistische Verehrung
geniessen, wie oft auch das Genitale oder der ganze Körper. Dieser
Fetischismus überträgt sich fast regelmässig auf die Kleidungsstücke
und macht einen grossen Teil der Zauberkraft der Mode aus, von der
wir demnach annehmen müssen, dass sie wie der Fetischismus selbst
als Ersatz einer verloren geglaubten, immer wieder zu suchenden
Männlichkeit mit ihrer grösseren Einflusssphäre anzusehen ist.

Ebenso wie die Schamlosigkeit ist die prinzipielle neurotische
Untreue mancher kranken Patientinnen nach dem übertriebenen,
apperzipierten männlichen Ebenbild gemacht. Sie deutet uns einen der
Wege an, die durch das männliche Endziel erzwungen werden, ist wie
viele der neurotischen Charakterzüge oft nur ideell, Stimmungs- oder
Weltanschauungssache (Marczinowsky), oder reicht nur bis zu jener
Grenze, wo die Realität der weiblichen Rolle beginnt. Viel häufiger
findet man als Sicherung in der Furcht vor dem Manne die Tugend der
Treue. Phantasien von Untreue, zuweilen bis zu halluzinatorischer
Stärke oder in Träumen ergeben sich manchmal bei starker wirklicher
oder angenommener Unterdrückung durch den Mann, in der Weise von
Rachegedanken, oder um grössere Sicherungen in der eigenen Sphäre,
auch durch Heranziehung und stärkere Unterwerfung des Mannes durchzuführen. Prostitutionsphantasien deuten in diesen Fällen die neuro-

tische, übertreibende Perspektive auf die Kraft des Sexualtriebs an und dienen dem gleichen Zweck der Sicherung. Überhaupt ist bei Patientinnen, die leicht von ihrer Sexualität sprechen, die Vermutung gerechtfertigt, dass sie mit grosser Übertreibung ihren Schreckpopanz ausmalen. Die Wirklichkeit spricht immer zu ihren Gunsten. Bei Mädchen findet man manchmal die heilige Überzeugung ihrer Untreue ganz im Vordergrund. Man darf daraus schliessen, dass ihnen auch ein einziger Mann zu viel wäre, dass sie sich vor der Liebe, besonders aber vor der Ehe schützen wollen: „denn zu welchem Ende müsste meine Leidenschaft mich führen?" Auch die tatsächliche Untreue mancher männlicher und weiblicher Neurotiker führt oft auf die Furcht vor dem einen Partner zurück, dessen Überlegenheit sie fürchten. Das Verständnis der begleitenden Symptome, Angst vor dem Alleinsein, Platzangst, Gesellschaftsangst etc., unsoziales Verhalten, Fixierung von Kinderfehlern, die Krankheit selbst, die Entwertung des anderen Geschlechts geben immer weitere Handhaben, den fiktiven männlichen Zweck dieser Charakterzüge zu erkennen. Oft gibt verschmähte Liebe das Gefühl der Herabsetzung der Persönlichkeit in dem Masse, dass Hass, Gleichgültigkeit oder Untreue als männlicher Protest zustande kommen.

An dieser Stelle sind noch einige Beobachtungen nachzutragen, wie ich sie bei nervösen Eifersüchtigen machen konnte. Immer gilt es der Suche nach Beweisen des eigenen Einflusses auf den Partner, und jede halbwegs taugliche Situation wird zum Experiment ausgenützt. Die Unersättlichkeit, mit der der Nervöse dann seinen Partner prüft, weist deutlich auf sein dürftiges Selbstvertrauen, auf seine geringe Selbsteinschätzung, auf seine Unsicherheit hin, so dass leicht zu erkennen ist, wie seine eifersüchtigen Bestrebungen dazu dienen, sich mehr in Erinnerung zu bringen, mehr Aufmerksamkeit auf sich zu lenken und so sein Persönlichkeitsgefühl zu sichern. Man wird in jedem Falle das alte Gefühl der Verkürztheit und Zurückgesetztheit, oft bei den nichtigsten Anlässen, wieder aufleben sehen, mit der alten kindlichen Attitude, Alles haben, den Beweis seiner Überlegenheit von dem Partner erlangen zu wollen. Ein Blick, ein Gespräch in Gesellschaft, ein Dankeswort für eine Hilfeleistung, Sympathiebezeugungen gegen ein Bild, gegen einen Autor, gegen einen Verwandten, selbst ein schonungsvolles Verhalten gegen Dienstboten kann zum Anlass der Operation genommen werden. Man hat in schwereren Fällen den deutlichen Eindruck, als ob der Eifersüchtige nicht zur Ruhe kommen könnte, weil er sich wegen seiner Mängel ein ruhiges Glück nicht zutraut. Nun entwickelt sich die Neurose, indem sie durch Arrangement von Anfällen den Partner an sich zu fesseln sucht, sein Mitleid erregen will oder aber eine Strafe für den Partner bedeuten soll. Kopfschmerzen, Weinkrämpfe, Schwächezustände, Lähmungen, Angstanfälle und Depression, Versinken in Schweigen etc. haben den gleichen Wert wie der Verfall in Alkoholismus, in Masturbation, Perversion oder Liederlichkeit. Die Linien des Misstrauens und Zweifels, — oft an der Legitimität der Kinder, — treten stärker hervor, Wutausbrüche und Beschimpfungen, Pauschalverdächtigungen gegen das ganze andere Geschlecht sind regelmässige Erscheinungen, und weisen auf die zweite Seite der Eifersucht, als einer Vorbereitung zur Herabsetzung des Anderen hin. Oft hindert der Stolz das Bewusstwerden der Eifersucht. Das Gebaren bleibt das gleiche. Steigerungen sind nicht selten dadurch bedingt, dass der andere Teil mit unbewusster Genugtuung der Hilflosigkeit des Eifersüchtigen gegenübersteht, sein Überlegenheitsgefühl dadurch begründet, und deshalb nicht den richtigen Ton, die zweckmässige Geberde findet, den Ausbau der Eifersucht wenigstens einzuschränken. Eifersucht gegen die Kinder führt oft zu schweren Erziehungsfehlern. Die Bedrohung des Wunderglaubens an die Sexualorgane durch Geburten oder durch das Altern lässt bei Disponierten fast regelmässig eifersüchtige Regungen stärker hervortreten.

VIII. Kapitel.

Furcht vor dem Partner. — Das Ideal in der Neurose. — Schlaflosigkeit und Schlafzwang. — Neurotischer Vergleich von Mann und Frau. — Formen der Furcht vor der Frau.

In diesem Ringen der Nervösen um die Erfüllung des männlichen Leitzieles kann es niemals ausbleiben, wie wir hervorgehoben haben, dass sich die Furcht vor der Entscheidung als Furcht vor dem anderen Geschlecht, dem Prüfstein der eigenen Kraft, dem Erfüller der leitenden Idee in hervorragender Weise kundgibt. Die Vorbereitungen für den Kampf um die Überlegenheit werden von Mädchen und Knaben in der Familie, im Spiel, in der Ansammlung von Erfahrungen aller Art, in der Phantasie, in Tagträumen, im Miterleben von wirklichen Ereignissen und Dichtungen so frühzeitig, so reichlich und so einheitlich getroffen, dass in der Zeit der Pubertät sichere Bereitschaften für die Liebe und Ehe bestehen, und dadurch allein die Auswahl und die Richtung der Erotik in engen Grenzen vorbestimmt ist. Nun überlege man, welcher Art die Vorausbestimmung des Liebesobjektes bei Nervösen sein mag! Da ist die Herrschsucht, die Überempfindlichkeit, der Ehrgeiz, die Unzufriedenheit und alle die beschriebenen nervösen prinzipiellen Charakterzüge, die sichernden Bereitschaften des Misstrauens, der Vorsicht, der Eifersucht, die Entwertungstendenz, die überall nach Fehlern sucht, die neurotischen Abbiegungen und Umwege, die zuerst die eigene Hörigkeit anstreben, um von dieser Basis aus ihre Überlegenheit zu erweisen oder zu flüchten. Das neurotische Junktim mengt sich ein und verlangt zur Liebe noch eine schwer oder gar nicht zu erfüllende Eigenschaft, oder der Partner soll (Plato und viele neuere Sexualpsychologen) „das Fehlende ergänzen", was nichts anderes heisst, als er soll die von dem Suchenden kompensatorisch konstruierte Persönlichkeitsidee erfüllen oder vorstellen. Auch das normale Kind erwartet von der Zukunft, und insbesondere von seiner Liebeswahl die Erfüllung seiner Ideale. Aber zur gegebenen Zeit ist es imstande, nachdem es sich von seiner Idee als Mittel hat treiben lassen, von ihr zur Wirklichkeit abzuspringen und mit dieser zu rechnen. Anders der Neurotiker. Er kann seine neurotische Perspektive aus eigener Kraft nicht verändern, seine starr gewordenen Prinzipien nicht aus dem Spiele lassen, seinen Charakterzügen nicht gebieten. An seine Idee gekettet, bringt er die alten Vorurteile und Voreingenommenheiten auch in die Liebesbeziehungen und handelt so, als ob sie ihm nicht Realität sondern die Sicherung seiner Idee, den Triumph seines überspannten männlichen Protestes gewährleisten müssten. Und bald ist die Enttäuschung da. Denn sie wird von dem Nervösen als Vorwand, als Sicherung gegen die herabsetzende Distanzwirkung seines fiktiven Finales eingeleitet und protegiert. Sie gibt die geeignete Basis ab, um den Kampf gegen den Partner weiterzuführen, jede Gelegenheit zu seiner Erniedrigung wahrzunehmen. Und dies waren doch die nächsten Ziele der alten Bereitschaftsstellungen.

Unbewusst schwebt die Furcht vor dem geschlechtlichen Partner in der Seele des wachsenden Neurotikers, als ahnte er für diese kommende Zeit das Ende seiner männlichen Fiktion und damit die Vernichtung seines Persönlichkeitsgefühls, des Leitsterns seiner Unsicherheit im Chaos des Lebens. Er stellt Ideale auf, um die Wirklichkeit zu entwerten. Er schraubt sein Persönlichkeitsgefühl oft in narzissistischer Weise so hoch als möglich, um jeden Partner klein erscheinen zu lassen. Er umgibt sich mit der Mauer des krassesten Egoismus, um den Beweis seiner Untauglichkeit sich und Anderen zu liefern. Er arrangiert in neurotischer Weise Zweifel, Unsicherheit, Ungeschicklichkeit, hält alte Kinderfehler aufrecht, konstruiert neue Mängel, um nicht anzukommen. Und er erdichtet Schwäche, Unterwürfigkeit, masochistische Regungen, um sich zu erschrecken. Die Macht des Sexualtriebs wird ihm zur „überwertigen Idee" (Wernicke), weil er sie braucht, und er empfindet sein eigenes Sexualverlangen als die Überlegenheit des anderen Geschlechtes. Der Nervöse ist zur Liebe unfähig, nicht weil er seine Sexualität verdrängt hat, sondern weil seine starren Bereitschaften an der Linie seiner Fiktion, an den Linien zur Macht liegen. Die nervösen Karikaturen des Don Juan, der Messalina sind trotz ihrer Sexualität Neurotiker. Die Invertierten aber und Perversen sind bereits der ihnen drohenden Klippe ausgewichen und versuchen nur mehr aus der Not eine — Tugend zu machen. Und wo scheinbar der Inzestgedanke eine Hemmung des Liebeslebens bewirkt, konnten wir zeigen, dass er eine sichere Zuflucht des vor der Entscheidung bangen Nervösen bedeutet, den sichernden Weg zur Mutter oder zum Vater, eingekleidet in ein sexuelles Gleichnis.

Besser gelingt die Flucht vor dem Partner, insbesondere die Flucht vor der Frau den nervös disponierten Menschen, die frühzeitig den Weg in einen Beruf, in eine künstlerische Betätigung gefunden haben. Wohl kann sie mitten in ihrer Arbeit die Furcht vor der Entscheidung, vor der Zukunft, vor dem Leben, vor dem Tode ereilen, wenn ihnen eine weibliche Rolle, eine Niederlage droht. Oft aber findet der Nervöse in befriedigender Arbeit das Mittel, sein Selbstgefühl zu sichern, oder seine Begabung gibt ihm im Formenwandel der Fiktion Gelegenheit, in der Kunst nach der Palme der Männlichkeit zu ringen. Nicht selten schlägt dann als Motiv und Inhalt seines Schaffens durch, was ihn in die sichernden Gefilde der Kunst getrieben hat: die Macht des Weibes, die Furcht vor der Frau.

In dieser Richtung liegt der grossartige, wirkende Zauber, der aus vielen Mythen, aus Schöpfungen der Kunst und Philosophie zu uns spricht: die Schuld der Frau, — das banale cherchez la femme, — an allem grossen Unheil. Bizarr malt sich der Gedanke bei Baudelaire: „Ich kann mir eine Schönheit ohne ein damit verbundenes Unglück gar nicht vorstellen," mystisch und erhaben im Evamythos, dessen Spuren in der Poesie nie vergangen sind. Die Iliade baut sich auf dieser Grundlage auf, ebenso 1001 Nacht, und wenn wir näher zusehen, jede grosse und kleine künstlerische Leistung. Was ist ihr leitender Gedanke? Nichts Kleineres als einen Standpunkt zu gewinnen in der Unsicherheit des Lebens, im Kampfe mit der Liebe, im Beben vor der Frau. *Δός που στῶ!*

Die Frau als Sphynx, als Dämon, als Vampyr, als Hexe, als männermordendes Scheusal, als Gnadenspenderin, — in diesen Bildern spiegelt sich der durch den männlichen Protest aufgepeitschte Sexualtrieb, die in der Karikatur der Frau, in zotenhaften, galligen Ergüssen, in Anekdoten und Schwänken, in herabsetzenden Vergleichen ihr Gegenstück haben. Ebenso drängt das nervöse, spiessbürgerliche Mannesbewusstsein und die Gier nach Überlegenheit zu gefesteten Überzeugungen, deren Entwertungstendenz dahin geht, der Frau die Gleichberechtigung, zuweilen auch die Daseinsberechtigung abzusprechen.

Eine andere Richtung von Gedankengängen Nervöser führt in der Sicherung vor der Frau konsequenterweise auch abseits von der Gegenwart und vom Leben. Schopenhauer kam auf diesem Wege, — die Vorbereitungen stammen aus seiner feindlichen Beziehung zur Mutter, — zur Verneinung des Lebens, der Gegenwart, aller Zeiten. Etwas weniger folgerichtig und methodisch flüchten viele der Patienten in der Furcht vor der Frau, aber ewig lüstern nach der Erfüllung ihrer Fiktion, in Phantasien und Träume, mit denen sie die Zukunft umspinnen. Jeder Nervöse zeigt diesen Zug, will die Zukunft erforschen und erhellen, um sich rechtzeitig zu sichern. Seine vorsichtig-ängstliche Erwartung gibt den Grundton künftiger Ereignisse: grau, düster, voll Gefahren. Denn so müssen sie ihm erscheinen, um als Antrieb wirksam zu werden. Nun kann er, die grösste Gefahr im Auge behaltend, die Linien seiner Charakterzüge und Bereitschaften haarscharf ausziehen, um sich zu sichern. Jetzt glaubt er den Weg zu seinem Leitziel gefunden zu haben, und er lässt statt des Ehrgeizes, statt der Sehnsucht nach Sieg und Triumph, nach Ansehen, Erhebung, Macht und Bewunderung oder neben ihnen seine neurotischen Symptome und Anfälle wirken. Er empfindet unter dem Zwang seiner Leitlinie als Gabe der Prophetie, was nüchterne Menschen in ihrem Vorausdenken und in ihrer Berechnung der Wirklichkeit besitzen. Aber mit den neurotischen Bestrebungen des Vorausdenkens berührt die Aufmerksamkeit Probleme und reiht sie nach der starren, gegensätzlichen Apperzeption des Nervösen ein, die eine Niederlage als Tod, als Minderwertigkeit, als Weiblichkeit und den Sieg als Unsterblichkeit, Höherwertigkeit, männlichen Triumph wertet, während die hundert anderen Möglichkeiten des Lebens in abstrahierender Weise ausgelöscht sind. Ebenso ist damit der Weg zur Antizipation künftiger Schrecken und Triumphe, sowie zur halluzinatorischen Verstärkung zwecks Sicherung beschritten. Die Psychosen zeigen diesen Weg in klarerer Weise, die Melancholie und die Manie als Antizipationen des reinen „Unten oder Oben", die Dementia praecox, Paranoia und Zyklothymie in ihren Mischungen.

Anerkennung und Ausbau der Charakterlinien in prinzipieller Weise erfolgen nun unter Rücksichtnahme auf das Endziel. Die Verschärfungen von Geiz und Sparsamkeit sollen vor erniedrigender Not, Pedanterie vor Schwierigkeiten, ethische Charakterzüge vor Schande, alle gleichzeitig vor Liebesbeziehungen, Heirat oder Unterwerfung unter

den Partner sichern, und die Möglichkeit des Angriffs auf ihn, den bereit-
stehenden Anlass zu seiner Entwertung liefern. — Das Junktim als
ausschliessendes Prinzip erfreut sich der grössten Wertschätzung,
wird zum Inventar vergöttlichter Moral oder der höchsten Lebensweisheit.
Die Unsicherheit unserer sozialen Zustände, ethische Gesichtspunkte und
Schwierigkeiten der Kindererziehung geben den willkommenen Anlass,
die vernünftigen Grenzen einer natürlichen Lebenshaltung so eng als
möglich zu ziehen, und die Dunkelheit und geringe Eignung des
Erblichkeitsproblems wird in gleicher Weise vorgeschoben, um allein
bleiben zu können. Viele flüchten in die Religion, geben ihr gegen-
wärtiges Leben preis, peitschen ihre moralischen und asketischen
Regungen auf, um des Glücks, des Triumphes „dort drüben" teilhaftig
zu werden. Die asexuelle Rolle ist also arrangiert, und alles wird Mittel
zur Erreichung des Persönlichkeitsideals, was sich durch die Situation
und durch die neurotische Perspektive auf das Leben und seine Erfahrungen für sie ergibt. — Zuweilen wird die Sicherung dadurch erzielt,
dass die Befriedigung in der Liebesbeziehung ausbleibt und die Enttäuschung mächtig anwächst, Arrangements, bei denen der Patient
deutlich nachhilft.

Es ist nur eine andere Seite der Furcht vor dem Partner, dass
der Patient gegen den Psychotherapeuten seine Bereitschaften spielen
lässt. Die nervöse Patientin bekämpft in dem Arzt auf ihre Weise
gleichzeitig den Mann und sucht sich seinem, — oft in einem sexuellen
Bild als dem schreckendsten apperzipierten, — männlichen Einfluss zu
entziehen. Der männliche Nervöse versucht heimlich die als männlich
apperzipierte Überlegenheit des Psychtherapeuten, auch diese oft in einem
sexuellen Bild erfasst, zu untergraben. Und beide wehren sich in der
Behandlung, wie sie sich immer gewehrt haben, wenn sie ins Leben
hinein sollten oder vor Entscheidungen gestellt wurden.

Zuweilen findet man Patienten, die vor der Frau in die Vergangenheit flüchten. Ihr Interesse für Antiken, Heraldik, tote Sprachen
etc. wird dadurch sehr gesteigert und oft leistungsfähig. Letzteres
bleibt bei solchen Nervösen aus, die ihre Aufmerksamkeit vor allem auf
Friedhöfe, Todesanzeigen und Leichenbegängnisse richten.

Oben erwähnte ich das Motiv der Furcht vor der Frau als stärksten
Antrieb zur Phantasie und zum Künstlertum. Hier eine Stelle aus
Grillparzers Selbstbiographie, die Manches aus unserer Darstellung
beleuchtet:

„Wie jeder wohlbeschaffene Mensch fühlte ich mich von der
schöneren Hälfte der Menschheit angezogen, war mit mir aber viel zu
wenig zufrieden, um zu glauben, tiefe Eindrücke in kurzer Zeit hervorbringen zu können. War es aber die vage Vorstellung von Poesie und
Dichter, oder selbst das Schwerflüssige meines Wesens, das, wenn es
nicht abstösst, gerade aus Widerspruchsgeist anzieht; ich fand mich
tief verwickelt, während ich noch glaubte in der ersten Annäherung zu
sein. Das gab nun Glück und Unglück in der nächsten Nähe, obwohl
letzteres in verstärktem Masse, da mein eigentliches Streben doch immer
dahin ging, mich in jenem ungetrübtem Zustande zu erhalten, der
meiner eigentlichen Göttin, der Kunst, die Annäherung nicht erschwerte,
oder wohl gar unmöglich machte".

Es entspricht nur dieser Grundstimmung, die den Künstler wie
den Neurotiker gleichermassen beseelt, wenn sie beide, in Rücksicht auf

die Unsicherheit ihres Triumphes, die Anziehung, die von der Frau
erfolgt, als bedrohlich, als gefährlich, als Zwang betrachten und ihre
Liebesempfindung als Hörigkeit und Unterwerfung. Wobei die Realien
dieser Beziehungen von mir keineswegs geleugnet werden. Für eine
noch so nüchterne Untersuchung besteht in der Liebe eine gegenseitige
Anpassung, Unterwerfung, — wenn man will. Diese aber herauszufühlen,
sie als bedeutsam zu empfinden und darüber sich der genussvollen Hingabe zu entschlagen, zeugt in eindeutiger Weise von dem unerbittlichen
Geltungsdrange der Betroffenen, den wir als neurotische Überkompensation ihres neurotischen Minderwertigkeitsgefühls oftmals nachgewiesen
haben. Passende Bereitschaften auszubilden verbietet das Leitziel, oder
gestattet sie nur in der Form einer masslosen, masochistischen Übertreibung, die selbst wieder zur Sicherung verwendet wird.

Zuweilen sucht dieser Geltungsdrang, sobald die eigene
Sexualspannung als Übermacht des Partners empfunden
wird, andere Wege: es erfolgen Wünsche und Versuche, sich dieser
Macht durch Übersättigung, durch Orgien zu entziehen. Selbst Kastra-
tionswünsche und -Absichten, im gleichen Mechanismus asketische und
Bussübungen, Flagellationen etc. tauchen auf, gefördert von der uner-
bittlichen Sicherungstendenz, um vor dem Dämon Liebe Ruhe zu
gewinnen. Nicht anders lassen sich starke, immer wiederkehrende
Perversionen, insbesondere masochistische Äusserungen verstehen, die ein
Ausdruck sind für die Nötigung, sich selbst von der unheimlichen
Stärke des Partners im Einzelnen zu überzeugen, um diese Überzeugung
von der Stärke des Anderen und von der eigenen Schwäche als Schreckpopanz im Ganzen aufstellen zu können. Das reale Ergebnis aus diesen
Grenzberichtigungen des Nervösen ist eine starke Abweichung von der
normalen Linie, die zu allermeist gefürchtet wird. Die arrangierte
Selbsterniedrigung setzt aber den stärkeren Reiz für den männlichen
Protest, und steigert ihn im Sinne des fiktiven Endziels. „Nacht muss
es sein, wo Friedlands Sterne strahlen." Nun gehen seine Versuche
nach diesen Umwegen wieder entlang der neurotischen Leitlinie, zeigen
sadistische Einschläge, grossen Reinlichkeitsfanatismus, wo etwa Gedanken oder Tatsachen der Koprophilie z. B. vorliegen. Oder der
Patient begnügt sich, im Kampfe gegen das Urteil der Anderen, gegen
das Gesetz, durch Aufwand einer oft unerhörten Logik den Schein
der Berechtigung für seine neurotischen Umwege zu erwecken, so
dass auf diese Weise seine Überlegenheit wieder zur Geltung kommt.
So auch bei der Argumentation der Homosexuellen, die in gleicher
Weise ihrer Furcht vor dem anderen Geschlecht die neurotische Abbiegung von der Norm verdanken.

Das zu wahrende Prestige, der männliche Protest wird stets ein-
dringlich in den Vordergrund geschoben, bis die aufklärende Analyse
zu jenem Punkte gelangt, wo in den Erinnerungen des Mannes die
neurotisch gruppierten Gedanken zutage treten, seine Minderwertigkeit,
die Kleinheit seiner Genitalien, werde ihn am Siege über die Frau
hindern; in den Erinnerungen weiblicher Patienten vertritt die gleiche
Stelle das Gefühl der Inferiorität, der neurotische Schrecken vor der
weiblichen Rolle. An diese wiedereröffneten Gedankengänge, die aus
den frühesten Jahren der Kindheit stammen, sieht man unmittelbar
Grössenideen angeschlossen, oft in der Maske des Narzissismus und
Exhibitionismus. Man kann sie leicht als vorbereitende Versuche zur

Kompensation des Minderwertigkeitsgefühls verstehen, wie sie der Zwang der leitenden Fiktion erzeugt, als sekundäre neurotische Bildungen, welche besagen: „ich will ein voller Mann sein!" Über den Formenwandel dieser Idee, bei Mädchen oft in der Bereitschaftsstellung: ich will über allen Frauen sein! — wurde bereits des öfteren gesprochen.

Einige dieser Zusammenhänge kann ich an folgendem Falle einer Patientin zur Darstellung bringen. Ein 19 jähriges Mädchen kam in Behandlung wegen Depression, Suizidgedanken, Schlaflosigkeit und Arbeitsunfähigkeit. Sie war Zeichnerin geworden, um einen Beruf zu haben. Ausser einer Andeutung von hereditärer Tuberkulose und Myopie ergaben sich keine körperlichen Symptome. Die Angehörigen schilderten sie als ein früher trotziges Kind, das aus Hang zur Selbständigkeit aus dem Hause fortdrängte. Eine Mutter und der einzige ältere Bruder waren an Lungentuberkulose gestorben.

Die Anfänge der Behandlung erwiesen sich als schwierig, weil die Patientin teilnahmslos vor mir sass und keine meiner Fragen beantwortete. Nur gelegentlich äusserte sie sich durch eine verneinende Geberde oder antwortete mit: Nein.

Ich gehe vorsichtig daran, ihre Entwertungstendenz gegen die Welt, identisch mit ihrer Gleichgültigkeit, klar zu machen, zeige ihr, wie ihr beharrliches Schweigen, ihr Negativismus, ihr Nein in dieser auch gegen mich gerichteten Tendenz zu finden ist. Dann komme ich darauf zu sprechen, dass ihr Benehmen auf eine Unzufriedenheit mit ihrer Mädchenrolle hinweise, gegen die sie sich auf diese Art sichern wolle. Dabei bekomme ich stets ein Nein zu hören, was ich als erwartet und gegen den Mann gerichtet hinstelle und fortfahre. Der Beginn ihrer Depression fiel in die Zeit ihres Aufenthalts in einem Badeort. Ich behaupte nun mit Bestimmtheit, dass sich dort etwas zugetragen haben müsse, das dieses Nein ausgelöst habe, d. h. dass ihr ihre Mädchenrolle brüsk vor Augen geführt wurde. Darauf erzählt sie, sie sei vor mehr als einem Jahre in einem anderen Kurort gewesen, habe dort die Bekanntschaft eines jungen Mannes gemacht, der ihr gefallen habe, wobei es zu einleitenden Zärtlichkeiten und Küssen gekommen sei. Eines Abends wäre der junge Mann wie verrückt über sie hergefallen und habe sie unzüchtig berühren wollen. Da sei sie eilig davon und sofort abgereist. Ich mache sie darauf aufmerksam, dass sie — wie übrigens verständlich — in dem Moment ausgerissen sei, als der junge Mann durch sein Vorgehen sie deutlich in die weibliche Position drängen wollte, und knüpfte die weitere Bemerkung daran, sie müsse in diesem Sommer ein ähnliches Abenteuer erlebt haben. Patientin erzählt mir hierauf, dass ein Kurgast, den sie kurze Zeit vorher kennen gelernt hatte, sich in gleicher Weise wie der junge Mann benommen habe. Hierauf sei sie wie im vorigen Jahre sofort abgereist.

Die „Wiederkehr des Gleichen" (Nietzsche) bringt uns zuerst auf den Gedanken, dass Patientin dabei wohl gehörig die Hand im Spiele hatte, dass sie beide Male arrangierend nachgeholfen habe, um im gleichen Moment abzubrechen. Dazu liefert uns die Patientin eine wertvolle Unterstützung mit der Bemerkung, dass die ausgetauschten Küsse sie keineswegs irritiert hätten. Ich zeige ihr, dass sie so weit mitgeht, bis ihre weibliche Rolle in Frage kommt. Ihre anfängliche Courage sei als männliche Eroberungsidee im Einklang mit ihrem männlichen Ziel.

In diesem Stadium verschwindet die Schlaflosigkeit. Sie teilt mir diese immerhin auffällige Besserung mit der herabsetzenden Bemerkung mit, jetzt möchte sie Tag und Nacht schlafen. Wer mit mir die gereizte Aggression der Patienten in der psychotherapeutischen Kur, die sich gegen den überlegenen, also männlichen Arzt kehrt, kennen gelernt und so seine Sinne für die Ausdrucksweise des Neurotikers geschärft hat, wird die Äusserung der Patientin nicht missverstehen. Diese Äusserung zeigt deutlich, dass sie den Erfolg der Kur erkannt hat, dass sie aber mit leichter Retouche bemüht ist, diesen Erfolg und damit mich zu entwerten. Sie macht mich unter der Blume aufmerksam, dass bloss ein Übel durch ein anderes ersetzt wurde.

Bei näherer Erkundigung gibt Patientin an, sie habe während ihrer 4 wöchentlichen Schlaflosigkeit des Nachts stets daran gedacht, wie doch das ganze Leben wertlos sei. Wir verstehen, dass sie nicht bloss daran gedacht, sondern vor allem daran gearbeitet hat. Jetzt, wo ihr der männliche Feind in der Gestalt des Arztes gegenüber tritt, der der gleichen Wertung unterworfen wird wie der Mann überhaupt, der ihre Sicherungstendenz entlarvt und damit die Sicherung durch das Wachen untergräbt, sucht sie ihn, zum Schlafe gedrängt, durch ein Übermass des Schlafens klein zu machen.

Die nervöse Schlaflosigkeit ist ein symbolischer Versuch, der Wehrlosigkeit (auch des Schlafes) zu entrinnen und auf Sicherungen gegen ein Unterliegen zu sinnen. Der Traum ist eine andere Art dieses Versuches, ein Kompromiss gleichsam, da er die Wehrlosigkeit im Schlafe, damit das Gefühl der Minderwertigkeit überhaupt mit dem männlichen Proteste beantwortet. Der Traum, dies ist der Inhalt meiner Beobachtungen, drängt stets auf Sicherung und hat demnach die Funktion des Vorausdenkens. Dass er dies mit den Mitteln der Erfahrung bewerkstelligt, ist leicht zu verstehen, und so kommen in den Trauminhalt und in die Traumgedanken jene Erfahrungsniederschläge, die Freud zu seiner heuristisch wertvollen sonst aber unvollkommenen und einseitigen Traumtheorie veranlasst haben.

Nach langem Zögern, und auf die Neinbedeutung dieses Zögerns aufmerksam gemacht, bringt Patientin einige Tage später folgenden Traum:

„Ich bin vor dem „Steinhof" (Wiens grosse Irrenanstalt). Doch husche ich rasch vorbei, da ich eine dunkle Gestalt drinnen sehe."

Um alle künstlichen Beeinflussungen der Patienten, insbesondere bei der Traumdeutung zu vermeiden, sehe ich von allen Erklärungen meiner Traumtheorie ab und verweise bloss darauf, dass der Traum Gedankengänge wiedergäbe, die verraten, wie sich der Patient gegen den von ihm empfundenen Zustand der Wehrlosigkeit im Schlafe, der ihn an seine Wehrlosigkeit dem Leben gegenüber erinnere, durch Vorausdenken zu sichern suche. In Fällen, wie dem obigen, die vor allem dazu drängen, die Furcht vor der weiblichen Rolle zu besprechen, weise ich auch darauf hin, wie der Schlaf als Verweiblichung empfunden werden könne.

Die Redensart „in Morpheus Armen liegen" — die häufigen Empfindungen des Gelähmtseins, des Gedrücktwerdens, die Analyse des Nachtmars, der Trud etc., ferner die von mir in allen Träumen nachgewiesenen weiblichen Linien, von denen der Traum sich zum männlichen Protest erhebt, wo also der Vorgang des bannenden Schlafes eine indi-

viduelle Gedankenassoziation einer Verweiblichung wachruft, weisen mit
Sicherheit auf die Tatsache hin, dass jeder Traum ein Fortschreiten
von der weiblichen zur männlichen Linie aufweisen müsse. Dass nicht
jeder Traum geeignet ist, den Anfänger von der Richtigkeit meiner
Auffassung zu überzeugen, habe ich selbst hervorgehoben. Es liegt dies
daran, dass in einer Skizze, — und als solche haben wir den Traum
anzusehen, — der Sinn und die Bedeutung von Gedankenspuren und
Andeutungen oft nachzuholen, zu ergänzen sind, was dem Geübten
nie schwer fallen kann. Auch darüber belehre ich den Patienten, dass
er sich zum Traume wie zu einer Gemäldeskizze zu verhalten habe,
deren einzelne Punkte er je nach dem Eindruck, den er von ihnen erhält,
auszuführen habe.

Nach diesen Erörterungen führt die intelligente Patientin selbständig aus:

„Steinhof heisst v e r r ü c k t. Dieser Punkt bedeutet also: ich
stehe knapp vor dem Verrücktwerden. Aber ich husche ja davon!
Da fällt mir ein, dass Sie mir immer sagen, ich laufe vor meiner
Mädchenrolle davon. Demnach wäre „Verrücktwerden“ und „Mädchenrolle“ ein und dasselbe?“

Ich leite Sie nun an, hier zwangsweise einen Sinn hineinzubringen,
und benütze die mir bekannte Rivalität der Patienten dazu, ihren Eifer
anzustacheln, wenn sich Schwierigkeiten herausstellen, indem ich etwa
hinwerfe: „Man könnte sich wohl etwas darunter vorstellen!“

Patientin: „Vielleicht, dass es verrückt wäre eine Mädchenrolle zu
spielen?“

Ich: „Das wäre demnach eine Antwort auf eine Frage. Wie
müsste aber die Frage gelautet haben?“

Patientin: „Sie sagten mir gestern, ich dürfe mich nicht vor meiner
Mädchenrolle fürchten.“

Ich: „Also eine g e g e n m i c h gerichtete Antwort, damit, entsprechend unsereren Gesprächen, ein Kampf gegen den Mann. Und
die schwarze Gestalt?“

Patientin: „Vielleicht der Tod?“

Ich: „Versuchen Sie nun auch den Tod in den Zusammenhang
einzufügen.“

Der Patientin gelang dies nur schwer, obwohl es ganz deutlich ist,
dass sie, um nur genug stark aufzutragen, ihre Flucht aus der Weiblichkeit mit der Furcht vor dem Tode motiviert. Der Zusammenhang
von Sexualität und Tod kommt in der Philosophie und Dichtung häufig
zur Sprache. Die Analysen Nervöser weisen oft diesen Zusammenhang im Sinne eines affektverstärkenden „Junktims“ auf.

Als Sinn des Traumes ergibt sich die nun gegen den Arzt gerichtete,
aus den Phantasien der Patientin zu verstehende Bereitschaft: Es wäre
verrückt, sich einem Manne unterzuordnen, — gleichbedeutend mit tot.
Sie hat sich nach ihrer Wertung aber bereits untergeordnet, dadurch,
dass sie seit der Behandlung schläft. Dieser Traum revoltiert also gegen
den Schlaf, und ihre herabsetzende Bemerkung, sie möchte jetzt Tag
und Nacht schlafen, ist von der gleichen Tendenz getragen. Damit
entpuppte sich die neurotische Bereitschaftsstellung dieser Patientin
gegenüber der Möglichkeit, dass ein Mann auf sie Einfluss gewinnen

könnte, und es erweist sich, dass die Patientin so handelte und träumte, als ob sie um ihr Leitziel wüsste[1]).

Diese prinzipielle Bereitschaft, ihre Entwertungstendenz, ihre Lüsternheit nach Siegen über die Männer und ihre neurotische Sicherungstendenz, die mit den Schrecken des Todes und des Wahnsinns im Hintergrund droht, hatten auch als verstärkte Sicherung die Entwickelung der Neurose veranlasst. Die Patientin wird durch sie lebensunfähig. — Die neurotische Apperzeption, die ein Junktim zwischen Liebe und Wahnsinn und Tod hervorzaubert, hat etwas vom Goldklang der Poesie. Wie fest es in den Gedanken der Patienten sitzt, geht aus ihrer anfänglichen Erzählung hervor: der junge Mann war wie „verrückt" über sie hergefallen.

Oft findet man in der Vorgeschichte von männlichen Nervösen, dass sie unter dem Einfluss einer starken Frau, Mutter, Erzieherin, Schwester gestanden sind, die also trotz ihrer weiblichen Rolle oder neben dieser eine männliche spielten, „oben" waren, und denen die Umgebung die Anerkennung, bisweilen die Missbilligung nicht versagte, in dem Hinweis, sie wären eigentlich Männer. Auch dieser Umstand trägt manchmal zur Verstärkung der Unsicherheit des disponierten Knaben bei, der durch das Verstehen der Sexualunterschiede zur Überzeugung seiner Männlichkeit zu kommen sucht. Ein Spezialfall der Sicherung durch Wissen, die sexuelle Neugierde, drängt ihn dazu, seine geschlechtliche Überlegenheit immer wieder durch den Augenschein zu bestätigen, ein Bedürfnis, das um so näher an die männliche Leitlinie gerückt ist, als es gleichzeitig aus der Vorbereitung für die Zukunft geschöpft ist, sicheres Wissen und ausgiebige Kenntnis des weiblichen Genitales zu erwerben. Die neurotische Unsicherheit haftet als Vorwand und Begründung der Furcht vor der Frau oft bis über die Ehe hinaus dem Nervösen an, so dass man oft äussern hört, der weibliche Sexualapparat, der Zustand der Virginität, die Legitimität der Kinder, die Vaterschaft seien wie die ganze Frau rätselhaft. Zuweilen gesellt sich zur Befriedigung über den Anblick der weiblichen Genitalien bei disponierten Kindern das unheimliche Gefühl einer Gefahr, als ob dem Knaben unklare Gedanken aufstiegen, dass sein ferneres Leben, sein Sieg und seine Niederlage davon abhingen, wie er mit der Sexualfrage fertig würde. Dabei bringt es die Natur der Dinge oft mit sich, dass für das Kind die Besichtigung nur in einer Stellung möglich wird, — wenn die Frau sich oberhalb des Knaben befindet. Auch dieser kleine Umstand findet sich, wie ich wiederholt gezeigt habe, als bildliche Darstellung der weiblichen Überlegenheit in den Phantasien der vor dem Weib erschreckten Nervösen. Ganghofer und Stendhal berichten in ihrer Kindheitsgeschichte von diesem schreckenden Erlebnis, das dauernde Spuren zurückgelassen haben soll. Der Schrecken war vielmehr schon Sicherung des verletzten männlichen Prestiges, und die erregende Szene blieb ein bildlich zu verstehendes Memento für die Vorsicht gegenüber der Macht der Frau.

Oft greift an diesem Punkte, wo die Überlegenheit der Frau sich drohend darstellt, die Entwertungstendenz ein und führt zum Vergleich männlicher und weiblicher Vorzüge und Mängel.

---

[1]) Richard Wagners geniale Intuition im Gesang der Erda: „Mein Schlaf ist Träumen, mein Träumen Sinnen, mein Sinnen Walten des Wissens".

Die bildlich-abstrakte Darstellung der Inferiorität der Frau greift gerne in Träumen und Phantasien, im Witz und in der Wissenschaft zum Ausdrucksmittel verloren gegangener Glieder oder vermehrter Höhlungen. Einer meiner Patienten, der an Vertigo litt, träumte, als ihm einst seine Frau eine heftige Szene machte, folgenden Traum, der die Herabsetzung **der ihm überlegenen Frau** summarisch und prinzipiell bewerkstelligt:

„Es tauchte das Bild eines Birkenstammes auf. An einer Stelle befand sich ein Astauge mit rundlicher Verschwellung. Es war dort ein Ast abgefallen, und ich hatte die Empfindung, als ob das ein weibliches Genitale wäre".

Ähnliche Träume haben ich und Andere schon berichtet. Mir ergab sich als der Sinn solcher Träume die bildlich zu verstehende Frage nach dem Geschlechtsunterschied, die in kindlicher Weise dahin beantwortet wird, das Mädchen ist ein Knabe, dem das männliche Genitale genommen wurde. Der obige Traum fügt sich in die psychische Situation des Träumers ein, indem er den Sinn ergibt, ich bin ein Mann, dem die Männlichkeit abhanden kam, der schwach und krank ist, der in Gefahr ist, nach unten zu kommen, zu fallen. Jetzt hat er die Operationsbasis, er sieht sich verkürzt und holt Atem, um wieder das Übergewicht zu bekommen. Nun setzen im wachen Zustande als **männlicher Protest Herrschsucht, Zornausbrüche und Akte der Untreue** ein.

Ich will dabei erwähnen, dass man von Nervösen sehr oft hört, dass sich in Momenten persönlicher Gefahr, oder wenn ihnen eine Niederlage droht, eine **Verkürzung und Zusammenziehung des Genitales** bemerkbar macht, zuweilen auch ein schmerzliches Gefühl, das mit ungeheurer Kraft auf eine Beendigung dieser Situation drängt[1]). Am häufigsten findet sich diese Erscheinung bei der Höhenangst, bei der Furcht zu fallen. Die Verkürzung des Genitales im Bade ruft bei Nervösen fast regelmässig eine Reaktion in der Richtung einer Verstimmung, zuweilen mit Kopfdruck nach sich.

Dass die Homosexualität als Neigung und als Handlung der Furcht vor dem gegengeschlechtlichen Partner entspringt, wurde bereits hervorgehoben. Dazu soll noch kurz erwähnt werden, wie die Wertschätzung des gleichgeschlechtlichen Partners den invertierten Nervösen **im Werte mitsteigen lässt**. In der Neurose findet man die Homosexualität, auch wenn sie ausgeübt wird, immer nur als Symbol, durch welches die eigene Überlegenheit ausser Frage gestellt werden soll. Dieser Mechanismus ist dem des religiösen Wahnes ähnlich, bei dem auch die **Gottnähe eine Erhebung** bedeutet.

Eine der Formen, in die sich die Furcht vor der Frau besonders gerne verkleidet, stellt die **Syphilidophobie** dar. Der Gedankengang solcher Phobiker (**Adler**, Syphilidophobie, l. c.) ist gewöhnlich folgender: sie fürchten aus irgendwelchen **Minderwertigkeitsgefühlen**, für die sie allerlei Gründe parat haben, zuweilen auch ohne bewusste Motivierung, dass sie der Frau gegenüber keine herrschende

---

[1]) Zuweilen reicht dieses „Druckgefühl" bis zum Abdomen, in die Brust- und Herzgegend oder tritt ausschliesslich an diesen Stellen auf. Zuweilen folgen Pollutionen als reaktives Symbol des männlichen Endzweckes.

Rolle spielen werden. Dabei kommen sie auf dem Wege fortschreitender
Entwertung der Frau zu misstrauischen Gedankengängen, durch welche
sie sich vor Liebesbeziehungen sichern. Bald ist die Frau ein Rätsel,
bald ein verbrecherisches Wesen, stets auf Putz und Ausgaben bedacht
und sexuell nie zu befriedigen. Immer drängen sich Vermutungen ein,
das Mädchen wolle nur die Versorgung, habe es darauf angelegt, den
Mann zu kapern, sei listig und verschlagen, und stets zum Bösen
gewandt. Diese Gedankengänge sind universell und finden sich zu allen
Zeiten. Sie tauchen in den erhabensten und niedrigsten Kunstschöpfungen
auf, treiben im Sinnen und Trachten der Weisesten ihr Spiel, und
schaffen beim Manne wie bei der Gesellschaft eine stete Bereitschaft,
die misstrauische und vorsichtige Züge entwickelt, um immer
in Fühlung mit dem Feind zu bleiben und seine tückischen Angriffe
rechtzeitig abzuwehren. Man irrt, wenn man meint, dass nur der Mann
Misstrauen gegen den geschlechtlichen Partner hegt. Die gleichen
Züge finden sich bei der Frau, oft weniger deutlich, wenn Fiktionen
von der eigenen Stärke dem Zweifel an der eigenen Wertigkeit steuern,
aber um so heftiger auflodernd, wenn das Gefühl der Herabsetzung über-
mächtig wird.

In den Disputationen frommer Gelehrter des Mittelalters tauchten
Fragen auf, ob das Weib eine Seele habe, ob es überhaupt ein Mensch
sei, und die allgemeine Ergriffenheit von dem gleichen Gedanken loderte
empor in den wahnsinnigen Hexenverbrennungen der darauffolgenden Jahr-
hunderte, bei denen sich Regierung, Kirche und das verblendete Volk
die Hände boten. Diese gehässigen, wie auch die liebenswürdigeren
Entwertungen der Frau, die sich in christlichen, jüdischen und
mohammedanischen Religionsgebräuchen wiederfinden, brechen unwider-
stehlich aus der Seele des fürchtenden, unsicheren Mannes, und erfüllen
die Gedankenwelt des Neurotikers so vollständig, dass man die Entwertungstendenz des Partners als hervorspringendsten Charakterzug in der neurotischen Psyche wiederfindet. Nun sind die vorge-
schobenen Posten zur Sicherung des Persönlichkeitsgefühls festgelegt,
und das eigenartige Spiel der neurotischen Charakterzüge beginnt.
Fortwährendes Prüfen, Abtasten, Unterwerfenwollen, eine Sucht, Fehler
zu finden und den Partner herabzuwürdigen, setzen nun ein, immer be-
günstigt durch die einseitig gerichtete Aufmerksamkeit und das tendenziöse Interesse, mit dem Feind in Fühlung zu bleiben, einer Überrumpelung
vorzubeugen. Solange diese Entwertungstendenz mit ihren peripheren
Ausläufern, Misstrauen, Furcht, Eifersucht, Herrschsucht
besteht, kann von einer Heilung der Neurose nicht die Rede sein.
Grosse, vielfach anerkannte Leistungen der Kunst und Literatur danken
dieser Tendenz, wie wir gesehen haben, ihren Ursprung. Von der
„Lysistrata" zu den „Kreuzelschreibern" führt die gleiche Linie wie von
der Gorgo Medusa zu der Syphilisfratze, die vor Lenaus oder Gang-
hofers Augen aufstieg. Die Leitlinie, die in Tolstois Kreuzersonate
nachschwingt und die Herabsetzung der Frau anstrebt, war schon in
den Knabenjahren sichtbar, als er seine künftige Braut aus dem Fenster
stiess. Zur Syphilidophobie wird eine alte Leitlinie durch Formenwandel,
die im Mythus vom Giftmädchen[1] im Altertum, im Mittelalter und

---

[1] Wilhelm Hertz, Die Sage vom Giftmädchen. Abh. d. bayer. Akademie
d. Wissenschaften 1897.

im Beginn der Neuzeit in der Furcht vor Hexen, Dämonen, Vampyren und Nixen sich gestaltete. Poggio erzählt von einem Manne, der ein Mädchen vergewaltigte. Das Mädchen verwandelte sich in den Teufel und verschwand mit Gestank.

Alle diese Gedankengänge, wie sie ähnlich im Traum und in der Psyche des Neurotikers wiederkehren, zeigen den vorbauenden, in seiner Männlichkeit unsicheren Mann, der sich ebenso durch Aufstellung von Schreckgespenstern vor dem wirklichen Leben zu sichern trachtet, als er sich durch die Verehrung eines Ideals vor diesem selben Leben erschreckt. —

Die häufig scherzhafte Note in solcher Haltung zu den Frauen ist durchaus bedeutungslos in Hinsicht auf unsere Auffassung. Sie zeigt vielmehr den Versuch, sich keiner Übertreibung schuldig zu machen, das Dekorum zu wahren und sich vor Lächerlichkeit durch die Geste des Witzes zu sichern. Ähnlich bei Gogol, dessen starke Sicherungstendenzen im feinsten Geäder seiner Dichtungen fühlbar werden. Im „Jahrmarkt von Sorotschinsk" lässt er eine Person reden [1]: „Himmel Herrgott, warum bestrafst du uns arme Sünder so? Es gibt doch schon soviel Unrat, musstest du auch noch die Weiber in die Welt setzen?" In den „Toten Seelen" dieses grossen Dichters, der zeitlebens neurotisch war, an Zwangsmasturbation gelitten hat und im Irrenhaus starb, lässt er seinen Helden beim Anblick eines jungen Mädchens überlegen:

„Ein herrliches Weibchen! Was aber das Beste an ihr ist, — das Beste an ihr ist, dass sie soeben aus einem Institut oder Pensionat entlassen zu sein scheint, und dass sie noch nichts spezifisch Weibliches an sich hat, nichts von jenen Zügen, die das ganze Geschlecht verunzieren. Jetzt ist sie noch das reine Kind, alles an ihr ist schlicht und einfach; sie spricht wie ihr ums Herz ist und lacht, wenn ihr danach zumute ist. Es lässt sich noch alles aus ihr machen; sie kann ein herrliches Geschöpf, aber ebensogut auch ein verkrüppeltes Wesen werden, — und so wird es wohl auch kommen, wenn sich erst die Tanten und Mamas an ihre Erziehung machen. Die werden sie in einem Jahre mit ihrem Weiberkram vollpfropfen, dass ihr eigener Vater sie nicht wiedererkennen wird. Sie wird ein aufgeblasenes und affektiertes Wesen annehmen, wird sich nach auswendig gelernten Regeln drehen, wenden und knicksen, sich den Kopf darüber zerbrechen, was sie, mit wem sie und wieviel sie sprechen, wie sie ihren Kavalier anblicken muss usw., wird fortwährend in der grössten Angst schweben, ob sie nur kein überflüssiges Wort gesagt hat, schliesslich gar nicht mehr wissen, was sie zu tun hat, und wie eine grosse Lüge durchs Leben wandeln. Pfui Teufel! — Übrigens wüsste ich gern, wie sie eigentlich ist!"

[1] Aus O. Kaus, Der Fall Gogol. München, Reinhardt 1912.

IX. Kapitel.

Selbstvorwürfe, Selbstquälerei, Bussfertigkeit und Askese. — Flagellation. — Neurosen bei Kindern. — Selbstmord und Selbstmordideen.

Unter den Formen des neurotischen Gebarens zwecks Sicherung der männlichen Fiktion treten in auffälliger Stärke die Regungen der Selbstverwünschung, der Selbstvorwürfe, der Selbstquälerei und des Selbstmordes hervor. Unser Befremden darüber wird freilich abgeschwächt, sobald wir sehen, dass das ganze Arrangement der Neurose diesem Zuge der Selbstquälerei folgt, dass die Neurose ein selbstquälerischer Kunstgriff ist, der bezweckt, das Persönlichkeitsgefühl zu heben. Und in der Tat stammen die ersten Regungen des gegen die eigene Person gerichteten Aggressionstriebes[1] beim Kinde aus einer Situation, in der das Kind durch Krankheit, Tod, Schande und allerlei konstruierte Mängel den Eltern Schmerz bereiten oder sich besser in Erinnerung bringen will. Dieser Zug charakterisiert schon das disponierte Kind, welches aus den Erinnerungen seiner Organminderwertigkeitserscheinungen und aus deren Bedeutung für die Hebung seines Persönlichkeitsgefühls, für die Steigerung der elterlichen Zärtlichkeit und des Interesses Bereitschaften gebildet hat. Die entwickelte Neurose baut letztere aus und leitet ihre Aktivierung durch die Verstärkung der Fiktion ein, sobald es die wachsende Unsicherheit gebietet. Es ist bekannt, wie starke Aggravationen dabei mitspielen, der halluzinatorische Charakter, die antizipatorische Kraft des Nervösen hilft mit, und die Situation des Anfalls und der Gesundheitsstörung mit ihrem Übergewicht über die Umgebung ist gegeben. So paradox es auf den ersten Blick erscheint, der Nervöse ist erst ruhig, wenn er seinen Anfall hinter sich hat. Janet hat schon auf diese Tatsache hingewiesen. Ich kann als Grund nur hinzufügen, weil er dann die Sicherung seiner Überlegenheit, wenn auch nur auf kurze Zeit, gewonnen hat.

Der Charakterzug, alle Anderen übertreffen zu wollen, mischt sich auch in das Gefühl, dem der Nervöse regelmässig Ausdruck verleiht: als ob er an Schmerzen alle überträfe. Diese Überzeugung aber braucht er, weil sie ihm die Operationsbasis abgeben muss, um sich den anderen gegenüber zu fühlen, um einer Entscheidung auszuweichen oder um anzugreifen. So kommt es auch, dass Anfälle, Schmerzen oder eine Krankheit herbeigewünscht werden, wenn es die Situation fordert; zuweilen geht auch der Wunsch statt des Anfalles, wenn er als Erinnerung

---

[1] Adler, Der Aggresionstrieb. l. c.

schon die Umgebung schreckt. Für die Eigenpsyche des Patienten
genügt es zuweilen, wie mir eine Patientin sagte, wenn eine Phantasie
gebildet wird, nach welcher der Nervöse durch die Handlungen eines
Anderen Schmerzen erleidet. Dies erzeugt die Empfindung der Unterdrückung oder Misshandlung, weckt die Sicherungstendenz und leitet
den männlichen Protest ein.

Über die Bedeutung der Schuldgefühle, des Gewissens und der
Selbstvorwürfe als einer Konstruktion sichernder Fiktionen wurde bereits
gesprochen. Nicht selten findet man in der Psychologie der
Masturbation beigemengte Züge von Busse oder einer
Schädigungsabsicht, diese gleich einer trotzigen Revolte gegen
die Eltern gerichtet, jene als billigen Vorwand oder scheinheiligen Akt.

Durch Busse einen Anderen zu schädigen ist einer der feinsten
Kunstgriffe des Nervösen, wenn er sich z. B. in Selbstverwünschungen
ergeht. Suizidideen lassen oft den gleichen Mechanismus erkennen, was
ganz deutlich bei gemeinsamen Selbstmorden hervortritt.

Als einer meiner Patienten wegen Impotenz von einem Arzte Kühlsonden bekam, hatte er den Wunsch: „der Arzt soll mir den Geschlechts-
teil zerreissen, verletzen".

Als er vor 2 Jahren grosse geschäftliche Verluste hatte, wollte er
einen Selbstmord begehen, obwohl er noch immer ein reicher Mann blieb.

Die Triebfeder dieser Verwünschungen (s. Shylok) ist der neurotische Geiz. Die Analyse ergibt eine vollkommene Erklärung.

Um sich vor Ausgaben für Mädchen zu sichern, ver-
wünscht er sich auch, wenn er ärztliche Kosten zu tragen
hat. Dies sicherlich von einem halbbewussten Gefühl
begleitet, dass seine Wünsche nicht unbedingt in Erfüllung zu gehen brauchen. Insbesondere verflucht er seinen Leicht-
sinn, — denn dies ist der Sinn seiner Selbstvorwürfe und Verwünschungen,
— wenn er grössere Zahlungen geleistet hat oder leisten soll. Dann
wird ihm jede kleine Ausgabe zur Qual.

Er fürchtete den Zauber der Sexualität. Sogar die Schwester
könnte er ins Unglück stürzen. Oder die Tochter seiner Schwester, die
beide bei ihm wohnten. Gleichzeitig musste er wohl die Bedeutung
seiner Selbstverwünschung recht gering veranschlagen, vielleicht sogar
das Gegenteil erwarten; dies geht aus der Unsumme seiner Sicherungs-
massnahmen hervor, unter denen die Selbstverwünschungen nur eine
kleine Rolle spielten. Weit mehr sicherte er sich durch das Arrangement der Impotenz.

Selbstverkleinerung und Selbstquälerei konstruiert der Patient,
ähnlich wie Hypochondrie, — um sich das Gefühl der eigenen Minderwertigkeit vor Augen zu halten, sich für zu schwach, zu klein, unwürdig
zu empfinden. Sie treten als Abhaltung auf, und stehen derart fast an
Stelle des Zweifels. Nervöse Mädchen, die sich vor dem Manne fürchten,
eine weibliche Rolle nicht spielen wollen, grübeln fortwährend über ihre
Behaarung, über Muttermäler nach und befürchten, ihre Kinder könnten
einmal ebenso missgestaltet sein. Oft waren sie unschöne Kinder oder
haben gegenüber einem bevorzugten Bruder als Mädchen häufig Zurücksetzungen erfahren. Bei einer Patientin mit Zwangsneurose entpuppte
sich ihr Zwangsdenken an das Grösserwerden der Hautporen als eine
symbolisch zu verstehende Sicherung gegen die weibliche Rolle.

Eine andere Form der Selbstquälerei stellt sich als Tendenz zur Bussfertigkeit dar. Man kann sie schlicht als Sicherungstendenz erkennen, wenn man versteht, dass diese Patienten ebensowenig wie jene mit den verwandten Empfindungen der Reue an dem Vergangenen etwas ändern oder bessern wollen.

Das Symptom zielt also klar auf die Zukunft, und dies ebensowohl wenn sie sich als persönliche Regung in individueller Form und Handlung, als wenn sie sich gesellschaftlich in religiösen Verrichtungen kundgibt. Wie bei allen Sicherungstendenzen ist auch durch sie keineswegs ausgeschlossen, dass neuerlich schlechte Handlungen und Gedanken zutage treten, sie soll vielmehr als einschränkende Warnung wirksam werden und als tiefinnerlicher Beweis für die wertvolle Gesinnung des Handelnden. Nicht zuletzt liegt der Antrieb zur Bussfertigkeit in diesem Sichaufsichselbstbesinnen und in der Hervorhebung innerer Werte, wobei immer der Gegensatz zu Anderen gedacht ist, so sehr, dass zuweilen die Bussfertigkeit und Reue eine stark gegensätzliche, trotzige, kämpferische Note aufweisen. Der epidemische Charakter von Bussübungen insbesondere entbehrt fast nie dieses auffälligen Prunkens, man überbietet sich im Schreien, Weinen, in Selbstquälereien und in der Zerknirschung.

Die Möglichkeit also, sich durch büsserische Veranstaltungen, wie Fasten und Beten, in Sack und Asche zu gehen etc., ein Gefühl der Überlegenheit zu sichern, wird leicht einen Anreiz für schwächere Seelen abgeben, sobald sie geneigt sind, fromm und gut, religiös und erhaben zu identifizieren. Und die Askese wird zur Erhebung führen, wenn sie als Triumph, in meinem Sinne als männlicher Protest empfunden wird. Dass es dabei nur auf die willkürliche Wertung ankommt, bei der häufig der Gegensatz zu sonst überlegenen Personen als Ausgangspunkt genommen wird, zeigt sich auch beim Widerpart des Gottesfürchtigen, beim Atheisten, streitbaren Freigeist und Bilderstürmer, die in gleicher Weise ihre Überlegenheit zu dokumentieren suchen. In diesem Sinne ist die Äusserung Lichtenbergs zu verstehen, dort wo er anmerkt, wie selten die Leute seien, die nach den Satzungen ihrer Religion leben, und wie häufig, die für ihre Religion streiten und kämpfen. Der Umschlag vom stürmischen Freigeist zum Orthodoxen ist nicht selten, ebenso von der Sinnenlust zur Askese.

Neben der Sicherungstendenz in der Bussfertigkeit spielt also der männliche Protest als Wegweiser eine nicht zu unterschätzende Rolle. Wir sind aber noch genötigt, ihr Baumaterial, die in der Psyche gelegenen Möglichkeiten ins Auge zu fassen, deren sie sich bedient, um Ausdruck zu werden. Es ist keine Frage, dass Unterwerfungshandlungen und -Gedanken dabei zutage treten, masochistische, in unserem Sinne weiblich gewertete Elemente der menschlichen Psyche. Wie unverträglich diese mit dem Menschheitsbewusstsein sind, und wie sie stets eine Korrektur in der Richtung des männlichen Protestes erfordern, dass sie also pseudomasochistische Erscheinungen sind, geht daraus hervor, dass diese Unterwerfung mit einem Aufschwung, mit einer Erhöhung verbunden ist. Die Kraftlinie geht also auch in diesem Falle von unten nach oben, denn der Bussfertige fühlt sich erhoben oder gereinigt, er spricht mit seinem Gotte, er steht ihm näher als Andere, als sonst. Und es

erwartet ihn „die Freude im Himmelreich", eine Erfüllung seiner
Leitlinie.

Eine meiner Patientinnen „strafte sich" nach dem Tode ihrer
72 jährigen Mutter, mit der sie zeitlebens in Hader gelebt, und der sie
mit Recht Vorwürfe machen durfte, durch heftige Reuegefühle wegen
lieblosen Benehmens und durch Schlaflosigkeit. Ihre Reuegefühle trugen
den Charakter der Zwangsgedanken und Zwangshandlungen. Die Analyse
ergab, dass sie ihre moralische Überlegenheit einer Schwester gegenüber
beweisen wollte. Die Schwester war verheiratet, meine Patientin stand
in Versuchung, eine „sie erniedrigende" Liaison mit einem verheirateten
Manne einzugehen. Dadurch wäre sie nach ihrer Auffassung der
Schwester gegenüber gesunken. Gelegentlich des Todes ihrer Mutter
führte der männliche Protest eine Situation herbei, die sie wieder nach
oben brachte, die stärkere Ergriffenheit durch das traurige Ereignis.

In der Kulturgeschichte wie in der Neurose artet die Bussfertigkeit nicht selten bis zur Geisselung, Flagellation aus. Aus Rousseaus
Bekenntnissen und aus privaten Mitteilungen gesunder und neurotischer
Personen, ebenso auch aus guten Kinderbeobachtungen (z. B. Asnaurow's)
wissen wir, dass Schläge bei manchen Personen imstande sind, sexuelle
Erregungen hervorzurufen. Dies das reale Moment, somatisch fassbar,
das im Naturell solcher Individuen vorzufinden ist, und das auch die
Auswahl der Busse leitet. Mir gaben Patienten an, dass sie die Schläge
auf das Gesäss in der Kindheit angenehm empfanden, wenngleich ihnen
das Geschlagenwerden fürchterlich war. Im späteren Leben der Neurotiker
ist die Flagellation analog der Masturbation und allen anderen Perversionen ein sichtbarer Ausdruck der Furcht vor dem sexuellen
Partner. Folgende Mitteilung verdanke ich einer Patientin, die wegen
heftiger Migräne in meine Behandlung kam: sie hatte einige Jahre vor
der Kur Tagesphantasien, in denen sie von einem Mann, der mit ihr
verheiratet war aber nicht ihrem wirklichen Gatten glich, bei einem
Ehebruch ertappt und gezüchtigt wurde. Als Fortsetzung dieser Phantasie folgte eine heftige Selbstgeisselung, bis sie erschöpft zusammen-
brach. Diese Geisselung führte starke sexuelle Emotionen herbei. In
der Analyse stellte sich heraus, dass die Frau ihren Mann — in neurotischer Weise — hasste, und in diesem Hasse gerne zu einem Ehebruch
geschritten wäre, um ihn zu erniedrigen. Nun war sie zu alt geworden,
um in der Liebe Geltung zu finden, — früher hinderte sie der männliche
Protest. — Kurz bevor sie an die Flagellation dachte, spielte sie mit
Ehebruchsphantasien, nicht ohne sich vor einer Verwirklichung zu
sichern. Die Entdeckung durch den Mann, die Prügel und die autoero-
tische Befriedigung stammen aus der antizipierenden Sicherungstendenz
und sind ein Spiel der Phantasie; letztere betont besonders stark die
Furcht vor dem Mann. Die Ersetzung ihres Gatten durch einen anderen
ist Wirkung der Entwertungstendenz und gleichwertig ihren Ehebruchs-
wünschen: ihr Gatte soll erniedrigt werden, ein anderer wäre besser.
Fortsetzend desavouiert sie diese gelegentliche Annahme durch den Ehebruch gegen den andern. Mit dem Schwinden der Jahre hörte die
Flagellation auf. Aber die Entwertungstendenz richtete sich heftiger
gegen ihren Mann und gegen alle Menschen. Sie bekam Migräne, wenn
sie befürchtete, ihre herrschende Rolle irgend jemandem gegenüber ein-
zubüssen. Und ihre Erkrankung ermöglichte ihr eine völlige Zurück-
ziehung aus der Gesellschaft. Innerhalb der Familie wurde sie durch

ihr Leiden unumschränkte Herrin. Die Ärzte der Residenz aber hat sie in grosser Zahl herabgesetzt, indem sie trotz aller Mittel an der Migräne weiterlitt. Selbst Morphium versagte, was ich bezüglich der perversen Reaktion dieses Mittels in anderen Fällen zu beachten empfehle. Dass sie auch meiner Kur die grössten Hindernisse in den Weg stellte und mich bei allem offenen überschwänglichen Lob durch Beibehaltung der Schmerzen lange blosszustellen versuchte, bemerke ich nebenbei als Beitrag zur Beendigung der Kur. Die Patienten werden erst gesund, wenn sie dieses Motiv zur Festhaltung an ihrer Krankheit, den Arzt herabzusetzen verstehen.

Nebenbei will ich noch darauf hinweisen, dass nach meinen Erfahrungen der „religiöse Wahnsinn", die Phantasien und Halluzinationen von Gott, Himmel und Heiligen, damit auch das Gefühl der Zerknirschung dahin zu verstehen sind, dass sie die infantilen Grössenideen dieser Patienten, sowie ihre Überlegenheit über die Umgebung auszudrücken versuchen. Oft knüpft sich ein feindliches Gefühl gegen die Umgebung daran, so, wenn sich ein Katatoniker von Gott befehlen lässt, dem Wärter eine Ohrfeige zu geben oder einen Nachttisch umzuwerfen, oder wenn er seine jüdische Verwandtschaft zur Taufe zu zwingen versucht. Der „Aufschwung" beim Manischen, die Grössenideen beim Dementen sind Parallelerscheinungen und weisen auf das vergrabene Gefühl der Erniedrigung hin, das nach Überkompensation im Wahn verlangt[1]. —

In der ärztlichen Praxis stösst man häufig auf Kinder, die den Weg der Aggravation und Simulation betreten, um sich einer Bedrückung durch die Eltern zu entziehen. Wie nahe diese Erscheinungen an Lügenhaftigkeit grenzen, ohne sich mit ihr ganz zu decken, leuchtet ohne weiteres ein. Auffällig ist aber dabei das deutliche Hervortreten organischer Minderwertigkeitszeichen, sowie das Vordringen der neurotischen Charakterbildung, somit der neurotischen Disposition. Als Beispiele seien drei Fälle von Beobachtungen bei neurotischen Kindern mitgeteilt.

Ein 7jähriges Mädchen kommt wegen anfallsweise auftretender Magenschmerzen und Üblichkeiten in die Behandlung. Wir finden ein zartes, schwächlich gebautes Kind mit Struma cystica, adenoiden Vegetationen und vergrösserten Tonsillen. Die Stimme hat einen rauhen Beiklang. Auf Befragen gibt die Mutter an, dass das Kind öfters an Katarrhen mit Husten leidet, die sich auffallend in die Länge ziehen, ebenso an protrahierten Dyspepsien. Ihr jetziges Leiden hält seit ½ Jahr an, ohne dass je ein organisches Leiden nachweisbar wäre. Dabei ist der Appetit und Stuhl immer normal. Die Magenschmerzen hätten sich eingestellt, seit das Kind in der Schule sei. Ihr Fortgang in den Lehrgegenständen sei ein ausgezeichneter, die Lehrerin habe aber wiederholt ihrer Verwunderung über den auffälligen Ehrgeiz des Kindes Ausdruck gegeben. Gegen Ermahnungen sei sie sehr empfindlich und fühle sich der um 3½ Jahre jüngeren Schwester gegenüber stets zurückgesetzt. Was der Mutter besonders auffiel, war eine bedeutende Verlängerung der Klitoris, eine der Genitalanomalien, auf deren Bedeutung als Minderwertigkeitszeichen ich aufmerksam gemacht habe, und die später unabhängig von mir von Bartel und

<hr />

[1] Paul Bjerre (Zur Radikalbehandlung der chronischen Paranoia, Wien u. Leipzig. Deuticke 1912) hat als erster in überzeugender Weise die Bedeutung von männlichem Protest und Sicherungstendenz in der Psychose ausführlich geschildert.

Kyrle gefunden und als charakteristisch hervorgehoben wurden. Die
Haut ist allenthalben überempfindlich, und das Kitzelgefühl an den
disponierten Stellen auffallend erhöht. Das Kind verlangt oft gekitzelt
zu werden. Die Ängstlichkeit des Kindes übersteigt das normale
Mass. — Als weiteres organisches Minderwertigkeitszeichen ist auch eine
hervorstechende Schiefstellung der Schneidezähne anzusehen,
die auf Minderwertigkeit des Magen-Darmtraktes hinweist. Der
Rachenreflex ist deutlich erhöht.

Man gewinnt aus diesem Ensemble von Erscheinungen den Eindruck, dass auch die Reflextätigkeit des Magen-Darmtraktes erhöht ist.
In der Tat hat das Kind in den ersten 3 Jahren häufig erbrochen.
Die zahlreichen Dyspepsien weisen gleichfalls auf die Minderwertigkeit
des Ernährungstraktes hin. Vor einem Jahre stellte sich anschliessend
an ein Ekzem des Afters, — Ende des minderwertigen Darmtraktes, —
ein mehrere Monate anhaltendes Jucken im After ein, das von dem
Hausarzte unter suggestiver Behandlung mit Zuhilfenahme einer indiffe-
renten Salbe geheilt wurde.

Der schmerzhafte Druck im Magen erwies sich als ein psychischer
Reflex, der jedesmal eintrat, wenn das Kind in der Schule oder im
Haus eine Herabsetzung befürchtete[1]. Der Endzweck dieses auf dem
Boden der Organminderwertigkeit vorgebildeten Reflexes lag in dem
Bestreben, einer Strafe vorzubeugen und das Interesse der etwas barschen
Mutter, die das jüngere Mädchen bevorzugte, auf sich zu lenken. Zur
Fixierung und zur offensichtlichen Aggravation kam es offenbar nach
inneren Wahrnehmungen dieser erhöhten Reflextätigkeit, sobald das
Kind nach einer brauchbaren Leitidee ausschaute, um sein Persönlich-
keitsgefühl zu erhöhen. Spontane Äusserungen über spurweise Vorstellungen künftiger Gravidität, — als des zu erwartenden Schicksals
einer weiblichen Rolle, konnte ich wegen der Kürze der Kur nicht wahrnehmen. Die Anfälle verschwanden nach kurzer Zeit, nachdem ich dem
Kinde den Zusammenhang klargemacht hatte. Ein Traum nach einem
dieser Anfälle deutet in die oben geschilderte Richtung. Sie träumte:
„Meine Freundin war unten. Dann spielten wir mit-
einander."

Ihre Freundin war bevorzugte Rivalin in der Schule. Es setzte
oft Kämpfe mit ihr ab, ohne dass es zu Handgreiflichkeiten kam. Sie
wohnte wohl ein Stockwerk höher, und der gemeinsame Spielplatz war
stets die Wohnung unserer Patientin. Aber die Ausdrucksweise in der
Traumerzählung war auffallend genug. Als ich das intelligente Kind
fragte, ob man denn sage: „die Freundin war unten", wenn die Erzäh-
lerin mit ihr spielte, besserte es sofort aus: „sie war bei mir". Nehmen
wir aber an, dass die Ausdrucksweise richtig und der Akzent auf dem
„unten" ruht, dann verbirgt sich dahinter der Gedanke, dass die Rivalin
wie in einem Kampfe unserer ehrgeizigen Patientin unterlegen war.
„Die Freundin war unten" heisst demnach: „ich war oben", eine Auffassung, durch die man dem Standpunkt der Redenden erst gerecht wird.
Auch das „Dann" zeigt in die gleiche Richtung. Es bekommt erst seinen

[1] R. Stern hat ähnliche Erscheinungen, von denen in diesem Buche mehrmals die Rede war, als „präaktive Spannungen" beschrieben. Aus meinen Darlegungen geht hervor, dass es sich um die planvolle, wenn auch unbewusste Verwendung der Reflexerregbarkeit minderwertiger Organsysteme („Studie" l. c.) handelt, um „intelligente Reflexe".

Sinn, wenn wir in den beiden Traumbildern ein zeitliches Intervall gelten lassen, etwa: zuerst muss ich der Freundin überlegen sein, dann will ich mit ihr spielen.

Die Bestätigung unserer Auffassung liefert die Vorgeschichte des Anfalles, der dem Traume vorausging. Die Spiele der beiden Mädchen waren in der Regel „Vater und Mutter spielen" oder „Doktor spielen". Bei ersterem Spiel war es zwischen den beiden Mädchen zu einem Streit gekommen, wer den „Vater" spielen sollte, bis der Vater schlichtend eingriff und unserer Patientin tadelnd vorhielt, dass die Freundin immer die nachgiebigere, sie selbst immer unnachgiebig sei, was auch der Wahrheit entsprach. Die Freundin bekam hierauf die „Vaterrolle." Als sich die Familie kurz nachher zum Abendbrot an den Tisch begab, stellte sich der Anfall bei dem Kinde ein. Sie ass nichts und wurde zu Bett gebracht, und zwar ins Schlafzimmer der Eltern, wo sonst ihre andere Rivalin schlief, die kleine Schwester. Der Traum setzt nun in der im Anfall gegebenen Tendenz fort, die Patientin reisst die männliche Rolle an sich und gibt uns damit den Wink, wie sie ihre Geltungssucht und die Männlichkeit gleichstellt. Die Darstellung des Weiblichen als der Unterliegenden in dem Worte „unten" verstärkt diese Auffassung ganz besonders, nicht ohne dass die Vermutung auftaucht, dass die Patientin die räumliche Position im Geschlechtsverkehr kennt. Sie schlief bis zur Ankunft ihrer jüngeren Schwester im Schlafzimmer der Eltern, und auch späterhin, wenn irgend ein Unwohlsein bei ihr eintrat. Diese der Mutter gegenüber angedeutete Vermutung blieb unwidersprochen, hatte aber sein Gutes, insoferne die beiden Kinder dauernd das Schlafzimmer räumen mussten. — Die Charaktereigenschaften des Kindes aber sehen wir auch hier wieder in der Richtung des männlichen Protestes wirksam, als weit vorgeschobene Vorposten. die jede Analogie, jedes symbolische Erleiden eines weiblichen Schicksals, Herabsetzung, Verminderung des Persönlichkeitsgefühls von ferne schon abzuwehren hatten und sichernd vor kommendem Unheil wirken sollten.

Eine ähnliche Affektion ist das den Ärzten wohlbekannte Schulerbrechen und Erbrechen bei Tisch oder kurz nach dem Essen, das in seinem psychischen Aufbau der obigen Erkrankung gleicht, indem es einen unbewussten oder unbewusst gewordenen Kunstgriff darstellt, wie man einer drohenden Herabsetzung entgeht und sich Geltung verschafft.

Ein 13 jähriger Junge zeichnet sich durch eine auffällige Indolenz seit 3 Jahren aus, die ihn trotz seiner unbestreitbaren Intelligenz am Fortkommen in der Schule hindert. Seit einigen Monaten zeigt sich bei ihm ein weinerliches Wesen, das besonders zutage tritt, wenn man ihn aus irgendwelchen Gründen ermahnt. Vater und Mutter sind wohl seit jeher etwas zu scharf mit ihm ins Gericht gegangen, aber soweit ich Erkundigungen einziehen konnte, galten ihre Ermahnungen zumeist seiner Langsamkeit beim Essen und Ankleiden, und insbesondere seinem allzueifrigen Bücherlesen. In der letzten Zeit war es soweit gekommen, dass der Knabe jedesmal zu weinen begann, wenn man ihn an irgend etwas erinnerte, oder sobald man ihn drängte. Die Folge dieses Zustandes war wohl eine vorsichtigere Haltung der Eltern, doch glaubten sie bei der Lässigkeit des Knaben sich nicht aller Ermahnungen entschlagen zu können.

Eine Frage nach dem letzten Auftreten seines Weinens ergab, dass er ermahnt wurde, sich rascher zur Schule zu begeben, als er schon eine halbe Stunde vor dem Spiegel bemüht war, die aufwärts strebenden Haare mit der Bürste glatt zu bürsten. Die Analyse ergab, dass er sich auf bösen Wegen sah, und sich durch sorgfältige Massnahmen vor peinlichen Herabsetzungen s i c h e r n wollte. Er machte sich schwere Vorwürfe wegen knabenhafter sexueller Ausschreitungen, die er im Verein mit anderen Knaben und Mädchen begangen hatte. Vor allem fürchtete er die Entdeckung durch seine Eltern, und diese Furcht hatte sich ungeheuer gesteigert, als er eines Nachts im Schlafe n a c h t w a n - d e l n d ins Dienstbotenzimmer geraten war und zu seiner Verwunderung des Morgens im leeren Bett der Köchin erwachte. Dieses Nacht- w a n d e l n erfolgte, wie alle anderen Fälle, die ich ergründen konnte, im männlichen Protest gegen ein Gefühl der Herabsetzung. Tags vor- her war er nämlich wegen schlechten Fortkommens aus der Mittelschule genommen und in die Bürgerschule gebracht worden. Der Eindruck dieser Szene, der Gedanke. dass er im Schlafe verraten könnte, was ihn und seine Freunde beschäftigte, war bei ihm, der im Schlafe wie alle Nachtwandler zu sprechen pflegte, ein so ungeheurer, dass er zu starken Sicherungen schritt. Diese betrafen in erster Linie seine Erektionen, die er vor den Eltern sorgfältig zu verbergen suchte. Dies tat er, indem er das „aufgerichtete" Membrum mit der Hand nach abwärts strich. Nun hatte die Sicherungstendenz so sehr von ihm Besitz ergriffen, dass er auch die aufgerichteten Haare so behandelte, a l s o b sie Sexualorgane wären, wie ja starke Sicherungstendenzen immer weiter greifen, als unbedingt nötig ist. In diesem Falle aber sehen wir den schüchternen Beginn einer Z w a n g s h a n d l u n g, deren Mechanismus regelmässig in einer Darstellung des männlichen Protestes oder der gegen ihn gerichteten Sicherungstendenz besteht. Letztere wird d a n n Inhalt und treibende Kraft der Zwangsneurose, wenn der männliche Protest zu weit geht, und durch innere Widersprüche ins „Weibliche" zu geraten droht, weil die Konsequenz in einer Bestrafung, Herabsetzung oder Blamage bestünde. Dann erscheint die Sicherung noch als das Männlichere, wenngleich das lockende Gefühl des Triumphalen nicht leicht dabei zustande kommt. Unter Umständen lässt es sich gleich- wohl erzeugen, insbesondere durch Bekämpfung der Lust in jeder Form, so dass dann eine m a c h t v o l l e A s k e s e als Triumph gewertet wird.

In der Tat gewannen in der Sicherungstendenz asketische Neigungen als Formen der Selbstquälerei bei dem Knaben Raum, und seine E s s u n l u s t war darauf berechnet, nach Analogie des Begriffs der „Enthaltsamkeit" den hervorbrechenden sexuellen Gelüsten Einhalt zu tun. Der ohnehin schwächliche Junge kam herab, so dass die Eltern einzugreifen gezwungen waren. Dabei trafen sie auf seine mühsam er- rungene Sicherungstendenz. Da führte d i e p s y c h o m o t o r i s c h e V e r t r a u t h e i t m i t d e n e l t e r l i c h e n A n g r i f f e n zur Sicherung durch das Weinen, wobei seine Geltung sich wieder hob.

Sein eifriges B ü c h e r l e s e n war ursprünglich gleichfalls der Sicherungstendenz entsprungen. Die Unsicherheit, die ihn in der Pubertät erfasst hatte, zwang ihn, Trost, Belehrung und s i c h e r n d e F u r c h t vor Erkrankungen aus dem Lexikon zu holen. Er zeigte in den ein- schlägigen Problemen eine unglaubliche Belesenheit. Einmal auf dem Wege, Sicherung aus den Büchern zu schöpfen, übertrieb er diesen

Hang, insbesondere weil auch die älteren Geschwister, denen er nach-
eiferte, auffallend viel Lektüre betrieben, dann auch, weil er damit den
Eltern, seinen Unterdrückern, zuwiderhandelte, und drittens, weil er auf
diesem Wege wieder seinen ursprünglichen männlichen Protest befriedigen konnte, den Helden seiner Bücher in Gefahren und Kampf folgen
zu können, was in der Wahl seiner Lektüre auch zum Ausdruck kam:
er las mit Vorliebe Karl May.

Der dritte Fall betrifft eine durch psychische Bedingungen protra-
hierte Pertussis bei einem 11jährigen Knaben, der um diese Zeit noch
an Enuresis litt. Es war ein ungeberdiger, jähzorniges Kind, das stets
seinen Vater an sich fesseln wollte, während es seine Stiefmutter als
die grausame Verfolgerin hinzustellen versuchte. Das empfängliche
Gemüt des Vaters zeigte sich in einer übergrossen Besorgnis während
der Keuchhustenanfälle. Als eines Morgens die Mutter dem Knaben
wieder wegen seines Bettnässens Vorwürfe machte, sprang der Knabe
lachend aus dem Bett und lief unbekleidet im Zimmer umher, bis der
besorgte Vater unter unwilligen Bemerkungen gegen die Mutter den
hastig atmenden Knaben zu Bett brachte. Ein heftiger Hustenanfall,
der dem schon geschwundenen Keuchhusten glich, schloss diese Szene
ab und verursachte einen heftigen Streit zwischen den Eheleuten. Als
der Knabe abends wieder das Bett aufsuchte, sprang er erregt auf und
galoppierte im Bett hin und her, wobei sein Atem keuchend ging. Die
Deutung des Anfalls lag auf der Hand. Der Knabe wollte abermals
einen Vorwurf gegen die Mutter provozieren und den Vater auf seine
Seite ziehen. Eine suggestive Behandlung und Aufdeckung des Anfall-
zweckes brachte die Erledigung dieser Anfälle, die Pertussis zog sich
aber noch ein weiteres halbes Jahr in die Länge.

Analoge Mechanismen liegen der Idee des Selbstmordes zugrunde.
Die Tat selbst scheitert zumeist an der Erkenntnis des inneren Wider-
spruches dieser Art des männlichen Protestes. Der psychische Umschlag
erfolgt im Gedanken an den Tod, an das Nichtsein, an das herabsetzende Gefühl, zu Staub zu werden, seine Persönlichkeit ganz
zu verlieren. Wo sich Hemmungen religiöser Natur einschieben, sind
sie wohl nur die Hülle, ein Zurückbeben, als ob auch diese Handlung
noch mit Strafe belegt wäre. Hamlet, bis auf unsere Zeit das Leitbild des an seiner Männlichkeit Zweifelnden, des psychischen Hermaphroditen, der sich durch sicherndes Vorausdenken die Hemmungen
seines männlichen Protestes selbstbewusst stellt, der gegen seine weibliche Linie sich aufbäumt, nicht ohne dem dialektischen Umschlag auf
der männlichen Linie auszuweichen, schützt sich vor Selbstmord durch
Heraufbeschwörung jener Träume, „die in dem Schlafe kommen mögen,
wenn unser irdisch Teil wir abgeschüttelt". In der Friedhofsszene
zeigt sich sein wahres Entsetzen, weil Yorriks Schädel nicht mehr gilt
als die der anderen.

Ich habe seit längerer Zeit die Anschauung vertreten, dass der
Selbstmord eine der stärksten Formen des männlichen Protestes, eine
erledigende Sicherung vor Herabsetzung darstellt. Die mir zugänglichen
Fälle zumeist von Selbstmordversuchen haben stets in ihrer Psyche die
neurotische Struktur erkennen lassen. Zeichen von Organminderwertigkeit, Gefühle von Unsicherheit und Minderwertigkeit aus der Kindheit,
ein als allzu weiblich empfundener psychischer Einschlag und der darauf
antwortende, überspannte männliche Protest fanden sich in gleicher

Anordnung wie bei jedem Neurotiker. Das nähere oder entferntere
Beispiel gibt häufig die Richtung. Der mächtigste psychische Haft
stammt aus den Todesgedanken der Kindheit, die in spielerischer, noch
mehr in vorbildlicher und vorbereitender Art, indem sie unter der
Wirkung der Persönlichkeitsidee die psychische Physiognomik formen, eine stete Bereitschaft für den Selbstmord herstellen.
Man findet in der Vorgeschichte der Selbstmordkandidaten die gleichen
Neigungen, durch Krankheit Einfluss zu gewinnen, sich durch Aus-
spinnen von Todesgedanken und Träumereien über die hervorbrechende
Trauer der Angehörigen in einer Situation der Herabsetzung, bei Gefühlen verschmähter Liebe Befriedigung zu verschaffen. Und die Idee
wird zur Tat in einer gleichen Situation der Verminderung des Persönlichkeitsgefühls, sobald diese Einbusse zu stärkerer Entwertung des
Lebens führt und imstande ist, den dialektischen Umschlag der männlichen Selbstmordidee in eine neuerliche Entwertung übersehen zu
lassen. Somit müssen wir jenen Autoren recht geben, die im Selbstmord einen der Wahnbildung verwandten Vorgang erblicken. Meine
und Bartel's Hinweise auf Organminderwertigkeiten, besonders auch
auf Minderwertigkeiten des Sexualapparates stehen in gutem Einklang.

In der Neurose ist die Wahrscheinlichkeit einer Korrektur stärker,
wenn auch nicht immer ein Hindernis des Selbstmordes. Es scheint,
dass die meist jahrelange Vertiefung des Neurotikers in das Selbst-
mordproblem selbst ein Zeichen und zugleich Mitursache der Korrektur
ist. Und in der Tat sind Gedanken und Träume des Nervösen voll
von Todesgedanken. Hier der entsprechende Traum eines Neurotikers,
der wegen Stotterns und psychischer Impotenz in Behandlung
stand, in der Nacht, nachdem er vergebens auf einen Brief seiner
Braut gewartet hatte:

„Mir war, als ob ich gestorben wäre. Meine Angehörigen standen
um den Sarg herum und geberdeten sich ganz verzweifelt."

Patient erinnert sich, in der Kindheit öfters Gedanken gehabt zu
haben, dass er sterben möchte, weil die Eltern den jüngeren Bruder
vorzogen. Seit jeher verfolgte ihn der Gedanke, dass er wegen einer
Hydrokele und wegen Kleinheit seines Genitales minderwertig sei, keine
Kinder haben werde. Später suchte er sich durch Herabsetzung
der Frauen und grosses Misstrauen gegen sie vor Unglück in
der Ehe zu schützen. In Wirklichkeit fühlte er sich zu schwach und
hatte Furcht vor der Frau. Sowie er diese Prüfung in der Ehe fürchtete,
wich er kraft seiner motorisch gewordenen Einstellung allen Entscheidungen aus. Seine Impotenz trat ein, als er von seiner Braut das
Jawort bekam, als Vorwand, als ein Kunstgriff, eine Ehe hinauszuschieben. Im Traume spiegelt sich der Gedanke, dass die Braut einen
Andern lieber haben könnte. Daran knüpft sich der Versuch einer
Lösung, wie er ihre ganze Liebe auf sich lenken könnte, bei welchem,
so wie beim Arrangement seiner Impotenz, die Heiratsmöglichkeit ausgeschaltet ist. —

X. Kapitel.

Familiensinn des Nervösen. — Trotz und Gehorsam. — Schweigsamkeit und Geschwätzigkeit. — Die Umkehrungstendenz.

In diesem Abschnitt will ich noch auf eine Reihe von Charakterzügen der Nervösen hinweisen, wie man sie öfters im Vordergrund der analytischen Betrachtung findet, ohne dass durch sie mehr wie das äussere Bild der Neurose beeinflusst wird. Sie helfen bloss die neurotische Individualität aufbauen, geben aber gerade dadurch der speziellen Neurose eine bestimmte Richtung oder fordern ein bestimmtes Schicksal im Zusammenstoss mit der Umgebung heraus. So kann es geschehen, dass der Familiensinn des Neurotikers in besonders aufdringlicher Weise hervortritt, dass die Familienforschung einen Teil des neurotischen Sinnens erfüllt, die tiefer liegenden Züge eines neurotischen, oft haltlosen Ahnenstolzes verdeckt, und dass so in gleicher Weise wie etwa durch Forschung nach Krankheitsheredität der sozialen Leistung von Liebes- und Ehebeziehungen entgegengearbeitet wird. Dies gelingt leicht durch Arrangement von Verliebtheit in einzelne oder alle Familienmitglieder; demnach kommt diese Verliebtheit unter dem Zwange der leitenden Fiktion und ihres inneren Widerspruchs, aus dem sich die Furcht vor der Entscheidung, vor dem geschlechtlichen Partner ergibt, zustande. Die Bereitschaft gilt dann der Herrschaft innerhalb der Familie, zu welchem Zwecke die Familienbande als heilig erklärt werden. — Der Zerfall mit der Familie liegt beim Nervösen angrenzend an die Steigerung des Familiensinns, sobald die Sicherungstendenz noch weiter vorschreitet und der Beweise bedarf, dass man sich nicht einmal auf Blutsverwandte verlassen darf. Menschenhass als abstrakte Richtungslinie des Charakters und Flucht in die Einsamkeit sind nicht seltene Erscheinungen, und treten in den Psychosen deutlicher hervor. —

Die Unterordnung der Charakterzüge unter die leitende Fiktion lässt sich besonders gut an den gegensätzlichen Zügen von Trotz und Gehorsam[1]) einsehen, die einzeln oder in verschiedenem Masse gemengt zum Kolorit der nervösen Psyche viel beitragen. Die Einsicht in den dermassen errungenen Aufbau dieser Charakterzüge, die aus neutralen, realen Eindrücken der vorneurotischen Zeit abstrahiert, neurotisch gruppiert und zu Richtungslinien verarbeitet werden, kann uns über die Entstehung, den Sinn und Zweck des Charakters belehren. Die Idee vom angeborenen Charakter fällt restlos in sich zusammen, da das reale Substrat zur psychischen Charakterbildung, und was immer von ihm angeboren ist, unter dem Zug der leitenden Idee sich so lange umformt, bis ihr Genüge getan ist. Trotz sowie Gehorsam sind dann nichts als psychische Attitüden, die uns den Sprung aus der unsicheren Vergangenheit in die schützende Zukunft verraten, wie andere Charakterzüge auch. —

[1]) Adler, Trotz und Gehorsam. l. c.

Die Schüchternheit als Attitude der Furcht vor der Entscheidung ist bei Nervösen öfters vom Charakterzug der Schweigsamkeit begleitet. Die Verwendbarkeit dieser Bereitschaftsstellung ist beispielsweise auch darin gelegen, dass sie wie eine Isolierung wirkt und der Umgebung die Angriffsflächen entzieht. Auch als Spielverderber zeigt der schweigsame Nervöse zuweilen seine Überlegenheit und herabsetzende Tendenz. Oder er arrangiert durch die Wortkargheit und durch den Mangel an Einfällen den Beweis, dass er den Andern, besonders wenn sie in der Mehrzahl sind, nicht gewachsen sei, insbesondere zur Liebe und Ehe nicht tauge. — In der Aufgreifung und Verstärkung des fiktiven Gegensatzes, in der Geschwätzigkeit, habe ich zuweilen das Suchen nach einem Beweis und das Bekenntnis gefunden, als ob der Patient kein Geheimnis bewahren könnte. Eine andere Form des Angriffs und der Entwertung findet man in der vorlauten, ungeduldigen Art manches Nervösen, jedem in die Rede zu fallen. Die Absicht wird oft dadurch deutlicher, wenn er jede Bemerkung mit einem „Nein" oder „Aber" oder „Im Gegenteil" einleitet.

Ein Charakterzug, dem die Neurose viel von ihrer Schärfe und Bedeutung verdankt, der sich immer vorfindet und mit dem Trotz und dem Negativismus zu den stärksten Ausdrucksmitteln des männlichen Protestes gehört, besteht in der Tendenz, Alles anders, Alles umgekehrt zu wollen. Dieser Zug findet sich in der Kompensationsbestrebung ebenso wie in der Neigung zu neurotischen Kunstgriffen, er liegt in der Rechthaberei und in der neurotischen Entwertungstendenz und zeigt eine ungeheure Verwendbarkeit zum Angriff gegen die Umgebung. Er ist das Gegenstück zu dem oft konservativen, pedantischen Wesen des Nervösen, erlaubt ihm aber gleicherweise seine Herrschsucht zu betätigen. Im Kern des männlichen Protestes, wenn dieser prinzipiell und nach neurotischer Gegensätzlichkeit konstruiert ist, findet man das Streben nach Veränderung und Umkehrung. „Der Volksmund erklärt als das Wesen aller weiblichen Dialektik: das immer anders Wollen", berichtet E. Fuchs in der „Frau in der Karikatur". In Kleidung, Sitte, Haltung und Bewegung dringt immer auch, meist unter Vorwänden, etwas von dieser Bizarrerie durch. Eine meiner Patientinnen drehte sich häufig im Schlafe derart um, dass sie verkehrt liegend erwachte. Sie versuchte auch im wachen Zustande alles verkehrt zu machen. Eines ihrer Lieblingswörter war: „Umgekehrt!" als Einwurf gegen Meinungen anderer. Der Wunsch oben zu sein, zu reiten, die Hosen anzuhaben findet man bei Patientinnen dieser Art ungemein deutlich zu Ausdruck gebracht. In der psychotherapeutischen Behandlung währt dieser Zug von Anfang bis zu Ende, kann, wie bei Katatonikern der Negativismus, stets vorausgesetzt werden und erstreckt sich auf die nichtigsten Dinge. Sehr häufig kommen diese neurotischen Widerspruchstendenzen in der Form zum Vorschein, der Arzt möge zu ihnen, nicht sie zum Arzte kommen. Man hüte sich im allgemeinen vor Voraussagungen bei der Behandlung der Nervösen, bei starker Umkehrungstendenz aber würde man jedesmal zu Schanden.

Das Oben wird zum Unten, das Rechts zum Links, das Vorne zum Hinten zu machen versucht, weil die leitende Fiktion „Umkehrungen", d. h. die Verwandlung aus dem Weiblichen ins Männliche symbolisch verlangt. Worte, Schrift (Spiegelschrift), das moralische, das sexuelle Verhalten, das Träumen in Gegensätzen und (in umgekehrter Reihenfolge), und das Denken werden spielerisch, zugleich aber angriffsweise umgekehrt. Der hier angewendete Kunstgriff, sich männlich zu geberden, hat meist etwas von zerstörender Wut an sich.

Die Verwendung dieses „Umgekehrt" im Aberglauben, etwa das Schicksal zu foppen durch die Erwartung des Gegenteils dessen, was man gerne möchte, ein häufiger Zug bei Nervösen, der ihre ganze Unsicherheit aufzeigt, führt uns wieder zur neurotischen Vorsicht zurück und lässt die grosse Bedeutung und die ungeheure Tragweite derselben im Seelenleben des Nervösen erkennen[1]).

Um diesen Kern der Vorsicht herum können sich je nach der Toleranz des Leitbildes oder entsprechend der Situation Züge von Wahrhaftigkeit, ebenso von Lügenhaftigkeit gruppieren, die immer das Streben nach voller Männlichkeit, das eine Mal in geradliniger Weise, das andere Mal auf einem Umweg zum Ausdruck bringen. Nahe verwandt sind ihnen Züge von Verstellung und Offenheit, von denen der erste Charakter deutlich das Gefühl der Verkürztheit, des Untenseins zum Ausgangspunkt nimmt. Stark antizipierende Sicherungstendenz zeigt der Charakterzug der Wehleidigkeit und Schmerzempfindlichkeit, der deutlich der Umgebung, aber auch dem Patienten zu Gemüte führt, wie er von allen Lebenslagen nur jene wählen kann, die schmerzfrei zu ertragen wären. Es versteht sich, dass die Antizipation von Geburtsschmerzen oft in die Konstruktion dieser Richtungslinie hineinspielt.

Den Anstrengungen der Vorsicht verwandt sind die in diesem Buche oft hervorgehobenen Erscheinungen des Zweifels, des Schwankens und der Unentschlossenheit der Nervösen. Sie stellen sich immer ein, wenn die Realität derart auf die leitende Fiktion einwirkt, dass in letzterer immer Widersprüche auftauchen, — wenn die Gefahr einer Niederlage, eines Prestigeverlustes durch Eingreifen der Wirklichkeit droht. Dem Nervösen bleiben dann im allgemeinen 3 Wege übrig, die von der Stärke des fiktiven Leitzieles abhängen, so dass die entwickelte Neurose ein entsprechendes Aussehen gewinnt. Der eine Weg ist die Stabilisierung des Zweifels und Schwankens als Operationsbasis, wie man es am deutlichsten bei Neurasthenikern, in der Zweifelsucht, in der Psychasthenie findet. Der zweite Weg führt zur Psychose, indem unter Konstruktion eines Wahrheitsgefühls[2]) die Fiktion hypostasiert, vergöttlicht wird. Der dritte Weg führt zum Formenwandel der Fiktion unter Arrangement von Angst, Schwäche, Schmerzen etc., kurz auf neurotischem Umwege unter Benützung weiblicher Mittel zum männlichen Protest.

---

[1]) S. auch Adler, Syphilidophobie. l. c.
[2]) Kanabich, „Zur Pathologie der intellektuellen Emotionen" (Psychotherapia, herausg. v. N. Wirubof, Moskau 1911) ist dieser Auffassung nahe gekommen.

Schluss.

Unsere Betrachtung hat ergeben, dass sich die Charakterzüge, ihre prinzipielle Darstellung im Leben des Menschen, nach der Art von Richtungslinien für das Denken, Fühlen, Wollen und Handeln als Kunstgriffe der menschlichen Psyche darstellen, die eine schärfere Ausprägung erfahren, sobald die Person aus der Phase der Unsicherheit zur Erfüllung ihrer fiktiven leitenden Idee gelangen will. Das Material zur Bildung der Charakterzüge ist im Psychischen allenthalben vorhanden und seine angeborene Verschiedenheit verschwindet gegenüber der einheitlichen Wirkung der leitenden Fiktion. Ziel und Richtung, der fiktive Zweck der Charakterzüge ist an den ursprünglichen, geradlinigen, kämpferisch-aggressiven Linien am besten zu erkennen. Not und Schwierigkeiten des Lebens zwingen zu Verwandlungen des Charakters, wobei nur solche Konstruktionen Billigung finden, die mit der Persönlichkeitsidee im Einklang stehen. So kommen die vorsichtigeren, zögernden, von der geraden Linie abbiegenden Charakterzüge zustande, deren Verfolgnng gleichwohl ihre Abhängigkeit von der leitenden Fiktion ergibt.

Die Neurose und die Psychose sind Kompensationsversuche, konstruktive Leistungen der Psyche, die sich aus der verstärkten und zu hoch angesetzten Leitidee des minderwertigen Kindes ergeben. Die Unsicherheit dieser Kinder in Hinblick auf die Zukunft und auf ihren Erfolg im Leben zwingt sie zu stärkeren Anstrengungen und Sicherungen in ihrem fiktiven Lebensplan. Je fixierter und starrer ihr Leitbild, ihr individueller kategorischer Imperativ ist, um so dogmatischer und prinzipieller ziehen sie die Leitlinien ihres Lebens. Je voraussichtiger sie dabei werden, desto weiter spinnen sie bis über ihre Person in die Zukunft hinaus Gedankenfäden und organisieren an deren peripherem Ende, wo der Zusammenstoss mit der Aussenwelt erfolgen soll, als Vorposten ihrer psychischen Bereitschaften die notwendigen Charakterzüge. Mit seiner ungeheuren Feinfühligkeit heftet sich der prinzipielle, nervöse Charakterzug an die Wirklichkeit, um sie dem Persönlichkeitsideal gemäss zu verändern oder zu unterwerfen. Droht die Niederlage, so treten die neurotischen Bereitschaften und Symptome in Kraft.

Die dürftige Bedeutung des angeborenen Substrats zur Charakterbildung geht auch daraus hervor, dass die leitende Fiktion nur die brauchbaren psychischen Elemente sammelt und einheitlich gruppiert, nur jene Fähigkeiten und Erinnerungen, deren Begabung für das Finale sich herausstellt. In der neurotischen Umordnung der Psyche schaltet die leitende Fiktion unumschränkt und nützt die Erfahrungen nach ihrer Eignung aus, als ob die Psyche ruhendes, reales Material wäre. Dann erst, wenn die neurotische Perspektive wirksam ist, wenn die neurotischen Charaktere und Bereitschaften fertig sind, der Weg zum Leitideal gesichert ist, erkennen wir die Person als nervös. Denn deutlicher als die normale Psyche lehrt es uns die nervöse: „Durch das grosse Sein, das uns umgibt und weit in uns hineinreicht, zieht sich ein grosses Werden, das dem vollendeten Sein zustrebt."

So finden wir den Charakter als eine durch das Leitbild zur Verwendung gelangte „intelligente Schablone", deren sich die Sicherungstendenz bedient, ebenso wie die Affekt- und neurotischen Krankheitsbereitschaften. Den Sinn dieser Schablonen erfassen, ihn wie Breuer es begonnen hat, aus ihrem genetischen, und in unserer Auffassung analogischen Aufbau zu verstehen, ihn als ein Symbol des Lebensplanes, als ein Gleichnis zu begreifen, ist die Aufgabe der vergleichenden Individualpsychologie. Denn durch die Zerlegung des Charakters, in welchem sich immer die Linie des Aufschwungs zum leitenden Ideal verfolgen lässt, erleben wir in einen Punkt zusammengedrängt: Vorgeschichte, Gegenwart, Zukunft und beabsichtigtes Finale zugleich.

Man wird immer bei Nervösen finden, dass sie ihre sichernden Schablonen mit Kraft festhalten. Die Gegenwehr wird noch verstärkt, weil der Patient in der Loslösung von seinen Schablonen, sowie in der durch einen Anderen beeinflussten Richtungsänderung seines Lebensplans eine Niederlage, ein Untensein, eine Entmannung vorausempfindet. Der nächste Schritt in der psychotherapeutischen Kur wird demnach sein müssen: auch dieses streng gegensätzliche Verhalten, den Widerstand des Patienten gegen den Arzt, als die alte neurotische Schablone, als übertriebenen männlichen Protest zu entlarven und das neurotische Vorurteil aufzuheben.

Somit dürfen wir als ein letztes Ergebnis, gleichsam unseren Ausgangspunkt beleuchtend, an diese Stelle setzen: minderwertige Organe und neurotische Phänomene sind Symbole von gestaltenden Kräften, die einen selbstgesetzten Lebensplan mit erhöhten Anstrengungen und Kunstgriffen zu erfüllen trachten.

Zitierte Schriften des Autors.

Studie über Minderwertigkeit von Organen. Urban u. Schwarzenberg. Wien u. Berlin 1907.

Über neurotische Disposition. Jahrbuch Bleuler-Freud 1909.

Der Aggressionstrieb im Leben und in der Neurose. Fortschritte der Medizin. Leipzig 1908.

Die Bedeutung der Organminderwertigkeitslehre für Philosophie und Psychologie. Vortrag in der Gesellschaft für Philosophie an der Universität in Wien 1908.

Myelodysplasie oder Organminderwertigkeit? Wiener med. Wochenschrift 1909.

Der psychische Hermaphroditismus im Leben und in der Neurose. Fortschr. d. Medizin 1910. Leipzig.

Trotz und Gehorsam. Monatshefte für Pädagogik. Wien 1910.

Die psychische Behandlung der Trigeminusneuralgie. Zentralblatt für Psychoanalyse. Wiesbaden. Bergmann 1910.

Ein erlogener Traum. Zentralblatt für Psychoanalyse. Wiesbaden. Bergmann 1910.

Über männliche Einstellung bei weiblichen Neurotikern. Zentralblatt für Psychoanalyse. Wiesbaden. Bergmann 1910.

Beitrag zur Lehre vom Widerstand. Zentralblatt für Psychoanalyse. Wiesbaden. Bergmann 1910.

Syphilidophobie. Zentralblatt für Psychoananlyse. Wiesbaden. Bergmann 1910.

Zur Determination des Charakters. Vortrag, gehalten in der Gesellschaft für Psychologie an der Universität in Wien 1909.

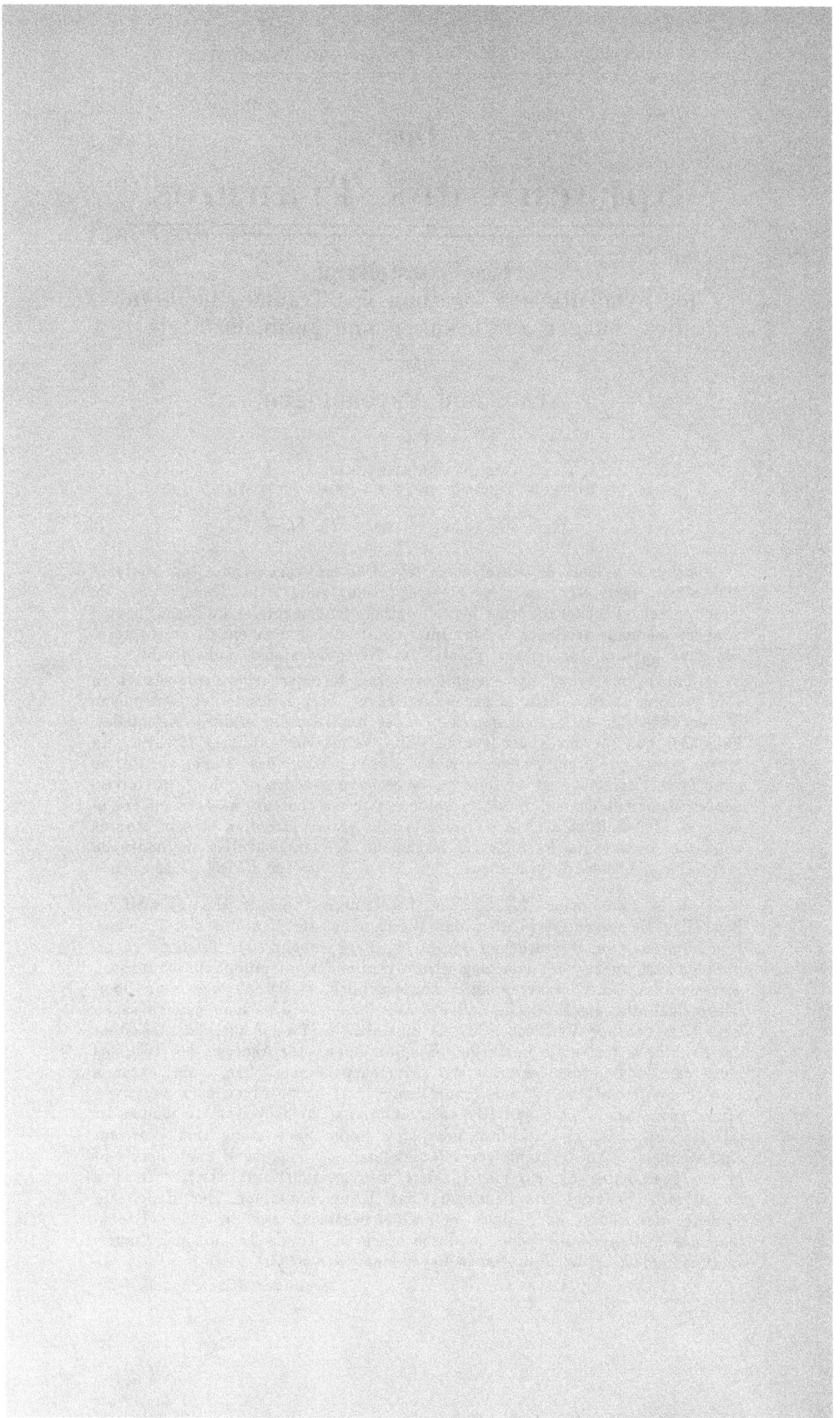

Verlag von J. F. Bergmann in Wiesbaden.

Die
Sprache des Traumes.

Eine Darstellung
der Symbolik und Deutung des Traumes in ihren
Beziehungen zur kranken und gesunden Seele

für

Ärzte und Psychologen

von

Dr. Wilhelm Stekel,
Spezialarzt für Psychotherapie und Nervenleiden in Wien.

Preis Mk. 12.60, gebunden Mk. 14.—.

Le gros volume de Stekel, dans lequel se trouvent exposés et analysés 594 rêves, peut être considéré comme faisant suite à la *Traumdeutung* de Freud. Mais si Stekel confirme les conceptions fondamentales de Freud, dont il exagère même la tendance à tout interpréter symboliquement, il existe entre ces deux auteurs, sur certains points, des divergences assez considérables.

Tandis que Freud, par exemple, voudrait accorder à l'élément sexuel un rôle presque exclusif dans la genèse des rêves, Stekel insiste, et avec raison à mon avis, sur la grande importance des tendances agressives, criminelles, haineuses qui, réprimées pendant la veille, se manifestent dans le rêve. En outre, tandis que Freud n'admet pas les rêves télépathiques, Stekel en affirme avec force l'existence et en cite quelques exemples irréfutables. Ces divergences montrent que les résultats obtenus par nos auteurs ne sont encore ni certains ni définitifs, mais il méritent la plus grande attention et sont propres à inciter les savants à se servir largement de ces nouvelles méthodes de recherche si pleines de promesses. *„Scientia" Rivista di Scienza.*

In seinem Buche „Die Sprache des Traumes" bringt Stekel ausführlich alles Bemerkenswerte über das Wesen und die Deutung des Traumes. Ihm kommt es im wesentlichen darauf an, die Symbolik des Traumes zu ergründen und zu zeigen, dass das primitive Denken ursprünglich symbolisch gewesen sei. Im Traume spielen hauptsächlich zwei Faktoren eine überwiegende Rolle: das Erotische und das Kriminelle, so dass man nahezu sagen kann: der geheime Verbrecher in uns tobt sich im Traum aus, doch es steht das Kriminelle fast stets im Dienste des Sexuellen. Die Analyse des Traumes muss von der Deutung der einzelnen Traumelemente ausgehen, wobei es nach Freud zweifelhaft ist, ob das Traumelement: a) im positiven oder negativen Sinne gewonnen werden soll (Gegensatzrelation); b) historisch zu deuten ist (als Reminiszenz); c) symbolisch oder ob d) seine Verwertung vom Wortlaut ausgehen soll. An der Hand von 594 Träumen, die eingehend analysiert und in ein bestimmtes System eingegliedert werden, führt uns Stekel in dies Gebiet ein. Er zeigt die Bedeutung der Traumentstellung, der Reden im Traume, der Affekte im Traume, er erklärt besonders ausführlich die Bedeutung der Todessymbolik. Zum Schlusse beschreibt er die Technik der Traumdeutung, indem er den Gang einer Psychoanalyse vorführt.

Zentralblatt für Physiologie.

Zur Psychologie und Psychopathologie des Dichters.

Von Dr. med. Otto Hinrichsen,
Privatdozent in Basel.
Preis Mk. 2.80.

Sexualität und Dichtung.

Ein weiterer Beitrag zur Psychologie des Dichters.

Von

Dr. med. Otto Hinrichsen, Privatdozent in Basel.

Preis Mk. 2.60.

Dichtung und Neurose.

Bausteine zur Psychologie des Künstlers und des Kunstwerkes.

Von Dr. Wilhelm Stekel in Wien.

Preis Mk. 2.—.

Über die sogen. Moral insanity.

Von Medizinal-Rat Dr. Naecke in Hubertusburg.

Mk. 1.60.

Sexualethik.

Von Chr. v. Ehrenfels, o. Prof. der Philosophie an der Universität in Prag.

Mk. 2.80.

Die abnormen Charaktere bei Ibsen.

Von Prof. Dr. G. Weygandt in Hamburg.

Mk. —.80.

Tolstoj als Charakter.

Eine Studie auf Grund seiner Schriften.

Von Hans Freimark in Heidelberg.

Mk. —.80.

Über psychopathische Persönlichkeiten.

Eine psychopathologische Studie

von Dr. Carl Birnbaum in Buch-Berlin.

Preis Mk. 2.50.

Auszüge aus Besprechungen:

Mit einer schätzenswerten wissenschaftlichen Gründlichkeit und Sachkenntnis wird vom Autor das Bild der psychopathischen Persönlichkeit entrollt und die psychiatrische Literatur um ein wertvolles Werk bereichert. Es ist nicht möglich, im Rahmen eines kurzen Referates den Einzelheiten der Abhandlung gerecht zu werden; die Lektüre des Originals sei allen Ärzten aufs wärmste empfohlen.   *Prager Medizin. Wochenschrift.*

Verlag von J. F. Bergmann in Wiesbaden.

Somnambulismus und Spiritismus.

Von Hofrat Dr. **Leopold Loewenfeld** in München.

Zweite vermehrte Auflage. — Preis Mk. 2.—.

Als eine sehr erfreuliche Tatsache begrüsst Referent die Neuauflage der vortrefflichen Schrift, weil in unserer für mystische Erscheinungen leicht empfänglichen Zeitepoche nur die Verbreitung gründlicher Belehrung, wie sie in der Loewenfeldschen Arbeit mit seltener Klarheit geboten wird, geeignet ist, die phantastischen Auswüchse spiritistischer Wundergläubiger zu bekämpfen. Wenn zu diesem wünschenswerten Erfolge auch die Ärzte beitragen sollen, so kann Referent nur weitgehende Verbreitung der Schrift in Ärztekreisen wünschen, denn leider sind die Begriffe „Somnambulismus" und „Spiritismus" auch in diesen Kreisen recht wenig bekannt. . . . Wenn früher für unmöglich gehaltene Dinge als wahr sich herausstellen, so werden wir nicht abergläubige Auffassungen aus längst vergangenen Zeiten zur Erklärung heranziehen, sondern bemüht sein, den Schleier des Mystischen von diesen Tatsachen zu entfernen. In welcher Weise das geschehen muss und geschehen kann, entwickelt Verfasser überzeugend, und bleibt nur zu wünschen, dass eine so kritische Sachdarstellung weite Verbreitung findet. *Berliner klin. Wochenschrift.*

Die Emanation
der psychophysischen Energie.
Eine experimentelle Untersuchung
über die unmittelbare Gedankenübertragung im Zusammenhang mit der Frage über die Radioaktivität des Gehirns.

Von Dr. **Naum Kotik** in Moskau.

M. 3.20.

Das Erwachen des Geschlechtsbewusstseins und seine Anomalien.
Eine psychologisch-psychiatrische Studie
Von Dr. med. **L. M. Kötscher** in Hubertusburg.

Mk. 2.—.

Einer Erhöhung des allgemeinen Verhältnisses einer der kritischsten Zeiten in dem Leben des Individuums soll die vorliegende Schrift dienen. Während man früher nur in Dichtung und Kunst das Liebesproblem behandelte, hat die Not der Zeit sowohl, wie auch eine neue Werte schaffende naturwissenschaftliche Denkrichtung gewagt, auch das sexuelle Problem unter die Lupe der Forschung zu nehmen. Hier ist es für die vorurteilslose Naturwissenschaft die allerhöchste Zeit, die Führung zu übernehmen, kann sie die sehende Führerin sein durch das Tor der Erkenntnis in das Land der Gesundheit und der möglichsten Zufriedenheit. Wer offene Augen hat für die Schäden auf sexuellem Gebiete, wer sieht, wie die Jugend, Knaben und Mädchen, von tausenderlei Gefahren umlauert ist, wie die Psychopathien unter ihr sich vermehren, wie das jugendliche Verbrechertum auch bezüglich der Leidenschaftsverbrechen, der Verbrechen aus ungestilltem Geschlechtshunger wächst, der wird das Aktuelle der Kötscherschen Schrift ermessen, die mit psychologischer und psychiatrischer Fachkenntnis in die feineren seelischen Regungen der jugendlichen erwachenden Seele hineinleuchtet, welche zum ersten Male von der gewaltigen Regung der Liebe, diesem überwältigenden Naturtriebe, dem wir allein die Erhaltung der Art verdanken, ergriffen wird.

Verlag von J. F. Bergmann in Wiesbaden.

Über die Dummheit.

Eine Umschau
im Gebiete menschlicher Unzulänglichkeit.

Von

Hofrat Dr. Leopold Loewenfeld,
Spezialarzt für Nervenkrankheiten in München.

Preis kartoniert Mk. 5.—.

Ein kurzweilig Buch, das der Verfasser uns hier beschert hat. Wenn man das Buch zu Ende gelesen hat, so wird man es vergnügt beiseite legen, da man daraus ersehen kann, dass nicht nur gewöhnliche Sterbliche Dummheiten machen können, sondern dass auch grosse Geister absolut nicht gefeit sind davor.

In äusserst feiner und geistreicher Weise weiss der Verfasser mit uns eine Wanderung durch die Unzulänglichkeit der Menschheit anzutreten.

Wer Kritik und Selbstkritik abhält, wird viele Bekannte und reichlich Spiegelbilder antreffen   *Schweizer Rundschau für Medizin.*

Der bekannte Münchener Nervenarzt liefert uns einen neuen Beweis seiner schier unermüdlichen Arbeitskraft: eine Umschau im Gebiete menschlicher Unzulänglichkeit, die ebenso amusant als anregend ist. Speziell der Nervenarzt, der so häufig die Grenzen zwischen pathologischen Intelligenzdefekten und normaler Dummheit ziehen muss, wird dieses Buch mit grossem Nutzen lesen und daraus reiche Anregung schöpfen. Besonders beachtenswert erscheinen mir die letzten Kapitel, die von dem Kampfe gegen die Dummheit handeln. Auch versucht der Verfasser in geistreicher Weise eine Hygiene der Dummheit zu schaffen. Wir Ärzte, die wir soviel unter der Dummheit der Menschen zu leiden haben — ich verweise nur auf das von Löwenfeld auch bearbeitete Kapitel des Aberglaubens und der Kurpfuscherei — müssen dem Verfasser Dank wissen, dass er es verstanden hat, ein so heikles Thema in so anregender Form vor die Öffentlichkeit zu bringen.   *Wiener klinische Rundschau.*

In diesem Buche knüpfen sich an eine Fülle einzelner Beispiele, die zum Teil sehr heiter und unterhaltend sind, Betrachtungen und Ausblicke auf allgemein kulturelle und soziale Verhältnisse an, wie sie nur einem Verfasser von der reichen Menschen- und Weltkenntnis Löwenfelds möglich sind.

. . Hochinteressantes kulturgeschichtliches Material fördert der Abschnitt: „Die Dummheit in der Wissenschaft" zutage: Hexenprozesse, Sympathiekuren, Kabbala etc.

Das Buch schliesst mit der schon viel erörterten Frage des intellektuellen Fortschrittes der Menschheit und befasst sich auch mit dem schwierigen Problem, ob eine wirklich gründliche Aufklärung und weitgehende intellektuelle Ausbildung der breiten Massen möglich ist, ohne eine Umänderung der gesamten sozialen Verhältnisse im Gefolge zu haben.
                    Monatsschrift für Psychiatrie und Neurologie.

Verlag von J. F. Bergmann in Wiesbaden.

Über die sexuelle Konstitution
und andere Sexualprobleme.

Von

Hofrat **Dr. L. Loewenfeld**, Nervenarzt in München.

Mk. 6.—; gebunden Mk. 7.—.

Auszug aus dem Inhaltsverzeichnis.

Die vorliegende Schrift umfasst drei Abhandlungen, die zu den bedeutendsten literarischen Erscheinungen der neueren Sexualliteratur gezählt werden müssen.

Ein treffliches Werk, dessen aktueller Inhalt in reizvoller Weise belehrte anregt und unterhält. Für seinen wissenschaftlichen Gehalt bürgt der Name des bekannten Nervenarztes. Er erweitert die Freudsche Definition des im Titel genannten Begriffs ganz wesentlich durch eingehende Würdigung des Beginns und der Dauer der sexuellen Funktionen, der (somatischen, chemischen, olfaktorischen und psychischen) Quellen der sexuellen Erregung, der Stärke, des Geschlechtstriebes, der sexuellen Leistungs- und Widerstandsfähigkeit (bei beiden Geschlechtern) sowie der Spermasekretion und -exkretion. In den Schlussfolgerungen werden verschiedene Sexualkonstitutionen aufgestellt und beherzigenswerte hygienische Winke gegeben. Auf Schritt und Tritt begegnet uns der erfahrene Spezialist, der eine seltene Fülle von Literatur kritisch verarbeitet und mit der Einstreuung eigener Beobachtungen nicht kargt. Weiter wird in zwei besonderen Abschnitten die Erotik und Sinnlichkeit sowie die Libido als Triebkraft im geistigen Leben behandelt, wobei die Sublimierungsfrage eine eigene Erörterung findet. Auf den konkreten Inhalt können wir nicht näher eingehen. Nicht alle Deutungen werden Zustimmung finden. Belangvoll ist die aus der eigenen Erfahrung gezogene Folgerung, dass die Masturbation in mindestens 75% die Hauptursache der Impotenz bildet, und die Überzeugung, dass unter den schädigenden Momenten die Abstinenz nur eine recht untergeordnete Rolle spielt. Welcher Gegensatz zu sonst und jetzt geäusserten Anschauungen anderer Autoren! Den Einfluss der Sexnalität und damit auch der Liebe auf das künstlerische Schaffen hat man nach Loewenfelds Meinung überschätzt.   *Deutsche med. Wochenschrift.*

Verlag von J. F. Bergmann in Wiesbaden.

Sadismus und Masochismus

von **Dr. A. Eulenburg,**
Geb. Med.-Rat, Professor in Berlin.

Zweite zum Teil umgearheitete Auflage.

Preis Mk. 2.80.

Inhalt: Erklärung und Ableitung der Begriffe „Sadismns" und „Masochismus". Ihr Wesen, ihre Bedentung. Aktive und passive Algolagnie. — Die physiologischen und psychologischen Wurzeln der Algolagnie, des „Sadismus" und „Masochismus"). — Die anthropologischen Wurzeln der Algolagnie. Die atavistische Theorie in ihrer Anwendung anf die algolagnistischen Phänomene. — Schema der algolagnistisch veränderten Hergänge des zentralen Nervenmechanismus. — Lehen und Werke des Marquis de Sade. Sein Charakter und Geisteszustand. — Sacher-Masoch; der Mensch und der Schriftsteller. — Zur speziellen Symptomatologie und Entwicklungsgeschichte der algolagnistischen Phänomene. — Notzucht, Lustmord, Messerattentate, Nekrophilie. — Aktive und passive Flagellation (Flagellantismus). — Weibliche Grausamkeit. Sadismus und Masochismus des Weibes. — Sadismus und Masochismus in der neuesten Literatur. — Literatur.

. . . Dieser Autor, einer der besten Kenner jener Nachtseiten des menschlichen Seelenlehens, wendet sich ausschliesslich an den gehildeten Leser; er erweitert das sexuelle Thema zu einer psychologisch und soziologisch gleich interessanten Stndie und weiss auch Leser, die dem hier erörterten Gegenstaude als solchem mit einigem Widerwillen gegenüberstehen, durch die geistvolle Behandlung des Stoffs dauernd zu fesseln. Er zeigt, wie der Keim zu solchen Verirrungen des Sexuallebens tief in der Menschennatur wurzelt, und wie nicht nur die Werke moderner, nach psychologischen Ahsonderlichkeiten haschender Romanschriftsteller, sondern auch die Volkspoesien der meisten europäischen Volksstämme sadistische und masochistische Züge in Menge aufweisen. In der vorliegenden zweiten Auflage ist dieser literarische Teil bis auf die Gegenwart ergänzt. *(Kölnische Zeitung.)*

Musik und Nerven.

Von Dr. **Ernst Jentsch** in Breslau.

I. Naturgeschichte des Tonsinnes. Preis Mk. 1.—.

II. Das musikalische Gefühl. Preis Mk. 2.80.

Der Autor vorliegenden Heftes hat sich die dankbare Aufgabe gestellt, die Grundlage des musikalischen Genusses, den Tonsinn und die diesem dienenden wunderbaren Einrichtungen des menschlichen Organismus nach dem derzeitigen Standpunkte der Wissenschaft in grossen Zügen zu schildern. Im Anschlnss daran behandelt er den Tonsinn in der Tierwelt und die merkwürdige Tatsache der Existenz musikalischer Rassen. Die überaus klaren, zum Teil durch Abbildungen erläuterten Ausführungen des Autors dürften das Interesse aller Musikfreunde beanspruchen. Ein zweites Heft wird einige weitere interessante Kapitel aus dem Gehiet Musik und Nerven bringen.

Verlag von J. F. Bergmann in Wiesbaden.

Spezielle Diagnostik und Therapie

in kurzer Darstellung mit Berücksichtigung aller Zweige der praktischen Medizin.

Bearheitet von zahlreichen Fachgenossen

und

herausgegehen von

Stabsarzt Dr. Walter Guttmann

in Mülheim-Ruhr.

——————— *Preis geb. Mk. 10.65.* ———————

———————

. . . . Das Werk ist aber gewiss geeignet, den praktischen Arzt rasch in zweifelhaften Situationen zu informieren. Im Anhang findet sich eine kurze Samm-lung von Rezepten, nach den Indikationen in Gruppen zusammengefasst, ferner die Tafel der Maximaldosen, Angahen über Kalorienwert und Zusammensetzung roher und zuhreiteter Nahrungsmittel. Druck und sonstige Ausstattung des Werkes, zu dessen Abfassung eine Reihe von Autoren zusammengewirkt hahen, sind sehr an-erkennenswert. *Münchner med. Wochenschr.*

. . . . Die wesentlichsten Gesichtspunkte, welche für die Erkennung und Be-handlung der wichtigsten Krankheiten in Betracht kommen, siud kurz und klar dargelegt, und dabei ist hesonderes Gewicht auf die Differentialdiagnose gelegt. In der Therapie sind nur solche Heilverfahren erwähnt, welche auf Grund eigener Erfahrungen und Kritik der Verfasser empfehlenswert erscheinen. Aus allen diesen Gründen dürfte das vorliegende Buch zur ersten Information des Arztes in der allgemeinen Praxis, sowie des Studierenden n i c h t n u r a u s r e i c h e n, sondern vorzüglich geeignet sein.

v. Boltenstern-Berlin i. d. Deutschen Ärzte-Zeitung.

Das vorliegende Buch ermöglicht auf allen Gehieten der praktischen Medizin eine schnelle Orientierung über diagnostische und therapeutische Fragen und ersetzt so die, einzelne Zweige der Medizin hehandelnden Kompendien. Die grosse Aus-dehnung des behandelten Stoffes machte prägnante Kürze in der Darstellung er-forderlich. Dieses Postulat ist von den Autoren und dem Herausgeher in durchaus hefriedigender Weise erfüllt worden. Dem Praktiker ist die Anschaffung des Buches sehr zu empfehlen. Er wird hesonders aus den therapeutischen Massnahmen wert-volle Angahen für seine Tätigkeit finden, da nur solche Heilverfahren erwähnt sind, die auf Grund eigener Erfahrungen der Verfasser empfehlenswert erscheinen. Im Rezeptanhang sind hewährte Rezepte, nach ihren Wirkungen geordnet, zusammen-gestellt, die hei verschiedenen Krankheiten zur Anwendung kommen. *Medico.*

Verlag von J. F. Bergmann in Wiesbaden.

Psyche und Leben.

Von

Dr. **W. v. Bechterew,**
Professor in St. Petersburg.

Zweite vermehrte Auflage.

Mk. 5.60.

Auszug aus dem Inhaltsverzeichnis:

Reprint Publishing

FÜR MENSCHEN, DIE AUF ORIGINALE STEHEN.

Bei diesem Buch handelt es sich um einen Faksimile-Nachdruck der Originalausgabe. Unter einem Faksimile versteht man die mit einem Original in Größe und Ausführung genau übereinstimmende Nachbildung als fotografische oder gescannte Reproduktion.

Faksimile-Ausgaben eröffnen uns die Möglichkeit, in die Bibliothek der geschichtlichen, kulturellen und wissenschaftlichen Vergangenheit der Menschheit einzutreten und neu zu entdecken.

Die Bücher der Faksimile-Edition können Gebrauchsspuren, Anmerkungen, Marginalien und andere Randbemerkungen aufweisen sowie fehlerhafte Seiten, die im Originalband enthalten sind. Diese Spuren der Vergangenheit verweisen auf die historische Reise, die das Buch zurückgelegt hat.

ISBN 978-3-95940-041-1

Faksimile-Nachdruck der Originalausgabe
Copyright © 2015 Reprint Publishing
Alle Rechte vorbehalten.

Made in Germany

www.reprintpublishing.com